海外中国研究丛书

——

到中国之外发现中国

内闱

宋代妇女的
婚姻和生活

［美］伊沛霞 著　胡志宏 译

Patricia Buckley Ebrey

The Inner Quarters

Marriage and the Lives of
Chinese Women in the Sung Period

江苏人民出版社

图书在版编目(CIP)数据

内闱：宋代妇女的婚姻和生活/(美)伊沛霞著；
胡志宏译.—南京：江苏人民出版社,2022.5(2022.7重印)
　(海外中国研究丛书/刘东主编)
　书名原文：The Inner Quarters：Marriage and the
Lives of Chinese Women in the Sung Period
　ISBN 978-7-214-26880-8

Ⅰ.①内… Ⅱ.①伊… ②胡… Ⅲ.①妇女-婚姻-
研究-中国-宋代②妇女-社会生活-研究-中国-宋代
Ⅳ.①D691.91②D691.968

中国版本图书馆 CIP 数据核字(2022)第 047514 号

The Inner Quarters：Marriage and the Lives of Chinese Women
in the Sung Period by Patricia Buckley Ebrey
Copyright © 1993 by The Regents of the University of California
Published by arrangement with University of California Press
Simplified Chinese edition copyright © 2004 by Jiangsu People's Publishing House
江苏省版权局著作权合同登记号：图字 10-2016-126 号

书　　　名　内闱：宋代妇女的婚姻和生活
著　　　者　[美]伊沛霞
译　　　者　胡志宏
责 任 编 辑　朱晓莹
装 帧 设 计　周伟伟
责 任 监 制　王　娟
出 版 发 行　江苏人民出版社
地　　　址　南京市湖南路 1 号 A 楼,邮编:210009
照　　　排　江苏凤凰制版有限公司
印　　　刷　苏州市越洋印刷有限公司
开　　　本　652 毫米×960 毫米　1/16
印　　　张　27　插页 4
字　　　数　290 千字
版　　　次　2022 年 5 月第 1 版
印　　　次　2022 年 7 月第 3 次印刷
标 准 书 号　ISBN 978-7-214-26880-8
定　　　价　98.00 元

(江苏人民出版社图书凡印装错误可向承印厂调换)

序"海外中国研究丛书"

中国曾经遗忘过世界,但世界却并未因此而遗忘中国。令人嗟讶的是,20世纪60年代以后,就在中国越来越闭锁的同时,世界各国的中国研究却得到了越来越富于成果的发展。而到了中国门户重开的今天,这种发展就把国内学界逼到了如此的窘境:我们不仅必须放眼海外去认识世界,还必须放眼海外来重新认识中国;不仅必须向国内读者迻译海外的西学,还必须向他们系统地介绍海外的中学。

这个系列不可避免地会加深我们150年以来一直怀有的危机感和失落感,因为单是它的学术水准也足以提醒我们,中国文明在现时代所面对的绝不再是某个粗蛮不文的、很快就将被自己同化的、马背上的战胜者,而是一个高度发展了的、必将对自己的根本价值取向大大触动的文明。可正因为这样,借别人的眼光去获得自知之明,又正是摆在我们面前的紧迫历史使命,因为只要不跳出自家的文化圈子去透过强烈的反差反观自身,中华文明就找不到进入其现代形态的入口。

当然,既是本着这样的目的,我们就不能只从各家学说中筛选那些我们可以或者乐于接受的东西,否则我们的"筛子"本身就可能使读者失去选择、挑剔和批判的广阔天地。我们的译介毕竟还只是初步的尝试,而我们所努力去做的,毕竟也只是和读者一起去反复思索这些奉献给大家的东西。

刘 东

目　录

中文版前言

　　《内闱》出版至今已经 10 年了。自它出版以来,中国妇女史研究领域日渐兴盛。现在,关于中国古代妇女的英文著作已经是 10 年前的好几倍。就像这本书一样,这一系列著作大多数都尝试使妇女史成为构成历史整体的一个部分。它们要使用其他历史研究领域同样使用的工具,考察与女性生活相关的观念、行动和制度。

　　这本译著的中国读者可能会意识到,我是从一个和他们习惯不一样的视角来看关于宋代女性的问题的。然而,他们可能对早期西方学术还不够了解,不能理解我的工作是对这些早期学术的回应。西方对中国女性感兴趣并不是什么新鲜事。在 19 世纪和 20 世纪初期,西方传教士创作了大量关于中国的书籍。他们经常强调中国家庭与西方惯例截然不同的特点,比如祖先崇拜,被法律承认的纳妾制度,几个已婚兄弟住在一起的多代同居的大家族。许多传教士内心里是改革家,专注于女性受压迫的原因。他们用同情女人的笔触描写她们:出生时,她们可能被不再需要另一个女儿的父母杀死;五六岁时,她们可能被卖做奴婢;她们的脚被裹得那么小,以致难以行走;她们不能接受教育;她们必须嫁给父亲为她们选中的丈夫;她们几乎没有财产权;她们很容易被休弃,被剥夺对子女的监护权;丈夫死后,她们可能承受不能再嫁的压力。

到20世纪中期,在为西方读者书写中国女性和中国家庭的过程中,社会科学家们占据了一个类似的权威位置。不足为奇的是,他们通过相当不同的方式架构他们的研究,试图避免民族优越感和屈尊俯就的姿态。他们把中国放在一个比较的框架里,根据家庭系统认同家人的方式、联姻的形式、传递财产的办法等等。这个框架划分了家庭系统,让我们对中国家庭的父系(patrilineal)、从父居住(patrilocal)、父家长制(patriarchal)的特色有了一般的了解。长时段的变化没有成为这种分析的一部分。历史学家受到人类学模型的影响,经常把中国的家庭当作中国历史的背景的一部分来讨论,就像地理或语言一样。他们并不把中国家庭的发展当作构成他们主要的历史叙述的整体的一部分。人类学家自己通常把中国的家庭当作相对较好理解的,并且把他们的田野工作致力于分析超越家庭的宗族组织。女性在宗族中很少扮演关键角色,因而一个把宗族摆在中心位置的中国宗族观使研究的着重点偏离了女性。

在20世纪的六七十年代,社会史研究变成历史研究中一种越来越显著的方法。欧洲和美国的领先历史学家不仅深入地研究了关于社会结构和它随着时间迁移发生的变化等问题,还研究了家庭史。一种方法强调人口统计证据,如婚龄、子女的个数和间隔、乳母的使用、离婚和守寡的频率、哪些亲属聚居、移民的影响、城乡户口的差别等内容。另一种方法更注重观念和情感,包括从人们怎样概念化地把握儿童的一般特性,到他们对男人和女人不同的伦常地位的理解等内容。在 70 年代,因为女性运动获得了实力,不少女性历史学家由家庭史研究转向妇女史和社会性别研究。尽管一些人仍然聚焦在家庭背景中的女性,还有许多人对讲述追求政治和经济平等的现代斗争更感兴趣。

在这些大趋势下,1980 年以后,美国的中国古代史学家开始对女性话题更感兴趣就不奇怪了。但是西方妇女史和家庭史主要著作的出现不是唯一的促成因素,可能同样重要的是重新评价中国现代社会性别体系的书籍大量出现。1979 年以后,中国开始向西方学者开放使这成为可能。这些书谴责中国革命在实现它的目标时的失败。其再三陈述的目标是把中国女性从从属地位中解放出来。这些书的作者全是女性。在她们讨论革命的原始目标之前,一般会以复述在传统时期女性命运极其晦暗的老调子为开头。作为一位中国古代史学家,这些书的显著成功向我提出了挑战,因为我尝试呈现一幅更复杂微妙的早期女性地位的画面。我不能接受这样隐含的前提:中国的家庭无缘无故地被撇在历史之外,不受国家、经济、宗教或文化的发展的影响。

于是,写《内闱》时在我的心中有两种读者。一种是美国的研究现代中国的学生和学者。他们已经阅读了当时中国关于女性的书籍。我想让他们意识到,设想过去的女性仅仅是牺牲品并不能使他们为女性带来任何好处。另一种读者是美国的中国史学生和学者。宋代的社会史、文化史和经济史研究已经得到相当的发展。在印刷、商品化、移民和地方士人方面,在学校、考试和科举制方面,在思想领袖如程颐、朱熹、陈亮、叶适等方面,在党争诸如范仲淹、司马光、欧阳修、王安石、苏轼等重要人物的身世方面,学者的著述已经很多。我想向他们显示,他们不必把女性撇在他们讲述的关于宋代的故事之外。我有证据提醒他们注意,他们所写的这些男人还有母亲、妻子、姐妹和女儿,也可以说明大多数宋代社会、文化和经济的发展对女性的生活产生了影响。

伊沛霞

序　言

　　"宋代是前所未有的变化的时代,"伊沛霞写道,"漫长的中国历史中的一个转折点。"妇女被视为在变化的范围以外或与历史发展无关的时代距今并不遥远。受法律和习俗的限制,很难在重大事件的公开舞台上看到妇女生活的展现,同时,受先入为主、永久不变的妻子、母亲、女儿角色内涵的影响,女人的生活被认为在追求物种的延续上有重要意义,但在历史发展中并不重要。《内闱》批驳了这一传统的历史观念,把1 000年前宋代社会法律和文化生活复杂的结构定位为充满挣扎、竞争和努力的领域,妇女参与了自身生活其中的社会和历史的进程。宋代妇女的生活往往与法律约束不合,在伊沛霞笔下重新表现为追求着当代历史所谓"终极"目标中的自由和参与。在伊沛霞看来,妇女在宋朝历史大戏剧里扮演了特定的甚至于长期的角色,但是,哪怕这个世界似乎构筑了她们的弱势,她们还是其中非凡的即兴表演者。

　　宋朝妇女特定的角色是妻子,为此她们以长辈的行为为参考,学习有用的持家技能,还有个人方面的——我们甚至可以说是性方面的——使她们显得有魅力的修养。展示魅力的花样越来越多,包括令人剧痛的缠足,它被有身份的女人从女艺人和妓女那儿借来,用来和她们争夺丈夫的宠爱。一旦结婚,女人的作用主要在于为丈夫的家庭服务,对于妻子而言,出嫁并不是建立自己的家庭而是加入一个父系的家族体系并移居到他家的居住区。祭祀丈夫家族已逝的祖先,或照顾丈夫的姜的子女,就如同抚养自己的孩子一样,都是妻子职责的一部分。法律、宗教、伦理,或高或低层次的文化都在塑造一个女人在婚姻中的角色形象,并让这个形象高度固定化。历史上伟大男人的故事经常讲述他们与对手及其军队面对面的搏斗。宋代妇女(大多无名无姓)却经常面对有限的环境、经典的规定、职责义务和社会的苛求并进行斗争;伊沛霞从这种直面对抗的结果里看到这些妇女成为历史性的角色,从而获得历史性位置。

宋代妇女利用嫁妆制度、离婚法、再婚权和其他许多社会惯例为自己和孩子的利益采取行动。另外,按照模范的妻子、儿媳的标准行动的女人得到认可和身份,而不这样做的女人只能得到耻辱或遗忘。把孩子养大成人,使他们成功并且孝敬,忠诚的女人能确保自己的生活达到舒适的标准,甚至于在年老以后仍受人尊敬。妇女甚至致力于文学,这不仅表现在她们督促儿子走上通向科举考试的艰巨的道路(这可以确保他们在官僚机构里获得优越的前程),也表现为她们自己写作、阅读宗教和伦理经典。特殊情况下,有学问的丈夫或儿子会通过撰写纪念性的传记使她们得到声誉。财务上的敏锐、宗教方面的献身和为维持稳定的家庭生活而表现出的坚忍的品格也使她们得到死后的荣誉,哪怕在世时的生活并不总那么顺利。

所有被历史迷住的人们都认识到变化——它的内容、意义和动力——是历史上最微妙的部分,因为它提出了人类的功效的问题。拿破仑、毛泽东或戈尔巴乔夫怎样改变了历史的进程? 找到这些变化的推动者给社会和个人带来了希望,即人类生活具有终极意义。个人英雄们带来变化的长期进程使我们相信,我们都可以成为历史的行动者而不仅仅是被动的遵从者。可能是这些持久的幻想(fantasies)——历史人物带来历史变化——首先把我们吸引到史学研究上来。但是,当我们看到这些宋代妇女争取到的变化之后,不由会追问,伊沛霞的作品是否是模仿男人的历史而作妇女的历史的一个例子? 简言之,我们被鼓励去营造一个关于内闱的幻想世界,历史的女性读者可以想象一个女性活动的领域,甚至可能是女性自主的领域。

我们还可以问自己,是否由于宋史里我们不熟悉的鬼怪、姬妾、媒人和其他人物,中国妇女的主体问题使想象的领域更富于异国情调,从而更吸引我们? 帝国主义盛行以前,像英国旅行家兼作家蒙塔古夫人(Lady Mary Montagu)这样的西方人士被吸引着去发现并描绘阿拉伯后宫那些地方。从蒙塔古夫人的信件中可以看到土耳其女子的性倾向、举止和社会地位,这些为她提供了一个另类性经济(sexual economy)的迷人景象,后来她还把 xi这种景象传递到伦敦宫廷。蒙塔古夫人信中的描述一直是后来的土耳其浴及后宫描写的基础,直到 19 世纪末期摄影家开始介入这个领域,从而提供了关于非西方女子的更加另类、更富异国情调的描绘。伊沛霞的著作也是这样对待中国妇女的吗——它是否通过向我们提供为自由、参与、变化而斗争的女英杰而使我们加倍着迷? 是否因为她们穿戴着东方服饰而使这本书显得更有趣?

我的意见是,伊沛霞的著作(多半像其他妇女史著述)通过建立一个不能轻易——不是不可能,但也不直接——进入宋代妇女世界的入口,消解了历史写作中一些最危险的幻想因素。比方说,一个学者不会在希特勒的铁靴政策和征服的残酷世界中欢呼,却必定会苦苦思索关于婚姻的复杂的父系制(patrilineal)、父家长制(patriarchal)、从父居住(patrilocal)的系统和这个系统对联姻的严格规定。这两种态度的差别不是一个幻想的问题,而是一个严肃的学术工作的问题。作者个人的途径是掌握中文,阅读跨度长达3个世纪的艰涩文献(很少出自女性手笔),跨越了无数想象的障碍。到了最后,没有不现实的、夸大的女英杰,却有更加针对个人的描写,包括分内责任(如纺麻线或指挥仆人),既有难以想象的困难又有司空见惯的艰难,既有小小的享乐又有极度的奢侈。我们可以满意地谈论她们的全部重要性,尽管可能不像那些男性征服者让人心惊肉跳的故事那么起劲。越过社会性别和文化差异——不仅是时间上的差异——的曲线、艰难达成的对历史的理解使历史英雄主义幻想的色彩暗淡了,一如伊沛霞表达她不让"我的想象跑得太远"的关注时所暗示的。结果,这出戏的历史舞台背景不同,演员更多,没有主角,观众听到的声音并不那么独特,台词断断续续,需要更多的关注才能完全捕捉住它的信息。

但在这里我们再次接近了幻想的境地。在这里,支配许多妇女史学家(包括研究者和作者)的信念是她们的业绩"改变"了历史自身的性质,那就是,妇女史在某种意义上是一种英雄主义类型,因为它重建了一个不同的过去,并且通过使历史专业的分析实践少一些性别主义和偏见,发挥了一种更加另类的作用。我愿再次指出这种低调,作为历史学家的伊沛霞以这种低调说出了她的大多数断言。她坚持不懈地把自己获得的洞察力转换为质疑中国主流史学的问题。能够想象我们的知识将会重塑世界,这一直是很重要的。但同时我们必须确保方法论上的幻想是作为问题提出的,从而给其他的解释和叙事留出行动的空间。《内闱》向 读者提出的问题和其他学者的洞见敞开自己,不妄下最终结论。

　　这本书不提供令人欣慰(或震惊)的那种读者会轻易认同的叙事,也不沉湎于宋代妇女生活中的异国情调。相反,它提供给我们有时难以把握、有时对我们和我们的生活来说更为常见的材料。通过提出关于妇女生活、社会性别、我们为什么阅读历史和怎样撰写历史等问题,伊沛霞使《内闱》成为一个我们必须进入的领域。

博妮·史密斯

(Bonnie Smith)

自 序

　　我研究宋代（960—1279）的家庭、家族和婚姻已有十几年。撰写一本以妇女为中心的书的计划久已有之，但屡屡发觉有必要事先研究相关题材，如财产法、家庭礼仪和儒家思想。我也在拖延，希望克服一种感觉——关于这个课题永远没有令人满意的方法。我不想掩饰不愉快的事实如买卖妇女、缠足或扼杀女婴；我也不想用种族中心主义的方式描绘中国的社会性别差异，同时在判断中隐藏着当代西方标准。作为历史学家我发现一般性地描写"妇女在传统中国的位置"失之于简单化，那样做实质上已经暗示妇女在一定程度上处于历史以外，她们的生活不受文化、社会、经济变动的影响。把妇女首先表现为受害者，这种做法经常困扰着我，因为它似乎贬低了她们。难道不是大多数中国妇女都有自己控制的空间吗？而且不是有些女人——至少有传说中的暴虐的婆婆——对别人进行相当可观的控制？我知道许多当时男性作者书写的史料建筑在我们今天不一定认同的道德前提之上。我能不能找到一些途径同情地看待各种女性——不止是尽职的儿媳和自我牺牲的母亲,还有被嫉恨征服的妻子,不再信任任何人、整日争宠的妾,以及遗弃孩子而再嫁的寡妇?

尽管怀有疑问,我还是逐渐开始收集本书使用的零散、片断的史料。我最初的目标是写一本关于婚姻的学术专论,而且我写了几篇有深度的考察婚姻特殊侧面的文章。1990年,我终于可以全力以赴写作本书,我决定放弃专论,准备广泛考察婚姻塑造妇女生活的方式。进行全面的研究既有挑战性又令人兴奋。正常情况下,当我写给史学同行看时,我可以把精力限定在史料完备的儒家思想和财产法这类问题上,但是现在为了全方位的理解,我必须介入难以捉摸的性倾向、嫉妒和社会性别象征主义等领域。

尝试认识更广阔的总体史使我对研究已经比较成熟的课题产生了新的洞察力;然而,有一个代价就是要使每个专题的论述都简短。用50页而不是5页或10页来处理如离婚、寡妇再嫁或亲戚之间联姻这类专题,当然就有余地做更细致的分析。但是本书很快就写到难以控制篇幅的部头,因而未能为初衷服务。因此我不得不寄希望于我对重大问题的简约将激励精力充沛的学者们展开更全面的考察。

由于致力于将更大的整体历史纳入研究焦点,我发现纠结不已的不知从何入手的问题得到了部分的解决。由于强调语境和妇女的参与,我感觉我能给予妇女应有的描述,同时又不背叛我对历史复杂性的认知。宋代妇女生活的语境既包括权力的结构,也包括帮她们给自己定位于这些权力结构之内的观念和符号。它嵌在历史之内,其特征由社会、政治、经济和文化进程塑造并反过来影响那些进程。家族和社会性别体系毕竟不是孤立地存在的。强调妇女的能动性意味着把女人看作行动者。正如男人一样,女人占有权力大不相同的位置,她们做出的选择促使家庭和家族体系更新并产生细微的变化。对现存史料可以通过这样的方式来解读:让妇女站在前列,回应那些向她们开放的机会,并且或顺应、或抵制那些围绕着她们的机会。

今天的大学教授们不可避免地受惠于那些使他们有时间和资金进行研究和写作的人们。本书包含的研究始于1983—1984年,是年我在普林斯顿度过,得到美国学术团体理事会中国研究委员会和社会科学理事会的支持。伊利诺伊大学研究部多次提供资助聘请研究助理。谢宝华(Bau-hwa Sheieh)小姐在写作初期、来秋月(Chiu-yueh Lai)小姐在后期给予帮助。伊利诺伊-淡江大学交换项目奖金使1990年夏天在台湾的研究成为可能,东亚和太平洋研究中心提供了制作图片的费用。伊利诺伊大学高等研究中心的奖金使我有时间在1990—1991年专心写作。那一年我在京都大学人文学部逗留6个月,那儿是搜集资料、反思更大课题的好地方。

xv

我的谢意不仅给予这些研究所,还献给慷慨地付出时间和参考意见的同事们。孟久丽(Julia Murray)在图片、弗兰西丝卡·布雷(FrancescaBray)和盛余韵(Angela Sheng)在妇女的纺织活动方面给我建议。伊利诺伊大学的同事——周起荣(Kai-wing Chou)、托玛斯·黑文(Thomas Havens)、桑亚·迈可(Sonya Michel)和罗纳德·托比(Ronald Toby)——在短时间内阅读了校对稿。我特别感谢所有阅读过全部初稿的朋友:贾志扬(John Chaffee)、费侠莉(Charlotte Furth)、皮特·格雷戈里(Peter Gregory)、金滋炫(JaHyun Haboush)、高彦颐(Dorothy Ko)、曼素恩(Susan Mann)、马伯良(Brian McKnight)、恩·瓦特纳(Ann Waltner)和罗宾·瓦特森(Rubie Watson)。他们指出哪儿该多交代些背景,哪儿自相矛盾,哪儿应更有力地展开自己的观点,这些使我的陈述更清晰。我也感谢用发言和论文回应本书覆盖的问题的人们,他们是斯坦福、戴维斯、拉特格斯、哈佛和华盛顿大学研讨班的参加者,京都大学古代中国研究组、东京中国妇女史研究组、伊利诺伊大学社会史小组的成员。论文来自"家族人口统计讨论会"(阿西洛玛 Asilomar,1987)、"中国社会的婚姻和不平等讨论会"(阿西洛玛 Asilomar,1987)、"早期近代中国的社会和文化史讨论会"(台北,1990)、"中华帝国晚期家庭和政治进程讨论会"(台北,1992)。最后,我愿感谢我的中国妇女史研讨班的学生,他们对这个课题付出了热情,并且愿意从几乎任何角度讨论各种问题。

习用语的说明

1. 如果可能,本书用姓名而不用某男人的女儿、妻子和母亲表示一位女人。如司马光的妻子为"Miss. Chang (1023—1082)","张"是她出生的家庭的姓,她终生可以使用。如史料载有全名,比如"沈德柔",则照录。多数事例里没有女人的全名只有姓。一般说来,当时用娘家的姓再加一个礼貌的字——氏——称呼已婚妇女。本书把某"氏"译为"Miss.",表示出嫁前娘家而不是夫家的姓。称某女子为某氏不表明婚姻状况。尽管"氏"也加在男人的姓以后,但是男人更常见的还是用他们的姓和本人的名组成全名。本书只有很少的例子中用丈夫的姓称呼妻子如"Mrs."。男人姓名以前不加"Mr.",如只写"司马光"。女人姓名前写"Miss."或"Mrs.",这样做是违背当代美国避免使用性别字眼的规矩,但用在这里可以减少弊端,可以突出中文原有的精确性,对男人直呼其名比较简单,读者一看就知此人性别。

2. 导言里讨论的 6 位男女作者(洪迈、司马光、袁采、程颐、朱熹和李清照)以外的其他男女均注生卒年,即便与所叙之事无关,也注明。这样做是为了强调他们比较特别,不是一般的类型,可以与很多女人如张氏或吴氏区别开。提供生卒年还促使读者考虑变化问题,比如逐渐增长中的理学的影响。

3. 年龄用"岁"表示,一般地说比西方人大 1 岁,因为出生后即 1 岁,过了第一个新年后即 2 岁。因此,18 岁结婚的姑娘实际年龄在 16—17 岁最后一天。比如,1000 年 12 月 31 日出生、1017 年 1 月 1 日结婚和 1000 年 1 月 1 日出生、1017 年 12 月 31 日结婚的,都是 18 岁。

4. 为了方便,用当代的"省"名而不用宋代的。

5. 引用的中文由我本人译为英语,英译文后面注明出处以便读者查阅到整个段落。

6. 本书正文只用了一个缩略语 c. s. ,表示的是没有生卒年的男人中进士的那一年。

导　言

　　宋朝恰好始建于1 000年前，公元960年；终结于3个世纪以后，1279年。由于宋朝艺术很大程度上迎合了现代品位，长期以来宋朝成为西方学者最喜爱的中国朝代之一。宋代绘画、书法、丝织品和瓷器看起来无一不传递出一种有节制而不失驾驭能力，微妙而不失洗练的韵味。凝神注目于精心绘制的彩色瓷盘，细致描画的繁华、喧闹的街市景象，空灵的高山之间单独的个人，我们会遐想，若与这些作品或制作、收藏它们的人生活在一起有多愉快。已知的宋朝政治与这种文明的景象相符。宋史被人们记住，不是因为有专制、暴虐的皇帝，腐败的宦官和地方割据势力，而是因为有通过了竞争激烈的文学考试的原则性很强的士大夫，他们怀着效忠皇帝、扶助百姓的强烈愿望。

　　宋朝在中国人心目中的地位不太高。很多人更青睐它以前的唐朝(618—907)，唐朝有威武的皇帝，军事扩张的成就，激昂的诗人和文化上的自信。与之相比，宋朝处于衰微时期，领导层变得过于优雅、思辨和思想性太强，因而对国家没有什么好处。高雅不利于在宋朝初年赶走侵入从前属于唐朝版图的契丹人，或在两宋交替之际挡住女真人进入自古以来已为中国腹地的北方，也无补于在宋朝最后50年抵抗迅速扩张的蒙古人的稳步入侵。

　　但是，不能用喜欢还是不喜欢来概括宋朝。近年来中国、日本和西方的史学家认为,宋朝是前所未有的变化的时代,是漫长的中国历史中的一个转折点。① 发生于唐中期至宋中期的变化超越了那些划分中国历史时期的反叛、入侵和王朝战争等因素。变化触及中华文明最基本的社会、文化、政治和经济结构,而在长时段历史中,这些结构变化得非常缓慢。唐朝末期,朝廷不再介入土地分配,买卖土地的自由程度加强了。朝廷还彻底修改了税收政策,田税减少,商税增多。公元 700—1100 年,人口翻番达到1 亿。大规模的移民南迁,使中部和南方的人口开始从占人口总数的1/4 增加到一半以上。

人们为躲避战乱而南迁,但同时还为了获得更好的经济前景。南方方便的水路运输和温暖的气候使商业、农业的迅速发展成为可能。水稻种植技术的稳步改进使产稻区能够容纳更多的人口定居。遍及全国的商业蓬勃发展,从农产品的地方贸易延伸到把瓷器运抵东南亚的海上贸易。商业发展得益于朝廷通过增加货币发行量、直到发行纸币给以的支持。到 11 世纪末,货币流通量达到唐代的 10—20 倍。除了铜钱和银子,公元 1107 年还发行了 2 600 万张纸币,每张纸币值 1 贯钱即 1 千个铜钱。

商业扩张加速了城市建设。北宋(960—1126,朝廷控制的地区比大多数时期的中国版图小一些)首都开封位于大运河北端附近,距主要煤铁矿区不远。开封的人口密度达到唐都城长安曾达到的最高点,但更商业化,城内遍布和皇宫、政府机构一样多的各类市场。其他城市也以前所未有的速度扩展,数十个城市的人口

---

① 柯睿格(Kracke):《宋代社会:传统之内的变化》;斯波义信:《宋代商业史研究》,东京,1968;伊懋可(Elvin):《中国历史的模式》;郝若贝(Hartwell):《750—1550 年间中国的人口、政治和社会变迁》;赵冈(K. Chao):《中国历史上的人和土地:经济角度的分析》;韩明士(Hymes):《宋元时期抚州的婚姻、宗族和地方主义策略》。

达到 5 万以上,导致城乡差别比以往任何时候都明显。南宋
(1127—1279,朝廷未能控制北方占全国 1/3 的土地)首都杭州位
于大运河南端,发展尤其迅速,人口约达 200 万,成为当时世界上
最大的城市。[①]

这几个世纪出现很多先进技术,最引人注目的是印刷术的发
明。印刷术给新旧思想的传播带来变革,促进社会结构发生了根
本变化,从此再也不必吃力地用手抄书了。从中唐到宋中期,书
价大约降低到从前的 1/10。儒、释、道经典全部出版,但它们并
不是唯一的畅销书,此外还有许许多多农业、医药和占卜专用书,
笔记小说、别集、宗教经文和小册子,供地方行政官、科举考生以
及任何希望撰写美文的人使用的类书。[②]

经济发展和书籍的普及有利于士人阶层的增长。这种增长
进一步受到官员选拔方式的变化的刺激,而官员长期被看成是最
优越的职业。早在唐朝末年,几世纪以来当政的旧世家大族就已
失掉了入朝为官的特权。一个世纪的藩镇割据结束后,宋朝初
期,朝廷采取措施扩大科举考试的规模。宋朝中期有一半的朝臣
是中进士的士子(其余多为恩荫涉及的高官近亲)。宋朝整个时
期凭科举考试获取官职的竞争稳定增长着。11 世纪初期,3 万多
名考生参加了州级考试,世纪末达到 8 万名,宋朝末期这个数字
可能为 40 万。到 11 世纪中叶,完全可以说社会和政界的领导权
已经由士大夫和地主掌握,广义上还包括那些准备让儿子参加考

[①] 谢和耐(Gernet):《蒙元入侵前夜的中国日常生活》;柯睿格(Kracke):《宋代的开
封:实用的大都市和礼仪上的首都》;法因根(Finegan):《宋代的城市化:中国城市
前现代时期的社会和经济诸论》;克拉科(Clark):《共同体、贸易和网络:3—13 世纪
的闽南》。
[②] 崔瑞德(Twichett):《中世纪中国的印刷和出版》;艾思仁(Edgren):《南宋杭州的印
刷业》。

试,以便占据地方和中央政治、文化领导机构的地主。现在,中国历史上统治阶级成员中的多数第一次来自中国中部和南部,大多来自唐衰微后、甚至更晚的刚刚定居在那里的家庭。①

科举制的发展和受教育人口的稳步增长有助于宋代知识的生长。虽然佛教教义和活动到宋朝已经完全中国化并融入一般的中国文化,但佛教哲学和玄学不再在思想界占统治地位。最聪明的人似乎转向文人的修养:诗、绘画、书法、历史学、哲学和经典研究。儒家学说以一种崭新的形式复兴以至于在英文里被称为"新儒学"②。教师吸引来数百名学生,尽管多数为准备科考而来,现在却投入了圣人性质和试图恢复圣人治道的讨论。儒学复兴运动的领导人寻找把经典中的理想秩序和自身所处时代迅速变化的社会政治秩序整合在一起的途径。他们对科举制进行激烈的讨论。他们寻求恢复古老的礼仪,反对佛教的火葬习俗,为士人制定了对家族成员承担责任的礼仪规定。个人的自我修养成为思想家最关心的事,其中以程颐(1033—1107)和朱熹(1130—1200)的追随者最为突出。南宋时期,儒学家因朝廷未能收复北方失地深受挫折,越来越把兴趣放在自下而上地建设更理想的社会——重组家庭和地方社会,创建书院,通过出版物传播信息。③

一般说来多为文盲的普通劳动者也受到文化变迁的影响。

① 姜士彬(Johnson):《一个大姓的末年:晚唐宋初的赵郡李氏》;伊沛霞(Ebrey):《早期中华帝国的贵族家庭:博陵崔氏个案研究》;贾志扬(Chaffee):《荆门》;韩明士(Hymes):《宋元时期抚州的婚姻、宗族和地方主义策略》;柏文莉(Bossler):《有力的关系和权力的关系:宋代中国的家庭和社会》。
② Neo-Confucianism,以下称为"理学"。——译者注
③ 狄百瑞(De Bary):《再评理学》;卡斯弗(Kassoff):《张载的思想》;狄百瑞和贾志扬(de Barry and Chaffee):《理学与教育:形成的时期》;伊沛霞(Ebrey):《宋代"家"的概念》《中华帝国的儒学和家庭礼仪:礼仪著作中的社会史》;包弼德(Bol):《斯文》。

城市化,更稠密的定居人口,地区间贸易的扩张和受教育人数的增多,都改变着文化传播的方式。相距遥远、相互隔绝的村落之间有了更多的联系,民间信仰遍及全国各地。同时,新的地方化的家族组织形式产生了,士大夫与其农民兄弟一起拜祭共同的祖先,保护祖坟,促进其他公益事业。每出现一个打算科考的人都意味着同时还有十几个人在学校学习读写,但不一定能掌握经典。因此,即便不在每个市镇也会在每个县城见到学校和文人。①

宋朝与中国妇女史

因为发源、成熟于西方世界,妇女史与女权主义和改善妇女生活的目标紧密相连。当社会活动家改变斗争口号时,历史学家也受到激发,开始针对过去提出新问题。过去的 20 年里,历史学家们分析了妇女处于从属地位的理论基础,以及特定的社会性别差异建构被接受的历史过程。经过孜孜不倦的发掘,重新发现的妇女留下的文字记录远远多于以往的估计。妇女史甚至可以让史学家提出更多、更新的问题,比如,它引发了对男女个人和情感生活的新的关注。今天,甚至对早在中世纪和文艺复兴时期的研究里,都有很多论述显露了妇女的作为,并把社会性别作为文化和社会结构的组成部分进行分析。②

① 崔瑞德(Twitchett):《家族管理的文件,1:范氏义庄的管理规则》;伊沛霞(Ebrey):《宗族组织发展的早期阶段》;韩森(Hansen):《变迁之神》。
② 见如克拉皮茨(Klapisch-Zuber):《意大利文艺复兴时期的妇女、家庭和礼仪》;戈尔德(Gold):《女子和处女:法国 12 世纪的形象、姿态和经验》;罗丝(Rose):《中世纪和文艺复兴时期的妇女:文学和历史的透视》;弗格森(Ferguson, Quilligan and Vickers)等:《重写文艺复兴:当代欧洲早期的性别差异话语》;厄勒(Erler and Kowaleski):《中世纪的妇女和权力》。

　　中国妇女史著作比同类西方著作少许多,但我们还是逐渐获得了关于中国妇女的经验怎样与中国历史的发展联系在一起的越来越深入的理解。比如说,现在可以多层面地分析妇女作为皇帝的母亲、妻子和姐妹所扮演的角色,皇室婚姻政治怎样影响整个的政治结构。① 已经有人分析过社会性别差异与哲学、宗教基本理论之间的联系,亦有不太多的关注直接投向指教女性进入角色的训诫性著作。② 我们现在看到,关于女性领域的概念极大地影响了女人在宗教和艺术领域里能够扮演的公共角色的种类。③ 娱乐场所给一些女子提供了发展文学、音乐和艺术天赋的机会,但是其他不愿意介入那种环境的女人倘若施展才能就会因此受到限制。④ 然而明朝(1368—1644)末年,女作家和女艺术家越来

① 见吉索(Guisso):《武则天和唐代政治的合法性》;秦家德(P. C. Chung):《北宋的宫廷妇女》;霍姆格伦(Holmgren):《传统跺跋贵族里的妇女和政治权利:〈魏书〉后妃传初探》《北魏政治中的后宫》《自汉至明土著汉人与非汉族国家间的皇室婚姻》;贾志扬(Chaffee):《宋代女性皇室成员的婚姻》;罗斯基(Rawski):《清代皇室婚姻与统治问题》。

② 如斯旺(E. g. Swann):《班昭:中国最早的女学者》;奥哈拉(O'Hara):《〈列女传〉表现的中国古代女性的地位》;安乐哲(Ames):《道家与雌雄同体理想》;吉索(Guisso):《湖上的雷:五经和中国古代对妇女的感知》;桑格伦(Sangren):《中国宗教符号中的女性的社会角色:观音、妈祖和"无生老母"》;保罗(Paul):《佛教中的女人:密宗传统里的女性形象》;廖天琪(Martin-Liao):《女教书》;布莱克(Black):《中国阴阳五行思想中的社会性别和宇宙论》;巴恩斯(Barnes):《佛教》;凯莱赫(Kellcher):《儒学》;里德(Reed):《道家》;芮马丁(Ahern):《姻亲与家族礼仪》;柏清韵(Birge):《朱熹与女性教育》;默里(Murray):《训诫女人的艺术:〈女孝经〉》;卡利茨(Carlitz):《晚明版〈列女传〉中女子贞洁的社会功用》;罗威廉(Rowe):《清中期社会思想中的女人和家庭:陈宏谋个案》。

③ 见利弗令(Levering):《龙女和茅山女尼:佛教禅宗的社会性别和地位》;柯素之(S. Cahill):《艺妓与女道士:作为唐代妇女保护神的西王母》;恩·瓦特纳(Waltner):《明朝和清初的寡妇与再婚》;韦德纳(Weidner):《中国绘画史中的女人,1330—1912》。

④ 见李豪伟(Levy):《汉宫专宠》;高罗佩(Van Gulik):《中国古代的性生活》;薛爱华(Schafer):《唐代艺妓考释》。

越多,引起 18 世纪的学者开始讨论女性角色。① 但同一时期对寡妇守节的信奉荒谬地达到顶点。已经有人从多种角度分析了拒绝再嫁,甚至自杀殉葬的青年女子得到的殊荣和奖励——从国家有兴趣提升道德,到关于自杀的流行观念;从地区的经济环境、士人阶层的家庭结构,到寡妇的财产权。② 确实,现在我们清楚地知道寡妇可以灵活地做出选择,知道驱使她们做出这些选择的文化框架对特定形式的自我牺牲也有所回报。关于 20 世纪女性有更多研究问世,特别是关于运用政治手段提升妇女地位的研究。这里的焦点是女权主义运动与其后继的政治改革和革命之间的关系。对此,多数学者强调很难使社会性别关系发生基本的变化,即很难消除妨碍妇女的制度化不利因素。③

为什么选宋代做妇女史?研究中国妇女史的学者通常选一个便于与当代连在一起的时期(也就是中国历史学家采用的历史悠久的"以史为鉴"的实践)。因此唐朝吸引了一批学者,他们希

① 见罗普(Ropp):《种的变化:反观清朝初期和中期的妇女状况》;韦德纳(Weidner):《在阴影中开放:中日绘画史中的女人》《来自玉台的风景:1330—1912 年的中国女艺术家》;魏爱莲(Widmer):《17 世纪中国女天才的书信世界》;罗伯特森(Robertson):《女性的声音:中国中世纪和帝国后期抒情诗中的女性题材》;高彦颐(Ko):《追求才华与美德:17、18 世纪中国的教育和淑女文化》;曼素恩(Mann):《打扮出嫁女:清中期的新娘和妻子》;宋汉理(Zurndorfer):《王照圆的"恒常世界":中国 18 世纪的女性、教育和正统思想初探》。

② 见谢安迪与史景迁(Hsieh and Spence):《中国前现代社会的自杀和家庭》;恩·瓦特纳(Waltner):《明朝和清初的寡妇与再婚》;霍姆格伦(Holmgren):《〈魏书·列女传〉中北朝寡妇的守节》《贞节的经济基础:古代和当代中国的寡妇再嫁》《对蒙元社会初期婚姻和财产继承实践的观察,特别是对收继婚的考察》;伊懋可(Elvin):《女性的贞节和中国社会》;曼素恩(Mann):《清代家族、阶级和共同体结构中的妇女》;田汝康(T'ien):《男人的焦虑和女人的贞节:明清时期伦理价值观的比较研究》;鲍家麟(Pao,Chia-lin):《晚清节妇和资助她们的制度》。

③ 特别见克罗尔(Croll):《中国的女权主义和社会主义》;斯特西(Stacey):《中国的父权制和社会主义革命》;约翰森(K. Johnson):《中国的妇女、家庭和农民革命》;卢惠馨(M. Wolf):《台湾乡村的妇女和家庭》;韩企澜与贺萧(Honig and Hershatter):《自我的声音:80 年代的中国妇女》。

望显示,在繁荣、充满活力的时代里士人家族女性有相当的自由参与社会。① 他们可以找到一些唐代妇女的典范,但更重要的,可以论证给予妇女更大的自主权并不与中国文化相违。比较之下,那些更愿意揭露强加于女性的残虐行为——比如缠足、溺婴、卖淫和阻挡孀妇再婚——的学者一般被清代(1644—1911)吸引,也是这类事例记录得比较多的时代。②

宋朝吸引学者的原因在于它是妇女的处境明显地趋向变坏的时代。③ 有关的情况是缠足更普遍,再嫁受到更强烈的限制。由于男人的统治在中国史里常被解释为意识形态使然,学者们常用儒学的复兴解释这些变化。比如,陈东原在他很有影响的《中国妇女生活史》(1928)里指出,妇女生活在哲学家程颐、朱熹倡导"饿死事小,失节事大"以后变坏,提出"宋代实在是妇女生活的转

6

---

① 见李豪伟(Levy):《唐代的妓女、夫人和妾》;赵守俨:《唐代婚姻礼俗考略》,《文史》1963,3:185—195;张修蓉:《唐代文学所表现之婚俗研究》,硕士论文,台湾政治大学,1976;翁孙明(Wong):《儒家理想和现实:唐代婚姻制度的转变》;刘增贵:《唐代婚姻约论》,刊于王寿南《中国史学论文选集》第4卷,台北,1981;牛志平:《从离婚与再嫁看唐代妇女的贞节观》,《山西大学学报》1985,4:108—113;牛志平:《唐代妒妇论述》,《人文杂志》1987,3:92—97;赵超:《由墓志看唐代的婚姻状况》,《中华文史论丛》1987,1:193—208;高世瑜:《唐代妇女史》,西安:三秦出版社,1988;杰伊(Jay):《唐代西安中国女人的轶事:武则天、杨贵妃、鱼玄机和李娃的个人主义》。

② 见李(Lee):《中国的杀死女婴现象》;格罗沃尔德(Gronewold):《漂亮的商品:卖淫在中国,1860—1936》;田汝康(T'ien):《男人的焦虑和女人的贞节:明清时期伦理价值观的比较研究》。

③ 如刘润和:《宋代婚姻的几面观》,《中文学会年刊》66—67:95—120;丹乔二:《宋代小农民家族和女性:时代和女性》,《日本大学文学研究所纪要》1978,20:101—117;李敖:《宋代的离婚——夫妻同体主义下的宋代婚姻的无效撤销及其效力与手续》,载《李敖全集》第1卷,台北,1980;彭利芸:《宋代婚姻研究》,台北,《新文丰》,1988;张邦炜:《婚姻与社会(宋代)》,成都:四川人民出版社,1989;林克(Linck):《肥沃土地上的孤独影子:宋代上层阶级女性观的变化》;柳立言:《浅谈宋代妇女的守节与再嫁》,《新史学》1991,2,4:37—76;柏清韵(Birge):《宋代的妇女和财产(960—1279):福建建州的理学和社会变化》。

变时代"。① 有些学者走得如此之远以至于指出哪些宋代学者曾积极参与推广缠足、溺婴和寡妇殉节。② 对于没能从整体上批判中国文化、只批评家长制的当代学者说来,谴责理学不失为一条捷径。

把焦点集中于宋史的另一个原因从表面上看似乎有点矛盾,因为史料表明宋代妇女有很大的财产权。③ 从现存的法律判决看,每当判官被请去监督财产分割时,就会为女儿留出一份相当于儿子那一份一半的财产以作嫁妆。不仅如此,带嫁妆的女人婚后有生之年始终有相当大的权力控制着它们的使用和处置,再婚时甚至可以带走。宋以前和宋以后财产由女人经手进行传递都没有这样顺理成章。

这两种截然不同的女性地位变化迹象的结合促使我致力于宋史研究。唐宋时期的重大变化很难不波及妇女领域。因为家庭是拥有财产和纳税的基本单位,保有、增值财产的策略一定受到土地所有制和赋税政策之变的影响。以劳动力密集为特征的水田稻作方式必然影响家庭内部的劳动分工。城市化和商业化必然多多少少影响女人谋生的机会。社会性别差异的文化概念必然适应了更大的思想图景,包括人类存在的本质、个体之间的纽带和自主权的道德基础。佛教中国化和儒学复兴对文化的扫荡必定会影响人类对基本问题的思考。假如大多数涉及家庭的

① 陈东原:《中国妇女生活史》,139,台北:台湾商务印书馆,据1928年本重印,1980。
② 林语堂:《吾国吾民》,165,1939;姚(Yao):《中国妇女:过去和现在》,91;李敦仁(Li Dun):《中国人万岁》,364。
③ 见仁井田升:《支那身份法史》,381—392,东京,1942;滋贺秀三:《中国家族法的原理》,401—409,东京,1967;伊沛霞(Ebrey)《南宋上层阶级家族体系中的妇女》《6—13世纪婚姻中的财产转移》;袁俐:《宋代女性财产权述论》,杭州大学历史系宋史研究室编:《宋史研究集刊》,第2卷,杭州,1988;柳田节子:《南宋时期家产分割中的女承分》,载衣川强编:《刘子健博士颂寿纪念宋史研究论集》,东京,1989。

话语带有清晰的阶级的特性,新的阶级结构和跨越阶级界限的新方式必将重建有关的话语。因此,我们面临的任务是怎样使妇女史与我们理解的宋代广阔的历史变化结合起来。[①] 我们怎样理解缠足的普及,特别是它看起来发生于女人财产权变得很强大的同时？对宋代理学的指控是否有几分道理？经济增长和新型士人带来哪些效果？就这些历史转型,对女人身上发生的事情的认知是否提出了新问题？

婚姻和妇女生活

本书的焦点集中于妇女领域和婚姻领域的交界处。绝大多数宋代妇女都结了婚,但是没有公职。男人有效地统治着公共领域:他们从政、经商、著书立说、修建庙坛。要理解多数女人的生活,我们必得看一看她们在哪里——她们在家里。无论个体女性对身份的认定,还是男人对作为个人的女性和作为类别的女性的概念,她们在家里与别的女人和男人打交道,这是至关重要的。

有些史学家把妇女史当作打破女人社会地位固有模式的工具,倾向于忽略留在家里养儿育女、操持家务的已婚女人。他们希望发现在众多男性统治者、艺术家、作家、反叛者的世界里得到权力并引人注目的不寻常女子。虽然古代社会的多数妇女都承认自己的活动场所在家庭以内,但是妇女史和家庭史却被当作不同的甚至对抗的两个学科。把家庭当作压迫妇女的主要机构的妇女史学者批评家庭史学者以模糊性别差异的方式书写家庭,无论是在研究的兴趣、资源还是目标方面。他们认为,家庭里男人

---

① 参考伊沛霞(Ebrey):《中国历史上的妇女、婚姻和家庭》。

与女人的经历十分不同,多数史学家研究的家庭不过是男人定义的家庭。①

在中国的情况下,不愿把妇女放在家庭内部进行研究可能反映了对家庭领域深厚的以男人为中心的思想的厌恶。世系的延续以父亲、儿子、孙子的传承为核心,祭祀祖先的义务、家庭财产和姓都沿着父系往下传。众多可以宽泛地归入儒家的典籍认定,家庭和家族本质上是男人间的一系列联系;确实,有权修订而且确实在修订家谱的人,从不记录女人。法律文献同样表现出家庭内部理想化的权力关系。长辈统治小辈,男人统治女人。所有的社会阶层里,土地、依附人口、房屋、家具和多数其他财产都被视为家庭财产;传给下一辈时,只有儿子们分享。因为儿子留在家里延续嗣脉,妻子是为他们娶进家门的人。结婚意味着一个姑娘从一个家庭移居到另一个家庭,从从属于父亲变成从属于丈夫和公婆。妻子没有离婚和休夫的自由;然而,男人可以用多种理由这么做。男人也可纳妾,因为一夫一妻制规定一时只能有一个妻子,但没规定只可有一个女人。依据占主导地位的伦理和法律模式,简而言之,中国家庭完全是父系世代相传,父家长制,并以父系居住地为住地的。女人对这种模式和自己在其中的边缘位置有清醒的认识。而且,多数女人都发现,接受家庭体制提供给她们的激励和回报,并在其中运作,对自己比较有利。②

批评中国古代家庭体系对妇女的压迫比较容易,20 世纪初

①② 参考蒂利(Tilly):《妇女史和家庭史:成果丰富的合作还是错误的结合?》。
② 研究当代中国妇女最好的成果见卢惠馨(Wolf):《台湾乡村的妇女和家庭》;科恩(Cohen):《合家、分家:台湾的中国家庭》;武雅士、黄介山(Wolf and Huang):《中国的婚姻和收养,1845—1945》;罗宾·瓦特森(Watson):《中国南方的阶级差别和姻亲关系》;奥克(Ocko):《等级制与和谐:从清代案例看家庭纠纷》。

期以来中国男女两性改革家都这样做过。但是无人试图重现这个体系;指出它的缺点无助于考察女人怎样按照这个体系的术语塑造自己的生活,无助于考察她们怎样像男人一样辛勤工作以维持这个体系的运转。换句话说,强调女人的牺牲等于只打算掩盖女性能够取得的成就。

　　承认占主导地位的意识形态和法律的力量并不意味着必须用它们组成探讨妇女生活的研究框架。我在本书采用两个策略再现更真实的妇女经历。第一,焦点集中于婚姻而不是家庭。通过把婚姻作为中心问题,可以更多地从女性视角看家庭生活。婚姻意味着许许多多事:它是一系列仪式;它是一套对人和物品有决定权的法律系统;它是与其他家庭建立姻亲纽带的途径;它是一系列特定的社会性别角色,饱含着男女双方怎样对待对方的预期值;一个性的同盟;为人父母、把个人变成家庭成员的基础。婚姻表现为各种公认的形式:标准的住在男方祖祖辈辈居住地的初婚;任何一方都可能是再婚的婚姻;到女方家庭做这家的女婿或某一位寡居的女人的赘婿、接脚夫的婚姻;作为准婚姻的纳妾。男人在家庭的经历以持续为特征,女人的则会中断。多数男子与出生的家庭之间的纽带是连续的。女人最好的情况是仅有一次移居即结婚时的移居,差一点儿的,女人可能被当作婢女或妾被卖掉或被多次转卖;她可能被休掉,也可能在成为寡妇时被赶走。

　　我的第二个策略是把婚姻视为一种文化框架,其中包含各种部分矛盾且常常模棱两可的观念和形象。要搞清这些观念和形象必须摒弃通常的思考方式。用现代观点(包括当代中国的观点)看,个人幸福和社会秩序的最好基础是建立在爱情之上的夫妻间强有力的联系。我们可以看到追求爱情的个人并不都成功,但是我们倾向于推测,人在寻找爱人时若得到相当大的自由,人

类的全部幸福就会最大限度地实现。相比之下,中国古代的个人
幸福和社会秩序以父母与子女的关系纽带为中心。女性在这方
面处于不利地位,因为当女儿离家出嫁以后,她们与父母的联系
被削弱了。然而她们的儿子一直待在家里,所以她们和儿子一起
生活的时间可能是和丈夫生活时间的两倍。因而,强调父母与孩
子的关系纽带使妇女有充分的机会创造满意的为母生活。

　　但是,一般来说,强调做母亲的价值和父母与孩子的联系并
不能使中国女人的生活比我们自己的少一些矛盾。社会性别、性
倾向和亲属关系,这些多少有点矛盾的概念也是塑造妇女生活的
文化框架的一部分。宋代史料充分记录了把彼此间的联系归结
为命运的力量的夫妻,起诉亲戚索要财产的寡妇,劝说丈夫把女
儿留在家里为她招女婿的妻子,还不说那些毁坏家庭内部关系的
情欲和妒忌的奇闻异事。现有史料代表的各种各样的观念和行
为即便没组成一个和谐的系统,但也被广泛地意识到并无形中得
到默认。多数人都懂得,无论法律和儒学怎样暗示,家庭都不是
其成员享有一致的设想、共同的利益和目标的单位,相反,家庭更
是老少、男女、妻妾的共生之处,处理自己与他人的关系的地方,
各成员追求的利益经常不同,因而会发生冲突。

　　我不认为宋代社会与我们的有什么不同。我们知道在我们
的社会里,很少有什么行为其意义是毫不含糊的:父母敦促孩子
多吃一些时表达的意思不一定相同,服装的样式也不会明确传达
出性信息。人的行为当然不一定前后一致:妻子此一时顺从,丈
夫彼一时却变了。这类前后不一致现象不一定与阶级、地区或社
会性别差异有关;毕竟,单独的个人可以坚持矛盾的想法,体验复
杂的情怀。多重层面、模棱两可、常常对立的观念的共存使生活
显得混乱,但它本身并不一定是坏事,因为它给人回旋余地,以便

9

人们能够在生活里掌握、保留哪怕十分微小的机动、灵活和变通。当我们开始假定宋代妇女生活的世界像今天一样复杂、流动、谜一般地充满矛盾时,她们的生活就显得有趣、可信了。即便男人主要根据主流意识形态来理解自己的生活,但对于女人,我将论证,围绕着她们的矛盾的观念和含糊的形象的每一点都是至关重要的。

叙 事 史 料

基于我在这本书打算做的许多事——考察变动中的社会的复杂性,揭示个人和结构两方面的情况,探寻协调的可能性和传统的力量——我已经集聚了所有我可以找到的史料。为了解法律,我求助于正史,官府文件汇编和《宋刑统》。我搜集婚礼仪式的细节,从对地方关卡的描写里找到女人被卖做婢女或姜的市场,从中医文献里发掘关于怀孕和生育的流行思想。为了发现塑造人的思想的形象和符号,我把诗句、婚书和婚约、举办婚礼时装点房屋的联句都当作史料。绘画被证明是了解社会性别差异的极好媒介。为熟悉表示亲属关系和家庭伦理的词汇,我利用劝诫书籍,最著名的是司马光(1019—1086)的《家范》和《居家杂仪》,袁采(约 1140—约 1195)的《袁氏世范》。[①] 由于这两位作者看问题的角度不同,因而经常达到互补的效果,或证实了流行的做法,或指出哪些是文人士子不能苟同的。事实证明哲学著作也有用,当时最有影响的思想家程颐(1033—1107)和朱熹(1130—1200)

---

① 参考伊沛霞(Ebrey):《宋代的家庭和财产:袁采对社会生活的感觉》;《中国古代的儒学和家庭礼仪:礼仪著作中的社会史》49—50,59—61;《女人,钱和阶级:司马光和理学家的女人观》。

比司马光或袁采更强调父系原则。①

　　我使用的这些或严谨或散漫的文献的缺点是，它们多由其知识结构倾向于否定社会的多层面和变化的男人撰写。当他们将发生在身边的事情诉诸笔端时只能记录其中很小的一部分；更有甚者，写作这种行为对他们来说意味着把秩序强加在对象、议题或有问题的事件上，简单化兼理性化。在中国，他们输入的秩序往往是拒绝变化的。于是关于家庭、婚姻、社会性别和相关论题，他们决定要说的集中在他们认为是最正确的事情上，而他们认为最正确的是与永恒的模式相符的事情：他们假设，基本的人际关系，如父母与子女的关联，不受时间的影响而改变。结果，致力于阐释家庭组织原则的法律、礼仪和哲学典籍不仅没写出社会生活更混乱的一面，还否认社会处于不断的变化当中。

　　由于将一般化作者遗漏太多，本书尽可能选取特定环境下特定人物的叙事史料。叙事史料的长处可用一个故事证明，这个故事本书引用了两次，一次在妾的一章、另一次在离婚的那一章。故事由宋代最多产、最活跃的作家之一洪迈（1123—1202）记录：

　　　　唐州比阳富人王八郎，岁至江淮为大贾，因与一倡绸缪，每归家必憎恶其妻，锐欲逐之。妻，智人也，生四女，已嫁三人，幼者甫数岁，度未可去，则巽辞答曰："与尔为妇二十余岁，女嫁，有孙矣，今逐我安归？"王生又出行，遂携倡来，寓近巷客馆。妻在家稍质卖器物，悉所有藏箧中，屋内空空如窭人。王复归见之，愈怒曰："吾与汝不可复合，今日当决之。"妻始奋然曰："果如是，非告于官不可。"即执夫袂，走诣县，县

11

────────────────

① 见伊沛霞（Ebrey）：《宋代"家"的概念》；《中国古代的儒学和家庭礼仪：礼仪著作中的社会史》52—53、58—59、80—85、102—144。

听仳离而中分其赀产。王欲取幼女,妻诉曰:"夫无状,弃妇
嬖倡,此女若随之,必流落矣。"县宰义之,遂得女而出居于别
村,买餠罂之属列门首,若贩鬻者。故夫他日过门,犹以旧恩
意与之语曰:"此物获利几何? 胡不改图?"妻叱逐之曰:"既
已决绝,便如路人,安得预我家事?"自是不复相闻。女年及
笄,以嫁方城田氏,时所蓄积已盈十万缗,田氏尽得之。王生
但与倡处,既而客死于淮南。后数年,妻亦死。既殡,将改
葬,女念其父之未归骨,遣人迎丧,欲与母合柑。各洗涤衣
敛,共卧一榻上,守视者稍怠,则两骸已东西相背矣。以为偶
然尔,泣而移置元处,少顷又如前。乃知夫妇之情,死生契
阔,犹为怨偶如此。然竟同穴焉。①

这个故事只不过是数千种保存下来的宋朝妇女生活的叙事
史料之一。它充满有力的形象刻画。它描绘了一个色迷心窍的
男人,被娼妓吸引以致疏远了妻子。它也塑造了一个应变能力强
的女性形象,虽然她无法随心所欲,但仍能顶住压力达到目的。
我们从中看到一种语境:在法律和经济对一个女人在婚内和婚外
行为规定的限度以内,女人创建了自己的生活。如果男人能够草
率地休妻,离婚法的条文——比如,规定男人不能无理由地休妻,
或即便有理由,女人无处可去,也不能休妻——也就意义不大。
但女人仍可以灵活地运用法律使之对自己有利——像此案这样,
县令就否决了丈夫对孩子监护权的要求。

这个故事还使我们看到不常被提及的妻子和女儿掌握权力
的可能性。妻子能够自由出售自己拥有的财产;没有儿子的家庭
可把财产传给女儿和女婿;女儿可以执行一般指望儿子执行的礼

① 洪迈:《夷坚志》丙 14:484,北京:中华书局,1981。

仪义务，比如殡葬。这个故事也描绘了夫妻间的冲突——王妻知道她的利益与丈夫的不同——但是同时，它也强调了儒家价值观的特性，偏向通过道德上的努力解决冲突。没有这种价值观，女儿就不会把父母合葬在一起，合葬的确明显违背双方当事人的意愿。因此我们看到许多完全不同的、无法整合的事实：男人的强势与女人的足智多谋，性吸引的力量和母亲献身于孩子的利益而生发的力量，不和谐的婚姻和父母一体的价值观。

　　还有许多其他故事，在某些方面可与王八郎及其妻子的故事相比。洪迈通过家仆、和尚、酒肆里偶遇的生人、当地方官时的同事等各类人收集了许多故事。[①]《夷坚志》现存版本的 2692 个故事多数都有点像王八郎夫妇死后的仇恨那样离奇，但是由于奇怪的事都发生在家里，所以无意中透露了一些家庭生活的机制。洪迈的故事没有照着训诫书的模式写，他也不打算躲避或解决普通人思想里的矛盾。即便我们把他的故事解读为纯属虚构的鬼故事，但洪迈把它们当作真实的事如实地记载下来——也许是难以解释的事，但却是真正发生了的事。

　　洪迈以外还有许多作者描写了妇女生活的小故事。其中很多奇闻轶事来源于围绕着名人的闲谈。[②] 闲谈不保证细节的精确性，但也不无历史意义。毕竟，为了评价对德高望重的人的描写，我们还需要知道什么样子不招人喜欢，不合时宜，愚蠢，或不知羞耻。奇闻轶事、街谈巷议有时在这方面很有表现力。我们还需要从中感知怎样说才是对不好的行为做了合理的解释——作者提到的环境有助于读者了解男人为什么买卖妾妇，妻子为什么离开丈夫。

---

① 这方面资料参见张福瑞（Chang Fu-jui）：《〈夷坚志〉与宋代社会》；克利斯蒂安（de Pee）：《〈夷坚志〉中的女人：用小说做史料基础的社会史研究》。
② 已译成英文的例子，见章楚夫妇（Djang and Djang）：《宋人轶事汇编》。

周密(1232—1298 或 1308)记录的一则轶闻可以当作这类材料的典型。它对奸臣韩侂胄(卒于 1207)的身世提出了非议。

> 王宣子尝为太学博士,适一婢有孕而不容于内,出之女侩之家。韩平原之父同乡,与之同朝,无子,闻王氏有孕婢在外,遂明告而纳之。未几得男,即平原也。①

读过这个故事的人都知道韩侂胄的父亲想要一个儿子,他把怀孕的婢女视为得到孩子的机会,这个孩子可以被当作亲生儿子养大。我们会奇怪这类故事的真实性,但当时的人并不怀疑;的确,这类事有时最终记录在《宋史》名臣传里。比如,王晏(890—966)的传记记录了下面的事件:

> 初,晏为军校,与平陆人王兴善,其妻亦相为娣姒。晏既贵,乃薄兴,兴不能平。晏妻病,兴与人曰:"吾能治之。"晏遽访兴,兴曰:"我非能医,但以公在陕时止一妻,今妓妾甚众,得非待糟糠之薄,致夫人怏怏成疾耶?若能斥去女侍,夫人之疾可立愈。"晏以为谤己,乃诬以他事,悉案诛其夫妻。②

这种轶闻特别有益于洞察当事人对性和性吸引力的真实想法,触及上层阶级男子与女人市场的关系。我们看到男人买女人做妾,让她们招待自己的客人,待到控制不住她们时就陷入烦恼。我们看到妻子抑制不住嫉妒的情绪,儿子涉嫌与父亲的妾有不伦之行。我们还看到下层阶级中的父母们把社会上对年青漂亮女子的需求当作获利的途径。讲述这些故事使得男人对他们与女人关系中内在的脆弱性和危险性多少有所感知。

---

① 周密:《癸辛杂识》2:209—210,北京:中华书局,1988。
② 脱脱:《宋史》252:8849,北京:中华书局,1977。

正统史料也可以当作特定妇女的叙事史料的宝库。比如说，诉讼判词汇编《名公书判清明集》里有二百多件呈报到官府的家庭纠纷案。书判由身为士人的判官撰写，但当事人是生活中各阶层的普通人。与本书关系密切的案例，案情涉及以下方面：乱伦，确定婚姻的合法性，女儿、妻子和寡妇对嫁妆和其他财产的诉求， *14* 寡妇要求立继和处理其他家庭事务的权力，等等。①

宋人文集里有大量的墓志铭。作为称颂文字，这些墓志铭遵循固定的格式，而且不幸的是仅限于为士人阶层成员而写。② 每篇墓志铭会介绍墓主的基本情况，包括生卒年、祖先、籍贯所在地、配偶、子嗣、性格、才能和功绩。墓主通常是官员或他们的男女亲戚；很多人是著名文人的亲朋好友，因为只有他们的文集才会很好地保存下来。

男人，偶尔也有女人，决定透露与自己亲近的已故女人——母亲、姐妹、妻子、女儿或儿媳——的信息时，所精心刻画的形象也反映了他（她）们自己及其身份。这些信息进一步被擅长写作的文人（通常是一个男人）组织、编纂，因而自然而然地沾染上越来越多的文学创作的特色。但是墓志铭不全是文学创作。当写作者知道墓主是谁时，特别是写自己的母亲、妻子和姐妹时，作者的感情清楚地流露出来。比如，孀妇的情况总会如实写出。如果细读，铭文蕴含着丰富的细节，对研究人们为子女择偶的标准非常有用。③ 墓

---

① 半数以上的案例都被译为日文（梅原郁：《宋代官僚制度研究》，京都，1985）。对《名公书判清明集》的研究，见中华书局 1986 年本第 645—686 页陈智超的论述；柏清韵（Birge）：《宋代的妇女和财产（960—1279）：福建建州的理学和社会变化》98—104。

② 可参考柏文莉（Bossler）：《有力的关系和权力的关系：宋代中国的家庭和社会》22—43。

③ 有关最后一种用处，见沃尔顿（Walton）：《宋代的家族、婚姻和地位：宁波楼氏个案研究》；韩明士（Hymes）：《政治家与绅士：北宋和南宋时期江西抚州的社会精英》；柏文莉（Bossler）《有力的关系和权力的关系：宋代中国的家庭和社会》。

志铭也提供了宋代最有利用价值的可靠数据,如婚龄、子女个数、婚姻延续了多久、孀居多少年。为了利用这些数据,我收集其丈夫的传记资料也流传下来的女人的墓志。从宋人传记资料索引找到 189 对双方都有传记资料的夫妇,其中双方生辰都有记录的有 166 对,这使他们更具有量化的作用。166 对当中 135 对是丈夫和原配妻子,31 对是丈夫和第二、第三或第四位妻子。本书提出的各类统计都源于这些双方都有记载的夫妇。[1]

这里引用一个非常典型的墓志铭的前一半,由韩元吉(1118—1187)为熟人的母亲上官氏(1094—1178)撰写。

荣国太夫人上官氏墓志铭

夫人上官氏,邵武之著姓也。夫人之考,以儒学奋为左中大夫,出入显仕,始大其门。夫人生而静专,不妄言笑。中大公异之,择配甚久。故户部侍郎季公,有声太学,以上舍擢第,夫人归焉。侍郎家处州之龙泉。早孤而贫。夫人不逮事其舅姑,遇岁时荐祭,称家有无,必具以洁。与其夫均感慕不翅如逮事者。尝叹曰:"吾为君家妇,凡事死犹事生也。"既侍郎为辟雍直讲,季氏之宗有不令者,以其上世清平里之茔山窃售于僧寺。侍郎谒告归,义赎之,禄薄素无积,将贷于人。夫人泣曰:"吾父母资送我者,以为君家助也。君松槚不自保,吾安所用焉?"尽倒其奁以赎其山,且以其余增地甚广,置庐舍守之。曰:"俾后世知自君得,他人无敢预也。"于是季氏之族无大小皆称夫人之贤,且服其识。至今薪栖不敢望其墓林,曰:"此上官夫人赐也。"侍郎以徽猷阁待制,经略广州。既三年,得请奉祠矣,未去广而殁。诸子未冠,夫人护其丧,

---

[1] 见伊沛霞(Ebrey):《宋代精英间的联姻》。

独行数千里,归祔清平之茔,襄治甚备。已而慨然曰:"吾于季氏无负矣,犹欲教其子,使得齿于士居子之流。然夫家无依。盍亦依吾父母乎?"乃又携其子,闲居于邵武从中大公。时中大公诸子皆早世,唯夫人在。夫人日侍其二亲,退则躬课诸子诵习,夜分乃寐,率以为常。中大公与其夫人,年皆九十而终。夫人始去其亲之舍,筑室郡城。聚居十指。诸子嶷嶷,仕有能称,相踵至半刺史二千石。诸孙十余,间受命,或预乡荐。孙婿六七人,被服儒雅,乡间指为益事。然不幸十余年间,三子者前卒,独季息主侍左右。夫人年已八十,人亦不堪其忧,而夫人自少观浮屠氏书,泊然无甚哀戚之累。将终之夕,仅以小疾,犹合目端坐,诵《华严经》,滔滔无一语谬。①

16

继上文记录了她的死以后,韩元吉描写了上官氏的儿子如何请他写作此文,他与这家人的联系,他如何仰慕她的美德。韩元吉还详细地记录了上官氏的先祖、4个儿子的姓名和官职、16个孙子及8个孙女婿的姓名。

与其他墓志铭一样,这篇铭文给墓主的评价相当高。上官氏拥有固定模式中女人多方面的美德,如她从不愚蠢地说笑,懂得怎样获得娘家或夫家的亲戚的爱戴和感激。这段铭文也为表现撰写者提供了很多有价值的信息,表明韩元吉对她克服了如此的逆境印象深刻;他对女人受教育给以积极的肯定,至少在她用之于儿子的教育时;他认为面对死亡时仍能背诵经文的女人值得仰慕,因为她的镇定,或者可能还因为她的宗教造诣。读过很多这样的铭文后,我们就会了解到,在男性作者对女人的体验中他们

① 韩元吉:《南涧甲乙稿》22:458—460,丛书集成。

认为什么最特别，当他们想到家庭生活时什么使他们感到温暖。

但我仍然认为这些史料透露了远远多于作者原有评价的信息。以这条铭文为例，它写出了上官氏一生重大事件的具体细节。我在本书中不仅用它做数量分析（例如，它既是一个表现了不同集团之间的婚配的个案，也是 40—45 岁之间的孀妇的个案），还把它当作一位父母家境宽裕、信仰佛教、伴随丈夫就任地方官的受过教育的女性的例子。从这个墓志铭我们可以预见当妻子来自比夫家更富裕的家庭时会出现什么情况：她可能用嫁资实现买墓地这样的家庭目标；她还可能在丧夫后带子女回娘家住下去。

虽然用叙事史料很难对婚姻进行分析研究，也不利于找到婚姻塑造妇女生活的途径，但它是进入语境并发现复杂动机的唯一道路。洪迈、周密和韩元吉（像司马光和袁采做过的）可能写过触及离婚和寡妇问题的文章。他们的概括将成为了解他们的思想的有趣的证据，但是远不如关于特定女人的传记资料记载女性在特定环境的言行所做的贡献大。读过很多叙事史料以后，我发现一部分宋代作者的概括性叙述是真实的，但在很多情况下他们忽视了一个重要部分：具体发生了什么。比如，从阶级偏见、性欲到对母亲的感情，对这些情感的解释在概括性文本中相对被忽略，但是在特定人物的传记资料中却清晰地浮现出来。

史料里基于阶级和社会性别的偏见

我使用了一条又一条可以互补的史料，但它们没有对我打算追踪的每个问题提供同样多的证据。各种表现女性和婚姻的史料最多。涉及男人和女人的思想、感情和行为方式的史料也很多。语境的问题——何种环境产生何种行动——也很好地被触及了。但是判断特定行为形式的实际发生率几乎是不可能的。史料常允许我说一种行动是常见的,或是常见的同类事件,或不常见但已经被意识到的,但是不能说它代表了一个地方百分之十、二十或三十的人。

我们必须认识到史料里存在的阶级的偏见。本书引用的史料多描写士人阶层以外的人:大多数法律案件中的当事人、洪迈及其他讲故事的人谈到的大约半数都是普通人,既不是官员,也不是官员的亲戚,甚至也不一定受过教育。比如王八郎是商人,他妻子多半一个字不识。有关男到女家的入赘婚姻、通奸、乱伦、离婚、寡妇的困境、再婚的寡妇的细节,大多出自于这类记载当中。相比之下,墓志铭作为能够最好证明有关女性的联姻和美德的史料,记述的绝大多数对象是士人及其依附者(包括妾、奶妈、保姆)。结果是完全不对称的:关于理想的女人的资料多来自上层阶级妇女生活的记叙史料中,然而关于不幸的婚姻、遭到鄙视的行为和不幸的环境的记载多来自普通男女的生活。

今天没有人会认定具有美德的人全都是文人学士,而堕落的行为全都出自穷人,我尽最大努力避免把任何一类行为和阶级的划分连在一起。相反,我把这种修辞上的不对称解释为阶级的"表现"。声称士人阶层的女人具有美德加强了士人阶层的权威。如果作者与讨论的话题保持距离,那么通奸、乱伦等话题会比较容易谈起;这类行为是道德观念不规范的人的罪恶。但这不等于说行为和价值观当中没有阶级的差异。判定农妇是否具有吸引力时,顺从和体态的谦恭就不像在上层阶级女性那里那么重要。¹⁸没有财力纳妾的男人休掉没生孩子的妻子或许不太会招致恶评。没有收入的男人比继承了土地的男人更可能赶走兄弟或堂兄弟的遗孀收养的继承人,然后换上自己的儿子。但是史料中存在偏见,使证实这些差异的证据不易得到。

史料更严重的另一种局限性在于它们几乎都是男人写的。(唯一留下全集的女作者是李清照[1084—约1160],本书将数次提到她,但她笔下表达的大多是爱情、感伤和绝望,涉及生活具体细节的史料很少。)男作者当然不像女人那样看问题。身处在男男女女共处社会当中的女人,没有一个会像在只有女人、特别是熟悉的女人圈子里那样行动。男人在场时,女人似乎完全不同,但只有同性相处时,女人会机智地用男人的自负和偏见开玩笑、取乐。一项当代中国农村妇女的人类学研究发现,女人只有在男人不在场时才愿意承认自己也有权力。① 另外,有关女人身体的话题——月经、怀孕、显得有魅力、变老——肯定在只有女人时而不是男女混杂时谈论得比较多。比如,女人会谈起给她们自己和女儿裹脚的事,但我们在男人的观察记录里没有发现这些对话。难道女人没有谈论日常生活的快乐和养育孩子的经验? 但是,我们无从了解只有女人时她们说什么。写作的女人很大程度上停留在男人定格化的话题,比如分别后的闺怨。尽管那些喜欢女人的陪伴,与母亲、妻子和女儿关系密切的男人可能十分同情、真实地记录他们的所见所闻,但他们仍可能会误解道听途说的信息。作者倾向于用两分法把女人的品行归结为好的(温和、可爱、可靠、美丽)和可怕的(嫉妒、多嘴、小气、苛求、媚惑),多半是由于不能发现使妈妈那么美妙可爱而使其他女人如此危险的那种共同点。因此我不断地质问自己对叙事史料的解读应该推进到哪里。支持我利用叙述性史料反映它们的作者无意于表达的事情的论

———————————

① 贾德(Judd):《"男人更能干":中国农村妇女的社会性别和参与意识》。

据是，我的问题和他们的不同。反对我这样做的论据是，宋代的男性知道他们的世界里的各种事情，而我却因几个世纪的流逝不能得知，因此如果我读史料时过分被自己的问题诱导，我的想象就跑得太远。我希望我能够达到合理的平衡点。我很清醒地知道本书提出的揭示婚姻状况的方式不曾被宋代的男女采用过。[19]但是我尽力贴近史料，并指出史料中是谁就某位女士或一般意义上的女性说了些什么。

揭示并解释"变化"

贯穿全书的问题是变化：女人面临的形势通过什么方式发生变化？如何解释已经发生的和没有发生的变化？由于唐代的史料不像宋代那么多，而且不一定具可比性，因此重要的是不能过高估计变化的范围，不能误认为史料更多就意味着这种行为更多。即便是贯穿有宋一代的变化也很难充分证实，因为不是各个时期都具备足够的以资比较的史料。现有的法律判决书几乎都是 13 世纪以后的。比较之下，法律和法令的年代比较靠前。洪迈编纂的那种见闻录最多对认识 11 世纪末和 12 世纪有用。即便使用任何时期都有的墓志铭，也应保持警惕，它们之间的不同不一定与时代的变化有关；相反，它们可能反映了阶级或地域方面的不同，也可能反映了个人背景中的偶然因素（如丧偶年龄）导致的差异或个性使然的差异。如果有几千个事例，我可以通过统计分析排除一些可能性，但是只有二百多个事例时，这就几乎不可行。因此我第一项工作就是确认那些用来论证变化确实发生了的史料足够有力地成为展开进一步讨论的基础。

因为我如此倚仗叙事史料，这些表示变化确实发生了的史料却未能解释变化。为了分析改变态度或做法的原因，我必须寻找相应的别的历史发展。我尤其要寻找这些变化与经济发展的联系，包括增长中的商业化和城市化，土地财产转移的方式；还有宋代地理环境的变化，比如北方地区被非汉族游牧族群占领及人口的稳定南移；士人性质的变化，特别是入仕途径的变化，以及其他获得和保持社会地位的办法；儒学复兴和程朱理学这个特定流派的逐步成功。

　　我希望我抓住的这些历史潮流与婚姻实践、妇女生活中的变化之间的联系有说服力，或至少可信。比如我提出，科举制激发了争夺学问好的女婿的竞争，反过来抬高了嫁资。我还提出，城市化、增长中的繁荣经济、士人阶层的扩大等等都刺激了对下层妇女为上层提供服务的需求，如当婢女、妾和妓女，这一市场的发展使有关女性魅力的标准和男女关系发生了微妙的变化。但是上述历史联系还只是假设，因为能够证实这些偶然联系的证据还不存在。然而，即使我不得不满足于过于思辨的假设，有关变化的话题那么重要，仍足以引起更多的争论。

第一章 男女之别

　　幸存的很多宋代绘画表现了当年的世界看上去是什么样。比如,张择端(创作活跃期为 1100—1130 年)绘制了一幅长卷表现 12 世纪初国都开封喧闹的街道。这天春和日丽,街上有六百多人干活、买东西、聊天或看热闹。搬运工肩上挑着担子,师爷与和尚互相问候,修车的工匠、算命先生和小客栈老板招徕着客人。这帮混杂的人群有一个共同点:除了极少数例外,他们都是男人。图 1 是长卷的一小部分,可以看到各种各样的男人,只有一个女人坐在轿子里向外张望。在都城的商业区到处可以看见男子,女人十分少见。

　　另一幅不知名的宋代画家的长卷透露了女人在哪里。这幅画描绘了发生在汉代(公元前 202—公元 220)的一件事:蔡文姬被游牧部落俘获 12 年后回到家乡。长卷画面的结尾(见图 2)是她终于被护送到父母的家,像其他上层人家一样,她的家也在一所院子里,有围墙围着。护送队的人大都停留在大门外边。门对面有一道墙挡住路人的视线,使他们看不见里面的房屋。前院的尽头,女人们已聚在一起迎接蔡文姬回家。由于兴奋,她们已走出内闱的门口,但仍然让自己处于生人的视线以外。①

---

① 用另一种眼光看这个故事,见罗雷克斯(Rorex and Fong):《胡笳十八拍:文姬的故事,大都会艺术博物馆一幅 14 世纪的卷轴》。

22

图 1　开封的一条街

　　细节来自张择端所绘长卷《清明上河图》。故宫博物院藏画集编辑委员会:《中国历代绘画》2,北京,人民美术出版社,1981:78。

23

图 2　内闱与外界分隔

　　北宋末年不具名长卷《文姬归汉图》的结尾,波士顿艺术博物馆(28.62—65)。

内 与 外

这两幅画对比鲜明地强调了男女两性必须分处不同之处的原则。对于儒家利益和伦理教化具有很高价值。儒家经典《礼记》非常注意"男女之别"。大部分时间男女不应在一起,必须在一起时则应避免任何身体上的接触。司马光的《居家杂仪》详细阐释了《礼记》"内则"篇把男女分隔开的规矩,提出了只有拥有可观的财富才能做到的理想:

> 凡为宫室,必辨内外,深宫固门。内外不共井,不共浴室,不共厕。男治外事,女治内事。男子昼无故不处私室,妇人无故不窥中门。有故出中门,必拥蔽其面(如盖头面帽之类)。男子夜行以烛。男仆非有缮修,及有大故(大故,谓水火盗贼之类),亦必以袖遮其面。女仆无故不出中门(盖小婢亦然),有故出中门,亦必拥蔽其面。铃下苍头,但主通内外之言,传至内外之物,毋得辄升堂事,入庖厨。①

另外,司马光还直接、简单地把上述原则概括为:"女子十年不出,恒居内也。"②他还说女儿订婚以后,父亲就不能进入她的房间,姐妹出嫁后回娘家时,弟兄不能坐在她旁边。③ 袁采赞赏司马光分隔男女的教导,说它包含了治家原则的一半。④ 早在唐代,《宋尚宫女论语》就强调女子应处于男子视线以外的重要性:

---

① 司马光:《司马氏书仪》4:43,丛书集成。
② 司马光:《家范》1:468,6:519,中国哲学名著集成。
③ 司马光:《家范》1:464。
④ 袁采:《袁氏世范》3:49,丛书集成。又见伊沛霞:《袁氏世范》英译本(以下略)。

"内外各处,男女异群;莫窥外壁,莫出外庭。出必掩面,窥必藏形。"①

男女从身体上分隔开的概念被类推到行为上的不同。男女应该分工做不同的事,或同样的事应做得不一样。例如,每一个等级的丧服,男女的都不一样。因此,尽管要求儿子和女儿承担同样大的服丧的责任,但尽责的方式明显不同。② 这个角度的男女之别的原则还进一步与家庭内夫妻义务和财产关系的不同混合在一起。事实上,概念上的男、女和内、外包含互补、共处之意,表示男子统治一个领域,女子则主宰另一个。朱熹在他的《小学》里引用了《礼记》中的"男不言内,女不言外"。一般地说,男人如果不是从不,也可以说很少被告知不要介入妻子做的事;相反,他们的注意力被导向正面,警惕着确保别让女人闯入男子的领地。朱熹引用早期的礼学典籍说女人应终日留在内闱,还应该"姆教婉娩听从",不擅自行动。③ 他还援引颜之推指出的女人参与朝政或家政的危险:"牝鸡而晨,则阴阳反常,是为妖孽,而家道索矣。"④另外,朱熹著《诗集传》,解释《诗经》中的一首时写道:"言男子正位乎外,为国家之主。故有知则能立国。妇人以无非无仪为善,无所事哲。哲则适以覆国而已。故此懿美之哲妇,而反为有鸱。盖以其多言而能为祸乱之梯也。"⑤

男女之别的儒家思想在多大的范围内被接受?当然首先被士人阶层接受,大多数现存的文献、史料由他们撰写。上层家庭

---

① 陈梦雷编:《古今图书集成》395:9。
② 朱熹:《朱子成书・家礼》28,编于1341年。
③ 朱熹、张伯行:《小学集解》2:35,丛书集成。
④ 朱熹、张伯行:《小学集解》5:118。
⑤ 朱熹:《四书五经・诗经集传》7:150,北京:中国书店,1985。

的妻子们如果对男子的活动感兴趣,就在屏风后边听丈夫与客人谈话,但从不加入进去。然而,当儒家学者强调男女之别的重要性时,事实上等于告诉我们,有些女孩子和女人天生就不太驯顺。历史上的确出现过几个这样的女性。1212 年,一位叫吴志端的姑娘试图参加早熟儿童考试,但遭到主管官员们的反对。读过《礼记》的官员认为女人的职责是纺线、织布、缝衣服,出门时应当遮住面部。因此吴志端的博闻强记不可信,因为她总是不知羞怯地到处乱跑。① 否定两性严格隔绝的另一证据是为女人作传的作者们的态度:他们认为,如果女人真的愿意一直呆在家里,那将值得大书特书。一位陪着当官的丈夫和儿子住过许多地方的女人,因为从未想过到附近的名胜古迹看一看而受到赞赏,哪怕家人动员她去,她也不去,"若汝阴所谓西湖,南阳百花洲,金陵小金山"。范氏(1015—1067)的传记说她从未观看过任何精彩的朝廷庆典,总选择留在家里。张季兰(1108—1137)是乐于呆在家里的典型,拒绝与丈夫出去观景,说那不是女人做的事。②

通常情况下,没有关联的男女不必完全隔开。诗人偶尔描写在户外干农活如采茶和摘桑叶的女人(见第七章)。前面提到的《文姬归汉图》里,街上有几个女人。图 3 是宋代作品,描画了干体力活的女人带着孩子与货郎交涉。③ 这幅画里,女人明显不担心男女混杂有什么后果,在场的还有两位男人。画家显然知道严格的男女之别只见于深宅大院里的富人和跑腿当差的仆人中间。

① 徐松:《宋会要辑稿》"选举"12:38,北京:中华书局,1957。
② 陆佃:《陶山集》16:186,丛书集成;刘攽:《彭城集》39:512,丛书集成;胡寅:《斐然集》20:8,四库全书。
③ 其他例子,见台北故宫博物院:《故宫名画选萃》1973:19;高居翰(Cahill):《中国画》53;方闻(Fong):《宋元绘画》77。

因而社会性别差异与阶级差别之间存在着紧密的联系；或换句话说，上层阶级用以表示自己特殊的另一种途径是把自家的女人藏起来。

　　然而，如果说有两套彼此之间没有联系、互不相关的标准，也不确切。比如不能说上层阶级坚持男女之别而普通人无视它。年龄也使隐隐的情欲因素牵扯其间。比起更小或更老的女子，各个阶级都不得不注意让那些风华正茂、具性吸引力或易受伤害的女子(从 10 岁至 35 或 40 岁)躲开男人的视线。图 4 画了皇帝来到一个村庄，许多男人和男孩叩首、行礼。三位老年妇女也来到街上，两位躲在别人后面，一位面对皇帝下拜。被小孩拽着裙裾的年轻妈妈站在篱笆后边，一边悄悄张望着，一边谨防自己被别人看见。

26

图 3　向茶贩买茶的女人

刘松年(约 1150—1225 年以后)作。台北故宫博物院：《故宫名画选萃》(VA 127)，1970。

27

图4 村民出来拜见皇帝

南宋不具名卷轴的一段。上海博物馆。

阴 与 阳

继内、外以后,还有一对常用的概括男女差别的概念是阴(暗的,被动的,女的)和阳(亮的,主动的,男的),阴与阳是维持宇宙运转和变化的互补的力量。[①] 支持阴阳思想的假设在于所有的事物都互相联系也互相依靠;哪一部分都不能独自生长,都在持续的互动中被其他部分塑造、并反作用于其他。虽然所有事物都不只含有阴或阳一个方面,但多数以其中一种占统治地位。阐释阴阳思想的经典著作是占卜书《易》以及伴随的一次又一次解释

---

① 参见布莱克(Black):《中国阴阳五行思想中的性别和宇宙论》;鲍家麟(Pao):《阴阳学说与妇女地位》,《汉学研究》5.2:501—12;阿纳戈斯特(Anagnost):《当代中国的性别转换》319—322。

经典的释著。

就像论述生态、医药、气候或其他自然现象的论著一样,一般都认为阴与阳同样必要和重要。中医文献里男人生命循环中更多的是阳而女人是阴。女人的关键数目是 7:7 岁牙齿长全,14岁性成熟,21 岁最强壮,49 岁失去生育能力。男人的关键数目是8:8 岁牙齿长全,16 岁性成熟,24 岁最强壮,64 岁失去生殖能力。这一概念框架里,男女没有互相对立,而仅仅是女子的循环周期比男子小一点。她们年轻的时期短一些,成熟和衰老的速度比男人快一些。折磨男女的疾病因此必须区别对待,每一个病案各不相同。男人的生理基础是精,"然妇人以血为本"①。

儒家的社会关系模式不言自明地由阳统治阴,行动和启动的能力比忍耐和补充更有价值。因此阴阳宇宙观常被用来解释性别等级制度,使男性的统治变得自然而然。《郑氏女孝经》提出:

> 立天之道曰阴与阳;立地之道曰柔与刚。阴阳刚柔,天地之始。男女夫妇,人伦之始。故乾坤交泰,谁能间之? 妇地夫天,废一不可,然则丈夫百行,妇人一志。②

司马光发展了这一思想:

> 夫天也;妻地也。夫日也;妻月也。夫阳也;妻阴也。天尊而处上。地卑而处下。日无盈亏;月有圆缺。阳唱而生物;阴和而成物。故妇人专以柔顺为德,不以强辩为美也。③

---

① 陈自明:《妇人大全良方》卷 4,1:1—3,四库全书。
② 陈梦雷编:《古今图书集成》395:11。
③ 司马光:《家范》8:659。

朱熹引用《礼记》解释为什么婚礼是由新郎迎娶新娘时回应了这种说法:"天先乎地,君先乎臣,其意一也。"①

程颐把他的性别差异思想融入对《易》的解释。他的判断附加了一个六线形:对卦象"女正位乎内;男正位乎外",程颐解释道:"阳居五,在外也;阴居二,处内也;男女各得其正位也。尊卑内外之道,正合天地阴阳之大义也。"②程颐还在另一个地方用四个卦象表达和支持男女结合的原则。每一处都用男女之别进行 *29* 表达:

> 男志笃实以下交,女心悦而上应,男感之先也。
>
> 夫以顺从为恒者,妇人之道,在妇人则为贞,故吉;若丈夫而以顺从于人为恒,则失其刚阳之正,乃凶也。
>
> ……阳上阴下,得尊卑之正。男女各得其正,亦得位也。
>
> ……明男女之分,虽至贵之女,不得失柔巽之道,有贵骄之志。③

用我们的眼光很容易看出,程颐把自己所处的时代和环境对男女的看法论证为自然的、想当然的、本质的观念。但这正是关键所在。程颐和他的同代人还认为男阳女阴的事实可以充分地解释为什么男人按照意愿做事,女人凭感情做事;为什么男人偏主动而女人善忍耐;为什么男外女内。

女人的感情天生地比男人多,这种观点不仅仅限于哲学家的小范围内,也不只限于用阴阳概念解释男女差异的问题。诗人常常描写女人被感情左右,因为情深而不能下手。袁采指出,女人

---

① 朱熹、张伯行:《小学集解》2:33。
② 程颢、程颐:《二程集》周易程氏传 3:884,北京:中华书局,1981。
③ 程颢、程颐:《二程集》周易程氏传 3:977,854,864,972,982。

比男人更容易溺爱孩子,女儿出嫁后遇到困难时母亲更愿意给她们钱,女人还爱对仆人发脾气。男人必须同时对付女人更情绪化的性格里慷慨和多变这两方面。①

美学典型:才子佳人

出于强调男女之别和角色互补,可以说儒家文献对妻子表示了相当高的尊重。② 视觉艺术和诗歌使我们看到另一种视何种女人为称心的想法:美丽,谦和,殷勤地为男人服务。男人乐此不疲地想象着年轻、衣着漂亮、殷勤和顺从的女人守候在一旁,满足他的需要。男女之别并不意味着男人不让女人呆在他旁边,只不过他周围的女人一定得是从社会上和情欲上供他享受的那一种——与其他男人结了婚的女人或将嫁人的女孩子不在此列。画中描绘的侍奉男人的女子,数量总比男人多,但中心人物是男子,女人只是使男人更愉快的陪衬。画面上这样的女子通常是侍奉皇帝的宫女、侍奉学者的婢女和妾、侍奉文人墨客的妓女。换句话说,女侍的在场证明男人拥有的权力足够得到很多女人为他服务。

30

图5是叙事手绘长卷的一截,表现了晋文公于公元前636年获得王位以前20年流亡历险的细节。文公访问秦国,秦王送给他5个女子,画面上出现的3个在服侍他洗手:一个端着盆,一个

---

① 袁采:《袁氏世范》1:5,20,3:5,丛书集成。
② 参见柏清韵(Birge):《朱熹与女性教育》;曼素恩(Mann):《打扮出嫁女:清中期的新娘和妻子》;伊沛霞(Ebrey):《女人、钱和阶级:司马光和理学家的女人观》。

图5 女人们侍奉统治者

李唐(创作活跃期1120—1124年)作,叙事画作《晋文公复国图》的一段。美国大都会艺术博物馆(1973.120.2)。

倒水,一个托着毛巾。① 学者也享受女侍的服务。图6描绘了一群校订典籍的6世纪的学者,我们看见4个男人忙于校订和抄写,一个男童给主人脱鞋,5个衣着和发型相同的女子拿着几案、

① 参见方闻(Fong):《宋元绘画》77;巴恩哈特(Barnhart):《沿着天际线:王氏家族藏品中的宋元绘画》。其他宋代女人侍候男人的绘画,见台北故宫博物院:《故宫名画选萃》1970:14,1978:36;高居翰(Cahill):《中国画》60;斯派泽(Speiser, Goepper, and Fribourg):《中国艺术》19;何惠鉴(Ho)等:《八个朝代的中国绘画:尼尔森画廊的藏品——阿特金斯博物馆、堪萨斯城、克利夫兰艺术博物馆》54。

图 6　女人们侍奉着一组学者

宋代作品,描绘北齐时代修订典籍的学者的叙事绘画作品。美国波士顿艺术博物馆(31.123)。

毛巾、水和别的可能需要的东西。

　　和男人在一块儿的侍女还可能提供逗趣和娱乐活动,据说一幅长卷描绘了韩熙载家晚会的情景。在这个私人聚会上,25 个女人陪着 19 个男人取乐,其间有一个是和尚。肯定可以推测,女人是雇来招待客人过夜的妓女,也许韩熙载自己的女仆和妾也在帮忙。有几位在弹奏乐器(见图 7),有的端着食盘,有的坐在男人旁边一块儿聊天,有的等待命令,有的和男人私下里说话。有两处撩起来的帘子后边摆着床,露出弄皱了的被褥。另一处,一

个男人用胳膊拥着一个女人好像在劝说她跟他到什么地方去。换句话说,这幅画没有掩盖女人招待男人时色情的成分。画里的女人看样子不十分年轻,而我们从别的史料得知,年轻是职业妓女的本钱。比如柳永（987—1053）的诗歌描写的妓女,头发又黑又亮,手腕纤细,只不过 15 岁,有的刚过 16 岁（按我们的算法是14 或 15 岁;见"习用语的说明"）。①

　　虽然画中女侍的形象被描画为仆人、姜和宫女（而不是妻子）,但是拘谨和殷勤的服务使女人显得更吸引人这种观点必定

————————————

① 海陶玮（Hightower）:《词人柳永:第一部分》。

被带进夫妇关系之中。传记里反复用来赞扬妻子的字"婉"——顺从、殷勤、忍耐,几乎是唯一用来形容女人的词汇。沿袭古代的用法,文人经常用"侍巾栉"表示侍候丈夫的妻子。诗人贺铸(1063—1120)在哀悼亡妻的诗中叹问现在谁来给他点烛添香、缝补衣服。①

照顾别人的事并不仅仅单独由女子承担,也不只是侍候男人:男仆可以服侍男人;女仆和年轻男孩可以服侍女人;甚至于偶尔可以看见男人侍候女人,不过似乎只限于宫廷生活场景,那儿的男人多半是宦官。但宋代绘画上出现的多数女人都在侍奉着男人的需要。这当然是男子气和女人味的建构:一个成功的男人有女人服侍着。服侍着男人的女人对于多数女人而言也是审美上好的形象。用外貌和服务取悦男人并因此得到回报的女人可能满意地发现那些重要人物愿意看见她们,愿让她们围在旁边。

其他表现男子的角度也值得注意。有女人服侍的男子一般说来是文人学子的形象,看上去在吟诗或校勘典籍而不在骑马。很长时期以来学界已注意到宋代成为一个转折点,美男子普遍向文人转型。这种转变可以从很多层面上看出来,从轿子的使用增多到收藏古董、精美瓷器成风,狩猎不再流行了。典型的文人学子应该文雅、书卷气、好学深思或有艺术气质,但不需要强壮、敏捷,或身手不凡。文人学子形象的流行无疑得益于印刷术的推广应用,教育的普及,科举制在选拔人才上的胜利以及儒学的复兴。我以为还有外部环境的影响。宋朝统治阶级精英男士们把自己重新塑造为文士的形象意在强调与北方竞争者形成对比,突厥

① 黄宏荃:《英译宋代词选》141,北京:解放军出版社,1988。

图 7　女人们在晚会上为男人表演

顾闳中(约 950 年)作,《韩熙载夜宴图》的一段。《中国美术》"绘画篇",1984,2:131。

人、契丹人、女真人和蒙古人都是尚武的形象。不言自明,把文人的生活方式视为高等也就断定汉族的文化高于非汉族文化。

身 体 形 象

艺术家在绘画作品里表现的社会性别差异比他们创造的性别差异要多得多:这里所展示的这类作品还不够广泛,不足以塑造人的思想。但是宋朝人的确通过构成日常生活基础的衣服、 ³⁴

图 8　一对夫妇接受儿子、儿媳的侍奉

河南 1099 年宋墓壁画。宿白:《白沙宋墓》,北京,文物出版社,1957。

发型、化妆品和首饰得到了强有力的性别差异的视觉形象。直接
表现在身体上的符号成为传递男女性别差异观念的强有力方式。

　　如前所述,用不同的方式做事从而证明男女之间的差别,这
一点在儒家思想里被当作非常重要的原则。儒家礼仪著作列举
了一些小事的做法,如清晨问候父母,"丈夫唱喏,妇人道万福"。
一起参加某种仪式,男人磕头 2 次,女人 4 次。① 前边讨论过的

――――――――――

① 朱熹:《朱子成书・家礼》1341。

几幅绘画已经形象化地通过男女不同的身体形象表达了区别的 ³⁵意图,特别是《韩熙载夜宴图》和《文姬归汉图》。这里我添上两幅没有色情意味的宗教绘画。图8是河南1099年的宋墓壁画,画面上有两对夫妇,已过世的夫妇坐在桌前,儿子和儿媳服侍着他们(小夫妻身后有一个女仆,另一位大概是亲戚)。图9作于968年,放在观音菩萨像底部,画的是一对夫妇供养人。

图9 虔诚的供养人夫妇
作于968年,观音菩萨像下边。美国华盛顿明恩浦索尼亚学院艺术画廊(30.36)。

虽然这几幅绘画作于宋代不同时期,作画的目的也不同,但将男女之别用外形表现时,仍有共同之处。看起来至少可以说在上层社会里不推崇男女差别不大的装束,衣服、发型及装饰都用 ³⁶来表示和强调不同的性别。甚至一般人的衣服样式也与他们粗略地相同。

　　穿着打扮的规矩特别明确。所见之处,女人的衣服都比男人的鲜亮。男人的衣服以一种颜色为主,一般是黑色或灰白色;女装飘逸摇曳,色彩艳丽,一般由好几种图案和色调组成。男装一般是一件长衫;女人穿得一层又一层,裙子和长袍外面罩短襦或紧身坎肩,肩上披着披帛或飘带,或二者兼而有之。

　　发型的不同也很明显。男人的头发都拉到头顶上梳成顶簪,有时用小黑帽子罩住头发。自古以来,男孩子成为成年人的标志之一是开始戴这种帽子,加冠之礼是标准的儒家有关男子生活的礼仪之一。[①] 比较之下,画中的女人和女孩,头发也扎着,但不戴帽子。她们有时用珠宝或头饰来装饰头发,但通常都让它露出来相当多。发型各种各样,多半反映品位、地区和阶级方面的不同。图4所示低阶层妇女,出门时头上戴着一块布,大概是谦卑的标示,如学者们提到的外出时应有"盖头面帽"。[②]

　　在面部使用化妆品是女人显示自己性别的另一种办法。画面上的共同之处是男人的皮肤上没有涂脂抹粉而女人的脸抹得比较白,多半是男女肤色好坏的不同期望的表现,也表明女人确实用了化妆品。男人可以外出,不必保持脸色白皙。女人应当留在家里,得用苍白的脸色证明。女人戴的首饰比男人多,虽然这4幅画没有清楚地表现出来,但是她们还扎了耳朵眼儿以便戴耳环。

　　宋代并非完全不存在男女两性同体的形象。佛教的目标之一,即是在超越阶级和种族区别的同时,超越男性与女性的区别。在佛经的描述中,被称为菩萨的觉悟者的形象既非男亦非女,而是融合了两性的特征,因此,中国艺术家在描绘其形象时,经常将

①　参见伊沛霞(Ebrey):《朱熹〈家礼〉英译》36—45。
②　其他例子,见台北故宫博物院:《故宫名画选萃》1973：19;高居翰(Cahill):《中国画》53;方闻(Fong):《宋元绘画》77。

其性别特征表现得很含糊。但是，即使在此处，将两性特征区别开来的趋势也是很明显的：在宋代，广受大众信奉的观音菩萨越来越多地被描绘为明确的女性形象。①

缠　足

这几幅画里的女人看起来都比男人小一点，一般都有点削肩。比照唐代艺术家，宋代画家笔下的女子更纤弱，甚至更娇气、脆弱。这可能是女人共同向往的形象。李清照在一首词里形容自己比花朵还瘦。②

视女子为柔弱、娇小的普遍愿望可能与缠足在宋代的普遍化有关。20 世纪的人——中国人和非中国人都一样——把缠足视为最明显的历史罪恶。对于中国人而言，它不只是压迫妇女、也是中国压迫自我的象征。③ 在激进的西方女性主义者看来，它是迫使妇女忍受疼痛、不舒服、不方便而为了达到美的标准而采用的种种极端手段当中最臭名昭著的，哪怕是女人真心愿意的。④ 我们理解宋代精神世界时面临的一次考试就是把当代对缠足的看法抛到一边，试图看一看包括男女在内的宋代人，或至少在上层社会，怎样把绑起来的纤足当作美丽的表现而不是压迫。

缠足在宋代似乎从宫廷和娱乐场所波及到经常出入这些地

38

① 于君方（Yü Chün-fang）：《中国民间文学中观音的形象》，《汉学研究》1990，8，1：221—285。
②《李清照集》11，北京：中华书局，1962。
③ 巴曼（Barme）：《新鬼，旧梦：中国人反抗的声音》119—130。
④ 德沃金（Dworkin）：《女怨》95—116；布朗米勒（Brownmiller）：《女性主义》33—34。

方的社会精英家庭。① 周密(1232—1308)从一种已佚史料中发掘出一个故事，即 3 个世纪以前，后唐(923—935)的宫廷里，一位舞伎把脚绑起来让它变得很小、很弯，像月牙一样。② 这种做法可能在 10 世纪的舞者中推广起来，她们认为绑起来的脚显得有力、好看。到了 11 世纪，一位相当严肃的学者徐积(1028—1103)显然对这个习俗已有所了解，他在赞扬一位寡妇时写道："何暇裹两足，但知勤四肢。"③12 世纪初，缠足习俗的广泛流行导致学者张邦基探究它的起源。张邦基指出，把脚真的裹成弯形，像弓一样，让它变得比天足小，只不过是最近的事，唐和以前的诗歌里都没提到过。④

有关缠足的星星点点的史料到 12 世纪末变得稍微多了一点。⑤ 这时候缠足已不只是舞者的事，也不仅限于妓女。甚至于有一条史料说一个好人家的厨娘也裹了脚。⑥ 13 世纪的考古资料清楚地表明官员的妻子女儿都已经裹了脚(见图 10)。浙江一位官员的陪葬品里有一件东西带着强烈的学术意味，那是他死于 1240 年的前妻的一双银质缠足小尖鞋，上面写着她的名字。鞋长 14 厘米，宽 4.5 厘米，最宽处正对着向上翘起来的鞋尖。⑦ 这

---

① 见南珂通世：《支那妇人缠足的起源》，《史学杂志》1898，9，6：496—520；贾申：《中华妇女缠足考》，北京，1925；李荣楣《中华妇女缠足史谭》，载于姚霊犀编：《采菲录续编》，天津：时代公司 1936；李豪伟(Levy)：《中国的缠足：一种稀奇的色情习俗史》；朱瑞熙：《宋代社会研究》141—145，台北：弘文馆，1986。
② 周密：《浩然斋雅谈》2：10，四库全书。
③ 徐积：《节孝集》14：7，四库全书。
④ 张邦基：《墨庄漫录》8：89，丛书集成。
⑤ 如洪迈：《夷坚志》乙 3：206，支景 2：892，三壬 5：1505，北京：中华书局，1981；脱脱：《宋史》65：1403，北京，中华书局，1977；陈荔荔(Ch'en Li-li)：《董西厢诸宫调：一首中国曲》25。
⑥ 朱瑞熙：《宋代社会研究》144，台北：弘文馆，1986。
⑦ 衢州市文管会：《浙江衢州市南宋墓出土器物》，《考古》1983，11：1004—1011，1018。

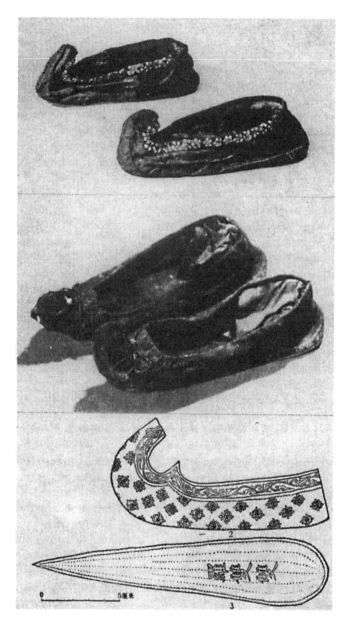

39

图 10 福州、衢州、江西三座墓出土的缠足女人穿的小鞋

福建省博物馆:《福建南宋黄昇墓》,北京,文物出版社,1982;衢州市文管会:《浙江衢州市南宋墓出土器物》,载《考古》1983,11:1004—1018;江西省文物考古研究所和德安县博物馆:《江西德安南宋周氏墓清理简报》,载《文物》1990,9:1—13。

双鞋大概是提醒丈夫怀念妻子纤足的纪念品而并不用于穿着。真正穿过的小尖鞋发现于福州高官之女黄昇（1227—1243）之墓。1242 年黄昇 16 岁时嫁与一位与皇室关系很远的宗室子，他的父亲已逝，但祖父仍健在且功成名就。棺材里放置着好几双小鞋子，长 13.3—14 厘米不等，脚面上放着长长的裹脚布。① 进一步的证据发现于江西周氏（1240—1274）之墓，她也是官员的女儿和妻子。墓葬里的 7 双小鞋子比其他小鞋大一点（长 18—22 厘米，宽 5—6 厘米）。②

40　　　　宋代文人认为缠足代表精致的美。苏轼（1037—1101）作诗写一位舞者很想试一试宫样鞋，但发现太疼。诗人还写了用手掌握住缠足时感到的惊艳。有的诗惊叹纤细、弓形的小脚或把它形容为一弯新月。③ 章惇（卒于 1105 年）总结经验时说他赶上、经历了 3 件引人注意的事，其中之一就是女子的脚。陈亮（1143—1194）自嘲，说自己像三四十岁的丑女人枉然忍痛缠足，但已无用。④ 在他看来，缠足是女人为了显得美丽愿意付出的代价，但只有从小开始，才能奏效。

　　尽管缠足与女人愿意为了美而奋斗有关，宋代至少有一位男子对缠足的好处提出了质疑。13 世纪中叶，车若水，可能是反对

① 福建省博物馆：《福州南宋黄昇墓》8，19，83，84，北京：文物出版社，1982。
② 江西省文物考古研究所、德安县博物馆：《江西德安南宋周氏墓清理简报》，《文物》1990，9：1713。此例中的周氏是特别尊贵的那种人，尸体保存完好。从照片看，双脚大脚趾朝上翻卷，与别的墓出土的鞋大小一致。文字描述脚裹得像弯月一样。可见宋代的大脚趾朝上弯，与后来的朝下弯不同。鞋的宽度表明小脚趾必须朝下弯着。
③ 毛晋：《宋六十名家词》1：14，国学基本丛书；周密：《浩然斋雅谈》2：10，四库全书；刘过：《龙洲词》7—8，四库全书；姚勉：《雪坡集》44：14，四库全书。
④ 太平老人：《袖中锦》3，百部丛书集成；陈亮：《陈亮集》20：273，北京：中华书局，1974。

缠足的第一人,他写道:"小儿未四五岁,无辜无罪而使之受无限之苦,缠得小来不知何用。"①还有一些男人因缠足与追求色相有关而持反对态度。元朝初年有人注意到严谨的道学家程颐的第六代孙女们既不缠足也不戴耳环。②

到了宋代末年,缠足的习俗已变得根深蒂固。陶宗仪(创作活跃期 1300—1360 年)回顾了元朝头一百年里的缠足史。他看到的最早的记载和周密提到的一样,即后唐宫廷里的舞伎,然后重复了张邦基提出的晚近开始流行的论点,最后,陶宗仪指出,虽然 11 世纪缠足现象还比较罕见,但由于竞相仿效已比刚流行时普遍了。到了他自己的时代,不裹脚的人已感到羞愧。③

作为美的标示,小脚保留了相当的私密性。在描绘有女怀春或揽镜自照场景的画作中——画面清清楚楚地表达了至少是温和的色情意味——女人的脚藏在长及地面的裙裾里。这一时期唯一描绘缠足女子的画作画的是娱乐行业的女伶,她们像妓女一样,多半是最早缠足的。因为其中一个女子扮演男性角色,所以不得不露出小脚(见图 11)。

当代作家常把缠足和同样影响步态的高跟鞋或同属于危害健康的紧身胸衣相提并论。然而,这些比较没有指出缠足永久性地把女性身体损坏到什么程度。缠足不仅仅强调或夸大了两性差异:它使男女身体上的差别超出天然的程度,更近似于整容手术。但这样做比较也还不够,因为甚至硅胶填植也不像缠足那样影响身体的其他部位。缠足给女人身体带来的改变不是局部的,

---

① 车若水:《脚气集》1:22,百部丛书集成。
② 白珽:《湛渊静语》1:1,丛书集成。
③ 陶宗仪:《辍耕录》10:158,丛书集成;李豪伟(Levy):《中国的缠足:一种稀奇的色情习俗史》38—40,错误地把缠足的史料定位于张邦基以前的两个世纪。

图 11　裹脚的女伶

南宋杂剧(打花鼓)绢画。北京:故宫博物院,翁万戈(Wan-go Weng)摄。

还牵扯到整个体态。她将很少走动,尽量坐着而不站着,留在家里而不外出。由于活动变少,她的身体变得软绵绵,而且总是无精打采的。从诗词里我们知道,对于男人来说,慵懒、忧郁、怀着思怨的美人,是很有吸引力的。① 女人变得更小、更柔弱、更不爱动、更提不起精神,当然会衬托出男性的强壮、结实和好动。因为宋代理想的上层男人形象是内敛、温和和优雅,除非女性更优雅、

---

① 见沃克曼(Workman):《三位中世纪词人温庭筠、韦庄和李煜词中的闺中主题》;傅汉思(Frankel):《盛开的梅花和宫女:中国诗解》;傅恩(Fusek):《在花朵之中:〈花间集〉》;比莱尔(Birrell):《灰朦朦的镜子:南朝爱情诗中的宫女形象》。

沉默不语、呆在家里不走动，否则男人就像是带着女人气。还有 ⁴²
什么比小脚更适合陪衬这样的男人？通过缠足引起的变化，新的
男子气内涵催化了女性美标准的改变和再生。其间不免掺合着
别的东西。比如，对某些男人而言，把脚裹起来不仅是让它变小，
也许还意味着色情。

　　但是我认为我们不能满足于知道男人为什么被缠足的女人
吸引。我们还必须紧紧抓住女人明显地积极参与这个环节。毕
竟是妈妈们、而不是求婚者无视裹脚引起的剧痛把小女孩的脚绑
起来。缠足是她们强加给自己的暴力。动手时她们是否都认定
若不这么干，男人会看不上自己的女儿，那样会感到内疚、遗憾？
她们自己觉得小脚好看吗？她们为裹出一双完美的脚而骄傲吗？

　　如果不顾及女人生活中的基本现实是在妻妾争宠中保住优
势，我们就不能理解她们对女性美的感觉。正如后面章节所言，
宋代货币经济增长，商业城市遍及全国，纳妾之风盛行于富裕人
家。到了北宋中期，男人已经不满足于出入色情场所狎妓的老办
法，现在男人已经渴望把女人买回家里做妾。妈妈们知道妓女和
妓女般的妾对男人的魅力，因而会考虑怎样把女儿打扮得有利于
日后做妻子。妈妈们会考虑怎样才能让女儿既不降低身份又能
和妓女一样魅人吗？教会女儿挑选衣服、梳妆打扮是必不可少
的，但是还得让女儿显得谦和、保守、不喜欢到处出头露面，以免
混同于毫不知羞耻地在陌生男人面前露面的妓女，这才是根本之
道。使妓女显得活泼迷人的手段、伎俩对妻子是否构成挑战？教
女儿作诗是好主意吗？或许会让女儿更像妓女？我估计母亲给女
儿裹脚是因为小脚既是显得更美的诀窍，但又不是任何催促孩子
早熟的办法。裹足是个人私事，不示于人。即便是青楼女子，缠裹
之事也是在私室里面做，使她们归于"内"，无涉于与男人竞争。

缠足遍及于好人家的妻女当中,延续了几个世纪。其间可能裹得越来越紧,因为小脚的标准尺寸又变小了。当然也没人穿着在 13 世纪坟墓里发现的那么小的鞋跳舞。缠足普遍化的早期,一双天足的母亲可能在小妾进入家门时第一次看见缠过的脚,于是决定给女儿裹脚。她们希望女儿有些自己没有的东西。裹了脚的姑娘长大后,小脚妈妈就多了。经常因小脚而被赞美的女人会由衷地接受这个标准,越来越愿意帮助女儿因脚小而受到称赞。

43

* * *

从大范围看,宋代男女之别的思想在世界历史上并不特殊。阴阳概念大概属中国独有,较之西方概念可能更强调彼此间的关系而不是各自的本质;然而,把女人喻为多产、富饶的土地而男人积极开发大地,与西方社会性别思想基础的自然/人文那种两分法有相似之处。当然极端化的内外之分许多地方都有,但两个领域的互补性还是超过对立或对抗。把男女从空间上分隔开的做法在很多地区都程度不同地存在,特别在亚洲,社会阶层越高,把女人藏起来的规矩也越严格。几乎在所有的社会,人们都感到有必要按性别属性来穿衣、梳妆。①

然而重要的是要超越泛泛而谈的水平。中国的社会性别思想产生于中国社会和文化。它们随着大的社会和文化环境的改变而变化,因此,正如我们已经看到的,就像有钱人崇尚体力上的优势那样,宋代有教养的文人学士带有的男子气在上层阶级里占优势,缠足之风随之盛行于青楼女子和上层阶级妻女当中。权力介入了这个过程。产生社会性别差异和性等级观念的社会环境

----

① 见奥特纳(Ortner and Whitehead):《性的意义:性别和性的文化建设》。

里,男人得到比女人更多的法律、经济和文化权力。性别差异造成的两性权力上的不平等,部分源于当然如此,另一部分则源于既成的、不容置疑的生活方式。

在不能否认社会性别区分的权力的同时,我们还应注意它们内部的张力。很多公式化的表达对什么是自然生理的,什么是个人想望的,只含糊地一带而过,男女差异究竟来源于自然本性,还是仅仅因为社会秩序需要它而被当成人们愿意的,这个问题悬而未决。两极化的阴阳、内外思想各自之间也存在着紧张;每对概念都代表两极之间同时存在的互补和等级的关系。阴阳、内外两个公式之间也有紧张。阴阳思想高扬一方到另一方的连续性和运动,内外思想则回应保持男女分隔的需要;前者制造了界限模糊的余地,后者则试图斩断交汇的可能。女人可以通过儿子接触到阳,但不能更"外"一点。同样重要,并使上述含义更复杂的是,两种有关联的中性化的模式还伴随着怀着情欲的色情想象。女人应该自己到场取悦男人,还是应该让他们看不见自己呢?

这里再一次指出,宋代中国的情况不是只此一家,社会性别思想在别处也常常凌乱不一。近几年有的学者提出,一个给定的文化内部会有几种对立的性别意识形态,每一种都可能不具连续性、充满了矛盾。个人可以追随对他最有利的那种,也可以在生命的不同阶段改弦更张。进一步说,一套特定的思想也会在赋予妇女权力的同时压迫妇女。① 把宋代妇女留在内闱使她们既受到限制又得到权力:它使女人处于公共领域以外但又合法地成为家内的权威。本书提到的男作者不嫉妒女人在家务领域的权力,

44

---

① 见桑德(Sanday and Goodenough)等:《第二性之外:性别人类学的新方向》;康德(Kondo):《打造自我:日本一间工场里的权力、性别和认同的讨论》。

但我们不能由此推测女人用相同的方式看待自己的社会和家庭
角色。

把男女分隔开的心理效果是什么？因为我们生活在男女很
自由地掺在一起的社会，我们必须保持警觉，不能想当然地推测，
宋代妇女遭受我们不能忍受的束缚时有多么沮丧。在当代社会，
对女性的谦卑和隐匿要求得比较高的地方，女性并不被动消极或
萎靡不振，甚至具有不低于丈夫的自信。① 例如，宋代妇女可能
像当代印度妇女那样，能在空间和社会都有限的世界里找到自己
的价值。为了理解宋代妇女怎样看待自己，我们必须把她们还原
到她们尽力扮演的家庭角色的位置上，然后进行考察。

本章远远没有完成宋代文化中社会性别差异的课题——的
确，几乎后面的每一章都牵扯到男女性别差异的一般思想。本章
仅讨论一些非常基本的概念，每一种理论都构成其他许多种看法
的基础。然而我们已经感到有必要设置一个基本点，这就是在宋
代，把人们视为一个角色经常超过他们的性别。换句话说，性别
差异思想常常以这种或那种方式和社会角色融为一体，女人社会
角色的特殊性在于那都是家族和婚姻体系派给她们的：女儿、妻
子、儿媳、母亲、婆婆、祖母、姨、姑，等等。下一章将考察怎样理解
由婚姻形成的角色，特别是妻子这一角色。

---

① 曼德尔鲍姆(Mandelbaum)：《女人的隐身和男人的荣耀：北印度、孟加拉国和巴基
斯坦的性别角色》。

45

第二章 婚姻的意义

"婚姻的意义",古代经典著作《礼记》"昏义"篇一开始就解释这个问题:"昏礼者,将合二姓之好,上以事宗庙而下以继后世也。"①宋代学者经常引用这句话——这只是他们与我们完全不同的许多概念中的一个。

本章考察在更大的社会和文化背景里宋朝人对结婚意义的理解。我的目标是揭示宋代社会盛行的婚姻的假设前提,特别是与我们不同的那些,同时列举史料记载的反例及它们与假设前提间的紧张。我从基本的预设开始,然后考察系统的、现实的一个维度的婚姻模型,继而转向文学作品表达的不那么有组织,但并非不重要的有关婚姻的信息。虽然我用宋代的用法分析概念、观念和形象,但本章内容的大部分对于宋以前和宋以后而言,也是真实的。

语言里的意义

人们用来谈论婚姻的词汇含有很多婚姻作为制度而具有的

①《十三经注疏·礼记》61:4,台北:艺文印书馆。

内涵。比如"婚姻"一词意味着两个家庭之间的关系。按照古代辞书《尔雅》,"婚"和"姻"是新娘、新郎的父母彼此之间的称呼。① 婚姻还指"婚礼",即结婚仪式。"婚礼"强调由统治者传下来的古代礼仪形式;像其他仪式一样,有义务表达和支持根植于不可质疑的宇宙秩序的社会差别。

结婚还可以理解为把两个团体联结在一起的行动。用英语说"他娶她","她嫁他",或"法官允许他们结婚",都用一个单词。在中国,不同团体用不同动词表示结婚。男方家庭"娶"儿媳,新郎本人也可以说"娶"妻。新娘父母可把她"予"给某男,"归"到谁家,或准许她当新娘"嫁"与某人。一般地说,女子的父母或监护人被描绘为这桩婚事的积极主动的一方。当一位女子结婚迈进男家之门时,也可以说她"适"或"归"入某家。

狭义的男女结为一体的婚姻,对应的最佳中文表达是"夫妻"或"夫妇"。"夫"字的意思就指男方。"妇"指儿媳的意味多于妻子,强调女人在丈夫父系家庭里的位置。一位妻子可视为一个家庭、一位家长、公公或丈夫的"妇"。中国的训诂学从"妇"的同音异形字"伏"里引申出服从、忍受、甘当配角的意思。② 一位妻子,简单地说,就是服从和协助丈夫。"妻"是表示法律上的妻子时常用的概念。既为妻,就不是妾。的确,她是一个特定男人的配偶并分享他的社会地位。语言学家说"妻"即"齐",意味着平等、认

---

① 《十三经注疏·尔雅》4:19,台北:艺文印书馆。婚姻关系术语,见彭利芸:《宋代婚俗研究》1—4,26—36,台北,1988;陈鹏:《中国婚姻史稿》1—5,北京:中华书局,1990。

② 许慎、段玉裁:《说文解字注》12B:10,国学基本丛书。

同；丈夫和他的"妻"结为一个整体，享有相同的地位和声誉。①换句话说，女人结婚后失去了独立的身份，她的身份是归属于丈夫的。

礼貌的对话里常称他人的妻子为"室"或"室人"，有妻子称之为"有室"。称妻为室有两种意思，一指青年男子结婚时得到的与妻共处的房屋，二指他的妻子与这个居室有特殊的联系。其中有这层意思：虽然男子代表全家，但妻子却与卧室，与她、丈夫和未来的小孩一起住的地方有更强的联系。虽然男人称他人的妻子为"室"，但提到自己的妻子时却常用"内"或"内子"，即内闱里的那个人。选用这些术语汲取了前一章讨论的内、外之别思想。这是一种贬低人的说法，削弱了妻子的重要性，因为她与说话者关系密切，但确实成为一种特殊的表达方式：使她变成一个"内"的、私人世界的一部分。

谈论婚姻和已婚夫妇的这些表达方式，与下面将要讨论的法律和礼仪规定一样，都以父系、父家长制和从父居原则为基础并强化了它们。从父、子、孙的父系角度看，"妇"这一个字可以表示家庭里这个人的儿媳、那个人的妻子。从家庭制度的角度看，父亲控制着儿子娶妇的事。至于把新娘称之为"室"，婚礼时新娘"嫁"到自己的家，从以父系居住地为新婚夫妇住地的原则上看，就是女人移居到丈夫家去住。

47

---

① 许慎、段玉裁：《说文解字注》12B：9，国学基本丛书；《十三经注疏·礼记》26：19，台北：艺文印书馆。

法 律 框 架

宋代人不需要到官府得到结婚的许可或登记注册,但是婚姻无论如何是一个法律制度,官府颁布的法律只承认特定种类的结合才是合法、有效的。① 一夫一妻是关键的因素。《宋刑统》说:"诸有妻更娶妻者,徒壹年。女家减壹等。若欺妄而娶者,徒壹年半,女家不座。"②如果一方死亡或离婚,初婚就结束了,男女都可以再婚,但结束以前不可以。

这种形式的一夫一妻制不限制男人同时还有别的女人,但妻子只能有一个。妻和妾的位置也不能调换:"诸以妻为妾、以婢为妻者,徒贰年;以妾及客女为妻、以婢为妾者,徒壹年半。各还正之。"换句话说,把女人的身份抬高两级或降低一级的男子,服刑两年;抬高一级的服刑一年半。法律对较低层次的女人有所通融:"若婢有子及经放为良者,听为妾。"③但无论如何不能以婢为

① 中国的婚姻法,见吕诚之:《中国婚姻制度小史》,上海:龙虎书店,1935;陶希圣:《婚姻与家族》,台北:人人文库,[1935]1966;陈顾远:《中国婚姻史》,台北:台湾商务印书馆,[1936],1978;仁井田升:《支那身份法史》537—554,东京,1942;滋贺秀三:《中国家族法的原理》415—437,东京,1967;瞿同祖(Ch'ü Tong-tzu):《中国法律与中国社会》91—127;麦克里里(McCreery):《中国和南亚女人的财产权和嫁妆》;杜敬柯(Dull):《汉代的结婚和离婚:前儒家社会一瞥》;戴炎辉(Tai Yen-hui):《中国古代法律中的离婚》;李敖:《宋代的离婚——夫妻同体主义下的宋代婚姻的无效撤销解消及其效力与手续》,载《李敖全集》第 1 卷,台北,1980;梅杰(Meijer):《牌楼的代价》;伍慧英(Ng Vivien):《意识形态与性欲:清代强暴法》;袁俐:《宋代女性财产权述论》,杭州大学历史系宋史研究室编:《宋史研究集刊》第 2 卷,1988;林克(Linck):《肥沃土地上的孤独影子:宋代上层阶级女性观的变化》;陈鹏:《中国婚姻史稿》,北京:中华书局,1990;奥克(Ocko):《等级制与和谐:从清代案例看家庭纠纷》《中华人民共和国的女人、财产和法律》;柏清韵(Birge):《宋代的妇女和财产(960—1279):福建建州的理学和社会变化》。
② 窦仪:《宋刑统》13:14,台北:文海,[1918]1964。
③《宋刑统》13:15。

妻。注文做了解释:"妻者传家事承祭祀。即具六礼,取则二仪。婢虽经放为良,岂堪承嫡之重?"①

宋代法律确实把订婚作为约束女方家庭的条文:"诸许嫁女,已报婚书及有私约而辄悔者,杖陆拾。虽无许婚之书,但受聘财,亦是。"如果把已经订婚的女儿许配给别人,则杖一百;如果已经办了婚礼,服刑一年。法律还规定,如果新郎家长允许女家改变主意,女家就不能要求男方退还礼品。② 法律承认订婚和聘礼制度,新郎家庭据此得到未婚新娘的许诺,有权期待在双方商定的时刻迎娶新娘。如果三年之内不娶,新娘家有权推断男家对此事失掉兴趣,因而可以把女儿嫁给别人。③

族外婚制意味着合法的宋代婚姻模式与父系观念相连。人类社会在早期已达成共识,即便是血缘很远的父系亲属之间也不能通婚;到了宋代,这个规定严格的程度达到同姓不婚。《宋刑统》申明:"诸同姓为婚者各徒贰年。"四代以内有共同祖先的家族内部,若通婚,受到的刑罚更为严厉,亲属关系越近,违法程度就越重。④ 妾和妻子一样,不能来自同姓人家。法律文献一再重述古代的规矩,打算买一位姓氏不明的妾以前应该进行占卜,确保她与男方不同姓。⑤ 法律还规定了与母族、妻族亲戚联姻的规则,规定主要在辈分方面:男子可以和不同姓的同辈表姐妹结婚,但不能娶上一辈或下一辈的女表亲。⑥ 女人再婚时,前夫的亲戚也属禁止的范围。一个案例中,法官判决女当事人与结婚 3 年的

48

---

① 《宋刑统》13:16。
② 《宋刑统》13:13。
③ 《名公书判清明集》9:349,北京:中华书局,1987。
④ 《宋刑统》14:1,26:19。
⑤ 《宋刑统》14:2,3;《十三经注疏·礼记》51:25。
⑥ 《宋刑统》14:1。

前夫的堂弟离婚,他援引一条规定,这类情况要强迫离婚,除非已婚 20 年或更长时间。①

婚姻法支持家长的权威。父亲和家长控制着子女的婚事,如果违法就要承担责任。长大的儿子离家后若与别人私订终身,事后发现父母已给他订婚,那么只有父母安排的订婚才算有效。②父权也因离婚的规定而得到加强。公婆可以因儿媳不招二老喜欢或未生育把她送回娘家。对比之下,女人不能单方面决定离开丈夫和他的家,她的父母也不能未经亲家同意把她领回自家。的确,离家出走是导致获罪的违法行为。刑法规定擅自出走的妻、妾,须服刑三年。对此法律做了解答:"妇人从夫,无自专之道。"③

结婚以后,男人的法律身份几乎没有什么改变。他与别人的关系不因已婚而承担任何法律后果:婚后他与其他已婚或未婚女人的性关系并不比婚前的更违法,就像他婚前或婚后杀、伤了父兄一样,没什么不同。换句话说,他的主要身份仍然是父亲的儿子。作为丈夫,他的身份决定着与妻子和她父母的关系,但是其余也就没什么了。

比较而言,结婚使女人的身份从根本上改变了。从结婚的那一刻开始,她就是一个特定家庭的儿媳,一个特定男人的妻子。夫家以外的任何人(除了她的娘家)都首先把她当作已婚女人。嫁入一个人家就处于这家家长的权威之下。然而,她不仅仅是丈夫家里的从属人员;在这个家里她有一个专门的位置,一个规矩很多、动辄得咎的位置。儿媳误杀了公公,服刑三年,与误杀父亲的丈夫相比,罪减一等,但儿媳的罪行远远高于杀了公公的她自

①《名公书判清明集》4:107。
②《宋刑统》14:11,14:6。
③《宋刑统》14:6—8。

己的兄弟姐妹,后者因为是外人,可以交罚金减刑。①

针对非法性行为的处罚涉及已婚女人时比较重。强奸已婚女人的,服刑两年半;强奸没有丈夫的女人,服刑两年。已婚女人和丈夫以外的男人自愿发生性关系的通奸者服刑两年,男子和无丈夫的女子自愿发生性关系的通奸者只服一年半徒刑,②两种情况下,男女的刑期都一样长。

宋代法律不太注意社会性别,在家族中担任何种角色才是基本的、重要的因素。简而言之,造成地位显著不同的原因不在于当事人是男是女,而在于是丈夫还是妻子。男当事人的角色不尽相同:有的是一家之主,有的是儿子或一家之主的弟弟,这类不同很重要。女人也不是同一种情况:女儿和儿媳不同,妻和妾不同——都得到截然不同的对待。法律上重要的是一个人在特定关系里的位置而不是他或她的性别。

婚姻法对中国社会的影响很大,但是它只不过是法律,它并不描述人怎样行动、怎样受惩罚。宋代法律针对很难管制的违法行为——如法律反对的通奸、重婚、以妾作妻、与堂兄弟的遗孀结婚等——把它们当作可与盗亡律相比的罪行进行处理。罪行并不罕见,因为确非罕见,只是当权者愿意把它们当作大逆不道的。即便身为判官也很难按照简单的法律原则办事。法官面对违法行为的证据,几乎像旁人一样不认为那是犯法。但是法律若与法官认为不是犯法的事矛盾、冲突时,法官很少依法惩办罪犯。 *50*

---

① 《宋刑统》22:11,23:8。
② 《宋刑统》26:18,21。

儒家伦理与礼仪模式

　　很多人认定的正确的基于儒家的家庭伦理把婚姻置于普遍地服从父母和父系祖先的大背景里。汉代以来的儒家经典都强调儿子应该服从并尊敬父母,妻子应当为丈夫的家庭服务。[①] 到了宋代,儒家家庭伦理的主要内涵可以便捷地从朱熹的《小学》中看到最新的概括。朱熹从古代经典和晚近的著作里选出了强调婚姻严肃性的段落,强调妻子应服从并忠实于丈夫,还强调了男女之隔的原则。他引用了礼仪经典中的儒家之论:"妇人,伏于人也。是故无专制之义,有三从之道:在家从父,适人从夫,夫死从子。"朱熹还引用了司马光怎样择妻、程颐关于寡妇再嫁不当以及柳开说女人倾向于偏执、喜好争论等言论。[②]

　　儒家关于女人美德的教导常通过堪称模范的典型进行表述。司马光在《家范》里举下面的例子,形象化地表扬献身于丈夫家庭的女人:

　　　　韩觊妻于氏。父实周大左辅。于氏年十四适于觊。虽生长膏腴,家门鼎贵,而动遵礼度,躬自俭约。宗党敬之。年十八,觊从军没。于氏哀毁骨立,恸感行路。每朝夕奠祭,皆手自捧持。及免丧,其父以其幼少无子,欲嫁之。誓不许,遂以夫孽子世隆为嗣,身自抚育,爱同己生。训导有方,卒能成

[①] 徐道邻(Hsu, Dau-lin):《儒家"五伦"的神话》;刘广京(Liu, Kwan-ching):《正统的社会伦理:一种角度》;张伯行、朱熹:《小学集解》2:33,35,4:81—82,5:115—120,6:161—164。

[②] 张伯行、朱熹:《小学集解》2:33,35,4:81—82,5:115—120,6:161—164,丛书集成;凯莱赫(Kelleher):《回到基点:朱熹的〈小学〉》。

立。自孀居以后,唯时或归宁至于亲族之家,决不往来。有
尊亲就省谒者,送迎皆不出户庭。蔬食布衣,不听声乐,以此
终身。①

于氏为儒家的妇德提供了典范的说明。丈夫的家庭是她认
同和关注的中心。她忘记了自己父母家的富裕和舒适,表现得抑
制、谨慎和节俭,并完全从夫家传宗接代的角度考虑立下嗣
子——丈夫的继承人——不管他们是不是自己亲生的。她的行
为与妓女迥乎不同:她最关心的是节俭和责任而不是漂亮和娱
乐。丈夫的死并未减轻她对丈夫一脉承担的义务。

用家庭内部的角色和相互关系术语确认一个人的身份,这种
思想的伦理基础在儒家早期的礼仪著作《礼记》《仪礼》里已得到
充分阐述。这种学术传统产生了很大的冲击力,塑造了普遍、自
然、正确的家庭关系。② 礼仪著作用五个等级的丧服系统地规定
了各种各样亲属关系的本质和远近程度。男人有责任为祖父的
大多数后代服丧。责任最重的三个等级完全是为他的父系亲属
和他们的妻子。等级最高的丧服是为父亲,共 27 个月(名义上服
丧 3 年)。祖父(父亲的父亲)为第二级,服丧 1 年;叔、伯是第三
级,服丧 9 个月;堂伯中最年长的,第四级,服丧 5 个月;其他堂
叔,第五级,服丧 3 个月。男人也有责任为少数不同姓的亲戚服
丧,但是时间较短。他为外祖父母、同胞兄弟姐妹和姐妹的子女
服第四等丧;为姑姑、舅舅、姨的儿子,还有妻子的父母,服丧 3
个月。③

---

① 司马光:《家范》8:675,《中国哲学名著集成》,以《隋书》80:1806 为基础。
② 见伊沛霞(Ebrey):《中国古代的儒学和家庭礼仪:仪礼著作中的社会史》;林克
(Linck):《肥沃土地上的孤独影子:宋代上层阶级女性观的变化》。
③ 朱熹:《家礼》,见《朱子成书》,编于 1341 年。

结婚以后，新郎和新娘与他人的关系都有变化，但是程度不同。新郎方面唯一的改变是增加了为妻子和岳父母服丧的义务。丈夫为妻子服第二级丧，1 年；妻子却要为丈夫服第一级丧，3 年。好在男人与岳父母之间服丧的义务是双向对等的，3 个月。如果妻子早逝，丈夫也得为她的父母服丧。女人结婚以后并不终止为娘家人服丧的义务，但是降低一个等级。因此，已婚女儿为父母亲服丧 1 年而不是 3 年；对兄弟等人，从 1 年减至 9 个月。这种改变也是双向的：她娘家的亲人为她服丧的等级也减少一级。儒家经典的注疏经常提到，降低等级但不终止相互服丧的义务，表明女人婚后身份改变的不完全性。在结婚后的新家里，妻子得为很多人服丧。宋代在这一点上看来是改变的时期。经典著作规定妻子为夫家成员服丧的等级可比丈夫低一等。比如，为公公的兄弟服第三级而不是第二级丧。礼仪指南一类书籍保留了这些规定，但是现实里的妻子常与丈夫同时结束丧期。①

服丧的规定表达了一条无可辩驳的原则，女人婚后的身份认同经历了比男人大得多的改变。男人与妻子娘家的关系是相互的：彼此之间对等，但都视对方为外人。但是妻子与丈夫和丈夫的父亲、祖父之间的义务却不对等，既表明妻与夫之间的不对等，又表明妻子与丈夫家庭之间的不对等，她只是世系的从属。男人为父亲和祖父服丧的等级高于对方为他的，在这一点上，妻子倒与他相同。

服丧的规定强调了女人在夫家既是外人又是内部成员的双重身份，但是祭祀祖先的传统又使她和丈夫父系家庭的联系非常牢固。一个未婚女儿在父母家参加大家庭祭祖仪式时地位较

---

① 张载：《张载集》300，北京：中华书局，1978。

低——这时她和同辈的小姑娘们一样,站在多数年长女人的后面,看着主祭人和他的妻子把酒肉等祭品摆在祖先的牌位前。姑娘一旦结婚,在新家里有相应的位置,祭祖时她和妯娌们站在一起,随着辈分的提高往前移,如果她丈夫是长子,终有一天她会站在最前边,成为女主祭人,掌管准备和奉献祭品的工作。①

授予一位妻子完整的礼仪身份(妾没有)可以使她死后不会被遗忘。年轻妻子即便早逝,丈夫再婚了,仍得为她设立牌位,丈夫的子孙,无论是不是她生的,都要保留、护卫这个牌位。但是丈夫去世以前,她的牌位不会与其他祖先的摆在一起。换句话说,她作为祖先主要因为她是儿子父亲的妻子而不因为她是母亲。此时孩子可以把她的牌位摆在一间私室里表示纪念。(类似的情况是留出一块地方置放她的棺木,直到丈夫死后安排合葬事宜。)夫妻双亡以后,他们的牌位在祭拜祖先的场合总成对地摆在一起。夫妻间这种互补性质的礼仪上的视觉形象可以在墓室壁画上见到(见第一章图8),画面上夫妻坐在一起,小辈们侍奉着他们。

儒家家族礼仪的规定和婚姻法之间有许多一致之处。角色和关系重于年龄和性别,强调义务重于权利。但是也有实质的不同。儒家模式给予妻子的尊严多于法律给予的。男人在祖先祭坛前担任的角色没有妻子的协助就不完整。不仅因为男人需要继承人因而要有妻子,而且还得有妻子亲自参加祭祖仪式。其他女人,如妾,可以生养一个男继承人,但只有妻子才能与丈夫组成一对在一起祭祖。进一步说,也只有妻子死后与男人在一起——她的牌位与丈夫的双双列于祖先灵位前面,她的尸体在坟墓里与他的并列。

① 朱熹:《家礼》,见《朱子成书》4—5,50—54。

文学作品表现的意象

写了这么多,我注意的是官府和儒家学者、知识精英认可的婚姻的意义。但是与道德、礼仪或法律模式联系不太紧密的文学作品表现的同一主题在宋代文化里也比比皆是,通过很多途径塑造正常人的行为。诗、小说、奇闻轶事和民间传说不仅表达了诸如爱情、美丽和命运这一类话题,有时候还含有颠覆现存秩序的意味,偏爱自发的而不是控制的、出于激情的而不是理智的东西。

有很多资料可以用来推测婚姻的意象,如宋代作家们编辑的指教怎样写婚书、写贴在新房门上的对联的手册。① 宋朝末年,有一部供月下老人使用的长达 24 章的参考书,专门提供做媒或提到婚姻大事时用的语汇。② 婚姻书仪的范本经常引经据典,但它们并没有拘泥于"上以事宗庙""阴阳"或"三从"的大框架内。相反,它们指示婚姻的其他方面,有些还偏离了正统观念。比如,婚姻的自然基础可以归结为《诗经》和《孟子》里的"宜其家室,宜其家人"。③ 为了说明婚姻大事是命中注定的,人们常引用经典里已成为格言、警句的段落。婚书大全一类手册常列出"人各有耦""凤凰于飞"和"天作之合"等短语以供使用。④ 女大当嫁的观

---

① 可见于下列参考书中,陈元靓:《(新编纂图增颡群书颣要)事林广记》,未出版的胶片;刘应李:《新编事文类聚翰墨全书》,编于 1307 年;《新编事文类要启札青钱》(元),东京:古典研究会据 1324 年本重印,1963;熊晦仲(宋):《新编通用启劄截江网》宋版,静嘉堂;王罌(元):《群书类编故事》,台北:台湾商务印书馆。

②《新编婚礼备用月老新书》据宋本影印。

③《十三经注疏·诗经》1B:15,台北:艺文印书馆据 1821 年本重印,1981;《十三经注疏·孟子》3B,3,台北:艺文印书馆据 1821 年本重印,1981。

④ 来自《十三经注疏·左传》6:21,9:23,台北:艺文印书馆据 1821 年本重印,1981;《十三经注疏·诗经》16:3,台北:艺文印书馆据 1821 年本重印,1981。

念常借《诗经》里的句子表达："标有梅，其实七兮……标有梅，其实三兮。"①经典著作把女子最美的短暂年华比喻为盛开的梅花，这个比喻很有影响。诗人和画家在作品里常把可爱的女人与梅花并列（见图 12）。② 54

图 12　梅花盛开的树杈旁边的女子

　　宋代绘画《调鹦图》。哈里特·奥蒂斯·克鲁夫特基金会。礼仪，美国波士顿艺术博物馆(37.302)。

---

① 《十三经注疏·诗经》1：2—3，台北：艺文印书馆据 1821 年本重印，1981。
② 见傅汉思(Frankel)：《盛开的梅花和宫女：中国诗解》；尼尔(Neill)：《学者的共享：中国艺术在耶鲁》；比克福德(Bickford)：《玉骨，冰魂：中国艺术里盛开的梅花》。

求婚书和答婚书不止引经据典,还借用很多晚近的故事、典故。有一部参考书列出了适用于两个邻近家庭间议婚时用的往来文书范文:

> 千万买邻,久借依光之便;五两纳币,忽承合好之盟。偶固非吾,愿诚适我。

> 俭勤克尽,素高润屋之谋;警戒相承,精得肥家之道。讵意北平之富,不羞西岳之贫?

> 鼎来鲤素之书,复辱禽章之贽。何幸一壁之隔,允谐五世其昌!岂无他人,孰若此里仁之美? 乃正佳婿,况翕然乡党之亲!①

55　　婚书中的典故来源于许多史料。"千万买邻",此典故出于一部正史。② 聘礼为五匹布,出于礼仪典籍之一《周礼》。③ "合好",出自《礼记》"婚姻者,合二姓之好"④。提亲时媒人带着装饰过的雁或鹅作为凭证,此事见于《仪礼》。⑤ "五世其昌"引自《左传》谈到一桩婚事时说:"凤凰于飞,和鸣锵锵。有妫之后,将育于姜。五世其昌,并于正卿。"⑥

　　婚书提及的北平富裕的徐家,是流传了几个世纪的民间传说。年轻人杨雍在父母去世后离开了家,沉浸在悲痛中。最后他在一条路旁住下,靠为行人汲水、修鞋、打草鞋维持生活。几年以后,一位神仙化身成学生来到杨雍面前。神仙送给他一些种子

---

① 刘应李:《新编事文类聚翰墨全书》11:11,编于 1307 年。
② 李延寿:《南史》56:1397,北京:中华书局,1975。
③《十三经注疏·周礼》14:16,台北:艺文印书馆据 1821 年本重印,1981。
④《十三经注疏·礼记》61:4,台北:艺文印书馆据 1821 年本重印,1981。
⑤《十三经注疏·仪礼》4:1,台北:艺文印书馆据 1821 年本重印,1981。
⑥《十三经注疏·左传》9:23—24,台北:艺文印书馆据 1821 年本重印,1981。

(有的版本为"石砾")吩咐他种下。杨雍照办,不久便结出了白璧和钱。神仙再次出现,建议杨雍找个妻子,杨表示反对,理由是没有人愿意和他这个年龄的人结婚。神仙向杨雍保证,如果向徐家女儿求婚,不会遭到拒绝。徐家是北平最有权势的人家,已经拒绝了很多求婚者。受杨之托的媒人到徐家后,徐家人以为他疯了。他们开玩笑说如果杨送来一对白璧和一百万钱币,就答应这桩婚事。由于有神奇的种子,此事对于杨雍说来并不困难,因此这一对就结了婚。后来他们有了 10 个儿子,组成一个大家庭。[①]宋朝人经常提及这个故事,如"种田生玉""种玉得妇""蓝田种璧",所有这些表达的爱情色彩可能并不亚于婚姻命定思想。[②]

学过古典文学的人写的婚书更像参考书里的范本。比如洪适(1117—1184)为第五个儿子向母族求亲时写了下面的婚书:

> 三世联姻,旧矣潘杨之睦;十缃讲好,惭于曷末之间。宋城之胰岂偶然,渭阳之情益深矣。伏承令女施繁有戒,是必敬从尔姑;第五子学箕未成,不能酷似其舅。爰谋泰筮,用结欢盟。夸百两以盈门,初非竞侈;瞻三星之在户,行且告期。[③]

56

洪适的婚书也像参考书里的范本一样频频用典。"百两"出自《诗经》,含蓄地表示聘礼丰厚。[④] 提起给新娘系腰带就令人想起关于婚礼的经典描述:姑娘离家以前,女眷们一边整理她的衣

---

① 李昉:《太平广记》292:2325,北京:中华书局,1961。另一个例子,见干宝:《搜神记》11:137,北京:中华书局,1979。
② 如《锦绣万花谷》前 18:6,台北:新兴书局,1969;谢维新(宋):《(古今合璧)事类备要》前 61:2,台北:新兴重印,1969;刘应李:《新编事文类聚翰墨全书》乙 4:9 编于1307 年;胡继宗(宋):《书言故事》1:28,1589 年编。
③ 洪适:《盘洲文集》64:16,四库全书。
④《十三经注疏·诗经》18,4:8,台北:艺文印书馆据 1821 年本重印,1981;胡继宗(宋):《书言故事》1:33,1589 年编。

服一边指导她在新家里如何行事。母亲说:"勉之敬之。夙夜无违宫事。"①

洪适在这封信里还明显地提到这是一桩亲戚之间的联姻。"潘杨",指晋代家族三代联姻的潘岳和杨绥(仲武);他们的友谊因为潘岳为杨绥写的感人的悼词而广为人知,该文被编入《文选》。②"渭阳"一词源自《诗经》里的一首诗,指代甥舅情谊,秦国康公在渭阳会见他的舅舅、晋国的文公,并支持他得到晋国的王位。③ 这样的姻盟常被说成是"秦晋之匹""秦晋之偶""渭阳之情"。

洪适提到的"宋城"可以当作一个集中反映了流行思想的民间传说,有必要详细引述一遍。唐朝初年,孤儿韦固为找一个合适的妻子碰到很多烦恼。628 年,他住在宋城一家小旅店里,打算看看有没有可能和姓司马的姑娘谈婚事。一天清晨,他很早就到庙里去和媒人会面。到了庙里时月亮还没落下,一位老人坐在台阶上就着月光看一本册子。韦固偷眼看过去,但是看不懂。他问老人在看什么,说自己什么都认得,即便是梵文也能读懂,但却不认识册子里的字。老人笑了,告诉他这本书不属于这个世界,是冥界的官吏用来管理人世命运的。老人说自己就是这样的官,负责婚姻大事。韦固立刻抓住这个机会诉说自己的情况,说自己为婚事努力了十年,但运气一直不好,不知道这一次会不会成功?老人给了他坏消息:韦固的新娘当时只不过 3 岁,她 17 岁以前二人不能结婚。韦固问老人能不能打开包袱让他看一看,老人让他

---

① 《十三经注疏·仪礼》6:12,台北:艺文印书馆据 1821 年本重印,1981。

② 萧统:《文选》56:1225,香港:商务印书馆,1965。

③ 见司马迁:《史记》5:185—196,39:1660—1662,北京:中华书局,1969。又见《十三经注疏·诗经》6,4:10,台北:艺文印书馆据 1821 年本重印,1981;胡继宗(宋):《书言故事》2:2,1589 年编。

看里面的红绳。老人告诉他,那红绳是用来拴住未来夫妻两人的脚的。"虽仇敌之家,贵贱悬隔,天涯从宦,吴楚异乡,此绳一系,终不可逭。"韦固还从老人那里得知旅店北边卖菜老妇的女儿就是自己的未婚妻。韦固和老人一同走到那里,看见老妇和孩子,她们显然是社会底层的人。韦固不愿意接受这样的命运,问老人有没有可能杀死她以改变命运。老人回答说不可以。因为她命中注定要因儿子享有盛名,不会被杀。老人消失了以后,韦固派仆人去杀小姑娘,因为他绝不能娶一个卖菜人的女儿。仆人刺向孩子眉毛旁边,然后逃走,以为已杀死了小姑娘。14 年过去了,韦固还没有找到妻子。他确实当了官,最后,上级官员把侄女嫁给他做妻子。她当然就是那个被刺伤眉毛的小姑娘。她很小的时候父母就都去世了,被托付给乳母。后来她的叔叔——韦固的上司把她领回去并抚养大。韦固看到她眉边的疤痕,给她讲述了整个故事,从此,月下老人的传说便流传开来。[①]

　　谈到婚姻,除了"宋城",人们还可从这个故事另外的十几个俗语中受到启发,如"红绳","月下老人"或"娶菜贩女儿的男子"。[②] 无论何时,人们听到这些俗语就等于被提醒婚姻的特性不一定是法律和伦理强调的那些:婚姻是命中注定的,命定的婚姻是神秘的,婚姻是联结两群人的纽带。婚姻命定的故事得到广泛流传,无疑应大大归功于被普遍接受的佛教因果论思想,但是,

---

① 李昉:《太平广记》159:1142,北京:中华书局,1961。另一种稍有不同的翻译,见高辛勇(Kao):《超自然的和迷人的中国古代流言:选自 3—10 世纪》271—274。

② 如《锦绣万花谷》前 18:5—6,台北:新兴书局,1969;《新编婚礼备用月老新书》前 7:1,台北"中央图书馆"据宋本影印;王罃(元):《群书类编故事》8:2,台北:台湾商务印书馆重印;谢维新(宋):《(古今合璧)事类备要》61:2,台北:新兴重印,1969;刘应李:《新编事文类聚翰墨全书》乙 4:2,编于 1307 年;《新编事文类要启札青钱》别 2:3(元),东京:古典研究会重印,1963;胡继宗(宋):《书言故事》1:31,1589 年编。

这个故事被人喜爱,却不仅仅源于狭窄的宗教因素。

作为婚姻意象的红绳显然给人留下深刻印象。婚书和对联里的很多比喻都以"系""结""缠"等词汇——或可以打结、缠绕的东西:带子、绳索、彩带、藤蔓——作隐喻。婚姻被想象为用绳把夫妻拴在一起;俚俗用语把娶妻称之为"索"妻。① 索的隐喻表示夫妻好比一条线——从而建立在父系线索的想象上。婚姻把两条线打了个结又使这个结难以解开。当然,有些事实证明结比线更牢固,拉扯打了结的线会扯断了线却没有解开结。

除了月下老人的红绳和由母亲扎系的彩带,另外两个由"系"引申的婚姻想象也很常见:"绛纱系臂"和"结发"。到了宋代,在缔结一桩姻缘的过程中,"绛纱系臂"已提高到等同于古代"问名"仪式的程度。绛纱系臂的典故来自 273 年晋朝皇帝观察许多来自好人家的姑娘,从中选妃的故事。他选中的姑娘因肩上缠绕着红绸而格外醒目。② "结发"在宋代是表示结婚时常用的带有诗意的词汇。汉代苏武一首名诗《留别妻》中有"结发为夫妻"的句子。曹植(192—232)的诗句有:"与君初婚时,结发恩义深。"杜甫(712—770)的《新婚别》写道:"结发为妻子。"③宋代学者对这些诗的含义进行了各种各样的解释。有人提出,第一次把结发和婚姻并列在一起,只不过是偶然:把头发扎起来是为了打仗而不是结婚。另一种解释,结发的典故实际上来自给姑娘的嫁妆扎记号的仪式。但是普通人——即便不识字,也会说出著名的诗句——很明显,喜欢把结发当作结婚的象征。人们按字面意思理解,结

① 赵与时:《宾退录》9:114,上海:上海古籍出版社,宋元笔记丛书,1983。
② 房玄龄:《晋书》31:962,北京:中华书局,1974。
③ 萧统:《文选》29:638,香港:商务印书馆,1965;余冠英:《曹操曹丕曹植诗选》36,香港:大光出版社,1972;杜甫:《杜少陵集详注》4·7,仇兆鳌编,香港:太平,1966。

婚就是把夫妻的头发系起来,事实上,这已经成为后来的婚礼中一个普遍的做法。(见第四章)

婚姻是命定的和婚姻像一个结或一条带,大概是最普遍的婚姻意象。我将在下文讲述洪迈写的几个故事,它们透露了其他几个与婚姻、社会性别、性倾向有关的常见的民间观念,比如应当婚配的压力,被美女吸引有多么危险,节妇奇迹般的、不可思议的力量及由嫉妒产生的非人的残酷。让我以讲述洪迈的两个表达婚姻命定论的故事结束这部分的写作。

章 楫 娶 妻

金华士人章楫,因至衢州,问卜于刘肆,得一诗,其末句云:"也须再唱新郎曲,王婆开口笑未熟。"茫不可晓。问刘,刘曰:"吾但据占书如此,亦不可妄解,他日当自验。"时楫妻在室无恙,颇恶再唱之语。未几,妻病卒。同郡陈秀才娶程衡女兄,陈忽殂,程氏服终,改嫁于楫。常拜扫先垄,拉衡兄弟出郊,从容谈及婚姻事诚非偶然,取向者挂影告之。衡叹曰:"岂特如是,家姐姓氏皆见此矣。"盖程字之右畔乃王上一口,所谓王婆开口也。左畔从禾,岂非米未熟乎!其义昭然。[1]

金 君 卿 妇

荆南莫太首之女,年十有八岁,既得婿,将择日成礼,梦人告曰:"此非汝夫,汝之夫乃金君卿也。"既觉,不以语人,但于绣带至每寸辄绣金君卿三字。母见而疑之,以告其父。父物色府中,至于胥史小吏,无有此人。诘其女,具以梦白。未几,所议之婿果死。后半岁,新峡州守入境,遣信至府,则金君卿也,始悟前事。至,别厚待之,流连累日,知其新失伉俪,

[1] 洪迈:《夷坚志》补18:1720,北京:中华书局,1981。

以女梦告之。金曰："君卿犬马之齿四十有二矣,比于贤女,年长以倍,又加其六焉。且悼亡未久,义不忍也。"主人强之,且曰："因缘定数,君安能辞?"不得已,竟成婚。后三十年,金乃卒。妻生数子。金官至度支郎中,番阳人也。①

第二个故事不仅给我们提供了另一个表达婚姻命定论神秘性质的例子,还暗含着倾听准新娘感情的声音而应有的理智:她应该嫁给什么人,在她看起来不理智的想法后面也许隐含着实质性内容。

* * *

本章讨论的模式和意象,全面地说,彼此互相支援。儒家家庭伦理支持了视女性婚姻方面的地位是她的基本身份这种法律原则。礼仪模式则是亲属之间联姻和服丧的严格规定的法律基础。佛教因果论衍生的婚姻命定论、婚姻命定论衍生的民间传说虽然与之无关但也强化了应该慎重从事的古代儒家思想。与此同时,几种体系的侧重点各不相同。法律对于婚姻的塑造在于禁止非法婚姻,并侧重于可接受的行为的限度。儒家思想从延续血脉的角度强调婚姻中的义务和德行,特别是妻子的。文学作品和民间传说更多地从个人而不是家族联姻的角度塑造婚姻,集中于神秘而不可预知的爱情。这些模式和意象有两种含义,由于多数人接受它们因而广泛、有效地渗透进思想和行为方式当中。虽然内容互不相同,但是没有哪一套思想可以在狭窄的或预定的轨道上限制人们的思想和行为。

作为整体,家庭体系里的婚姻和女性角色概念都建立在第一章讨论的更基本的社会性别差异的命题上并使后者复杂化。婚

① 洪迈:《夷坚志》丙 13:477,北京:中华书局,1981。又见陈鹏:《中国婚姻史稿》16—20,北京:中华书局,1990。

姻模式以假设的男女间本质的差别为基础。与此同时又从未视女人为简单的女人：她们是女儿和儿媳、母亲和婆婆、妻和妾；就她们的身份认定而言，关系与性别同样重要。女性从婚姻体系获得的角色已被社会性别化了，这些角色只有女人能得到，但又把她们分隔在对立的范围里。

尽管本章的主题是最基本的考察婚姻的途径，基本因素的变化比较缓慢，但是单向度的变化仍然应该引起注意。儒家思想和法律规定尽管非常古老，但在宋代演进的过程里多半广为人知，被大众接受。正如"导言"所论，宋代是这样的时代，士人阶层生长壮大，城市化和更稠密的人口定居方式使普通农民与士人有更频繁的接触。此外，理学运动的重大动力之一是想更充分地利用儒家价值观、礼仪，甚至于当时施行的法律教化普通人。学者们谴责佛教侵入殡葬、祭祖等家庭事务。地方官试图移风易俗，学者们写文章和手册昭示正确的原则和程序。所有的努力产生了一个结果，宋代不知道法律不允许同时有两个妻子的人越来越少，不知道儒家将道德价值赋予社会性别差异思想和妻子应忠于婚姻家庭的人也越来越少。学者在教化方面的努力有助于传播精确的法律知识，比如朱熹第一次为官期间就颁布了纠正订婚习俗的法律规定。[①] 宋朝时连民间故事都传播得更广，因为城市化、运输工具的改进、地区间贸易的增多都使民间故事很容易通过口述进行传播。如果我们还记得各种类型的书籍发行得不计其数，就有更多的理由断定，宋代的变化以更大程度的跨地区、跨阶级地分享基本的文化前提为方向。

---

① 见伊沛霞(Ebrey)：《中国古代的儒学和家庭礼仪：礼仪著作中的社会史》45—144；朱(Chu, Ron-Guey)：《朱熹和公开的教导》。

第三章 做 媒

如果我们可以相信传记作者——我看不出有什么理由不信，那么我们知道宋代的大多数父母都变得特别喜欢女儿。当女孩十几岁的时候，似乎很讨父母喜欢——甜美，顺从，聪明，可爱。士人家庭一般都教女儿读书，父亲们似乎很欣赏女儿有特别的天分（第六章将更充分地讨论这一点）。我们被告知，侯氏（1004—1052）格外具有期望中的聪明伶俐，喜欢读书。她的父亲"爱之过于子"，喜欢与她讨论政治问题。① 钱氏（1030—1081）的传记说她比一般的女孩子聪明得多："自垂髫迨笄总，习祖训，隶文史，至于笔札书记之事，过目则善焉，故二亲齐而爱之。"②苏绅（1019 年中进士）晚年得女，特别宠爱这个 1031 年出生的女儿。"以其秀且慧，故特抚爱之。始稚而孩已能言，渐诵章句。少长而承礼义之训，又能秉笔为词语。及笄，择配且久……"③

父母的负担

慈父慈母当然想让爱女找到好婆家。然而即使他们愿意相

---

① 程颢、程颐：《二程集》文集 12：653，北京：中华书局，1981。
② 苏颂：《苏魏公文集》62：953，北京：中华书局，1988。
③ 苏颂：《苏魏公文集》62：951。

信婚姻是命定的,还是知道给儿子或女儿找一个好配偶并不容易。程氏(1061—1085)快 25 岁还没有出嫁。她去世以后,她的叔父程颐苦心解释这一切是怎样发生的:

> 幼而庄静,不妄言笑;风格潇洒,趣向高洁;发言虑事,远出人意;终日安坐,俨然如齐;未尝教之读书,而自通文义。举族爱重之,择配欲得称者。其父名重于时,知闻遍天下,有识者皆愿出其门。访求七八年,未有可者。既长矣,亲族皆以为忧,交旧咸以为非,谓自古未闻以贤而不嫁者。不得已而下求,尝有所议,不忍使之闻知,盖度其不屑也。母亡,持丧尽哀,虽古笃孝之士,无以过也,遂以毁死。
>
> ……
>
> 众人皆以未得所归为恨,颐独不然。颐与其父以圣贤为师,所为尚(一作常)恐不当其意,苟未遇贤者而以配世俗常人,是使之抱羞辱以没世。颐恨其死,不恨其未嫁也。[①]

按照程颐对此事的看法,他哥哥想找到一个尽可能配得上他女儿的男子,但却很难找到,因为他的女儿太出色了。对于程颐和程颢而言,让她与不如她的男人结婚会使她蒙羞。但是怎样才叫般配呢? 程颐言下之意是说没有人像他的侄女那样高尚、博学吗? 其他史料似乎表明,与才子配对的通常不是才女而是美女。袁采认为每个人都懂这些道理,不要让"愚痴庸下"的儿子娶美貌的女人、"丑拙狠妒"的女儿嫁貌美的男人。[②] 因此有才而不美的女人可能很难匹配。男人想得到的是那种"侍巾栉"的漂亮、年轻的姑娘。

---

① 程颢、程颐:《二程集》文集 11:640—641。
② 袁采:《袁氏世范》1:19,丛书集成。

但是男女的组合不只在个人之间,它还是家庭之间的联姻,许多关于择偶的讨论都着眼于后者。曾巩(1019—1083)在父亲死后面临着为 9 个妹妹找丈夫的重任。他形容自己为"大惧失其时,又惧不得其所归"①。家人可能会想,既然如此喜欢女儿,何必经常挂念着找女婿呢? 但是很明显,还有其他原因,不一定是清楚、周全地考虑过的,但冥冥之中似乎有一种力量驱使他们急着为女儿找婆家。有一个失嫁的女儿或让女儿下嫁,看起来都有点羞耻,只在她具有重大缺陷(瞎、聋、反应迟钝)时才说得通。这类不必要的考虑迫使朝廷付出很大努力为所有的宗室女(包括与皇帝关系很远的)找到合适的丈夫。② 甚而,正如明显贯穿本章的,男女双方都把姻亲视为得力的朋友和同盟者。找到一个有才华的女婿或家庭名声好的新娘等于得到一个可以反过来在社会和政治生活中获得帮助的家庭。但是全面、公允地说,父母做的决定是基于道德方面的:他们认为自己选了好的人、好的家庭而不是坏的。这样做忽视了男女本人的利益,他们的利益可能和家庭的不一致,特别是对嫁出去的女儿而言。女儿嫁到名门望族,哪怕很远,或给比她大 15 岁的男人做续弦,父母难道不过问一下女儿在那里会不会处于弱势? 相反,他们乐观地以为女儿的和自己的利益都已经得到了:因为嫁到好人家,所以双方都会好。

两家联姻一般被设想为门当户对,但在这件事里,选新娘的和挑女婿的看起来关心的事情不同。如果家庭关心的主要在于延续自家嗣脉,父母更注意挑选生养孙子的儿媳而不太注意为女儿选丈夫,是讲得通的。然而,程颐在另一篇文章里哀叹,普遍的

①
②

---

① 曾巩:《曾巩集》46:636,北京:中华书局,1984。
② 贾志扬(Chaffee):《宋代女性皇室成员的婚姻》。

倾向是父母更为女儿的事操心。① 这个断言可能违背程颐原有的"什么才是正确的"的观念,但其中有一个特定的逻辑,不无道理。儿子婚后仍留在家里,父母不必为他的利益担心。对于女儿,父母不只为她选配偶,还包括选家庭和前途。她的全部福祉都与婚事利害攸关。办婚礼时贴的对联最常见的句子是请父亲不要为女儿找平庸的丈夫。② 父母亲为了缓解忧虑,常常求助于算命先生,请他看一看自己做的决定好不好。③

由于挑选结婚对象这么复杂,有的人家在孩子很小时就开始物色未来的配偶。司马光指责有些人喜欢为小孩子、甚至没出生的胎儿张罗婚事;10 年、20 年后两人并不相配,致使提议者蒙受不光彩的声誉。袁采持同样观点,反对过早订亲,他说,声誉和财产的得失无从预测,而预期中的女婿可能会变得放荡,儿媳可能会任性专横。④

不过,孩提时代的婚约常被看成是两家联系紧密、力量更大的值得骄傲的象征。王氏(1031—1098)的传记说范仲淹(989—1052)是她父亲的好朋友,年轻时二人就相约让子女结亲。后来王氏与范纯仁(1027—1101)结婚,王氏之妹与范氏之弟结婚。史氏(1246—1266)的传记提到她父亲非常感激袁似道(1191—1257)在自己生病时每天都来看望,故提议当时 6 岁的她与当时 7 岁的袁氏之子订婚。亲戚间的联姻看来更像是早已约定的。开封比邻而居的两个官宦家庭同时还是姻亲,"邢"的妻子是"单"

---

① 程颢、程颐:《二程集》遗书 1:7。
② 据说来自韩愈对王适的婚姻的议论,见董诰:《全唐文》564:11,台湾,台南,据 1814 年本重印,1965。
③ 如龚明之:《中吴纪闻》5:118,上海:上海古籍出版社,1986。
④ 司马光:《司马氏书仪》3:29,丛书集成。袁采:《袁氏世范》,1:18。

的妹妹。单氏之子和邢氏之女还在襁褓中就订了亲。[1]

最后一个儿子达到结婚年龄时父母即便不到六十岁,一般也会渐进半百之年。给所有的孩子找到配偶几乎是父母进入老境、颐养天年以前最后的负担。文人常用"向平之负""向平之愿"表示父母为子女择偶的负担,此典来自汉朝向子平的故事,他办完所有子女的婚事以后,离家漫游大山,不知所终。怀疑自己染上不治之症的父母会利用余年匆匆忙忙为子女订婚。张法善(1134—1172)嫁给一位鳏夫,此时尽管她只有三十来岁,但已有了几位应当婚嫁的继子女。她病势加重时日夜对丈夫诉说子女婚嫁之事,急于做好每一件事,缝好每一件嫁衣,决意在离世前做好一切准备。[2]

张氏的例子表明,为子女择偶属于家庭决策的领域,学者们一般都把女人描绘为这个领域的积极参与者。范氏(1015—1067)不只操心自己子女的婚姻,还操持了丈夫的两个妹妹及他已去世兄弟的 7 个子女的婚事,用掉十几年时间为这些人找对象,准备嫁妆和聘礼。[3] 即便女人不是发起人,仍愿意有人和她商量这类事。赵晃的长女去世后,女婿刘烨(968—1028)科举及第了。赵晃派媒人向前任女婿刘烨提亲,希望他再婚时娶赵家尚未出嫁的最大的女儿。刘烨暗示他更喜欢最小的那个,但是我们得知,赵晃的妻子否决了刘的要求,引用谚语说"薄饼从上揭",还说刘烨即便登第了,也无权在一家的几个女儿中挑挑拣拣。[4] 看

---

① 毕仲游:《西台集》14:223,丛书集成;元明善:《清河集》5:42,见缪荃孙编《藕香零拾》;陶宗仪:《说郛·撫青杂说》22—23,上海:商务印书馆,1927。
② 韩元吉:《南涧甲乙稿》22:458,丛书集成。
③ 刘邠:《彭城集》39:512,丛书集成。
④ 吴处厚:《青箱杂记》23—24,于《旧小说》,国学基本丛书。

起来女人普遍拥有的非正式权力中,提出或否决子女的亲事是其
中的一项。

朋友和同事之间的联姻

从有文章传世的文人看,男人想通过家族联姻把朋友变成姻亲的现象似乎很普遍。传记里这样的例子很多。韩元吉(1118—1187)和张孝祥(约1129—1170)在京城时已日渐交好,韩元吉长兄的第一、第二位妻子都去世了,留下孩子。张孝祥于是找到韩并提出为其长兄和自己的姐妹做媒。[①] 联姻不一定只在友谊长久的两家之间进行。周必大(1126—1204)写道,他叔叔于1146年到袁州任职,问起哪些地方绅士值得一见。蔡君由于身为官员之后而受到特别的推荐,他善用酒、诗、琴、棋招待来访者。周必大的叔叔发现自己与蔡君很投缘,而对方正在找女婿,遂为自己的次子求亲。"一言而两家通婚姻。"[②]

友谊还促使双方直接商议婚事而省去中间人。刘克庄(1187—1269)82岁时向老友坦言:

> 吾已还笏。舍下儿女,婚嫁渐毕。独念涣也,甚醇且嫡。仆忝法从,涣承京秩。既突而弁,尚未授室。君有长姜,备女四德。以门阀论,岂非逑匹?[③]

我们得知,朋友同意了,并在当天就完成了"问名""纳彩"两

---

① 韩元吉:《南涧甲乙稿》22:457。
② 周必大:《文忠集》31:3,四库全书。
③ 刘克庄:《后村先生大全集》140:10,四部丛刊;伊沛霞(Ebrey):《刘克庄家的女人们》。

项仪式。

正如学者们指出的,宋朝官员间的联姻不太看重籍贯。北宋时代尤其如此。[①] 我从墓志铭史料选出来进行研究的夫妇,北宋时期的只有 52％来自同一个路,37％来自同一个州。相比之下,南宋相应的数字为 82％和 64％。[②] 北宋时期,上层高官家族乐于与其他高官联姻。他们不太注意对方的祖籍或现住何处,而更重视对方家庭地位最高的人现在的职位。因为中国北方各地的方言彼此都能听懂,新娘即便来自不同的路,也不难与丈夫和婆婆交谈。来自偏远地区的官员、特别是在京城或郡治任职的人彼此有很多见面的机会。比如,京城附近的陈希古和河北人李纬,因为都当官,1020 年前后成为朋友。不久双方商定让只有几岁大的孩子定亲。[③] 进而,由于很多高官家庭都住在首都开封,祖籍相距遥远的姻亲实际上已经比邻而居。纵然如此,有些高官仍声称更愿与同乡的高官家庭联姻。北宋时期,江南饶州的张志(1070—1132)在都城开封参加科举考试,这时有一位任高官的同乡,说服他娶自己的女儿。同样,葛胜仲(1072—1144)写道,他父亲在江苏时,任张磐的下属,因为"同寮且同郡",就与张磐女儿张濩(1074—1122)结了婚。[④]

南宋时期,来自不同路的官员有时会安排子女通婚。1147年,庐陵(江西)人胡铨(1102—1180)在绍兴(浙江)人李光手下担

---

① 伊原弘:《宋代明州官员家族之间的婚姻关系》《中央大学大学院研究年报》1971,1：157—168;郝若贝(Hartwell):《750—1550 年间中国的人口、政治和社会变迁》;韩明士(Hymes):《政治家与绅士:北宋和南宋时期江西抚州的社会精英》;柏文莉(Bossler):《有力的关系和权力的关系:宋代中国的家庭和社会》。
② 丈夫出生于 1100 年以前的婚姻归入北宋婚姻。
③ 刘挚:《忠肃集》14：205,丛书集成。
④ 汪藻:《浮溪集》28：365,丛书集成;葛胜仲:《丹阳集》14：21,四库全书。

任一个偏远省份的官职。李光对胡铨 12 岁的儿子印象很好,遂与胡商议让男孩与自己 7 岁的孙女订婚。[①] 但是,一般地说,南宋上层官僚家庭比北宋的高官更倾向于在离自家近的人家里找配偶。这多半由于南方的方言更难懂,或由于上层官员不像他们的前辈在开封定居那样在杭州定居。这或许还反映了新的需要即加强与还没入仕的地方上重要家族的联系,或者是南方经济、文化的发展使上流家庭可以在附近找到配偶。可能这还反映了母亲们的影响力在增大,她们不愿女儿嫁得太远以至于再不能看见她。无论是哪种解释,或把各种解释加在一起,从北宋到南宋的变化都进一步证明了婚姻习俗的变化。

亲戚之间的联姻

人们似乎都带着一点期望,希望始于友谊基础上的联姻能衍生一次又一次的通婚从而使两家的友谊更巩固。[②] 中国的外婚制原则上禁止同姓堂兄妹结婚,但不禁止与姑姑、舅舅和姨母这类亲戚的子女结婚。"亲上加亲"或"累世婚姻"并不是什么新名词。[③] 几乎所有的社会阶层都有亲戚之间的联姻。士人阶层更为普遍,可以举许多例子。比如 11 世纪初,高官、政治家王旦(957—1017)把长女嫁给比她大 12 岁的鳏夫韩亿(972—1044);把二女儿配给苏耆(987—1035);把三女儿配给范令孙;把四女儿配给吕公弼(998—1073)。王旦还安排儿子王雍娶四女婿的姐妹吕氏。王旦的后代之间仍多次联姻,第三代人里有三对"族外"

⁶⁷

① 杨万里:《诚斋集》129:17,四部丛刊。
② 参见张邦炜:《婚姻与社会(宋代)》46—50,成都:四川人民出版社,1989。
③ 参见陈鹏:《中国婚姻史稿》69—124,北京:中华书局,1990。

婚:韩亿的儿子韩绛(1012—1088)娶了三姨父范令孙的女儿;苏
耆的儿子苏舜宾娶了韩亿的女儿;苏耆的女儿嫁给韩亿的儿子韩
维(1017—1098)。此外,还有一对父系内部的婚配,王旦的孙女
与她母亲吕氏的娘家侄子,即王雍的女儿和吕公弼的侄子结婚。
第四代人当中至少也有类似的一对,即王旦的外曾孙之间的通
婚,韩绛的女儿与母亲范氏的娘家侄子范绅结婚(图表1)。据说
母亲十分企盼这门亲事,这样一来,女儿就可以到自己娘家照顾
年事已高、日渐衰老的妈妈。①

图表 1

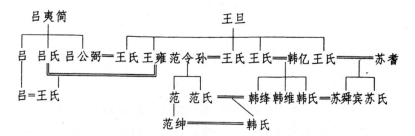

亲戚之间联姻的嗜好会导致各种各样的复合关系纽带。看
一看李纲(1083—1140)的例子。因为父母去世,李纲的父亲李夔
(1047—1121)从小在母亲娘家长大,外祖父显然不希望看到他丧
父后与继母在一起,愿意亲自抚养他。李夔因而受舅舅黄履的教
育。当李纲到了娶妻的年龄时,李夔选定了舅舅兼老师的孙女,
这样李纲就和祖母家的二表妹(祖母的兄弟的外孙女)结婚了。

---

① 苏舜钦:《苏舜钦集》14:173—176,15:190—191,上海:上海古籍出版社,1981;刘
　邠:《彭城集》39:512—513,丛书集成;欧阳修:《欧阳修全集》22:159,台北:世界书
　局,1961;张方平:《乐全集》36:9,四库全书;青山定雄:《宋代华北官僚家族间的婚
　姻关系》,《中央大学八十年纪念论文集》362—388,1965;柏文莉(Bossler):《有力的
　关系和权力的关系:宋代中国的家庭和社会》183。

李纲妻子的姐姐嫁给了黄伯思(1079—1119),黄伯思是李纲岳母的娘家侄子。因此李纲和黄伯思有两重亲戚关系:他们是"连襟",分别与两姐妹结婚;又是表兄弟(黄伯思是李纲的祖母的兄弟的孙子)。与表亲结亲,李纲显然很满意,因而安排子女再次与表亲结婚。李纲的一个姐姐曾与张端礼(1082—1132)结婚,另一个与周楙(1082—1125)结婚。这三家姻亲又安排下一代互相通婚:张端礼的长子娶了李纲的女儿,次子娶周楙的女儿,长女嫁给李的儿子李宗之,次女嫁给李的侄子李琳之。周楙的小女儿与李纲的儿子李昂之结了婚。① (图表 2)

图表 2

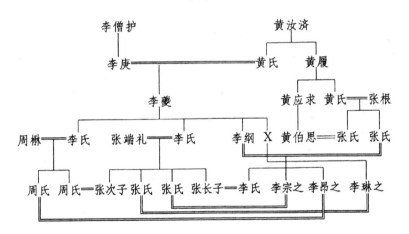

传记里声明"世为婚姻"的并不是很少见。周必大(1126—1204)为姐姐写的传记说:"……吾家与安阳尚氏旧为婚姻,故夫人年十有六归今……大伸……佐均之妇。"由于从未说清楚周氏和尚家的关系到底有多近,因而可以设想"世为婚姻"可能不过是

---

① 李纲:《梁溪先生文集》168;2—5,169;2—6,170;4—6,台北:汉华重印,1970;汪藻:《浮溪集》24;282,丛书集成;杨时:《龟山集》32;1—11,四库全书。

空洞的套话。但他在为姐夫写的传记里将这层关系写清楚了(图表3)。周必大的伯母是尚家的女儿。女真人 1126 年入侵时,比她小 19 岁的弟弟为避难到四川投奔姐姐和姐夫。周必大的伯父周利见显然非常喜欢这位内弟尚大伸,因而促成身为孤儿的侄女和内弟婚配,"重两家之好"。人们会注意到虽然新郎只比新娘大 3 岁,但他属于上一辈人,是新娘婶婶的弟弟,这样一来,异辈通婚的禁忌就打破了。但是,因为男子服丧的范围不包括姐夫及其侄女,这样的婚姻并不违法。[①]

图表 3

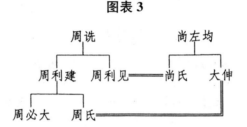

这个例子是男子和姐夫的侄女结婚。而王旦的孙子们娶了姨表妹;王旦重孙子娶了姑表妹。各种亲戚都可被视为好的联姻候选人。葛胜仲(1072—1144)有几个妹妹。据他说,他的妻子安排其中之一与她弟弟结婚。这是男子与姐夫的妹妹结婚。一位姓张的男子,他妻子和姐姐同时怀孕,两家相约,如果生下来是一男一女就订亲。[②] 这是男子或娶姑姑、或娶舅舅的女儿的婚姻,取决于哪家生男、哪家生女。

　　我们偶尔有机会得知亲戚之间的联姻是由谁提出来的。大

---

① 周必大:《文忠集》36:7,周必大的伯父若为他自己的女儿牵这根线有点不合法,因为大伸本应为姐姐的女儿服四等丧。
② 葛胜仲:《丹阳集》14:21,四库全书;罗烨:《醉翁谈录》2:6—7,上海:古典文学出版社,1957。

约在 1095 年,(浙江)兰溪人范锷非常欣赏与本地胡家男子结婚的女儿生的外孙女。后来范锷向这位姓胡的女婿推荐自己另一个嫁到江家(也在兰溪)的女儿生的儿子,说他会成为好丈夫。范锷的女婿很难拒绝这个建议。另一个例子是女人,她非常热心地想帮助父母双亡的侄女或外甥女,提议姑娘与自己的次子结婚,于是把她娶进门做儿媳。11 世纪中期,有一位老妇人,当她已婚的孙女带着女儿来看她时,她感叹道:"人间有此好女子! 忍使为他人家妇? 莫如吾孤曾孙之爱也。"两人因此结婚,得益于互为堂兄妹的两位长辈。(男孩子娶了叔祖父的外孙女。)①

这些证据表明,通常是女人喜欢亲戚之间通婚。女人会因陌生女人进入家门而焦虑,无论是妯娌、儿媳、侄媳,还是孙媳。来自娘家,或与己有关的家庭的(姐妹家或母亲家的),无论如何似乎比完全陌生的人好。同样,母亲对即将嫁出去的女儿,当然会担心她日后的处境,如果了解一点女儿嫁的那家的情况,会感到多一点信心。

一种很普遍且令人奇怪的亲戚间的通婚是娶已逝妻子的妹妹。确实,经常是第一个妻子提出这样的建议。比如,韩琦记述他的儿媳吕氏(1039—1065)27 岁快要去世时,对丈夫说:"我疾势日加。万万不可治,我有幼妹在家。君若全旧恩以续之,必能恤我子。又二姓之好不绝如故,我死无恨矣。"陈孝标(1014—1072)很小的时候就订了婚,妻子 38 岁去世。为了养大妻子留下的 5 个孩子,陈孝标娶了妻子的妹妹做继室。他显然很喜欢那家的女人,后来又娶了妻兄的女儿做儿媳。同样,宇文师说(1117—

① 范浚:《范香溪先生文集》22:4,四部丛刊;杨万里:《诚斋集》130:20,四部丛刊;晁说之:《嵩山文集》20:9,四部丛刊。

1156)与姑姑的女儿结婚,妻子去世后,又娶了比自己小 7 岁的妻妹。吕祖谦(1137—1181)出身于宋代最有权势的家庭之一,与韩元吉(1118—1187)的女儿结婚,5 年以后,妻子去世,7 年以后吕祖谦与她的妹妹结婚。还有姚勉(1216—1262),他起先与邹妙善(1228—1249)结婚,婚后一年妻子去世。服丧期满后,姚勉探问可不可以娶妙善的妹妹。邹家无人热心于此事,唯有邹父仍然有点喜欢姚勉,在后来的 5 年里,邹父多次拒绝别人给小女儿提亲。最后,姚勉参加 1253 年的科举考试,中了状元,老人家答应了这桩婚事。[①] 虽然我们知道中国历代都有人娶前妻的妹妹,但是看起来这样的事在宋代特别多。

人们对亲戚间的婚姻怀有乐观的感情、正面的评价,文学作品称颂各种类型的亲缘戚谊。已经联姻的家庭在筹划另一桩婚事时,会在婚书里大书特书已有的姻缘,就像前一章洪适写的那样。类书里的对联说没有什么事比这样的姻缘更好了:

> 匹幸联于秦晋　好永结于朱陈。
>
> 以姓合姓或假人为　因亲缔亲殆由天合。[②]

第二章讨论过古代秦晋两国间的关系和"渭阳之情"的典故。"朱陈"则最充分地体现了亲戚间联姻的令人向往的一面。唐代知名诗人白居易(772—846)写了一首诗《朱陈村》,其中有几

[71]

[①] 韩琦:《安阳集》48:8,四库全书;刘挚:《忠肃集》14:199,205,丛书集成;楼钥:《攻媿集》109:1541—1544,丛书集成;吕祖谦:《东莱集》10:10,四库全书;姚勉:《雪坡舍人集》50:7—11,刊于胡思敬编:《豫章丛书》,南昌,1915—1918。其他娶妻妹的例子,见范纯仁:《范忠宣集》17:26,四库全书;汪藻:《浮溪集》25:292,301,丛书集成;王安石:《王临川集》91:579,台北:世界书局,1966;孙觌:《鸿庆居士文集》40:11,刊于盛宣怀编:《常州先哲遗书》,台北:1971 重印;又见柏文莉(Bossler):《有力的关系和权力的关系:宋代中国的家庭和社会》184。

[②] 熊晦仲(宋):《新编通用启劄截江网》丙 3:4—5,宋版,静嘉堂。

句为：

> 一村唯两姓,世世为婚姻。
>
> 亲疏居有族,少长游有群。
>
> 黄鸡与白酒,欢会不隔旬。
>
> 生者不远别,嫁娶先近邻。
>
> 死者不远葬,坟墓多绕村。①

即便宋代史料记载了不少亲戚间的联姻,实际上这么做的只占很小的比例。我研究的双方都有墓志铭的 135 对原配夫妇中,只有 10％明确记载是亲戚间联姻。如果把他们的近亲和子女也算上,结亲前已经是亲戚的比例会高一些,因为每一对活着的夫妇都有上一代人是亲戚间结婚的情况。在 27 例再婚个案里,与亲戚结婚的只有近 1/5,都是与前妻的妹妹或堂妹、表妹结婚。

更多的婚姻不源于亲戚关系,有一个原因可能是这样的婚姻不只带来好处,也会带来危险和麻烦。袁采写道：

> 人之议亲,多要因亲及亲,以示不相忘。此最风俗好处。然其间妇女无远识,多因相熟而相简;至于相忽,遂至于相争而不和。……故有侄女嫁于姑家,独于姑氏所恶;甥女嫁于舅家,独为舅妻所恶,姨女嫁于姨家,独于姨氏所恶。皆由玩易于其初,礼薄而怨生。②

亲戚之间结婚但变得令人心酸的著名故事之一是苏洵(1009—1066)之女苏八娘(1035—1052)和其舅舅的儿子程正辅的婚姻。苏八娘 16 岁时遂父命与程正辅结婚,发现自己掉进家

---

① 白居易:《白香山集》3：11,国学基本丛书。
② 袁采:《袁氏世范》1：19,丛书集成。

庭仇恨的深渊;她生病后无人照料,两年以后不幸去世。苏洵命令儿子与母亲家的亲戚断绝一切来往,这个原则持续了 42 年之久。①

找 女 婿

科举考试在宋代变得越来越重要,这种情况导致选择理想的、政治上有前途的女婿的渠道变了。在唐代,上层家庭注重为儿子娶到出生于世族高门的女儿。到了宋代,最向往的、有时代特征的婚事是为女儿找到一个有才干的青年男子。公认的可能找到的最好的女婿是科举考试发挥出色、即将担任高官的人。怎样找到这样的女婿是谈天时常常提起的话题。② 有的人观察能力如此敏锐,可以在别人尚未发现那个值得期待的人以前促成一件婚事。有人的确善作预言,以至于可在男孩子很小的时候就断言他是未来的天才。比如,1180 年,郑景寔拜访高官陈俊卿(1113—1186)后,陈俊卿惊异于郑景寔 6 岁的儿子郑钥的天才,遂提出要郑钥做女婿。郑钥 19 岁登科后与陈俊卿的侄女结婚。晏殊(991—1051)选中未来的参知政事富弼(1004—1083)做女婿的故事有两种说法。其中之一是,晏殊的妻子请相士为女儿相面,然后请他推荐一位般配的女婿,他说的就是富弼。另一种说法是,范仲淹(989—1052)推荐两个太学生以备擢升,富弼就是其中之一。人们还津津乐道地谈论马亮怎样盯住另一位未来的参知政事吕夷简(978—1043)。我们得知,马亮的妻子奇怪地问他

---

① 曾枣庄:《三苏姻亲考》,"中华文史论丛"1986,2:237。
②《新编婚礼备用月老新书》前 7,8,台北"中央图书馆"据宋本影印。参考张邦炜:《婚姻与社会(宋代)》145—164,成都:四川人民出版社,1989。

为什么选中一个区区县令的儿子,但是马亮不搭理她,认为这种事在她的理解力以外。①

更保险的找到前途无量的女婿的办法也出现了,即京城省试结果一经公布,就向成绩好的未婚男子提出有吸引力的姻缘。从这个角度看,士子当然处于最优越的位置。1121 年,张哿掌管京城省试,5 000 多名考生参考,从中选出 500 人。张哿有一个 15 岁的女儿,他打算从取中者当中为她挑一个好青年。他托一位远亲接近那个被他自己评为第十名、比他女儿大 10 岁的胡寅(1098—1156),向他求亲。②

钱财当然可以用来引诱前途无量的男青年接受一门婚事。第五章将详细讨论,由于富裕人家争夺理想的女婿,嫁资在宋代呈走高的趋势。朱彧(约 1075—1119)指出,那些打算"于榜下捉婿"的人必须付出高达 1 000 贯的钱,表面上只说是给他在京城期间的生活费。洪迈说有一位高官,听说同乡一位商人的儿子通过了省试以后,立刻凑齐钱财和布帛,赶到京城把婚事确定下来。有时候富裕人家会向有前途的青年提供有条件的好处。洪迈讲述了黄左之的故事。黄左之 1180 年赴京城赶考,遇见一位姓王的富绅。二人成为好朋友,王不但供给黄左之生活费用,还许诺如果黄左之通过了考试,就把女儿许配给他为妻。黄左之中了举,得到新娘和 500 万钱的嫁妆。③

不管是宋朝的家长积极地为女儿找有才干的女婿,还是让自

73

---

① 洪迈:《夷坚志》支戊 2:1064,北京:中华书局,1981;《新编婚礼备用月老新书》前 7:12;叶梦得:《石林燕语》9:139,北京:中华书局,唐宋史料笔记丛刊,1984;脱脱:《宋史》298:9917,北京:中华书局,1977;孙升:《孙公谈圃》3:8,百部丛书集成。
② 胡寅:《斐然集》20:7,26:14,四库全书。
③ 朱彧:《萍洲可谈》1:16,丛书集成;洪迈:《夷坚志》三壬 4:1497,支甲 7:767,北京:中华书局,1981。

己的子女与朋友的子女结婚,或热衷于亲戚间的联姻,我们都可以清楚地看到,比较唐朝而言,宋代显赫的家族与其说关心其祖先的名望,不如说更关心在世亲属的地位。他们不再以拒绝求婚的排他性做法为骄傲,而更愿意慷慨地拿出漂亮的嫁妆。从统治阶级演变的角度来看,这些婚配策略是合情合理的。自中唐到宋初,唐朝的贵族家族丧失了统治中央政府的能力。10 世纪的政治形势把没有显赫的家世,但凭着各种人际关系建立了军功或在官员队伍里获得成功的人推向前台。随着宋朝统治的巩固和经济的迅速发展,士人阶层稳定地扩大了。虽说宋代以科举考试制度主导官员选拔而著称,但在竞争很激烈的政治环境中,特权和人脉仍然很重要。随着文官体制规则的逐渐形成,出现了一种持续的趋势,即人脉关系良好的人想方设法帮自己人得到特殊、优惠的入仕途径(通过"荫""推""恩"或考试"回避"制度等)。[①] 因而,有政治抱负的家庭着意安排有用的姻亲,或尽力保持已证实令自己满意的亲缘关系,也就不足为奇了。

媒人撮合的婚姻

一个家庭如果没能通过个人关系找到期望中的对象,就会转而求助于媒人,媒人通常是女的。楼钥(1137—1213)写道,长兄去世以后,他要帮助寡嫂解决 3 个儿子和 5 个女儿的婚姻大事。一位媒人告诉他本州有一家宗室成员:"武德夫妇偕老,杜门约居,教子甚严。诸子联中科第,多有贤称。其第三子师信,既以淳

---

① 贾志扬(Chaffee):《荆门》101—105;梅原郁:《宋代官僚制度研究》,京都,1985;张邦炜:《宋代避亲避籍制度述评》,《四川师大学报》1986,1:16—23;伊沛霞(Ebrey):《宋朝朝代精英的统治》,《6—13 世纪婚姻中的财产转移》。

熙二年赐进士出身,得尉台之临海矣。"楼钥后来调查了那家人在　74
地方上的声誉,当发现与媒人说的无异时,就同意侄女与赵家第
三子结婚。①

即便两家人已经共同作了结亲的决定,正式的联络仍需要通
过媒人。结亲需要媒人与典籍的规定是一致的,《礼记》坚称:"男
女无媒不交。"②《东京梦华录》称,媒人成对地在街上走,人们可
以从她们发髻上扎的黄色带子认出她们。③ 袁采认为尽管媒人
不可或缺,但仍应警惕,不能过分信任她们,为此他写道:

> 给女家则曰男家不求备礼,且助出嫁遣之资。给男家则
> 厚许其所迁之贿,且虚指数目,若轻信其言而成婚,则责恨见
> 欺,夫妻反目,至于仳离者有之。④

骗人的媒人经常出现在故事里。比如,在《志诚张主管》里,
一个 60 余岁、没有孩子的店主打算再婚,找来两位媒人。当他说
希望找一个年轻、漂亮的妻子,与他门当户对,并无论如何要带来
10 万贯钱的嫁妆以便配得上他的家产时,两位媒婆感到惊疑。
媒婆真的给他说成了一门亲事,女方是一位被原来的主人抛弃的
年轻的妾,反过来她们骗那个女子说男方只有 40 岁。⑤

婚　龄

为子女婚事操心的家长们非常注意女儿的年龄,进而也会考

① 楼钥:《攻媿集》104:1468,丛书集成。
② 《十三经注疏·礼记》51:24,台北:艺文印书馆据 1821 年本重印,1981。
③ 孟元老:《东京梦华录》,刊于《东京梦华录外四种》,上海:中华书局,1962。
④ 袁采:《袁氏世范》1:19,丛书集成。
⑤ 《京本通俗小说》13:43—46,上海:中国古典文学出版社,1954;杨宪益、戴乃迭译:
　《蒋兴哥重会珍珠衫:十至十七世纪短篇小说选》17—19,北京:外文出版社,1981。

虑未来新郎与女儿的年龄差。士人家庭一般在女儿青春期到来不久后就把她嫁出去，这是前现代时期全世界普遍流行的做法。[①] 男女各种婚龄的百分比见表1，以65对已知出生年月和婚龄的夫妻为据。

表1　男女初婚年龄

年龄(岁)	男(％)	女(％)
12—13	3	0
14—15	3	9
16—17	11	25
18—19	20	29
20—21	18	18
22—23	11	12
24—25	12	3
26—27	5	2
28—29	8	0
30＋	9	2

这一组人当中，女人平均婚龄为19岁，婚龄跨度很小，54％在16—19岁结婚(跨度4年)；89％在15—22岁结婚(跨度8年)。这个年龄分布接近20世纪中国农民的状况[②]，但是比明清时期上层社会的婚龄稍晚一点。[③] 或许由于宋代殷实人家要准

---

① 哈吉纳(Hajnal)：《欧洲婚姻模式透视》；卢惠馨、汉莉(Wolf and Hanley)：《东亚的家庭史和人口史·导言》；方建新：《宋代婚姻礼俗考述》，《文史》1985,24：157—178。

② 如武雅士、黄介山(Wolf and Huang)：《中国的婚姻和收养，1845—1945》；科尔(Coale)：《中国农村的生育率：巴克利评估的再确认》。

③ 见徐泓：《明代的婚姻制度》，《大陆杂志》，78,1：26—37,78,2：68—82；刘翠溶(Liu)：《浙江萧山两个中国家族的人口统计，1650—1850》；萨(Sa)：《1945年以前台北市台湾人之间的婚姻》；甘博(Gamble)：《定县：中国北方的一个农村共同体》；特尔福德(Telford)：《男人初婚年龄的协变性：中国世系历来的人口统计》。

备预期的丰厚嫁妆,只好推迟一点女儿的婚期(见第五章)。

儿子毕竟没必要那么快就结婚。婚龄的跨度也比较长,只有52％的男青年在17—22 岁的 6 年间结婚,92％在 15—30 岁的 16年间结婚,而且平均婚龄为 21 岁。

年轻姑娘在很短的时间跨度里结婚,因为她们被看成盛开的花朵或熟了的果子,应该在十分短暂的最好的季节采摘。此外,女人的婚姻大事不能耽搁,这是长久以来的传统。《礼记》说女子应在 15—20 岁结婚,男子不晚于 30 岁。法律条文只规定最低婚龄,宋代为女 13 岁、男 15 岁。[①] 宋代学者主张在法律规定的最低婚龄和传统上倾向的较高婚龄之间作出折中之选,司马光和朱熹建议:女 14—20 岁、男 16—30 岁结婚。事实上朱熹将长子的婚礼推了一年,因为姑娘只有 13 岁。[②] 把女子的婚期推迟到20 岁以上,唯一合法的理由是为父母或祖父母服丧。即便在这种时刻,人们仍不愿看到女人等得太久。如果一个女子到了 20岁因为服丧而不能结婚,可以向官府提出申请举办婚礼。而且当人们察觉到有人快要去世,就会急急忙忙地筹办婚礼。[③]

无论男女,一旦很晚才结婚,都会被视为不幸。人们可以引用白居易(772—846)的诗句,说的是时局动荡失序,很多年过三十的男人和年过二十的女人没有婚配。年龄大意味着生孩子困难,孩子长大以前父母已经老了。如果一位女子必须晚一点结 ⁷⁶

---

① 《十三经注疏·礼记》,28:20;仁井田升:《唐宋法律文书研究》548—551,东京,据1937 年本影印,1967。

② 司马光:《司马氏书仪》3:29,丛书集成;《十三经注疏·礼记》,17;朱熹:《朱文公文集》33:27,四部丛刊。

③ 龚明之:《中吴纪闻》5:118,上海:上海古籍出版社;孙觌:《鸿庆居士文集》40:9,刊于盛宣怀编:《常州先哲遗书》,台北:1971 重印;刘克庄:《后村先生大全集》140:10,四部丛刊;刘宰:《漫塘集》26:15,四库全书。

婚,人们很快会猜测她经济方面有困难。士人经常引用白居易另一句诗:"贫家女难嫁"①。这句诗悲叹美貌不如财富重要,富裕人家不必发愁没有人向女儿求婚,而且很容易让女儿在 16 岁以前结婚。反之,贫女过了 20 岁仍孑然一身,家长不得不积极讨好媒婆,现实地接受任何可能的提亲。

在宋代,婚事一向被耽搁的、唯一规模相当大的女性群体是女仆。在洪迈的一个故事里,一对夫妇认识到应该为忠心耿耿地为他们服务了 30 年的婢女做一些事,因此把她嫁出去了。袁采尖锐地批评那些让女仆为自己服务终生,不许她们出嫁的人。②

由于男人不必像女人那样及时"采摘",家长考虑儿子结婚早晚的后果时有些余地。有人为了尽快抱孙子而希望儿子早结婚,短语"早见孙"常用来表达这种感情,但是仍有一些男人 30 岁以后才结婚或终生未婚。洪迈收集的那种普通人的故事经常提到老单身汉。有一位 40 岁还未结婚、和弟弟相依为命的男人,靠砍柴、烧炭为生。③ 有些宋朝人提议推迟男人婚龄。学者罗愿(1136—1184)写了一篇文章说,所有的男人都应当等到 30 岁以后结婚,除非他们像孔夫子那样是孤儿,必须结婚以便承担祭奠祖先的义务。"男至于三十则知虑周可以率人。"富弼(1004—1083)把自己的婚礼推迟到中进士那年,即 28 岁,此前他请求父母让弟弟和姐妹们先结婚。他敦促一位 24 岁的未婚来访者晚点结婚,说这样就可集中精力,专注于学业。④

---

① 白居易:《白香山集》2:23,19,国学基本丛书。

② 洪迈:《夷坚志》补 3:1568,北京:中华书局,1981;袁采:《袁氏世范》3:55。

③ 刘应李:《新编事文类聚翰墨全书》4:8,编于 1307 年;张邦炜:《婚姻与社会(宋代)》170—176,成都:四川人民出版社,1989;洪迈:《夷坚志》支戊 1:1052。

④ 唐顺之:《荆川稗编》21:13—16,四库全书;邵伯温:《邵氏闻见录》18:200,北京:中华书局,唐宋史料笔记丛刊,1983。

特殊情况下,有的男子 40 岁了还未娶妻。孙复(992—1057)从未中过进士,40 岁尚未结婚。最后,李迪(967—1043)认识到他的好品质,把侄女嫁给他为妻。[①] 邵雍(1011—1077) 45 岁还没有结婚,两位曾就学于他的门生对他说:"不孝有三,无后为大。先生年逾四十不娶,亲老无子,恐未足以为高。"邵雍回答:"贫不能娶,非为高也。"两位门生遂提出让他娶一位同学的妹妹,其中之一还资助了一份聘礼。[②]

对男人来说,把婚事推迟到中进士以后,可以看作促进社会流动的一种策略。[③] 胡铨(1102—1180)的父亲没有考中进士,但是胡铨 1127 年 26 岁时中了进士。后来他受到家乡一位出身官宦家庭、正在物色一位士子做女婿的地方官刘敏才的注意。在许景衡(1072—1128)的例子里,虽然他的近亲没有一个人是官员,但他在 1094 年 23 岁时通过进士考试以后,就娶了浙江另一个州的一位年轻姑娘,新娘的父亲曾经当过官,她带来的嫁资多得足够许景衡兄弟在太学学习的开支。同样,张维(1112—1181)的前辈中没有人当过官,但他 1138 年 27 岁时考中进士以后,娶了家乡福建的一位姑娘,她带来的嫁妆帮助张维的妹妹结了婚。但是,推迟婚姻的策略也有风险。我们得知,一位男子一心一意想中进士,结果 50 岁才结婚。[④]

[①] 李焘:《续资治通鉴长编》138：3325,北京:中华书局,1985;《新编婚礼备用月老新书》前 8：1。

[②] 邵伯温:《邵氏闻见录》18：193,北京:中华书局,唐宋史料笔记丛刊,1983。

[③] 参见贾志扬(Chaffee):《荆门》11　12;张邦炜:《婚姻与社会(宋代)》171—172,成都:四川人民出版社,1989。

[④] 周必大:《文忠集》30：10—21,四库全书;王庭珪:《庐溪文集》42：8—10,四库全书;胡寅:《斐然集》26：1—7,四库全书;许景衡:《横塘集》20：8—10,四库全书;朱熹:《朱文公文集》90：15,93：13—20,四部丛刊;吕南公:《灌园集》18：8—10,四库全书。

结婚时新郎平均比新娘大 2 岁(见第八章表 2),但是家长并未规定新娘不能比新郎大。当黄大圭的两个女儿安排子女联姻时,她们的愿望如此强烈以至于让姐姐的女儿与比自己小 9 岁的表弟结了婚(图表 4)。女方的哥哥陈亮(1143—1194)在为表弟兼妹夫周英伯写的祭文里解释了这桩婚事的原因:

> 吾母唯女弟一人,零丁孤苦,相与为命,而卒归于周者,英伯之母也。故英伯之女兄复归吾弟,而吾妹长英伯九岁,吾母亦许以归英伯者,欲使姻戚之义相联于无穷而亲爱之至也。[1]

图表 4

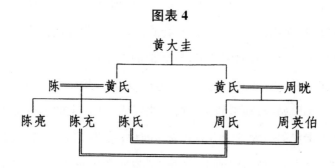

当父母急于让儿子尽早结婚(多半因为想尽快抱孙子,或担忧自己或儿子的健康)时,他们也接受或挑选比儿子大的女子。因此 15 或 16 岁结婚的男孩一般都比新娘小。

青年男女自己的想法

从洪迈的故事和同类史料可以看出,青年男女往往愿意让父

---

[1] 陈亮:《陈亮集》23:362,30:434,北京:中华书局,1974。

母知道他们迷恋着某个异性,作为潜在的婚配对象。① 有些年轻人走得更远,反对父母的选择。广为流传的佛教传奇妙善公主的故事把这种可能戏剧化了。按照这个传说,虔诚的妙善反抗父亲的命令,不愿意结婚。对此感到愤怒的父王试图逼迫她屈服,把她关起来并且不给食物,但是凭借神灵的护佑,她得以逃脱,开始了当尼姑的新生活。当然,她从来没有停止爱父母亲。当她听说父亲病得很重时,剜出自己的眼睛、卸下自己的胳膊,用来治疗父疾,借以表示她像任何服从父母之命结婚的女儿一样孝顺。当容貌已被损坏的妙善再次见到父母时,身体已经变为佛教的观音菩萨之身(在宋代通常表现为慈爱、有同情心的女性)。妙善的故事在宋代传播得非常迅速并广泛持续到后世。②

即使没有宗教动机去信守独身生活的孩子也会违抗父母。徐氏(逝于 1170 年)的传记记载,她父亲去世后,母亲试图让她在服丧以前迅即与姑姑的儿子结婚。她哭叫得快要晕过去,把家人吓坏了,迫使他们放弃了原来的打算。服丧期满以后,她哥哥又提出此事,但是,我们得知,徐氏坚持原意:"为富人妻,我不愿也。"③毫无疑问,她在家庭聚会上了解到表哥的言行,感到非常厌恶。

与此相反,有的青年姑娘想要与父母不喜欢的亲戚结婚。洪迈提到孙愈的故事,他真心爱舅舅的女儿,而她也被他吸引。但是她的父亲希望所有的女婿都是当官的,如果孙愈能通过州一级的考试,就答应这桩婚事。孙愈投考两次不中,舅舅把女儿嫁给

---

① 见克里斯蒂安(de Pee):《〈夷坚志〉中的女人:用小说做史料基础的社会史研究》37—38。
② 杜德桥(Dudbridge):《妙善传说》。
③ 叶适:《叶适集》16:313,北京:中华书局,1961。

了别人,我们得知,孙愈死于相思病。① 廉宣讲的故事开头与此相似但结局不一样。一位年轻姑娘喜欢姑姑的儿子,他也同样爱她。她让丫鬟把自己的感情告诉了母亲,但是爱之甚深的母亲希望她嫁给当官的人。小姐和丫鬟因此策划了私奔。一个路过的年轻男子发现了此事,威吓说要揭发,随即又说服小姐跟他走,私奔计划失败了。小姐毫不费力地把感情转移到他那儿,但是当他父亲把他招回家后,她陷入困境,钱用光以后,只得沦为官妓。②

青年男子比女子有更多的机会外出,常常被不是亲戚的女子吸引。在小说里,对盛装打扮的美女的一瞥就足以使男人对追求她以外的任何事失去兴趣。③ 生活里男人仅凭见过女人的外貌就做出决定的行为也得到社会的接受。可以看一看学者柳开(947—1000)的例子。原配夫人去世后,柳开拜访在京城当官的老熟人。他注意到书房墙上画中漂亮的女人。主人被问及后回答说那是自家妹妹的画像。柳开立刻说自己正在寻找一位继室。主人说与父亲商量以前什么也不能答应他,但是柳开急于成事,强求主人接受聘礼并确定日期,打算十天之内举行婚礼。由于他没有请媒人,主人很难拒绝他直接的提亲。主人的父亲,一位挺重要的官员,向皇帝抱怨柳开逼迫他交出女儿,但我们得知,皇帝并不吃惊。皇帝告诉那位高官,柳开才学优异,将成为一个好女婿,甚至还自荐当媒人。④

很轻易地被女子挑逗的男人会发现自己遇上了麻烦。让我引用洪迈记录的一则劝诫故事结束本章:

---

① 洪迈:《夷坚志》丁4:564。
② 廉宣:《清尊录》1615—1617,笔记小说大观。
③ 陈荔荔(Chen Li-li):《董西厢诸宫调:一首中国曲》。
④ 彭乘:《墨客挥犀》4:2,百部丛书集成。

　　宣和三年,京师富子任迥,因游春独行,至近郊酒肆少憩,乐其幽雅,未即去。店姥从中出,回顾呼语曰:"吾夜分乃还,宜谨视家舍。"即去。迥窃望幕内,一女子皆妖冶,心殊慕悦,而难于言。女忽整容出,盼客微笑,服饰虽不华丽,而洁素可爱。迥招以坐,以言挑慰。女曰:"吾母赴村中亲舍宴席,家无一人,止妾独身耳。"迥心神流荡不禁,遂纵言调谑,命酒同饮,相携缱绻。薄暮而姥归,入门,见迥在内,忿然作色曰:"吾女良家处子,汝何敢无礼相污?"迥无辞以答,但泣拜引罪。久之,姥忽易怒为笑曰:"汝既犯吾女,无奈矣,当遂为吾婿,则可解,不尔,则缚送官矣。"迥思已未娶,又畏成讼,唯而从之。姥曰:"若尔,无庸归,少留旬日,吾自遣信报尔父母。"于是遂谐伉俪。夫妇间殊惬适,唯防禁甚密,母子更迭守视,不许出中门,但兀坐饱食而已。一夕未寝,连闻扣户声,姥启扉,有男子妇女二三十辈,扶携而来,有得色,言曰:"城内某坊某家,今夜设大筵,宜往赴约。"姥呼女同行,而指迥告众曰:"奈此郎何?"或曰:"偕往何害?"乃空室而出。迥深忧疑之,而弗敢问。俄顷,到城门,门闭已久,众藉藉谋所以入。姥耸身穿隙而进,众与迥随之,皆无碍。及至市,灯烛贩鬻与平日不殊。到所谓某家,方命僧施法食三大斛,众拱立环绕,争搏取淀食,至于攘夺。迥骇曰:"吾许时乃为鬼婿耶!"始大悟,挺身走入佛座下,跧伏不动。望视同来者,诡形怪状,皆鬼也。竞前挽使回,迥不应。姥与女眷眷不忍释,至互相诋悔,流涕唾骂,乃去。天将晓,此家屏当供器,见而惊曰:"有奇鬼在此。"取火照之,迥出,具道本末。迨旦,送之归家。家人相视号泣曰:"一去半年,无处寻访,以为客死矣。"调治数日,乃复人形。徐验故处，但荒榛蔓草耳。①

这个故事和许多别的故事证明，男人放纵自己，沉迷于不认识的女人的性吸引当中，等于把自己置于险境，什么事都可能发生。

＊　＊　＊

本章描述的大多数现象通常见于等级社会里身份意识比较明确的父母们对子女婚事的安排。在子女很年轻时父母就考虑他们的婚姻，做决定时以道德为标准，选好的人和好的家庭，留意财产状况，不仅注意未来配偶的性情品格，还同样考察他们的亲属，把整个过程视为烦人的负担而又是由年长妇女导演的令人兴奋的家庭乐章——这些特征都远远不是异乎寻常的。在这样的社会里，挑选结婚对象的权力划分，与其说是按性别，不如说是按代际划分。老一辈男女有相当大的权力决定孩子应该与谁结婚，同时，年轻人，无论男女，在决定他们自己的命运时只有有限的权力。宋代中国的婚配还有其他一些特点——如热衷于在异姓表亲之间通婚——这在其他的传统社会不常见，但在中国却有悠久的历史。

另外，可以从宋代的婚配看到一些有别于中国历史其他时段的特点。比如说，宋代显要家族不像其唐代前辈那样关心亲家已经去世的祖先的声誉，而代之以重视活着的亲戚的现状。然而与明朝和明以后的官宦家庭不同的是，宋朝官宦家庭仍追随唐代的模式，与品级相近的官宦家庭通婚，哪怕他们相隔遥远。正如我们已经看到的，这些通婚的策略在统治阶级话语体系的演变中可以感觉到，在科举制导致的竞争加剧，影响升迁的关系也很重要

---

① 洪迈：《夷坚志》补 16：1698。

的前提下,尤其如此。

但是,仅用两家男人政治利益的需要解释所有婚姻方面的决定是错误的。婚姻的决定关系到多种因素:父母们和祖父祖母们的目标很多,以致任何一桩婚姻都难以满足要求。父母亲们多半在子女婚事的日程和安排上有各种设想,但是实际采用的却是各种方式的折中。比如,一位母亲会在孩子的婚事上采用自己的一些想法,别的想法则不得不放弃。

本章聚焦于幸存史料里明显地涉及联姻的记载,毫无疑问,大多来源于社会里境况好的人群。正如我们在本书后文会看到的,不是所有的父母都设法为子女寻找配偶;事实上,有人甚至于从来没有试一试。在通向好的婚姻的道路上,可以看到贫穷、贪婪、残酷和不幸。女孩子被父母卖作奴婢、妾、艺人或妓女的并不特别少见。失掉父亲、或恰好遇到养不起孩子的父母,女孩子们会被送到盼望儿媳的公婆那里当童养媳。[1] 受到性虐待的年轻女子会发现自己的婚姻是开采中的坏矿,后患无穷。[2] 第五、十、十三章将要展示,长大后可以继承财产的孤女会成为家产争夺中的抵押品。

---

[1]《名公书判清明集》7:230—232,北京:中华书局,1987。
[2]《名公书判清明集》12:441。

第四章　婚礼和婚庆

　　宋代中国的婚姻，像其他多数社会的一样，从仪式开始。一系列表示不同阶段的仪式把新娘和新郎带入一个旅程从而改变他们的身份：与从前的身份分离，在一段时间里保持限定的身份，然后磨合成为一对新人。婚礼仪式用象征的方式承认新娘和新郎的性活动，并且确认这对二人关系的重要性。与此同时，婚礼也为双方家庭社会的和情感的需要服务。家长无论怎样谨慎地权衡利弊，为子女挑选对象，无论怎样费心操办婚礼，都丝毫不能减少对其日后生活的忧虑。女婿与其家人会善待女儿，并证明他们是有用的朋友吗？儿媳会不会搅乱家里原有的人与人之间的关系？婚礼让双方家属用收敛的、不会导致危险的方式表达这些焦虑。婚礼作为仪式还有助于使婚姻变得更有趣。仪式和庆祝活动提供了途径，把人们不愿意看到的婚姻的某些方面掩饰或模糊掉，把可能被认为是交易的某些东西重塑成爱情和友谊。婚礼给当事人家庭提供了一个显示和炫耀财产、教养及社会关系的机会。

　　写于宋代的几种笔记描述了结婚仪式的步骤，但是最详细的宋代婚礼的描写却见于宋朝两京社会风俗的记载当中。开封，位于中国北部的中心，对它的描写见于《东京梦华录》，它在960—1126 年是首都；杭州，位于长江以南，见于《梦粱录》，宋朝廷失去

对北方的控制后,杭州成为都城。两位作者都声明写的是都市大 83
众的风貌,不论贫富,但是很明显,他们更乐于用亮丽的色彩表现
富家的装饰一新的活动场面。①

订 婚 仪 式

一个家庭一旦对另一个家庭产生联姻的兴趣——这种兴趣
的基础无论来自媒人热烈的报道,还是朋友的建议,或长期的家
族间的友情——都必须进行特定的程序,以便完成正式的订婚。
第一步由男家派媒人送去一张帖子,帖子上面写着男孩父系三代
长辈的情况,如头衔(如果有的话)、男孩的排行(长子、次子或三
子)、出生日期、母亲的姓等等。女家如有兴趣(决定以前多半经
过占卜),将回送载有同类信息的自家的"草帖"。② 下一步交换
"细帖"。男家的细帖应列出更具体、详细的情况,如出生的时辰、
父母是否健在,如果已故,谁将主婚。女家回敬的帖子同样要写明
女孩的出生日期,还要列出陪嫁的东西,如"首饰、金银、珠翠、宝
器、日用品、帐幔等物,及随嫁田土、屋业、山园等"。③ 每一次都由
中间人递送帖子。最初几次交换帖子的步骤使双方都有机会取消
这桩婚事,如果帖子上的讯息与原来期待的不符,就不再继续。

---

① 孟元老:《东京梦华录外四种·东京梦华录》5:30—32,上海:中华书局,1962;吴自
　牧:《东京梦华录外四种·梦粱录》20:304—307,上海:中华书局,1962。除非另行
　注明,本章用的史料大都源于这两部书。关于宋代婚礼,还可见马之骕:《中国的婚
　俗》,台北,1981;方建新:《宋代婚姻礼俗考述》,《文史》1985,24:157;朱瑞熙:《宋
　代的婚姻礼仪》,《文史知识》1988,12:46;吴宝琪:《试析宋代育婚丧俗的成因》,
　《北京师范大学学报》1985,5:92。
②《新编事文类要启札青钱》(元)别2:5,东京:古典研究会据1324年本重印,1963;
　陈元靓:《(新编纂图增类群书类要)事林广记》前集10:5,未出版的胶片。
③ 吴自牧:《东京梦华录外四种·梦粱录》20:304,上海:中华书局,1962。

　　一旦交换了帖子,新郎家长如果愿意的话,可以去看一看新娘。在开封,由男家派一位女眷到新娘家看看新娘。在杭州,会安排一次两家的会面,或在姑娘家或在饭馆,新郎可以看到新娘并作出最后决定。开封和杭州两地都以给姑娘头上插一根金簪表示男方首肯,反之则留下一段彩缎表示放弃。

　　两地的男家一旦决定订婚,无论贫富,都送 4 或 8 坛酒,称为"定酒"。酒盛在金色的坛子里,坛子上盖着布,扎着花朵,放在红色的木架里抬着。同时还送去很多食品,如茶、面点和羊肉。男家还随礼品送去 4 份写在金纸上的通婚书,其中一张是礼单。杭州的习惯是将 4 份通婚书放在绿色的盒子里,外壳上贴着"五子二女"的纸笺,含义当然是希望婚后多生小孩。

　　儒家的婚姻手册指出,在这个阶段双方家庭都应行"告庙"礼,向祖先报告聘礼和嫁妆等情况。[①]《梦粱录》写道,当聘书和聘礼到达新娘家时,女家应办"受函仪",摆好香、烛、酒、果,行"三揖三让"礼。女家此时邀请姻亲中一对父母健在的夫妇开启婚书——一系列仪式里第一次由姻亲担任的角色。他们的出现无疑再次证明婚姻并不只是嫁出一个女儿,婚姻还创造了持久的家族纽带这个事实。

　　这一天结束以前,新娘家要向男家回赠礼物以示自己的富有和慷慨。回礼包括绣品和男装,还加上相当于刚收到的聘礼的四分之一或一半数量的茶、面食、水果、酒和羊肉。女家回送两坛酒,还把清水注入一个酒坛子,放进四尾金鱼,一双筷子夹着两根葱。这些东西都是一对或几对,象征着配对成双的婚姻。之所以选择那种东西,经常因为便于利用谐音,比如"鱼"与"余"音同,意

———————————

① 朱熹:《朱子成书·家礼》18,编于 1341 年。

味着"有余"。按照《梦粱录》的记载,杭州的富人或官宦家庭送的鱼和筷子都是金的或银的,葱是绸子做的。

从这一刻开始,未来的法律上的亲戚,公婆和岳父母之间都认对方为亲戚,称对方为"亲家"(字面上的意思是"联系紧密的亲戚"),称自家为"忝眷"或"忝戚",一个自我贬抑的概念,字面意思是说自家"愧为眷属"。直到送过聘礼以后,每月的月初和月中两家还得互送表示问候的信札。这些信札的样本,每个月的都不同,编在类书里。到了节假日,男家送布、果、肉、酒等礼物到女家,女家根据财力回送女红。这个阶段——男家送大量礼物——是一个关键的时刻,可以从担心对方改变主意、对礼物的数量和质量表示焦虑中看出来。于是双方必须不断地多次表态,确认婚事处于进行当中。

聘　礼

将聘礼送到新娘家标志着订婚事宜的完成。中间人带着酒、雁或鹅、羊到新娘家告知聘礼到达的日期。订婚礼物称为"聘彩",通常称为"聘金",但在宋代,聘礼多由各种各样的实物组成,不仅仅是现金。士人和官员家庭送的礼式样繁多:华丽的女装、包括头饰的各色首饰,各色绸缎,各种各样的食物如茉莉花茶、水果、面点、肉类、酒,以及纸币、银锭,每样东西都附上通婚书和礼单。杭州的富家,订婚礼据说必须包括"三金":金钏、金链和金帔坠。不太富裕的家庭,银的或镀金、镀银的也可以,或其他任何东西,因为"此无定法耳"①(1180 年前后,一位县令因为极度铺张受

---

① 吴自牧:《东京梦华录外四种·梦粱录》20:305。

到谴责,他为次子的婚事准备了几百尺做帐幔、帘子和被褥的各色绸缎,外加几百套印染精良、绚丽多彩的衣服)。① 至于较低阶层的家庭,按照《梦粱录》的记载,可送一两匹布帛,一些纸币,一只鹅,酒、茶和点心。姑娘的父母可以用这些礼物维持他们那方面的支出。

富家之间,聘礼一旦送到,姑娘的家庭会回赠礼物,回礼包括绿色、绛紫色的薄纱,印花丝绸,金的或玉的文具(笔、笔架等),还有花色繁多的绦带和女子手工制品。这些东西也附带着一张单子。

聘礼和回礼透露了双方家庭的社会、经济状况,给两家制造了展示各自的财富和生活方式的大好机会。不仅男家能拿出好东西作为订婚礼物,女家也要表示并不需要这么多而且有能力返还一半。这种交换当然也为财产转移服务,这样一来新娘和新郎的小家庭就有了物质基础——第五章将研究这个问题。

聘礼和回礼中夹带着 3 份通婚书,1 份礼单。3 件婚牍中的一封写些客套话,一封是正式的订婚文件(第二章曾援引一份婚牍)。这类信件和回信最大限度地体现了文学的效果;确实,类书经常列出几百种样本,因为必须根据双方家庭各种特定的情况量身订做。这一对的年龄,可能还是孩子吗? 其中之一是再婚吗? 他们是亲戚吗? 如果是,是哪一种亲戚?(如果男女双方的父母亲是两姐妹、两姐弟或两兄妹,或其他关系的亲戚,都要分别给出样本。)男女双方是不是同乡? 职业是否相同?(类书经常按照职业分列参考样本,如农民的儿子娶木匠的女儿,泥瓦匠的儿子娶卖水人的女儿,屠夫的儿子娶卖鱼人的女儿。)类书也为参加科举考试的、考中的、当官的人和宗室成员提供婚牍样本。

---

① 朱熹:《朱文公文集》18:24,四部丛刊。

也许由于双方都不自觉地否认婚姻创造的不平等,双方的婚书都表达了对对方的尊敬并说明彼此是平等的。通婚书经常把婚姻比作联盟,使用"结盟"或"缔盟"一类词汇。并常引用古代史上著名的结盟比如秦晋之盟的典故。作者通常强调双方都很有诚意,并且都能从中获益。这时候会用短语"金兰",引用《周易》传文部分里的一段:"二人同心,其利断金;同心之言,其臭如兰。"①谈起聘礼或聘金,学者们会引经据典:"非受币不交不亲。"②提到自己送给对方的礼,会用自我贬抑的说法把礼物的价值降低,同时称赞对方的慷慨,或者说自己不配接受已收到的礼物。

这类文书为什么如此注意遣词造句的精确性? 看得出来通信的双方有两个略为矛盾的目标。每个家庭都希望用恰到好处的礼貌对待对方,避免受到谴责。正如袁采提醒的,只有"极于责备,则两家周致无他患矣",才能避免冒犯对方。③ 类书里的样本已经被证实是最合适的。与此同时,又要避免显得过于正式或疏远,因此人们希望从类书里选到适合自己情况的样本,强调自家与对方的关系特殊。就像聘礼的质地和数量可以根据各家的情况有所不同一样,婚帖的正式用语也可随机应变。

最 后 的 交 换

聘礼收到、回礼送出后,直到确定婚礼日期以前,两家可不再联系。送过聘礼后,这段时间可能为几个月或几年。

婚期将近时,新郎家庭"请期",然后把举行婚礼的确切日期

---

① 《十三经注疏·周易》7:18,台北:艺文印书馆,据 1821 年本重印,1981。
② 《十三经注疏·礼记》2:13,台北:艺文印书馆,据 1821 年本重印,1981。
③ 袁采:《袁氏世范》1:20,丛书集成。

通知女方家庭。最后就是大量的准备工作,包括发出很多请柬。最后的交换在婚礼前夕进行。男家在婚礼前两天送给女家一些东西作为"催妆",如装饰发型的首饰,化妆品,写着"五子二女"的扇子。新娘家用回送包括精美幞头的男子服饰来表示接到了讯息。婚礼前一天,新娘家要派人到新郎家"铺房",把陪嫁的床上用品、帐幔、毡褥、四季衣服和首饰都摆放好。同时带去一张清单。①《梦粱录》写道,布置好房间以后,新娘家派去的一位女仆或几位女仆要留在新娘的洞房里,确保新娘进这个房间以前没有人进来过。司马光指出,虽然经典著作没有"铺房"的记载,但是他的同辈人都认为这是必不可少的,他们一致认为男家必须提供洞房的家具而所有布匹制作的物件则应由女家准备。他还指出——用不赞成的口吻——总的倾向是把每件东西都摆在面上让人看见。②

看一看订婚的全过程,我们发现了其中明显的交换物品的过程。物品的交换不是一次完成,而是一长串连续的行动,通常由男家先送,然后女家回礼。然而,这些间歇性的、一次又一次的交换不是等量的,女家收到聘礼以后,会回送一份薄一些的礼物;对男家的"催妆",女家只需送一点微薄的与嫁妆有关的东西。这些一来一往的厚薄不同的礼物多半反映了一个原则,一份礼物制造了又一次送礼的义务;礼物的多少不同,但表明他们对对方的承诺有效,从而维系着社会联系的纽带。③

由于同一时刻送的不同种类的礼物都放在一起,因此礼物的价值不太能看得出来。从摆到面上的东西看,聘礼中的食物和首

---

① 《新编婚礼备用月老新书》后 1：16,台北"中央图书馆"据宋本影印。
② 司马光:《司马氏书仪》3：33,丛书集成。
③ 莫斯(Mauss):《礼物:古式社会中交换的形式与理由》;杨联陞(Yang):《作为中国社会关系基础的"报"的概念》。

饰比钱财更引人注目，衣服、床上用品和首饰引起的观赏性超过土地、房屋和店铺的契据。进而，同样的东西送来送去使进行中的财产转移被弄得模糊不清，看上去每一方都在慷慨地送礼。事实上第一轮磋商就谈到了详细的财产清单，每次送的东西实际上都带着讨价还价的意思；而且，财产契据不像酒坛子、羊或箱子那么显眼和公开化，穿过街巷招摇过市地送到对方家里，邻居们很难看出来哪一方送得更多。

我们为掩盖婚姻中确实发生了的财产转移找到很多可能的理由。其一，通过给女儿嫁妆把家产完整地转移到下一代人的做法在改变。在下一章我们将看到，嫁妆作为妻子的财产成为任何一个家庭内部紧张的来源。其二，如果给一个儿子的聘礼远比给另一个儿子的多或者少，最好是巧妙地遮掩过去。

前面描述的物品和通婚书的交换是缔结婚姻的法定步骤。女 ⁸⁸家如果用退还已开启的婚书或不回信的办法毁掉婚约，同时又接受了任何数量的礼物，法律规定"杖六十"。一个案例中，法官列举这条法律说明，女家已回复了"定帖"和嫁妆的清单，因此毫无疑问可以怀疑她家要毁约。另一个案例中，为了搞清楚一个女人是不是与死者结过婚，法官提的问题不仅涉及婚礼，还提到聘礼："是何人行媒？是何财帛定聘？是何财帛回礼？是何人写婚书？"①

鉴于宋代人过早订婚的偏好，必将有许多未能成婚的例子。司马光指出过早订婚常会中断婚约，因为"及其既长，或不肖无赖，或身有恶疾。或家贫冻馁，或丧服相仍，或从宦远方"。② 笔记小说和逸闻史料很喜欢记载特例——订过婚的男人有的信守婚

---

① 窦仪：《宋刑统》13：13，台北：文海，据 1918 年本重印，1964。
② 司马光：《司马氏书仪》3：29，丛书集成。

约,换了别人就可能悔婚。因而程颐说他不可能做到像周行己(1091 年中进士)那样,与早年订婚的母亲娘家的一个姑娘结婚,即便她已双目失明。①

婚 礼 之 日

《快嘴李翠莲》中的"泼妇"故事诞生于 13 世纪,其间有婚礼之日的生动描绘。新娘及其家人很早就起床,她戴上耳环和头饰。汤圆、面条和其他食物都准备好了,家人等待 3 位女性亲戚的到来:新娘的姑姑、姨和妯娌。新娘在家庙、祠堂或祖先的牌位前点香祭祖,行告庙礼。后来,新郎家的一队人马到了,有乐师、牵马人、媒人、轿夫、卜师和其他人等。卜师唱颂诗请求酬谢迎亲队,新娘的母亲拿出钱来分给他们。新娘上轿,轿子到达新郎家门前放倒在地面,卜师再次唱颂诗,这次是引出媒人喂新娘满满一勺米饭的前奏。新娘被引进新郎家堂前,卜师主持仪式,拜见祖先的灵位和在场的亲戚们。然后请新人进入洞房举行"撒帐"仪式。这时卜师朗诵诗句,人们朝着各个方向撒米,促使阴阳交汇。随后新郎加入到客人中去,饮酒欢乐,直到深夜。第二天清晨,新娘开始做家务,第三天,她妈妈会来看她。②

新娘在婚礼这天被接到新郎家,称为"归家",因为这一次她进入了"真正"的家。最令人欣喜的一点是新郎及亲属一起到她家去接她——称为"亲迎"——虽然有时由新娘的家人送她到新郎家去。类书里有些信是请求新娘的父母把她送到对方那里,这

---

① 洪莹:《宋名臣言行录》外 9:13,编于 1842 年。
② 张心沧(Chang):《中国文学:通俗小说和戏剧》32—47。

种信件常收藏在学者的文集里。一位学者愿意把女儿从福州送到莆田（都在福建省），与刘克庄（1187—1269）的孙子完婚，说行程只有一天水路。[①] 1113 年朝廷颁布的礼仪诏令建议，如果新郎本人不能亲迎新娘，可以由媒人护送。[②]

举行婚礼那天，新郎一家人很早就起床作准备。朱熹的《居家杂仪》描写了新郎一家怎样摆设两个人的桌子，放上蔬菜、水果、酒、茶杯和茶盘、筷子和"合卺"。新郎要穿正式的盛装，还要戴上花冠。[③] 在古代的仪式中，新郎离家去新娘家以前要在父亲的带领下行昭告先灵之礼。朱熹说新郎要拜两次，然后从家长手里接过一杯酒献祭，跪拜过许多次以后，接受父亲的训导：

> 往迎尔相，承我宗事。勉率以敬，若则有常。

新郎回答：

> 诺。惟恐不堪。不敢忘命。

与此同时，新娘的父亲也在给她同样的告诫：

> 敬之戒之。夙夜无违舅姑之命。

然后，新娘的母亲整理着她的凤冠霞帔，教导说：

> 勉之。敬之。夙夜无违尔闺门之礼。

新娘的婶婶、姑姑、嫂子和姐姐会送她到内闱的门口，再一次整理她的裙裾，煞费苦心地反复强调父母的教导：

90

---

① 《新编婚礼备用月老新书》后 12，台北"中央图书馆"据宋本影印；刘克庄：《后村先生大全集》140：10，四部丛刊。

② 郑居中：《政和五礼新仪》179：3，四库全书。

③ 朱熹：《朱子成书·家礼》19；司马光：《司马氏书仪》3：34。

谨听尔父母之言。夙夜无衍。①

那些不用这种古老语言的家长也会用别的话表达同样的意思。

杭州迎接新娘的队伍不仅有新郎及随从,有几个雇来的骑在马背上唱曲的姑娘,还有乐师和装饰一新的花轿。古代典籍禁止在婚礼上奏乐,注释者的解释是这一规则与阴阳思想有关。音乐是动的,属阳,因而对属阴的新娘不合适。② 但是事实是人们接受这个原则的反面:音乐和歌声在营造喜庆气氛时起了主导作用,音乐还有助于区分仪式的不同阶段。哲宗皇帝(1086—1100 在位)大婚时,几位官员劝说皇太后同意不使用乐队,但是皇太后反对:"寻常人家娶个新妇,尚点几个乐人。"——遂下令为婚礼作曲。③

婚礼宴会上的歌姬可能使人感到有点多余,但是她们确实起了作用。她们不仅会唱很多适合于婚礼的歌,还穿着色泽鲜艳的衣服,唱得很有格调。由于"正经"的姑娘被教导着在婚礼上不要让男人看见,应当和女人、女孩子在一起,唱歌的姑娘就可以吸引住男人的视线,使他们不至于在婚礼上因骚动不安而开粗俗的玩笑。进一步说,娱乐场所的色情意味在婚礼上也不是完全不受欢迎。据 12 世纪的一位县令记述,他儿子的婚礼上有四十多个歌姬,穿着红色和紫色的绸子戏装,衣服的式样在细节上略有差别。④ 一位县令尚能为婚礼雇用这么多歌姬,表明无论这种风俗怎样源起,到宋朝中期,此种做法已被绅士阶层普遍采用。

到达新娘家时,乐人、歌姬和迎亲的其他人都受到酒、茶的招

---

① 朱熹:《朱子成书·家礼》20。
②《十三经注疏·礼记》18:16,26:20。
③ 周辉:《清波杂志》1:5,丛书集成。
④ 朱熹:《朱文公文集》18:24。

待,还得到彩色丝绸和小饰物等礼物。然后乐人就演奏曲子,目的是催促新娘赶快上轿。① 按照一条史料的记载,这时新娘的母亲会走出来察看并挤对新郎,挑剔新郎的外表,说他配不上自己的女儿。②

新娘与新郎一样盛装打扮,头上还盖着盖头。一旦上了花轿,抬轿的人就吵嚷着讨礼物。到了新郎家门口,又重复一次,乐人、歌姬和接新娘的人唱着歌谣,向新郎家讨赏。这种要求可能会发展为无理的陋习,969 年朝廷甚至下诏令予以取缔,但是没有明显的效果。③ 人们显然知道婚礼上的喧哗和热闹有多重要,特别是新娘踏入家门的那一刻。当然,对于出、入而言,门和门槛具有重要的象征性,新娘此时正在脱离一个家庭和社会身份而加入另一个。《事林广记》记录了几首邀赏的"拦门诗",如:

> 拦门礼物多为贵,岂比寻常市道交。十万缠腰应满足,三千五索莫轻抛。

"答拦门诗"则为:

> 从来君子不怀金,此意追寻意转深。欲望诸亲聊阔略,毋烦介绍久劳心。④

分发小礼物以后,卜师在门口抛出炒米、豆子、小果子和铜钱,孩子们跳起来争先恐后地抓住、抢走。这个行动意在安慰可能存在的恶劣情绪。然后新娘被礼貌地请求走出花轿。在此传统时刻,新娘受到特别的重视——相对最初的情况,她的身份在此刻转

---

① 敦煌文献记录的唐代婚礼歌,见韦利(waley):《敦煌的民歌和故事:文选》。
② 周辉:《清波杂志》8:72。
③ 李焘:《续资治通鉴长编》10:230,北京:中华书局,1985。
④ 陈元靓:《(新编纂图增类群书类要)事林广记》前集 10:6,未出版的胶片。

变。地面上铺着绿色的毯子,新娘踏在上面以免接触地面,歌姬手持蜡烛引着她走,另一个姑娘拿着一面镜子——用来避邪——倒退着走。两位女仆扶着新娘。进门以前,新娘必须跨过一座马鞍子,这种做法最晚在唐代已经有了。[①] 宋代观察家认为跨或踩马鞍的风俗不属于汉族,而源于北朝非汉族游牧族群,或唐代北方的牧场主;也有的学者认为这是个双关语,"鞍"和"安"是同音异字。[②]

进入洞房后,新娘被扶到帐子后边(为了愚弄恶鬼)或在床边坐下。在杭州,新郎家的亲戚迎接新娘的家属,斟酒招待客人。按开封的习俗,新郎这时要爬到洞房外边的柜子或桌子上面,媒人和姨母这样的近亲请求他从高处朝下面倒酒给她们喝。直到岳母出面说情,新郎才可以从高处下来。按照欧阳修(1007—1072)的记述,所有参加婚礼的男女客人和亲戚都站在或高或低的地方看着,都认为新郎朝下斟酒是最有趣的,没有这一项显然被视为遗憾,有点失礼。[③] 因此,新郎象征性的反抗和新娘的相似,她的每一步都被乐师哄劝着进行。

从这些描写里我们知道,到新郎家参加婚礼和喜宴的新娘女亲属当中往往有她的妈妈。这是不合古代礼法的;《仪礼》规定陪伴新娘的只应当是亲戚和随从;父母亲只在堂前为她祝福,甚至不送她到门口。

开封和杭州的新娘、新郎入洞房后不久就被一条彩绸牵在一起。第二章已经介绍过婚牍里经常出现的"系"和"结"的隐喻。这些东西现在都重现于婚礼仪式中。新郎手里拿着一个系着同心结的木牌,结子的另一端握在新娘手里。然后面对面走向家族

---

① 苏鹗:《苏氏演义》1:8,丛书集成;段成式:《酉阳杂俎》续4:421,台北,1983。

② 高承:《事物纪原》9:355,丛书集成。

③ 伊沛霞(Ebrey):1989,284。

祭台,新郎倒退着带着新娘走。此刻,新郎家一位父母双全的女亲戚用一个秤杆或梭子捅新郎的花冠,使它耸动起来因而就更引人注目。然后行礼,新娘向祖先的灵位下拜,向周围的亲戚下拜。一部参考书记录了婚礼主持人此时的祝词:

请新人拜　天神地祇东王公西王母　再拜　又拜

请新人拜　本家禁忌龙神井灶门官　再拜　又拜

请新人拜　本家伏事香火一切神祇　再拜　又拜

请新人拜　高祖曾祖公婆祖父祖婆　再拜　又拜

神明拜罢请去香案,主持人继续大声说:

请新人拜　在堂公姑内外诸亲尊长　再拜　又拜①

如果想在婚礼上特别强调向家族的祖先祷告,主持人会读一段祈祷文,如:

某氏之女以兹吉日备礼就成敢伸虔告尚享②

右某今以小孙某年已弱冠礼当有室今娶

合家庙之灵其余在人增减

曾祖位次朝议　曾祖妣某氏夫人

高祖位次中大　高祖妣某氏夫人

维年月日嗣子某敢昭告于

---

① 陈元靓:《(新编纂图增类群书类要)事林广记》前集10:6。

② 熊晦仲(宋):《新编通用启劄截江网》丙1:5,宋版,静嘉堂。

学者们有时会把这些场合的祷文记录下来。韩元吉(1118—1187)将娶进大儿媳之事告知给祖先时,念道:

> 淳熙四年,十一月,丙申朔,二十七日壬戌,具位云云,某之男浣,娶妇晁氏,朝奉郎新通判庐州子阖之女,盖以道舍人之孙也。爰以嘉日,归见于庙。契谊既厚,子孙其宜之。①

新娘进入家门以后立刻就把她介绍给祖先,这已经开始有点背离了古训,古礼规定得等到3个月以后,证实她适合当新娘时才行"庙见礼"。司马光指出了这个差异,强调无论如何不能没有庙见礼。朱熹希望象征性地遵循古礼仪式,他建议新娘进门3天以后再向祖先祷告。② 古籍列出的新娘祭拜的对象没有祖先以外的其他神祇,包括护宅神。宋代的民间宗教里,祖先仅仅是关怀家人的神祇中的一个,这样就可以解释为什么新娘还要向保护家庭的其他神祇下拜。

拜过所有的神灵和尊长以后,新娘拉着打了结的彩带,倒退着引领新郎步入洞房。新郎拉着她走向家族祭台而她拉着新郎走向私秘的卧室,象征着二人在家庭里的不同位置。此刻的"请交拜诗"表示现在是夫妻对拜的时候。如:

> 一拜须还一拜仪,何须强项苦相持。莫教屈膝鸳帏底,还记人前不肯时。③

经典古籍里没有夫妻对拜一说,但即便是最保守的宋代学者也认为夫妻对拜是婚礼上新增添的于情于理最有创意的一项。

---

① 韩元吉:《南涧甲乙稿》18:361,丛书集成。
② 司马光:《司马氏书仪》3:36;朱熹:《朱子成书·家礼》22;朱熹:《朱子语类》89:2273,北京:中华书局,1986。
③ 陈元靓:《(新编纂图增类群书类要)事林广记》前集10:8。

他们争论的是谁应该先拜——司马光倾向于新娘先拜,程颐则认为应该是新郎,朱熹提出新娘先拜两下,新郎回拜一下,然后照此重复一遍。①

下一步是"撒帐",主婚人往床上抛撒米、钱、水果、糖果等,毫无疑问,这个行动意在激励这段姻缘今后多生多育。② 抛撒时还要唱更多的歌谣,有一本类书分别列出东南西北和上下六个方向的唱词。③ 比如,朝东撒时,主婚人口中念念有词:

> 撒帐东,帘幕深围烛影红。佳气郁葱长不散,画堂日日是春风。

朝上方撒时,念下列诗句:

94

> 撒帐上,交颈鸳鸯成两两。从今好梦叶维熊,行见蜍珠来入掌。

这些诗句表达的隐喻与爱情和生育相连:鸳鸯代表夫妇对偶;梦到熊意味着一定会生男孩;珍珠象征着怀孕。甚至于丈夫的权威也用开玩笑的方式提出。向后撒米时,主婚人唱道:

> 撒帐后,夫妇和谐长保守。从来夫唱妇相随,莫作河东狮子吼。

把专横、霸道的女人喻为"河东狮",来自苏轼(1036—1101)取笑一位惧内的男人而作的诗。④

---

① 司马光:《司马氏书仪》3:36;程颢、程颐:《二程集》文集10:622,北京:中华书局,1981。

② 参见方建新:《宋代婚姻礼俗考述》,《文史》1985,167。

③ 洪迈:《容斋随笔》三笔3:447,上海:上海古籍出版社,1978;胡继宗:《书言故事》2:17,1589年编。

④ 洪迈:《容斋随笔》三笔3:447,上海:上海古籍出版社,1978;胡继宗:《书言故事》2:17,1589年编。

撒帐仪式以后，主持人指挥歌姬取来一对酒杯，酒杯上用红、绿丝线打着"同心结"，姑娘把酒杯献给新人行"合卺"礼，双双喝酒。这个仪式很早就见于经典，尽管《仪礼》记述的是用刨成两瓣的葫芦，盛上酒端给二人喝。行合卺仪式时也有"请合卺诗"相伴，如：

> 玉女朱唇饮数分，盏边微见有杯痕。仙郎故意留残酒，为惜馨香不忍吞。①

饮罢，丢掉酒具；如果一个掉地后又跳起来，一个不动，就是好兆头。王得臣（1059 年进士及第）说那样就意味着会生很多男孩子。②

"结发"仪式可以在合卺礼以前或以后进行。这个仪式把夫妇二人的头发系在一起梳成一个顶髻。很明显，与把婚姻和结发联系在一起的诗有关（见第二章）。大多数宋代学者都认为这个习俗产生于对古诗的误解，很无知。③ 事实上不顾上下文把著名诗篇里的句子截取出来，形成婚礼上一项流行的仪式，这本身就是文学意象的力量的表现。当然，仪式的流行使想象变得更有力。在宋代，短语"结发"普遍用来表示婚姻生活的开始。

结发仪式以后，在杭州，新郎会从新娘那里摘一朵花（伴随着诗歌），新娘解开新郎花冠上的绳结，然后花朵便散落到床上。花朵在中国的意象里经常象征着性，这里也不例外。然后新郎请求放下帘子。这几项程序进行时还会听到更多的诗歌，如"请闭门

---

① 陈元靓：《（新编纂图增类群书类要）事林广记》前集 10：8。
② 王得臣：《麈史》3：3，笔记小说大观。
③ 如程颢、程颐：《二程集》遗书 10：113，北京：中华书局，1981。

诗""请开门诗"。①

在杭州,新娘换过衣服以后,婚礼主持人引领新夫妇进入堂屋,问候客人并接受客人的祝贺(在传统婚礼中,新娘不见客人,甚至直到第二天才见公婆)。然后双方父母多次互相道喜,婚宴就开始了,一道又一道菜端上来。没有宴会的婚礼终究有点不像婚礼。一位法官怀疑一位诉求已死男人财产的女人可能从未与他成亲,故问道:"成亲之夕,会何亲戚,请何邻里,宴饮用何人庖厨?"②

在开封,婚礼第二天,新娘要早早起床,先向厅堂桌子上的镜子下拜,然后向新的尊长、公婆下拜,给每一位奉上缎子绣花鞋或枕头。长辈们以布帛作为回礼。这个仪式与经典古籍里婚礼次日拜见公婆的"庙见礼"相对应。

现在,由婚姻联结起来的两家之间一系列遵循古礼的来往一直延续到新婚一个月后。婚后第三天,新娘家又送来一些绸缎和品种更多的食物:鹅蛋、油、蜜、茶、面点、鹅、羊肉和水果。朱熹描写了新娘用这些东西侍奉公婆的景象。

> 是日,食时,妇家具盛馔酒壶。妇从者设蔬果卓子于堂上舅姑之前。设盥盆于阼阶东南,帨架在东,舅姑就坐,妇盥升自西阶。洗盏,斟酒,置舅卓子上。降,俟舅饮毕。又拜,遂献姑进酒。姑受饮毕,妇降。拜,遂执馔升荐于舅姑之前。侍立姑后以俟。卒食,撤饭。侍者撤余馔,分置别室。妇就馂姑之余,妇从者馂舅之余,壻从者又馂妇之余。③

结婚的当天或第三天、第七天、第九天,新郎或新婚夫妇二人

---

① 陈元靓:《(新编纂图增类群书类要)事林广记》前集 10:7。
② 《名公书判清明集》5:14,北京:中华书局,1987。
③ 朱熹:《朱子成书·家礼》21。

96 一同去看望新娘的父母。新娘家长会慷慨大方地招待他们,送给新郎礼物并派乐人吹吹打打送他们回去。婚后满一个月时必须回请新娘全家,由新郎家邀请新娘家的人吃一顿饭。

我们对开封和杭州婚礼的程序知道得最多,但是看起来全国各地都在倾其所有大办铺张的婚礼。司马光观察到在庐州(安徽),一家办喜事,各家亲戚都竞相举办宴会以示祝贺,一个又一个的宴会持续达 40 天之久。廖刚(1070—1143)记载,在漳州(福建),即便普通人家也要花一大笔钱办婚宴,因为必须邀请所有的亲戚和邻居,所以有时多达几百人。庄绰(约 1090—约 1150)指出,终生穿着麻布衣服的人在婚礼的 3 天里也要穿上绸子衣服。他注意到在很多细节上南方与中原不同,虽然他举的例子表明南方与北方只不过有细微的差别。比如,新娘到达新郎家门口时,不是由卜师抛撒钱币和糖果驱赶鬼魂,而是从地方庙坛请来一位中间人烧纸钱,请求鬼魂把新娘家的人挡在家门外。南北方的婚礼上都有专人保护新郎家的房屋,防备着新娘到来、房门大开时遭到不受欢迎的干扰。同样地,庄绰从诗歌里发现有一种捉弄新娘的做法与别处的史料可以互相印证。[1] 可以说,婚礼仪式的基本结构和一些步骤,如在地上铺地毯,新娘进门时晃动一面镜子,一直流传到当代。[2]

---

[1] 司马光:《涑水记闻》3:52,北京:中华书局,唐宋史料笔记丛刊,1989;廖刚:《高峰文集》5:10,四库全书;庄绰:《鸡肋编》3:91,1:7,丛书集成。

[2] 见杨懋春(Yang):《一个中国村庄:山东台头》106—113;弗里德曼(Freedrnan):《中国东南部的世系组织》255—272;芮马丁(Ahem):《姻亲与家族礼仪》;科恩(Cohen):《合家、分家:台湾的中国家庭》149—191;罗宾·瓦特森(Watson):《中国南方的阶级差别和姻亲关系》;韦勒(Weller):《社会矛盾和信号转换:实际的和理想化的台湾姻亲》。

＊　＊　＊

所有关于婚姻的严肃性和妻子责任的冷静的研究都说婚礼太嘈杂了,明显地以热闹、喧哗和欢乐高涨的情绪为特征。年轻夫妇穿过人群,被人们取笑,当众表演被彩带系在一起。没有人安静下来听一听新婚夫妇说点什么:新人不发誓,也不向客人发表谈话。

对于客人而言,婚礼应该有趣,有鲜艳夺目的色彩,令人兴奋的歌曲,带色情意味的游戏和大量的美味佳肴。不仅新娘、新郎穿戴着华丽的衣服、首饰和花朵,歌姬们也衣着鲜艳。从新娘上轿时开始,音乐就奏响起来并成为婚礼上不可或缺的一部分,每一段特定的曲子标志着婚礼的特定程序。恐怕任何参加过几次婚礼的人都非常熟悉那些歌曲,他们可能要跟着唱。"唱新郎歌"是表示一个男子该结婚的普遍方式。

对于新人的父母亲而言,婚礼无疑消耗了他们大量的时间、精力和钱财,但是也得到了最好的时机向朋友、邻居和亲戚证明他们做得出色:他们缔结了好姻缘并有能力举办时兴的婚礼。作为年轻夫妇的父母亲,他们拥有长辈的地位并可以接受每一个参加者的祝贺。办完婚礼他们精疲力竭,但是仍为做好了每一件事而骄傲。

对于新娘、新郎,婚礼使他们兴奋的同时也使他们害怕。夫妇二人受到比以往任何时候都特别的对待和更多的注意,但是得到的关注却使他们感到很窘。他们的思绪涉及很多即将面临的更大的忧虑:他们会相处得好吗? 当然,新娘的担忧显然多于新郎。他唯一顾虑的只是二人间的和谐。而她还要考虑是否可以得到婆婆的欢心,是否可以避免与家中其他人发生冲突。

一桩婚姻的整个过程,从最初的订婚到婚后的交换,无不充满了象征性的符号。夫妻之间,毋宁说男女之间的不同得到极明确的彰显。新娘的头上盖着盖头,坐在遮蔽的厢式轿子里,入洞房以后坐在床边帘子的后面或关着门的房间里,但新郎此刻却走到客人中间,盼望着让众人看见。与此同时,男女差异和男女必须分隔开的实质又被重复多次的配对和联结的象征掩盖了。

仪式不像训诫性的小册子那样板着面孔,婚礼是表达、释放和解除由两性关系及移居到丈夫家里而引起的紧张的最好场合。婚礼使当事人得到机会表达不情愿的或抵制的情绪,同时又暗喻性活动和生育。浸淫于文本研究的儒家学者强调父系—父家长制—从父居的家族模式,他们评价婚礼仪式时经常感到缺憾。那些看上去强化了儒家家族模式的新做法——比如,夫妻对拜,相比之下较容易得到他们的认可;但是轻佻的调情、性意味的影射和铺张浪费无不使他们烦恼。当正常的青年男女之间的规则处于缺失状态的时候,司马光反对在当代学者看来是阈限状态下不可避免的超前的新潮流。他不喜欢新娘坐轿、新郎头上戴着花冠。他还坚持应遵循传统的规定,不演奏音乐。①

担心新娘成为家里潜在的不安定因素,这一点可以解释为什么新娘在婚礼上那么被动。尽管新郎的活动也不多,但他至少亲迎新娘,拜见了岳父并把新娘带回家。相反,新娘一个字也不说,除非有人引领,一动不动。确实,新娘盛装打扮,坐着花轿——像公主一样过了一天。但是象征性地把她拔高,与婚礼意在凸显的、除了多生孩子她别无其他能力和作为的象征意味,二者之间很不相称。这是由于人们惟恐妻子真的有所作为,而不仅仅是不出差错地按部就班、循规蹈矩?这大概就是解读《快嘴李翠莲》时的想法,其中描写的婚礼实在太荒谬了! 精神头十足、伶牙俐齿

---

① 司马光:《司马氏书仪》3:34,35,37。

的新娘不断地教训媒人和主婚人,气得公婆大叫:早先说的要给我家儿子娶一个好人家的女子,谁会想到是这样一个疯疯癫癫的长舌妇! 卜师竭尽全力打圆场,企图继续举行婚礼,但是新娘再次打断婚礼,气得新郎大叫:千错万错,悔不该娶这个村姑!① 这个喜剧传说非常荒唐离谱,但是观众如果没看出来那种形势里的某些因素,就不会发笑。

　　本章没有过多地从历史发展的角度罗列婚礼仪式的变化。虽说有些习俗很明显地不再流行了(比如新郎从高处往下倒酒),两个京城的婚俗也不完全相同,但是临时的或偶然的差异看起来似乎不具有重大意义,不如地区差别和阶级差别那么明显。事实上,看起来婚仪在不同时期的变化只是现有史料里不同阶级、不同地区之间的偏差,但是这并不意味着订婚和结婚仪式只不过是稗史轶闻。我们可以通过把它们放在婚姻史和其他的历史发展的背景下,把它们嵌入历史。婚礼仪式象征性地消解的婚姻中的紧张是一个联结点,把家庭制度的基本特征和社会性别差异的普遍认识联结在一起。社会繁荣程度的增长、通过好姻缘使家庭获得好声誉的更多机会,都明显地彰显(或掩盖)了婚姻中做交易的那一面。日益兴旺的城市、特别是聚集了官员和富商的两个京城里的时尚意识,肯定也驱使市民愿意为了把婚事办得更好看而大肆破费。

---

① 张心沧(Chang):《中国文学:通俗小说和戏剧》42,44。

第五章　嫁　妆

婚礼前一天新娘家运到对方家的箱子里有什么东西？这些东西与议婚的最初阶段明确谈到的数量完全相符吗？谁可以动用嫁妆里的一件件东西？这些问题仅仅是理解宋代婚姻究竟怎样缔结时必须回答的很多问题中的几个，这些信息为认识财产怎样重新分配，怎样转移到下一代提供了个案资料。父母和祖父母仔细地为孩子考察未来配偶时不仅担心未来亲戚的品性，还因财产状况利害攸关而操心。有几个儿子的家庭可能愿找带来丰厚嫁妆的儿媳，从而缓冲在诸子之间分割财产的后果。愿意多给女儿陪嫁的家庭反过来希望和殷实的人家缔结良缘。因此，通过女儿进行财产转移成为制造和复制阶级不平等的复杂技巧当中的重要内容。①

嫁妆的内容

1264 年 17 岁的郑庆一小姐结婚时，她的嫁妆不仅有丰厚的地产"奁租五百亩"（接近 100 英亩，差不多足够 12 户佃农耕种），还有"奁具一十万贯，缔姻五千贯"及新婚夫妇用的各种昂贵的纺

---

① 参见伊沛霞（Ebrey）：《婚姻和中国社会的不平等·导言》。

织品,如"开合销金红纻一匹,开书利市彩一匹,官绿公服绉一匹,画眉天孙锦一匹",纺织品里还包括两种样式不同的"籍用官绿纱条"和"籍用紫纱",两对扎顶髻的带子,15 件刺绣品,30 套红绸衣服。此外,还在"双金鱼袋"里"纳本侧礼书三缄"。[1]

司法案例的记录表明,虽然有郑氏这么多地产的妻子并不多,但是用土地做嫁妆并非少见。称为"奁田"或"随嫁田"的陪嫁 [100] 田面积上大小不等。蒋氏从嫁妆里得到一块须纳税 31 石谷物的土地,折合约 10—15 亩。璩氏的祖父在她父亲去世后陪嫁给她的地产将近 25 亩,须缴纳 66 石税。陈氏带到夫家的奁出为 120 "种"(一种地方性的可耕地计量办法),张氏的是 10 余种之一。幼年失去父母的石氏得到叔叔给的土地做嫁妆,后来卖掉时价值 400 多贯钱。相比之下,蔡氏陪嫁的土地后来典当时只得到 20 贯钱。[2] 洪迈告诉我们,一位没有兄弟的女子继承并带到夫家的奁田值 1 万贯。[3]

嫁妆的多少经常用值多少"贯"来表示(从理论上说,每贯等于 1 000 铜钱),毫无疑问,嫁妆的内容往往是现金。据报道秦桧(1090—1155)的妻子声称她的嫁妆价值 20 万贯。一个小官的妻子去世后,他用她的嫁资买了一个妾,所剩之余仍达 1 000 贯。冯京(1021—1094)的母亲因为没生儿子,把自己的钱交给丈夫让他买妾。女人的妆奁里有时竟有金子。极罕见的一例是一个姑娘的嫁妆里有一座二尺高、白玉琢成的狮子像。[4]

---

[1] 叶盛:《水东日记》8:4,百部丛书集成。

[2]《名公书判清明集》5:141,13:502,6:184,5:140,8:248,北京:中华书局,1987。

[3] 洪迈:《夷坚志》三补 1806,北京:中华书局,1984。

[4] 徐梦莘:《三朝北盟会编》142:9,上海:上海古籍出版社据 1908 年本重印;洪迈:《夷坚志》支景 5:918;罗大经:《鹤林玉露》乙编 4:192,北京:中华书局,1983;魏了翁:《鹤山集》80:24,四库全书;周密:《癸辛杂识》续 2:166,北京:中华书局,1988。

女人的嫁妆里另一种重要的东西是衣服和首饰。富裕人家嫁女儿时显然要陪送很多衣服,即便不够穿一辈子,也能穿许多年。黄昇(1227—1243)与住在福州(福建)的宗室子结婚,几年后去世,随葬的很多东西大概是她的嫁妆。其中有201套女服,153块花色繁多、图案精美的衣料。[1] 洪迈的故事里有一位周氏,21岁去世,未婚,但她已经织了33卷生丝、70匹未着色丝绸、156块粗绸子,看来都准备当作嫁妆。[2] 好的绸子衣服可以保存很久,特别是锁在箱子里以后。女人时不时地把衣服和首饰送给年轻的女性亲戚,特别是丈夫家里的女眷,于是她们也就有了可观的嫁妆。[3] 嫁妆因而成为女人财产的一部分,从一个女人传给另一个。

首饰不必非得通过充当另一个女人的嫁妆来进行转移,它们常被变卖为现金。我们得知刘氏(1192—1249)卖掉首饰给丈夫买书画。[4] 布匹也可以卖掉。一位屠狗人的妻子带来几十贯钱的嫁妆。几年以后,丈夫决定不再做屠狗生意,这时她还有足够的布匹,可用来支持丈夫另谋生路。[5]

嫁资在上涨

直至宋代,新郎家送的聘礼通常似乎必须多于新娘家回送的嫁妆,使女家足够维持自家的开销。经典著作几乎没提到过嫁

---

① 福建省博物馆:《福州南宋黄昇墓》81—82,北京:文物出版社,1982;盛余韵
　(Sheng):《纺织品的使用、技术和宋代乡村纺织生产的变化》109—112。
② 洪迈:《夷坚志》补10:1642。
③ 如刘克庄:《后村先生大全集》153:1,四部丛刊。
④ 刘克庄:《后村先生大全集》157:3。
⑤ 洪迈:《夷坚志》补3:1574。

妆,但是涉及周朝的其他史料零星地提到新娘带来的嫁妆,有衣服、首饰和房屋等等。到了汉朝,新娘家如果富裕,会给女儿一份不菲的嫁妆。不管是为儿子还是为女儿,办婚事对于哪个阶级的父母来说都是一个财政负担。到了唐代或多半更早,上层阶级中新娘的父母一般用男家送的聘金为女儿准备嫁妆,不会留出一部分供自己享用。①

　　被迫为女儿筹备实物嫁妆的风气从宋朝初期开始增长。②到 11 世纪中期,事情看起来表现为,嫁女比娶妇要花更多的钱财已成理所当然。比如,范仲淹(989—1052)1050 年为义庄制订支出的规则时,划出 30 贯钱为嫁女时使用,儿子娶妇则为 20 贯钱。嫁妆的走高不久便达到不得不借债为女儿办嫁妆的程度。苏轼自述他借了 200 贯钱资助一位女亲戚出嫁。③ 蔡襄(1012—1067)于 11 世纪 50 年代任福州(福建)州官时,发布文告指出:"娶妇何谓? 欲以传嗣,岂为财也。"代替这种真知灼见的是,人们选新娘时非但无视这个真理,还不问对方的家庭地位,满脑子只盯着嫁妆的厚薄。嫁妆一旦送到新郎家,"已而校奁囊,朝索其一,暮索其二。夫虐其妻,求之不已。若不满意,至有割男女之爱,辄相弃背。习俗日久,不以为怪"④。

　　司马光发现贪图嫁妆的风气在要做公婆的人当中蔓延,其中有些人"今世俗之贪鄙者,将娶妇先问资装之厚薄,将嫁女先问聘

① 撒切尔(Thatcher):《春秋时期政治精英的婚姻》;杨树达:《汉代婚丧礼俗考》17—19,台北,据 1933 年本重印,1976;杜敬柯(Dull):《汉代的结婚和离婚:前儒家社会一瞥》45—48;王溥:《唐会要》83:1528,台北:世界书局,1968。
② 见伊沛霞(Ebrey):《6—13 世纪婚姻中的财产转移》。
③ 崔瑞德(Twitchett):《家族管理的文件,1:范氏义庄的管理规则》9;苏舜钦:《苏舜钦集》14:175,上海:上海古籍出版社,1981;陈鹏:《中国婚姻史稿》141,北京:中华书局,1990。
④ 吕祖谦:《宋文鉴》108:1439,国学基本丛书。

财之多少。至于立契约云'某物若干,某物若干',以求售某女者。亦有既嫁而复欺绐负约者。是乃驵侩鬻奴卖婢之法。岂得谓之士大夫婚姻哉?"司马光确信把婚姻当作买卖对新娘和她的家庭都是坏事。新娘不会因嫁资受到保护;相反,她还会为此陷入险境:

> 其舅姑既被欺绐,则残虐其妇,以摅其忿。由是爱其女者,务厚资装,以悦其舅姑,殊不知彼贪鄙之人,不可盈厌。资装既竭,则安用汝女哉? 于是"质"其女以责货于女氏。货有尽而责无穷。故婚姻之家往往终为仇雠矣。①

在司马光看来,嫁妆还会引起品行败坏,"苟慕一时之富贵而娶之,彼挟其富贵,鲜有不轻其夫而傲其舅姑"。司马光因此鼓励"有丈夫之气者"打消用妻财致富或利用妻子的社会关系升迁的念头。②

一个世纪以后,对嫁妆的批评仍未减少。袁采(约 1140—1195 以后)曾指出,如果一个家庭没有在女儿很小时就为她们的嫁资做出预算,将不得不"……临时鬻田庐,及不恤女子之羞见人也"③。袁采还谴责媒人用夸大女方嫁资的办法引起男孩家的兴趣,然后又对女孩子的父母说不必自己出钱办嫁妆。④ 按照嫁妆的多少挑选新娘显然十分普遍,以致一位学者费心地指出边氏(1155—1203)从未这样做过。她既不按嫁妆的厚薄挑选儿媳,也不在儿媳们来到自家后,依嫁妆的多少给她们不同的对待。⑤

---

① 司马光:《司马氏书仪》3:33,丛书集成。
② 司马光:《司马氏书仪》3:29。
③ 袁采:《袁氏世范》2:39,丛书集成。
④ 袁采:《袁氏世范》1:19。
⑤ 袁燮:《絜斋集》21:357,丛书集成。

　　嫁妆的走高并不限于富家或官宦之家。蔡襄的文告针对的是一般的普通人家。有人观察到南方的边远地区,十四五岁的穷姑娘们已经开始干活赚嫁资,这样家庭就不必为她们操心那笔费用了。① 判官看到既无财产又无功名的父母将给女儿一块地做嫁妆的一部分,丝毫不感到惊讶,一个案例涉及一户不识字、有儿子的家庭,但不妨碍他的姐妹得到一块山地做嫁妆。② 有些宋代官员感叹办嫁妆花费太大,以至于有的姑娘结不了婚。一位官员甚至把杀女婴的原因归结为负担不起过高的嫁资。③ 侯可(1007—1079)任华成(四川)县令时发现很多未婚的老姑娘,因为"巴人娶妇,必责财于女氏"。他的办法是按照家庭财产设计一个适当的嫁资指标,并宣布,超过规定数量的将受罚。我们得知,一年之内,已没有一个未嫁的大龄老处女。孙觉(1028—1090)在福州(福建)发现了同样的问题,只简单地发布一个命令,规定嫁资不得超过 100 贯,这一个动作立刻促成了几百桩婚事。④

　　嫁妆费用的增多无疑是士人阶层重视缔结好姻缘(见第三章)的副产品。嫁妆在别的社会也有走高的情况,原因显然雷同。⑤ 通过提供可观的聘礼给未来儿媳的娘家,男人便可以使带着可观嫁妆的新娘来到自己家;然而,她娘家的财产并没有增加,因为新娘的父母会用男家送来的聘礼做嫁妆。相比之下,嫁妆却直接从一个父系之家转移到另一个父系之家,因而在男家眼里,

103

---

① 庄绰:《鸡肋集》2:52,丛书集成。

②《名公书判清明集》5:140,6:197。

③ 徐松:《宋会要辑稿》"刑法"2:154,北京:中华书局,1957;李心传:《建炎以来系年要录》117:1889,丛书集成。

④ 程颢、程颐:《二程集》文集 4:504,北京:中华书局,1981;脱脱:《宋史》344:10927,北京:中华书局,1977。

⑤ 如休斯(Hughes):《欧洲地中海地区从聘金到嫁妆》;哈勒尔(Harrell):《复合社会的嫁妆制度》。

联姻一事很有吸引力,令人鼓舞。尽管新郎的父亲没有任何控制儿媳嫁妆的权力,甚至他的儿子也得在妻子允许时才能用它,但是儿媳的嫁妆终究要传给孙子孙女。对一个最终将把家产分割给几个儿子的家长说来,这种好处并不是无足轻重的。

女儿们的家长愿意投资于嫁妆,因为财产因素卷进去以后,姻亲关系会变得更牢固。新娘的父母花费大笔钱财把她嫁出去以后,可以指望从女儿、女婿和外孙子那里得到更多的帮助。袁采劝告殷实之家可以把财产分给女儿一些,因为今后如果发现儿子不中用,二老便可投靠女儿,甚至可以依靠女儿送葬、祭祖。[1]嫁妆加强了姻亲之间的纽带,因为它可以在长时期里成为双方的共同财产。就像分家以后的兄弟可以共同担任墓地和祠堂的继承人,从而彼此牵制一样,姻亲可以通过分享嫁妆体现的共同利益保持他们之间的联系纽带。

嫁妆是家产的一部分

由于嫁资前所未有地变得更具实质性意义,它成为财产转移的整个体系里难以驾驭的不利因素。按照中国的财产法,家庭里所有的男人(父亲、祖父、兄弟、儿子、侄子等等)都是产业的共同继承人,这就意味着他们有权在分割财产时得到一份。一位父亲或祖父当家时,他握有管理家庭财产的最终权力,包括决定买卖或典当财产。叔叔或兄长任家长时,他在卖掉或抵押财产以前,需要征求不是自己子孙的家庭成员的同意。分割财产时,应该遵循诸子均分的原则。女人在这种财产分割的秩序里基本上被忽

104

---

[1] 袁采:《袁氏世范》1:20。

略不计,与之无关。无论是女儿还是妻子或寡妇,都不能像男人那样分到一份财产。女人真的得到或可以控制财产时,那终究是一种缺憾,因为没有合适的男继承人。

这种财产转移模式显然不是整个故事的全部,因为家庭经常要为女儿的嫁妆花费大笔钱财。但是陪嫁多少,并没有任何一种整齐划一的思想和做法,个人做决定时缺少适当的参照。父亲可以灵活、随意地决定给女儿多少嫁资。陪送嫁妆的普遍化引起各种各样知识方面的和法律方面的反响,不同的意见趋向于两极:一种意见支持女儿和妻子对财产的诉求,另一种则主张尽可能地减少。这么分散、矛盾的意见使当代学者感到困惑,因为他们认定当时只能有一种法律和一种解释法律的方式。① 但是,相互冲突的评价确实在和平共处,每一种意见都得益于对方。争夺期待中的好女婿的社会力量抬高了嫁妆的价值,妇女对于嫁妆的诉求得到更多的承认,与此同时,被嫁妆制度所累的人则试图改变它。仅仅从时间的角度,我看不出来一种意见何时转变为另一种意见;相反,由于给女儿嫁妆的做法越来越普遍,两种极端的意见都变得更明确了。

司马光为嫁妆的盛行而烦恼。他的理想是几代人同堂共居不分家。如果划出一部分财产给女人做嫁妆,就会一次又一次地威胁几代共居家庭的延续。因此他提出,妻子不应该把嫁妆视为私人财产,并引用《礼记》说儿媳应该没有个人财产:"子妇无私

---

① 如仁井田升:《中国法制史研究》第 3 卷《奴隶农奴法,家族村落法》381—392,东京,1962;滋贺秀三:《中国家族法的原理》401—409,447—449 东京,1967;袁俐:《宋代女性财产权述论》,刊于杭州大学历史系宋史研究室编:《宋史研究集刊》第 2 卷,1988;柳田节子:《南宋时期家产分割中的女承分》,刊于衣川强编《刘子健博士颂寿纪念宋史研究论集》,东京,1989。柏清韵(Birge)的意见是一个例外,见《宋代的妇女和财产(960—1279):福建建州的理学和社会变化》。

货,无私畜,无私器。"甚至她得到的礼物也应当交给公婆,不能留给自己,即便是从前得到的礼物也不能留下。① 任何使女儿分享家产的建议都使司马光厌恶。他提到一个同时代人的悲剧,此人已经发家致富,但是忽略了子女和孙子孙女的道德教育。他死后,不仅儿子们为家产打架,连"其处女亦蒙首执牒,自讦于府庭以争嫁资",给那个家庭徒增笑柄。②

很难说有多少人与司马光同样顾虑重重。多数人似乎已经认识到未婚姑娘的命运几乎完全取决于嫁妆,多次讲到姑娘们失去财产后境况一落千丈的故事。没有嫁妆的孤女——即便出生于官宦家庭——也会被迫沦为妾甚至于做婢女。刘府(约1040—1113以后)记录了一个官员女儿王琼奴的故事,她曾经锦衣玉食,擅长刺绣而且会作诗。她十几岁时父亲被免职,返家途中父母都过世了。琼奴的兄嫂掌握着大部分家产,因此她的未婚夫拒绝娶她,她现在一文不名。留在她身边的一个老仆最终说服她给一位富有官员做妾。刘府描写了琼奴此时的惨状,她经常被官员的正室妻子殴打。③

大概由于没有嫁妆的姑娘终将面临悲惨的结果,宋朝法律为保护孤女免遭贪婪的兄弟、叔伯及其他继承人的侵害制定了保护条款。④ 早在唐代,兄弟分家时如果有未婚的兄弟、姐妹或姑姑,都在分割财产以前给他们留出结婚的费用。未婚男子获得均分

---

① 司马光:《司马氏书仪》4:42。
② 司马光:《家范》2:488,中国哲学名著集成。
③ 刘斧:《青琐高议》3:35—38,上海:上海古籍出版社,宋元笔记丛书,1983。其他好人家的女儿沦为妾的例子,见张方平:《乐全集》36:41,四库全书;《宋史》415:12452,298:9906。
④ 见袁俐:《宋代女性财产权述论》,刊于杭州大学历史系宋史研究室编:《宋史研究集刊》第 2 卷 287—296,1988;柏清韵(Birge):《宋代的妇女和财产(960—1279):福建建州的理学和社会变化》105,父母活着的时候嫁出的女儿仍可获得一半财产。

的一份,此外还应得到聘财,未婚女子可以得到未婚兄弟聘财的一半做嫁资。① 这项规定在唐代可能来自对实际情况的总结,因为那时候男家送的聘金应该超过新娘家的净支出。在宋代,法律条令修改得与社会习俗更接近,所以南宋的判官引用法规判给"在室女"更大份额的家产。基本原则是未婚姑娘应该得到等同于儿子继承的产业的一半,而不像唐代那样,只不过是男人结婚费用的一半。这个公式意味着如果一家人有一个男孩、两个女儿,都不曾结婚,男孩可得到一半家产,女孩各得四分之一。②

法官们监督着分割一份家产时,他们会列举女得男之半的条款,但是在实际操作上又不那么严谨。③ 比如《名公书判清明集》有一例,一男子去世后留下两个女儿,大的 9 岁。还有一个遗腹子将做他的继承人。分割财产时判官没有按法律条文判给男孩 1/4,每个女孩 3/8,而是给每人 1/3,并规定女孩子的一份必须用来做嫁妆。④ 即便如此,女孩子得到的仍然很可观。另一个案例,三兄弟共有的财产还没有分开就有一人去世了,留下一个在室女(妻子已逝)。一位官员曾说过女儿应得到她父亲那一份的 1/3 的家产,但是判官判决时改为一半而不是 1/3,因为父亲去世时她尚未结婚,女孩子应继承儿子的一半,此案当事人如果是儿子就可获得父亲财产的全部。此外,法官还把姑娘父亲的全部个人财产(包括她母亲的嫁妆)都判给了她。⑤

---

① 窦仪:《宋刑统》12:12,台北:文海,据 1918 年本重印,1964。
②《名公书判清明集》8:290,北京:中华书局,1987;刘克庄:《后村先生大全集》,193:7,14;伯恩斯(Burns):《中国古代的私法(宋代)》259—281。
③ 如《名公书判清明集》8:277。这件案子的女儿已婚。
④《名公书判清明集》7:215。
⑤《名公书判清明集》8:280—282。

图表5

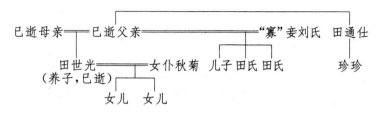

刘克庄(1187—1269)提供了一段关于孤女财产权的最长的讨论。案例涉及田家(见图表5)。父亲是县府属员,收养了一个儿子。田县丞在妻子去世后,纳刘氏为妾,刘氏生了一儿两女。养子田世光与名为秋菊但未见姓的女仆生了两个女儿以后去世。田县丞的弟弟田通仕希望自己的儿子珍珍做已逝长兄的继承人。因此现在有3个活着的成年人——养子女儿的生母,父亲的妾和父亲的弟弟——每人都想为自己的子女争取到尽可能多的财产。刘克庄从各种角度讨论了这桩案例,提出了法律以外的各种各样的考虑,比如息讼的需要,解决棘手的年轻姑娘得到多少财产的问题。他指出,如果为长子立继,长子继承的家产就应分成4份,一份给他的继承人,另外3份分给两个孙女(每人获得等同于儿子那一份的3/8的财产,换句话说,祖父全部财产的3/16)。刘克庄还提出已逝官员两个小女儿应得到等同于哥哥一半财产的意见。结果,刘克庄没有把财产划分为3份(1份给两个孙女和长子的继承人;1份给二儿子;1份给两个小女儿),而是把财产一分为二:一半给妾的子女;另一半给妻的子女,现在由养子女儿的生母为代表。前一半当中,儿子得到一半(全部财产1/4),每个女儿得1/4(全部财产的1/8)。另一半财产,1/4给立继子——假设可以找到适当人选——每个孙女得1/4,另外1/4做父亲的丧葬费。寡居的妾掌控可动产。最后的判决并不出于认为这样安排最适当,只因刘克庄希望尽快结束诉讼。① 虽然有一个亲生儿子,一个潜在的立继孙子,但每个在室女的权利都得到了保护,都得到一块适当的产业做嫁妆。

关于嫁妆的法律诉讼显然并不少见,袁采敦促监护人小心谨慎,给女儿嫁妆,"嫁女须随家力",涉及家族内部孤女的问题时应有法律意识。"孤女有分,近随力厚嫁。合得田产,必依条分给。若吝于目前。必致嫁后有所陈诉。"②

嫁妆并不是已婚妇女从娘家得到财产的唯一渠道。如果她们没有兄弟、未婚姐妹而父母亲去世前又没有立继,出嫁女可以在"户绝"的规定下得到一份财产,份额的多少取决于姐妹的数量。一般说来,即便父母去世后确立了继承人,所有出嫁女仍可共享 1/3 家产(见第十三章)。如果父母留下遗言,即使有兄弟的女儿也可继承遗产。例如,女儿出嫁后,家产大幅度增多,双亲会感到女儿从嫁妆那里得到的财产不够多。据《名公书判清明集》,法官非常尊重父母希望已婚女儿得到财产的愿望,哪怕有儿子或养子。③ ("户绝"时未婚女儿财产的讨论见第十三章。)

妻子对嫁妆的控制

给女儿嫁妆通行于很多社会,但是已婚妇女使用和处置嫁妆的权力因地点和时间的不同表现得非常多样化。在文艺复兴时期的佛罗伦萨,丈夫管理妻子的嫁妆,用它们维持日常生活的开支。现代化早期的英国,丈夫掌握嫁妆里的全部现金、家具和其

① 《名公书判清明集》8:251—257;刘克庄:《后村先生大全集》193:10—17。
② 袁采:《袁氏世范》1:20。
③ 《名公书判清明集》7:237。

他动产的控制权。近代印度的西北部,新娘的公婆可以把嫁妆里的各种东西分给家里各位成员,只留一小部分给新郎、新娘。在当代希腊,女人的嫁妆里有土地,她们有权终生控制着土地。①

宋代的嫁妆是一个相当特殊的财产种类。嫁妆并不是单独注册在妻子名下的产业,官府要求财产都要以户为单位登记在男户主名下,不管实际上他是否活着。然而,还要把女人嫁妆里的产业明确地标示出来,这个事实关系到对它的恰当使用,不仅女人有生之年有权掌管它,而且还与确立的所有继承人有关。② 兄弟同财共居时期,妻子的嫁妆被视为"妻财",分家时不在分割的范围内。确实,男人有时候被谴责把田地归于妻子名下,以逃避被当作共财而分掉的可能。一位判官为一对儿子和儿媳辩护,以免公公把儿媳陪嫁的土地充公:"在法:妻家所得之财,不在分限。"③

妻子的诉求比照丈夫说来是很弱的。法官有时会援引奁田属于夫妻共同管理的条款④,但是妻子能否轻易阻止丈夫不再为了双方有争议的目的使用那块地,是很可怀疑的。丈夫侵吞妻子的财产却很容易。《宋史》提到一位返回娘家居住的女子,她的丈夫把她父母给她的财产用光了以后,她只好接受寡嫂的帮助。⑤

---

① 克拉皮茨(Klapisch-Zuber):《意大利文艺复兴时期的妇女、家庭和礼仪》118—121;迈克法兰(Macfarlane):《英格兰的婚姻和爱情:再生产的方式,1300—1840》;莎玛(Sharma):《印度西北部的妇女、工作和财产》;弗里德尔(Friedl):《女人的位置:外貌和现实》;古迪(Goody):《东方、古代和初始》。
② 《名公书判清明集》4:115;马端临:《文献通考》13:138,上海:商务印书馆,1936;《名公书判清明集》8:248,9:319,10:365,13:501—503。
③ 伊沛霞(Ebrey):《宋代的家庭和财产:袁采对社会生活的感觉》;《名公书判清明集》710:365,5:140。
④ 《名公书判清明集》5:140,9:135。
⑤ 脱脱:《宋史》460:13485,北京:中华书局,1977。

即便在入赘的婚姻中(见第十三章),法官似乎也并不太注意财产是夫妻哪一方面的。妻子们不能从法庭得到保护是因为她们不具有起诉丈夫的法律身份。丈夫是妻子的法律代言人,或者说,中国的法学家创造性地认为婚姻把夫妻联为一体。[1]《名公书判清明集》里没有一例妻子谴责丈夫未经她同意卖掉她的嫁妆的案件。因此可以说,妻子的财产权没有普遍的法律规定做后盾。即便如此,相反,丈夫的自由仍受到一定限制。曾有一个丈夫控告他想休掉的妻子偷窃了他的财产,法官裁定,妻子把她带来的嫁妆带走不算偷窃。[2]

妇女在传记资料里经常因为无私地处置嫁妆而受到表扬。比如,11世纪初,出生于富裕官宦家庭的赵氏(1008—1039)与17岁就通过了省试、成为家里第一个官员的某男子结了婚。按照她的传记的记载,当时丈夫家很穷,赵氏为自己有这么多私人财产感到很不舒服,因此把嫁妆悉数捐出,充作家庭公产。[3] 上官氏(1094—1178),正如我们在"导言"里看到的,她阻止丈夫借钱赎回被亲戚非法卖掉的祖先墓地的打算。她倾囊而出,用全部嫁资赎回祖坟并用余款买下周围的土地,修建了房屋,以便于看守祖坟。据范氏(1143—1222)的传记,她于1160年嫁入田产不到3亩的一户人家,她丈夫家的财产只能维持现在的生活但无法养育子女。当邻居打算卖掉土地时,她迅速卖掉了自己陪嫁的土地然后买下了邻居的地,把地契交给公公。"会邻有求售者,亟鬻所自随只田以买之,纳其券于舅。"张氏(1146—1195)的传记记述她卖

---

① 参见滋贺秀三(Shiga):《中国古代的家庭财产和继承法》120。
②《名公书判清明集》10:380。
③ 刘敞:《公是集》53:646,丛书集成。

掉 5 亩奁田,以便支付丈夫兄弟丧妻后续娶的费用。[1]

写这些传记的学者都不赞成嫁妆完全是妻子的私人财产。他们塑造的妻子都在用全部或一部分嫁资为大家族的目标服务,如祖先的祭祀和丧葬,或丈夫兄弟姐妹的婚事,从而证明她们是贤"内助"(见第六章)。比如,刘宰(1166—1239)说女人的本性就是吝啬。这样一来,赵悟真女士(1154—1224)就成为例外,因为她不仅把嫁妆和奁田全部交给了丈夫,还从不向他要收支的凭据。[2]

女人死后,嫁资一般传给丈夫或子女,但是有些女人明确表达了怎样处置嫁妆的愿望。例如,赵氏(1035—1110)在病榻上对女婿说:"吾奁箧中物皆嫁时资。未尝更置一物以自奉。吾此意亦欲遗诸子孙。"(这意味着不只给她自己生的子嗣)丈夫接受妻子嫁妆时还可能牵连到情感方面的问题,即不能用亡妻的嫁资做她不同意的事。曾有一个男人不得不用妻子留下的钱为她办佛事,因为当他用她的钱买妾时,亡妻就扮成鬼跳出来给他捣乱。[3]

嫁妆成为家庭纠纷的原因

正如我们已经看到的,司马光相信家庭为女儿准备丰厚的嫁妆并不仅仅在于关心她们的福祉。很多家庭明确打算通过丰厚的陪嫁加强两家之间的联系。然而嫁妆像任何一种财产一样很

---

[1] 韩元吉:《南涧甲乙稿》22:459,丛书集成。袁燮:《絜斋集》21:354;叶适:《叶适集》14:263,北京:中华书局,1961;柏清韵(Birge):《宋代的妇女和财产(960—1279):福建建州的理学和社会变化》205—235。

[2] 刘宰:《漫塘集》34:25,四库全书。

[3] 李昭记:《乐静集》28:14,四库全书;洪迈:《夷坚志》支景 5:918。

容易引起纷争,使亲戚变成敌人。男人可能为了女人的嫁妆娶她,然后再把她赶走。[1] 有嫁妆的孤女不一定过得好,因为她的监护人——叔叔、姐妹的丈夫或其他亲戚——时不时地表现出不愿意让她们结婚的意思,不愿失去对她们的财产的控制。一位判官在一桩男人掌管叔叔遗产的案子里察觉到这种动机,地产属于他叔叔的女儿和孙女。女儿已经 25 岁,但无任何谈婚论嫁的迹象,孙女的婚事提起过,但没有任何结果。判官观察到:"今留秀娘于家,诚可以为占田之策。"[2]

奁田有时只是许诺要给男方,并没有在婚礼前送到丈夫家。这看来至少成为廖万英起诉妻子的叔叔夺走她的奁田一案的疑点。很不幸,叔叔已经把土地交给廖万英妻子的哥哥掌管,已经被卖掉以偿还她哥哥自己的债务。判官承认妻兄错了但没给廖万英提供任何帮助,只不过告诉他真正的男人不应该为了嫁妆结婚,而且他还不应为此事使两个家庭的关系变坏。[3]

带着丰厚嫁妆的姑娘们当然会成为众所欲求的儿媳,各种各样的花招、伎俩都被用来挽留她们。有一件案子涉及再婚父母的女儿。妻子前夫的女儿是继承人;现任丈夫前妻的女儿没有什么遗产可以让她指望。女继承人很小的时候父亲给她订了婚,但是未婚夫发现她母亲和现任丈夫把她原来的嫁资压低了,遂提起诉讼。[4]

女人在这类案子里经常是牺牲品,但是她们也能迫害、欺骗别人。李介翁死后,仅留下一个女儿和生她的婢女,地方官府分

110

---

[1] 如《宋史》299:9928。
[2]《名公书判清明集》8:288,7:215。
[3]《名公书判清明集》6:184。
[4]《名公书判清明集》9:349—351,353—356。

割他的财产,一部分给了法定继承人——一个男孩,一部分给仍然由母亲照顾的女儿。结果当妈妈的在前主人下葬以前就用女儿的土地当作自己的嫁妆,与别人结婚了。小姑娘被订婚,并送到未来丈夫的亲戚家里当童养媳。后来,因为官府掌管着小姑娘的可动产(现金和银器),妈妈和她的新丈夫又把姑娘抢回去,试图控制她的钱财。[1]

作为汇集了妇女财产引出的福祉和问题的典型例子,人们会关心宋初名人之一杜衍(978—1057)的生平。在为杜衍写的传记里,欧阳修(1007—1072)强调了杜家在唐朝连续出了很多高官的显赫历史。他说杜家曾经很富有,但是在分割财产时,杜衍把自己的那一份全给了兄弟们(因为他们很穷)。张方平(1007—1091)为杜衍的妻子相里氏(988—1065)作传,进一步提到杜衍的父亲在他很小时就去世了,他妈妈返回娘家,把他留给几个可以依靠的亲戚。[2] 司马光写出了不那么精心遮掩的杜家的背景。按照他的论述,杜衍的父亲在他出生以前就去世了,他被祖父带大。杜衍的两个由父亲前妻所生的哥哥不喜欢他母亲,杜母于是离开杜家嫁到另一家。杜衍十五六岁时,祖父过世了。两位哥哥要求他交出他母亲的"私财"——指杜衍母亲的嫁妆——那些财产显然由杜衍掌握着,他们以杜母已嫁走为理由提出要求。当杜衍拒绝时,他们开始动手打人。一人用剑刺伤了杜衍的头部。杜衍流了很多血,逃到姑姑家,姑姑把他藏起来,救了他的命。由于父亲方面无处可让他投奔,杜衍来到母亲家,但是母亲的新丈夫不许他住下。后来杜衍到处流浪,很穷,靠抄抄写写谋生。(这就

---

[1]《名公书判清明集》7:230—232。
[2] 欧阳修:《欧阳修全集》31:217—219,台北:世界书局,1961;张方平:《乐全集》39:54—57,四库全书。

是他无私地放弃自己应得的家产的后果!)杜衍在流浪途中得到一位姓相里的富人的欣赏,他不仅把女儿嫁给杜衍为妻,还做出安排让女婿过得相当舒适。后来杜衍考中进士,获得第四名。当上大官以后,他利用"恩荫"特权让妻子的兄弟得到官职,回报了相里家的恩情。①

　　类似这样的故事具有多重内涵。像杜衍这样出身名门但又没有钱财的人,可以通过与富人家的女儿结婚确立自己的地位,他得益于女方的嫁妆,求得个人的发展。然而这种"妇财"也会引起兄弟间的敌意:毕竟由于母亲的财产,杜衍被异母兄刺伤,不得已从家里逃走,就这样与父亲的家族断了联系。不仅如此,嫁妆甚至并未确保他母亲过上舒适的寡居生活,还使异母兄为此骚扰杜衍的母亲,迫使她两手空空离开了家。

＊　＊　＊

　　如果不是更早,至少自恩格斯开始,学者们已经认定妇女的财产权是她们获得社会和政治地位的关键所在。有一种意见说只要妇女的财产权是有限的——比如,女人不能继承父亲的土地或在婚后以自己的名义拥有土地——那么,她们在家庭和更大的社会里的权力也就相应地是有限的,对妇女财产权的文化意义的评估如果不是完全负面的也是很狭窄的。② 杰克・古迪(Jack Goody)最近论证道:嫁妆盛行的社会往往是一夫一妻制的社会,

---

① 司马光:《涑水记闻》10:184,北京:中华书局,唐宋史料笔记丛刊,1989;邵伯温:《邵氏闻见录》8:84,北京:中华书局,唐宋史料笔记丛刊,1983;叶梦得:《石林燕语》10:150,北京:中华书局,唐宋史料笔记丛刊,1984。
② 见科马罗夫(Comaroff):《结婚费用的意义,导言》;罗宾・瓦特森(Watson):《中国妇女的财产权:权力与实际》。

离婚相对较少,妇女有可能继承家产,女性的总体地位也相当高。① 女人拥有财产,境况就会更好的观点在今天很少遭到质疑。西方国家不断督促其他国家修改它们的法律条令,给予妇女等同于男人的财产权。

嫁妆对于宋代妇女意味着什么? 拥有嫁妆是否提高了妇女的地位,使她们行动更自由,可以得到普遍的尊敬或影响家庭事务的决定? 对于妻子而言,带着一箱箱的衣服、首饰和地契步入婚姻所产生的心理价值大概与她可用嫁资做什么同样重要。第一,嫁妆证明她不是妾这个事实:她不是被娘家卖掉的;相反,家人把她看得非常重要,在送走她时陪送很多东西。第二,嫁妆给她提供了讨别人高兴——年轻新娘的主要工作——的手段。正如下一章要看到的,新娘常试图用陪嫁的东西赢得丈夫家人的欢心。第三,嫁妆使女人得到一点点、不太多的安全保障,使她们不至于一贫如洗。嫁妆有时是寡妇谋生的主要来源(见第十章),可以带到第二次婚姻里(见第十一章),还可成为收养继承人的基础,让他祭拜自己(见第十三章)。第四,嫁妆使妻子与夫家财产的增殖更有关联,这样至少可稍稍缓解一点父系家族暗含的对女性的歧视。

112　　在中国历史发展的长时段里,从嫁妆的角度看,宋代似乎是妻子和女儿们遇上的最好的时期。但是嫁妆在后来遭到的限制多半也始于宋代,因为宋代的儒家学者在女人要求和使用嫁妆的问题上流露的感情比较复杂。比如其中之一,司马光谴责女人把嫁妆视为私人财产以后带来的隐患;他对家庭的看法,侧重于把

---

① 古迪(Goody):《东方、古代和初始》,《非洲和欧亚大陆新娘的财产和嫁妆》,《家庭和财产继承:西欧农村社会·导言》,《生产和再生产:家务管理的比较研究》。

它视为共财的团体,而这样一来就有了基本的矛盾。如果财产对家庭如此重要,那么家长会更喜欢带来丰厚嫁妆的儿媳,而且陪嫁多的媳妇就会比少一点的妯娌更有优势。司马光希望用道德教育和道德修养解决这个结构性问题:公婆不应该贪婪;新娘子不应该狂妄傲慢。

对妇女控制财产问题的更激进的解决办法由那些倡导复兴古代敬宗收族原则("宗"的原则)的人提出。如果将注意力从同财共居家族转移到向下延续的宗祧家庭,财产和妇女两方面的作用都不重要了。在 11 世纪中期,像程颐这样的学者开始号召恢复更纯粹的儒家祭祖礼仪,更强调宗的原则,其动机在于与佛教展开竞争,也在于士人阶级发展祭祖仪式以适应自己新的社会和政治地位的需要。①

经过一个过程,人们才慢慢看出来这些针对妻子财产权的想法。朱熹在《家礼》里引述司马光的观点,主张防范妇女因私人财产得到过度的权力。朱熹也像他同时代的许多人一样,赞扬把嫁妆用在丈夫家庭的妇女。与此同时,他在《小学》(引用胡瑗[993—1059])里指出,来自地位不高、财产不多的家庭的妻子们更好一些,因为她们更容易适应从属性家庭成员的地位。②

朱熹的弟子黄榦(1152—1221)进一步倡导把妇女财产权观念与敬宗收族理念协调起来。黄榦当官时写的两篇判词提出,女人对掌管嫁妆的权力要求得不高,低于她们的丈夫和儿子。第一例事主为徐先生的寡妻陈氏。陈氏在丈夫死后返回娘家居住,留下她生的 3 个女儿、1 个儿子,但是带走了 200 亩陪嫁的奁田。

① 伊沛霞(Ebrey):《中国古代的儒学和家庭礼仪:礼仪著作中的社会史》。
② 朱熹、张伯行:《小学集解》5:117,丛书集成。

徐家有人起诉,试图要回这 200 亩田产,但是被法官驳回。在上
诉时,黄榦推翻了原判。黄榦写道:"父给田而予之家,是为徐氏
之田矣。夫置田而以装奁为名,是亦徐氏之田也。陈氏岂得而有
之? 使徐氏无子,则陈氏取其田以为己可也。况有子四人,则自
当以田分其诸子。"①黄榦公开承认没有子女的寡妇返回娘家居

113 住时可以把嫁妆带回去;但是他坚持,女人陪嫁的奁田和带过来
的衣服、日用品不一样,如果这个场景里有孩子的话,她们就不能
随心所欲地处置财产。

　　黄榦在另一桩案例中对妇女财产权做了更多的限制,其中一
例涉及一男子,其妻生有一子,其妾生有两子。该男子原有地产
纳税 6 贯钱,妻子奁田所纳之税与此相同,可以推测两块地差不
多一样大。夫妻二人去世后,男人原有的地产分割给 3 个儿子,
但妻的陪嫁地由她生的儿子掌握着。当时,弟弟们对此没有争
议。16 年后长兄去世,一个弟弟和另一个弟弟留下的寡妇一起
提出起诉,第一次告到县衙,然后 3 次告到宪司、2 次告到帅司。
6 位长官提出了 3 种处理意见。有两位坚持妾的儿子不能争讼
嫡母的奁田;另外两位认为应该把土地均分成 3 份;最后两位则
提出,妻的儿子得 1/2,两个弟弟各得 1/4。黄榦认为嫁妆已经变
成丈夫的财产,倾向于均分为好。但在最后,他同意按最近的一
次法律判决,分成两半。② 最初受理此案的官员显然意识到女人
希望自己的嫁妆都由亲生儿子继承,这一点分割财产时应该考虑

---

① 《名公书判清明集》附录 2:603;《名公书判清明集》33:31;柏清韵(Birge):《宋代的
　 妇女和财产(960—1279):福建建州的理学和社会变化》239—251。
② 《名公书判清明集》附录 2:606—608;《名公书判清明集》33:34—37;柏清韵
　 (Birge):《宋代的妇女和财产(960—1279):福建建州的理学和社会变化》251—
　 257。

进去。黄榦则批驳了妻子的奁田不属于丈夫财产的整个想法。

元代和明代，妇女对嫁妆的权利受到明确的法律条款的制约，法律规定离婚或丧夫的女人返回娘家或再婚时不能带走嫁妆。这项规定当然削弱了家庭给新娘提供嫁妆的积极性。修改法规的原因很复杂，但理学家对妇女控制财产产生的不安肯定已经成为嫁资减少的原因之一。①

在本章的结尾讨论阻碍嫁资变得越来越多的种种原因，我希望强调推动历史进程的动态因素。嫁妆的增多可以看作经济、政治变化的结果，但它也有其自身的影响。它不仅催生了补充性法律条令和制度的产生，比如政府颁布法令规定确保孤女得到一份家产，还引起知识界甚至于国家的反对。种种互相冲突的效果用复杂的方式在整个过程里交汇，使社会生活里简单的机能性的关系变得晦暗不明。

---

① 参见霍姆格伦（Holmgren）：《对蒙元社会初期婚姻和财产继承实践的观察，特别是对收继婚的考察》；柏清韵（Birge）：《宋代的妇女和财产（960—1279）：福建建州的理学和社会变化》205—235。

第六章　作为内助的上层阶级的妻子

谈到美德，可能在任何时候、任何地方都与"阶级"有各种各样的联系。统治阶级要求自己的成员具备的品质取决于权力的来源。因而，文人阶层不像军功阶层那样以体力上的优势和充沛的精力为荣耀。当然，统治阶级总要宣称自己拥有的品德是天底下最普遍承认的那种好品德，它们能为自己的更大利益服务，而且还能把好人和坏人区别开来。换句话说，统治阶级希望一般人都相信，把他们推上权力宝座，使他们高于他人的是美德，而不是因为他们已经控制了政治和经济资源。

讨论女子美德时需要的话语及阶级基础与讨论男人美德时一样多。我在本章将考察对理想妻子的建构是宋代士人阶层产生的标志这种认识。经济上这个阶层依靠来自土地的收入，也因经常性的商业活动而更富裕。但是他们不只是一个生活舒适的阶层：为了得到政治权力、社会影响力和文化上的领导权，还必须熟练地掌握文学传统，并能参与和分享时代思潮及其格调。使男女都受赞扬的最主要的品质，简而言之，就是让一个家庭在士人阶层中获得并长久享有地位声望。在唐代，墓志铭里受到赞扬的男人和女人都因为他们有显赫的祖先，而且精通礼仪，行为举止得体，这些要素大多与世家大族紧密相连。贵族们的妻子还经常由于美丽而受到赞扬。① 然而在宋代,一套相当不同的美德内涵变得引人注目,其中与此时论述的问题最有关联的,我相信,是在那个时代保持上层阶级的身份。

这并不意味着阶级因素压倒或遮蔽了社会性别。好的妻子 *115* 不是好丈夫的翻版。相反,她全心全意接受社会性别差异,视自己的角色为"内助"。她不仅小心翼翼不冒犯丈夫和公婆的特权,还做好任何需要做的家务事使他们生活得更舒适。第一章和第二章勾勒的儒家性别差异和家庭角色的模型支撑着宋代"内助"的理想型。然而对妻子美德的文字描述比原有意识形态的内涵要丰富得多:它们多方位地关系到如何带领家族在上层阶级里存续并取得成功。宋代理想的上层阶级的妻子不单单是献身于丈夫的家庭;她还有管理方面的能力及文学才能和人际关系中高超的技巧,使她可以保持家庭的繁荣昌盛。

复合家庭中尽本分的儿媳

正如第三章所见,上层阶级的男子非常年轻就结婚了,一般在十几岁或 20 岁出头。男人结婚时越年轻,他的父母和祖父母就越可能仍然活着。(我研究的墓志铭史料里的男女,约一半人活到 60 岁以上,1/4 活到 70 岁。)此外,新郎家里大多都有一个或两个兄弟。(我研究的夫妇,3/4 有两个或两个以上的儿子,一半有三个或三个以上。)②因此新娘开始婚姻生活时一般都是加入一个复合家庭,家里有丈夫的父母或二老之一,可能还有新郎

---

① 参见柏文莉(Bossler):《有力的关系和权力的关系:宋代中国的家庭和社会,960—1279 》22—40。

② 伊沛霞(Ebrey):《宋代精英间的联姻》。

的祖父母或其中之一,一个或几个兄弟,兄弟们的妻子,未婚的姐妹,多半还有兄弟们的孩子。

这种复合家庭里的新娘被期待着拿出全部精力侍奉公婆并讨好每个可能讨好的人。正如图 13 手绘卷轴《孝经图》展现的,这种服务的象征是奉上食物①,画面上描绘了正在尽孝心的儿媳,作者强调她缝纫、做饭、亲自侍奉公婆吃饭,而不是打发下人去做。一个儿媳,看起来应该表现得像她公婆的仆人一样。比如说陈氏(960—1038),她的丈夫辗转各地当官时,她用做饭、侍候宁愿留在老家的公婆度过了婚后的头 20 年。陈氏的同时代人王氏(959—1038),从不让仆人侍候婆婆,她亲手做好所有适合老年女人吃的东西,天气最热时甚至不断为睡着的老人打扇。李氏(1019—1053)嫁进一个大家庭,家里有丈夫的奶奶、父亲、两个叔叔、四个兄弟。她没有婆婆,但这让她承担了照顾病痛中的公公的重任。公公病危时,她用自己的钱做了所有能做的事。游氏(1077—1132)的公公喜欢招待客人。作为最小的儿媳妇,她尽心尽力地照顾客人,从不让嫂子们替换她。她还有一个严厉的婆婆,20 年里从来不许儿媳们在她面前坐下。由于游氏是唯一顺从得足够讨她喜欢的儿媳,她有病时只接受游氏的照顾。孙汝静(1206—1263)婚后立刻宣布接过婆婆承担的一切重活,她说,婆婆太老了,不能再做体力劳动。婆婆生病时,她照顾她,晚上点上香,祈求减少自己的寿命以延续婆婆的寿命。②

---

① 参见巴恩哈特(Barnhart):《沿着天际线:王氏家族藏品中的宋元绘画》53—57。
② 范仲淹:《范文正公集》12:11,四部丛刊;余靖:《武溪集》19:26,四库全书;张载:《张载集》14:205,北京:中华书局,1978;朱熹:《朱文公文集》91:14,四部丛刊;林希逸:《竹溪鬳斋十一稿续集》22:14,四库全书。

图13 一个尽职的儿媳帮助丈夫照顾他的父母

李公麟(1040—1106)《孝经图》(局部),美国普林斯顿大学艺术博物馆(L.1986.101)。

新娘还会因慷慨大方地拿出陪嫁的东西受到丈夫家人的赞许。我们得知,方道坚(1115—1191)结婚时带过来的箱子多得出奇,但她把每一件东西都交给了婆婆和丈夫的奶奶,这位太婆婆没有几个人能讨她喜欢。王氏(1132—1192)嫁入一个由长嫂当家的大家庭。她不久就捐出一些首饰维持家庭开支。戴氏 *117*

(1161—1205)嫁到一个生活朴素、家境一般的家庭,遂卖掉一些衣服、耳环补贴家用,表明自己不吝啬。我们得知,她的公公对她赞赏有加,说她"真吾家妇也"。①

复合家庭很难保持和谐,因为家庭成员各自的利益不同。因此人们赞赏那些看起来不为妯娌和侄子得到好处而生气的妻子们。曾季仪(1079—1113)的丈夫江褒(1069—1117)平日不与兄弟们一起过日子,但是并没有分割家产。江褒靠官俸度日,把家里地产的收入留给了兄弟们。我们得知,他的妻子"未尝商有无计彼我也"。后来,江家长子打算移居到京城,但缺少费用。当江褒试图想办法帮助哥哥时,曾氏走进自己的房间,把她剩下的嫁妆拿出来,让江褒送给他的哥哥。②

称职的管家

传记资料非常愿意把上层阶级妇女描写得聪明能干。正如孙觌所写:"予尝谓妇人女子虽以幽闲静专为德,而尸居傀然,懵不知事,如土木偶人,则为愚妇。"曾巩(1019—1083)赞美妻子的聪明才智道:"于事迎见立解,无不尽其理。"③

女人为完成"妇功"——穿衣、吃饭和一切与家务有关的事——而付出的艰辛困苦很大程度上取决于家庭财产的多少。有些士人阶层家庭过着非常俭朴的生活,家里的女人无法让自己

---

① 杨万里:《诚斋集》129：12,130：19,四部丛刊;孙应时:《烛湖集》12：17,四库全书;程俱:《北山集》31：17,四库全书。
② 程俱:《北山集》31：17,四库全书。
③ 孙觌:《鸿庆居士文集》40：10,见盛宣怀编:《常州先哲遗书》,台北,据1895年本重印,1971;曾巩:《曾巩集》46：633,北京:中华书局,1984。

整天打扮得漂漂亮亮。范普元(1143—1222)尽管出生于富裕人家,在夫家遭受财务上的损失后,"躬蚕桑,若补纫等事"。袁燮(1144—1224)说他的嫂子赵氏(1164—1213)尽管曾过过宗室家族的奢侈生活,仍像一个穷人的女儿那样辛苦地纺、织、缝缝补补。张幼昭的丈夫是知名学者陈傅良(1137—1203),家里不断有人慕名而来。张氏亲自为来访者做饭,只有一个婢女帮忙。叶适(1150—1223)记载,他母亲结婚的第一年,一股洪水肆虐于周围几里以内,洪峰过去后,没留下一间房子、一件家具。一家人只好停留在任何一个可住之处,搬迁了 11 次。"夫人无生事可治,然犹管理其微细者,至乃拾滞麻遗纴绩之,仅成端匹。"①

富裕兴隆之家的妻子们也被指望着辛勤劳动。何逮(1153—1203)说他的妈妈杜氏(1133—1186)在家里富起来很久以后,始终如一地辛勤纺织,直到变老。夏氏(1129—1192)帮助丈夫经商得到信赖,她家财产增殖到几千亩土地,因此成为州内屈指可数的人家。涉及官宦之家的一则逸闻说,一位妻子去世后,她的女仆疯了,开始像女主人曾经做过的那样,挨门逐户紧盯着向佃户收租,并且下令把拖延的人打一顿。这个故事之所以形成和流传为这种样子,多半因为宋代学者希望妻子照应好日常生计,确保丈夫专注于学业。韩元吉(1118—1187)在对李氏(1104—1177)的描写里清楚地表达了这层意思。李氏的丈夫把全部精力投入到公事里,"未尝问家有无"。李氏把管理家产当作自己不可推卸的义务,她买进肥田沃土,在溪边盖起房屋。有一天,一个农夫扛着一袋稻谷走进她家院子,她丈夫对此惊奇不已,全然不知农夫

---

① 袁燮:《絜斋集》21:354,358,丛书集成;叶适:《叶适集》14:263,25:509,北京:中华书局,1961。

为何人,扛着什么东西。李氏只得笑着说:"此吾家租也。"① 显而易见,像李氏这样的妻子是有田产的人家的财富,家里的男人因此可以集中精力致力于文学和政治。

在大家庭里,通常由一个女人掌管家庭内部全部财政并管理和指挥所有的仆人。有时甚至由刚来的新娘负担起重任。崔氏(999—1067)嫁进一个二百多口人的大家庭,她的公公,"常患内事无主,一日召夫人于庭告之故条家事付主之"。她开始有点推辞但最后承担起工作。事实证明她处理问题十分严肃认真,但对仆人并不严苛,"未尝过行笞呵"。② 这种可能带一点过失,但尽量减少摩擦的管理仆人和妾的能力得到很高评价。范氏(1015—1067)对妾常和颜悦色,但"至有所整肃亦莫敢犯者"。傅氏是严格的管家;对待妾她从不发怒生气,但是"细大毕入于规矩"。李淑英(1196—1255)因使家里的一切井井有条而受到称赞,她教导女儿对妾要好一点,提醒女儿"彼亦人女也"。她总是教婢女和妾学怎样纺织,怎样缝纫,而且自己总先示范一遍。③

节俭是成功的管家必须做到的重要原则,因为很多士人家庭还远非富裕。韩琦(1008—1075)抱怨最近流行的女服和首饰接连不断地花样翻新,因此人们总要丢掉旧的,热衷于做新的。为此他表扬侄媳张氏(1012—1063),她不赶时髦,对此无动于衷,也不愿奢侈浪费乱花钱。同样,我们还得知,杜衍(978—1057)的妻子相里氏(988—1065)穿着朴素的衣服"无采翠珠玑之饰"进宫朝

---

① 陈亮:《陈亮集》30:436,440,北京:中华书局,1961;洪迈:《夷坚志》补16:1701,北京:中华书局,1981;韩元吉:《南涧甲乙稿》22:461,丛书集成;周绍明(McDermott):《中国的管家》。

② 陆增祥:《八琼室金石补正》03:23,石刻史料新编,台北:新文丰,1977。

③ 刘邠:《彭城集》39:512,丛书集成;孙觌:《鸿庆居士文集》40:7;许月卿:《先天集》10:3,四部丛刊。

拜,遭到人们嘲笑时,她一点也没有忐忑不安。胡氏(1077—1149)从来没有穿过奢华、艳丽的衣服;她还有一件洗过、补过很多次但仍没扔掉的长袍。一个更极端的例子是边氏(1155—1203),我们被告知,三十多年来,她一直穿着结婚时带过来的嫁衣。[①]

把妇女作为非常称职的管家进行表扬时,墓志铭的作者经常使用类似今天我们用来称赞高效的秘书时的用语。这类女人令人惊奇,因为她们使生活对于丈夫而言非常舒适,使他们可集中精力做生命里真正重要的事,如学习、学术研究,或为官作宦。当李友直(1134—1199)的妻子史氏(1139—1197)59 岁去世时,他向请来为她写墓志铭的人列举她的美德和妇功。其中特别突出的是她管理方面的才能:"吾游太学久乃得仕,未尝屑意家事。凡出入有无,丰约之调度,皆吾嫔处之,不以累我。"[②]这些女人自己也用同样方式看待自己吗——负责地履行对男人有利的策略?或者说她们在学着怎样给男人留下这种印象,让他们高兴,从而自己的生活也更快乐? 没有女人自己撰写的史料。我们能做的只有推测多半是两种类型的女人都有。

贤明的劝导者

延续汉代刘向撰写《列女传》时所确立的传统,很多女性传记的作者强调她们怎样给丈夫大公无私的劝诫,鼓励他学习,效忠皇帝,或多行善事。毋需列举许多例子,让我讲讲李纲(1083—

---

① 韩琦:《安阳集》48:5,四库全书;孙觌:《鸿庆居士文集》39:55;范浚:《范香溪先生文集》22:5,四部丛刊;袁燮:《絜斋集》21:357。
② 孙应时:《烛湖集》12:15。

¹²⁰ 1140)笔下其岳母黄氏(1063—1121)的故事。黄氏的丈夫被贬到遂昌县以后,他打算放弃这个职位,这样他祖父就可以代替他得到一个位置。每一个人都试图劝阻他,说他年轻,有才能,应该耐心;有朝一日会得到很有威望的职位,光宗耀祖。只有妻子黄氏支持他的决定。后来他得到了更重要的地方的职位,并且可以让一个儿子凭恩荫入仕。但是他更愿意举荐小叔叔代替儿子。当他告诉妻子时,妻子欣喜地说:"公方壮年,为祖谢仕。今始得子孙之恩,复以推叔父,皆人所不能,而公优为之,其助风化多矣。愿亟抗章无疑。"李纲感叹道:"嗟夫!仕宦进取,鲜不为妻孥计,而龙图公所为,绝人远甚,盖有夫人为之内助。而为人妻者,能勉其夫以义如此,尤所难也。"①

在这篇传记后面,李纲列举了黄氏另外一些贤明的建议。当丈夫长期滞留于郡治位置时,她劝告他耐心等待,说现在的位置使他有机会把从前学过的东西用于实践。自从察觉到丈夫有点耿直鲁钝以后,她给他讲解佛教权巧方便的概念,劝他要灵活变通;他陷入烦恼时,她通过说他还没有达到佛教"智"的境界所需要的忍耐的限度,鼓励他振作起来。黄氏还有意识地在丈夫的弱项上给他做些补缺。"龙图公作家以严,而夫人济之以宽。莅事以宜,而夫人济之以和。伉俪垂四十年,日以忠孝相警戒。故龙图公立身行道无愧古人夫人助之为多。"②一个自始至终鼓励丈夫坚持按士人阶层男子看重的价值观为人行事的妻子,显然比轻视或贬低丈夫工作的妻子要好。

---

① 李纲:《梁溪先生文集》170:9,台北,1970 年重印。
② 李纲:《梁溪先生文集》170:12。

才　女

　　一幅图解《女孝经》的宋代绘画画着一位坐在书桌旁边的女子(见图 14)。画家认为一个模范的女人,在孝顺父母公婆、服从丈夫的同时,还可以是知识女性。传记作者经常称赞女性谙熟诗书。孩童时代她们可能已熟读了班昭的《女诫》,还有《蒙求》和《孝经》等启蒙书,或标准的儒家经典,如《诗》《书》《论语》《孟子》和《春秋》。有些女子还读佛经。① 在士人阶层里,有文化似乎使女子更有吸引异性的能力和条件。张孝祥(约 1129—1170)撮合自己妹妹和一位朋友的兄弟成亲时,为了说服他,特意说明自己的妹妹有文化,能背诵佛经。②

　　传记作者也乐于强调他们的女性传主多么聪明。曾巩(1019—1083)赞扬王安石的母亲吴氏(998—1063)"好学强记"。反过来,多半受母亲的影响,王安石视女性的文学才能为魅力,他把王氏(1007—1059)描写为一位不错的诗人,把曾氏(989—1058)描写为热衷于史学的学生,能像当时任何一位知名学者一样讨论历史问题。黄氏(1063—1121)身为书香门第之家的长女,据说年轻时特别聪明,善于学习,"诵书日十数百言"。有一个例子是外祖父发现外孙女戴氏(1121—1192)特别易于教授,遂让她与两个兄长一块儿读古文经典。顾静华(1186—1238)有一位身为著名作家的父亲。多半作为结果,顾氏年轻时"于百家传记,至

121

122

---

① 如朱熹:《朱文公文集》91:14,四部丛刊;叶适:《叶适集》14:249;许翰:《襄陵文集》12:13,四库全书;杨万里:《诚斋集》130:20;袁甫:《蒙斋集》18:259,丛书集成;范祖禹:《范太史集》47:10,四库全书;刘克庄:《后村先生大全集》151:8,四部丛刊。
② 韩元吉:《南涧甲乙稿》22:457,丛书集成。

图 14　一位知识妇女和她桌子上的书

宋代绘画,《女孝经图》(局部)。北京:故宫博物院。

老佛之书,多贯通古今文章悉成诵,儒生精博者不能及"。我们还知道,她的书法像男人那么好。[1]　女性的才智包括观相术、医药、音乐、占卜学等领域的知识和各种技艺。[2]　父亲和丈夫都当官的丁氏,"自幼颖慧,无所不能,其善相人,盖出天性"。她瞥一眼与丈夫谈话的官员以后,就可准确地预测他的命运。她甚至可以凭

① 曾巩:《曾巩集》45:610;王安石:《王临川集》100:633,台北:世界书局,1966;李纲:《梁溪先生文集》170:9,13,引文在 13;袁燮:《絜斋集》21:353;刘克庄:《后村先生大全集》156:1。

② 刘挚:《忠肃集》14:205,丛书集成;朱熹:《朱文公文集》91:14;曾巩:《曾巩集》45:610。

手书算命。①

　　不时有女人可以得到诗人、画家或书法家的声誉，然而只有极少数情况下女性的作品能幸存到今天。② 魏泰（约1050—1110）列举了他同代人当中擅长写诗的女性，并以王安石家为例：王安石的姐姐、妻子和女儿都写出了让人传诵的诗句。③ 宋代最广为人知的女作家是李清照（1084—约1160）。④ 与她同龄的男人承认她是真正有天赋的诗人，围绕她的诗作进行的讨论与男诗人一样多。⑤ 在李清照的例子中，非凡的天赋伴随着不寻常的优越环境。她的父母亲都是作家，使她得到扎实的历史学、儒家经典和诗词方面的教育。结婚以后，丈夫乐于与她一起讨论诗词、艺术和历史。而且，他们没有孩子，因此她比很多妻子有更多的时间献身于写作。由于丈夫总出游并且早逝，李清照为与丈夫分离而感到沮丧，因而多描写失落而可爱、敏感、倦怠、优雅的女士。这样一来，她的诗词很容易与长久以来男诗人一直描写的感伤的美女形成比较。这个领域里李清照写得如此之好，以至于吸引、激励了男诗人；它证实、强化了这一点，即男人几个世纪以来忽视的女人的情感确实是敏感多情、充满灵气的女人所拥有的。

　　这个女人的成功促使我们更有必要考虑为什么很少有别的妻子可以与她相比。当然有一个因素会让许多女性望而却步，那就是男性对女作家爱恨交加的矛盾心理。描写了一个女人的才华以后，传记作者一般都试图让读者相信女作家仍是谦虚、庄重

---

① 方勺：《泊宅编》4：26，北京：中华书局，唐宋史料笔记丛刊，1983。
② 见韦德纳（Weidner）等：《来自玉台的风景：1330—1912年的中国女艺术家》；胡文楷：《历代妇女著作考》40—69，上海：商务印书馆，1985。
③ 胡文楷：《历代妇女著作考》41。
④ 胡品清（Hu）：《李清照》；钟玲（Chung）：《李清照：精神和人格的形成》。
⑤ 褚斌杰：《李清照资料汇编》1—25.北京：中华书局，1984。

的,并没有自作主张滥用文学天才。曾巩描绘了短短一生写了七百多首诗词的周氏(1040—1065),"静而正,柔而不屈,约于言而谨于礼者也"——他很少用这些话赞扬一位男诗人。王安石声称齐氏(1011—1065)写了出色的诗篇但是从不让别人看。其他的女人甚至放弃学习作诗。陆游(1125—1210)觉得有一件事值得写进表亲的女儿孙氏(1141—1193)的传记,她十几岁时,女诗人李清照自愿教她作诗,但她拒绝了,说:"才藻非女子事也。"①1182 年朱淑真诗作"序言"的作者开篇写道:"尝闻撷词丽句,固非女子之事,间有天资秀发,性灵钟慧,出言吐句,有奇男子之所不如,虽欲掩其名,不可得耳。"女诗人去世不久,他出版了她的诗词,非常欣赏她把感伤的情怀表达得那么好,他显然被打动了。②

为什么妻子们不愿把自己的诗作示以他人?是不是因为会与丈夫一比高下,而丈夫正试图在男人必须表明自己才是文士的世界里取胜?是不是这样就在某种意义上暴露了自己,因为妻子不该被家庭以外任何人看见的原则是压倒一切的?很多男女都明确感觉到文学追求中自我表达的取向不符合妻子的形象。进一步讲,很多已婚妇女发现,拘泥于已经确立的女性行为模式,很难写出令人满意的好诗词。因为结婚以后,忙于抚养孩子、管理仆人、侍奉公婆时,她们可能不再被那些漫无目标的女性形象打动,不再因为没有男人而迷失方向。不像平安时代的日本和明朝末年的中国,士人阶层的宋代女性未能给自己制造出一批读者,也没有找到更吸引她们的创造性作品所需要的文学语言。

---

① 曾巩:《曾巩集》45:613;王安石:《王临川集》100:635;陆游:《陆放翁全集》,渭南文集 35:216,香港:广济书局。
② 胡文楷:《历代妇女著作考》42。朱氏的诗见黄宏荃:《英译宋代词选》275,解放军出版社,1988。

　　理学的兴起是否限制了妇女的文学创造力？由于早已论述过的儒学复兴的趋势已经出现，我猜测确实被限制了。所有的理学家都赞成让女人学会读、写，这是真的。司马光在《家范》里引用班昭的观点，女人如果知道怎样阅读，会成为更好的妻子。司马光还加上自己的结论："凡人不学则不知礼义，不知礼义则善恶是非之所在皆莫之识也。……然则为人皆不可以不学。岂男女之有异哉？"他在《居家杂仪》里依据《礼记·内则》为男孩女孩提出了学习的主要课程。即便女孩子不学与兄弟们相同的功课，也可以读《论语》《孝经》和《列女传》。朱熹同样鼓励姑娘们读道德训诫小册子，特别提到司马光的《家范》。[1] 但是这些男人，就像大多数积极参与复兴儒学的人一样，对男女诗人作品的价值都怀有同样矛盾的心理。司马光明确反对教女孩子作诗。程颐述说了他母亲自己已感觉到的这种矛盾心理："夫人好文，而不为辞章。见世之妇女以文章笔札传于人者，深以为非。平生所为诗，不过三十篇，皆不存。"程颐本人只记得她作的一首诗。[2]

　　到南宋后期，理学对诗歌创作的反对已经广为人知并被接受。诗人姚勉（1216—1262）写到他妻子邹妙庄（逝于1257年），她出生于一个与朱熹儒学学派有紧密联系的家庭。她的外祖父李恕已本人从学于朱熹，在她童年时期，她家严格按照儒家原则进行管理。邹氏得到文学方面的教育，每天都读几段《论语》和《孟子》，还喜欢读唐诗。她知道怎样作诗但从来不作，以"非女子事也"作为解释。姚勉知道她能写出漂亮的句子，曾看见她写过，

―――――――――――――

[1] 司马光：《家范》6：594，中国哲学名著集成；司马光：《司马氏书仪》4：45，丛书集成；朱熹：《朱子语类》7：127，北京：中华书局，1986；陈荣捷（Chan）：《朱子新探索》。
[2] 程颢、程颐：《二程集·文集》12：655，北京：中华书局，1981。

但仍因敬慕她不炫耀自己天才的"深静"而不说穿。①

虔 诚 的 妻 子

妻子被期待着协助丈夫完成祭祖仪式,有很多女人细心、虔诚地履行这一职责的描述。比如说俞氏(1121—1194),她作为新娘踏入家门后就询问公婆喜欢吃什么,今后便可按照公婆的口味准备四时祭品,为此她受到赞扬。还有一些女人因为仔细地清洗祭器、准备食物而受表扬。王氏的传记引用了她的话:"祀享人之大事,故须严洁以表至诚。"②

在基本的儒家职责、义务以外,妻子们对佛教、道教和地方庙坛有强烈的兴趣。看得出来连对宗教活动相当冷淡的男人也经常仰慕虔诚信教的妇女。像前边谈过的贤明的劝导者黄氏,被描述为利用佛教教义帮助丈夫完成崇高的儒家职责,并且照顾着所有的家庭成员。

佛教教义可能真的对妇女有吸引力;如果她们对现世的生活不满,可能会集中精力献身佛教企图使来生变得更好。女人捐赠给庙坛的东西与男人一般多,有时候把自己的画像放在信奉的佛像或观音菩萨像下边(见图9)。宗教活动也因打破了固定、狭隘的日常生活而产生吸引力。祈祷神明、添油上香等事务使妇女有

---

① 姚勉:《雪坡舍人集》50:10,见胡思敬编:《豫章丛书》,南昌,1915—1918。论述后来时代的女作家和女艺术家,见韦德纳(Weidner)等:《来自玉台的风景:1330—1912年的中国女艺术家》;罗萨比(Rossabi):《管道升:元代的女艺术家》;魏爱莲(Widmer):《17世纪中国才女的书信世界》,《从火中抢救出来的诗:小青的文学遗产和中华帝国晚期女作家的地位》;罗伯特森(Robertson):《女性的声音:中国中世纪和帝国后期抒情诗中的女性题材》;高彦颐(Ko):《追求才华与美德:17、18世纪中国的教育和淑女文化》。

② 楼钥:《攻媿集》103:1450,丛书集成;余靖:《武溪集》19:26,四库全书。

了离家外出的理由,或至少可以让生人到家里来。各种阶级和阶层的女人都可以到庙坛去,有时结伙而行。[①] 庙宇给女人们提供了相会的空间,比如杭州的天竺寺,女人们每月在那里聚会一次研读经文。[②] 偶尔有的女人成为教派领袖。11 世纪,拒绝结婚的崔氏得到来自各种阶层的追随者,他们都相信她会长生不老。[③]

然而在女性传记中,引人注目的不是女性利用宗教活动逃离家门的方式,而是献身于佛教使她们得到了退避三舍、深居内闱的途径。李氏(976—1031)经常诵经,每月斋戒 10 次。崔氏(999—1067)喜欢佛教书籍已久,但是当读到《圆觉经》时,她说:"使我早研悟此理。"从此她让自己从世俗事务中脱身,减少食量,完全禁止自己享受生活。刘氏(1005—1085)喜欢背诵佛经而且接受五戒(不杀生、不偷盗、不邪淫、不妄语、不饮酒)。[④] 边氏(1025—1093)每天都烧香、读经。她一边念着达摩的名字,一边捻着佛珠。邵氏(逝于 1121 年)"诵佛书日不辍。夜讽秘咒,施饿鬼食。风雨疾病不渝也,数有异应。自书《观音偈》'心念不空过'五字"。观音菩萨在宋代经常表现为女身,似乎对女性有特殊的吸引力。比如杨氏(逝于 1271 年),撰写了几种儒家经典研究著作的学者之妻,她的墓里有一座小小的观音菩萨像(图 15)。[⑤]

大的复合家庭里的妻子们似乎特别喜欢献身佛教。张氏(1074—1122)是几十口人(或者如传记更形象的记载,有"千指")

---

① 如洪迈:《夷坚志》支丁 8:1034,补 9:1627。
②《东京梦华录外四种·都城纪胜》98,上海:中华书局,1962;伊沛霞(Ebrey):《中国文明与社会:一部资料书》104。
③ 晁补之:《鸡肋集》64:19,四部丛刊。
④ 宋祁:《景文集》60:813,丛书集成;陆增祥:《八琼室金石补正》103:23,石刻史料新编,台北:新文丰,1977。
⑤ 陆佃:《陶山集》16:186,丛书集成;张守:《毗陵集》14:205,丛书集成;衢州市文管会:《浙江衢州市南宋墓出土器物》,《考古》1983,11:1004—1011。

大家庭里的妻子,她"喜浮屠学,日诵其语。食不击鲜,奉观世音尤力,课所谓大悲咒者数以万亿计。常得寒疾濒死。观世音现白衣璎珞像,升卧榻以杨枝荆芥祓其体。寻汗浃顿愈"①。胡氏(1077—1149)的家庭更大("千指"之家),她每天清晨念诵佛经,沉浸于埋头苦读。她不能忍受杀生之事,也不吃肉。② 仲灵湛(1133—1184),一位儒家学者兼官员之妻,年轻时曾研读儒家经典,包括《列女传》,但是后来更被禅宗吸引。她曾经会见过禅宗大师大慧宗杲(1089—1163),大师对她的悟性印象很深,安排她跟随自己的一个弟子研修。"未三十,即斋居蔬食,除割世欲,书课经梵,夜习禅观。指月出之光自喻其性,以为亘古今不能亏也。"③

有的论述明确说信佛使女人变成了更好的妻子。魏氏(992—1064)的佛教信仰使她为丈夫张沔(983—1060)考虑得更周到,因而得到信任。张沔从不注意家里的财务。他返家与父母住在一起后,家里总是入不敷出。"夫人薄衣约食不以其不足累于张公。盖夫人学浮屠,通其书之说。故其于穷达之际,能泊然安于命,而不以外物动其心。"胡氏(逝于1093年)有一位必须照顾的患慢性病的丈夫。她"闲则读佛书灰心释虑,不以不幸见于辞色,以伤夫之心"。④

偶尔有夫妇双方都对佛教感兴趣。据说陈孝常(1015—1082)喜爱佛教书籍,可以机智地与禅宗大师讨论佛教的性质这类问题。他的妻子庞氏(1028—1101)喜欢背诵佛经,几乎长期手

---

① 葛胜仲:《丹阳集》14:22,四库全书。
② 范浚:《范香溪先生文集》22:6。
③ 叶适:《叶适集》13:233。大慧与女信徒的关系,见利弗令(Levering):《大慧宗杲与凡俗女信徒:禅宗的死亡观》。
④ 沈遘:《沈氏三先生文集·西溪文集》3:54,四部丛刊;韦骧:《武林往哲遗著·钱塘集》16:32,台北:1971。

图 15　杨氏(逝于 1271)墓出土的观音菩萨小瓷像
衢州市文管会:《浙江衢州市南宋墓出土器物》,载《考古》
1983,11:1004—1018。

不释卷。黄琪(988—1062)提出，儒学可用来修身，而佛教提供了养心的方法，他诵《金刚经》四万卷。他的妻子许氏(987—1074)一生读了十八万卷佛经。① 不过这些史料都没有提到夫妇二人一起祈祷；相反，有相同的精神兴趣似乎只不过是巧合。

偶尔有儒家学者试图劝说妻子不再信佛。刘宰(1166—1239)记载他的第二个妻子梁氏(1170—1247)，来自信佛教的家庭："梁氏故奉佛，君之来，犹私以像设自随，时若有所讽诵。余既与论释老之害道及鬼神之实理，恍惚若有所悟，自是遂绝。"陈傅良的妻子张幼昭(1146—1195)，据说她认为自己的职责就是追随丈夫，包括他信什么，她也信什么，因此她不信妖术，不信佛教和道教，她也不怕鬼。②

妻子们进入中年或晚年后常变得笃信佛教，明显地表现在35岁以后。尹氏(1026—1087)"晚而好禅学，不以事物累其心。宴坐终日，无所思营。及属纩，不戚不乱，顺受而待"。陈氏(1039—1115)年轻时就被佛教吸引，但中年以后对佛教的理解达到更高水平。"晨起斋袚坐诵。虽事颠沛于前，不辍以观。晡则置酒戏诸孙为笑乐，日以为常。"我们得知，黄氏(1063—1121)中年时笃信佛教。"世味益薄，独扫一室，燕坐终日，以禅悦自愉。"③虞道永(1103—1182)晚年研究佛教，一天清晨，决定把首饰丢到一旁，戒酒戒荤；然后穿上朴素的衣服，只吃蔬菜，度过余年。当她的儿子们打算为她求取一个荣誉头衔时，她以已放弃世

---

① 刘挚：《忠肃集》14：200，202；刘跂：《学易集》8：105，丛书集成；余靖：《武溪集》19：28。

② 刘宰：《漫塘集》32：18，四库全书；叶适：《叶适集》14：263。

③ 范祖禹：《范太史集》39：4，四库全书；汪藻：《浮溪集》24：287，丛书集成；李纲：《梁溪先生文集》170：12。

俗生活为理由予以反对。戴氏(1121—1192),童年时代和兄长一起读儒家经典,"晚而好佛,读其书甚悉。委诸子家事,淡然无营"。①

这些妇女在哪里学习佛教箴言？只有极少数人明确说是追随禅宗大师学习。有些人可能接受请进闺门之内的尼姑的教导。袁采警告不能把佛教和道教的尼姑、道姑请进家门,因为她们显然就是常客。② 但是很多女人也许至少从身为世俗信徒的家里的长辈——妈妈、奶奶和姑姑那里接受了最初的教诲。胡氏(968—1030)读完了全部佛教真经并且记住了十几卷。我们得知,后来她就教其他闺门之内的女人们读佛经。③

在我们的社会里人们想当然地认为人在晚年即将面对死亡时宗教倾向会更强烈。我们也知道很多女人在四五十岁孩子们离开家时经历着感情危机。大概这些已构成中年的文人之妻对佛教感兴趣的原因。但是我们应该注意到当时的观察者并没有发觉宋代妇女关注死亡、再生或救世这类问题。她们的儿子也不离开家;事实上,她们经常被孙子们围着。宋代作家描写了她们如何热切地救助自家的成员,同时也在寻求个人的安宁和顿悟。儒家学者愿意表扬她们,因为虔诚使她们看起来似乎已成为更好的妻子和婆婆。

* * *

宋代男性文士认为一个好内助的正面特征不是被动的或辅助性的。聪明能干、足智多谋和精力充沛都被视为积极的性格。作为家务的管理者,一位妻子要做许多事,更不用说还要做母亲

---

① 朱熹:《朱文公文集》92:14;袁燮:《絜斋集》21:353。
② 袁采:《袁氏世范》3:58,丛书集成。
③ 韩琦:《安阳集》46:11。

（见第九章）。长期以来只要她出场时表现得主要在帮助男人而
不是追求自己的目标,她就会因称职和高效而受人尊重。

从可以得到但不够完美的大部分史料当中,我至多能察觉到
士人阶级里的多数女人已经把所论及的好妻子内涵的大部分变
成了自己的想法。李清照非常愿意表达自己对时政的非难和失
去丈夫后的沮丧心情,但即便是她,也从不抱怨作为女人受到的
限制。看起来扮演了支持的角色的大多数女人,不仅因为那是被
期待的,还由于她们自己也认为那是恰当的。

理想妻子的概念就像法律一样始终把女人置于辅助性位置,
或许比法律更有效。由于这种话语限制着女性,当代学者似乎经
常认为妻子的理想型是由男人而不是女人为了达到目的而传播
的。男人是本章列举的叙事史料的作者,这是真的。然而我相
信,由于这种言说已构成一个模型,这就不仅仅是儒家哲学家的
创造,也不只是男人的追求。

让我提供两种论点。第一个论点涉及形成这种话语的过程
中女性的参与。毕竟是女人在养育女儿、教训儿媳。老年女人希
望看到什么样子的年轻女子呢? 因为女人整天都在内闱度过,她
们比男人有更多的理由愿意内闱里保持平静与和谐。难道她们
不愿女儿活泼快乐,儿媳顺从,婆婆像圣人一样英明吗? 男人经
常谴责女人找机会分家,毫无疑问有的妻子确实打算这么办。但
是祖母们从来没有被描写得怀有同样的感情;当家里的女人有了
长大的自己的儿子,这个家变大了,她会像丈夫一样忧虑,避免分
家。她希望女儿和儿媳都和睦相处。

第二点涉及作者为妻子们作传时所写的内容与作者写其他
题目内容之间的关系。传记资料里妻子美德的那些话语明显与
传统儒家理解的人际关系特别是家庭关系伦理有关。但是传记

的言说似乎并不与宋代第一流思想家主要的理性关怀有特别紧密的联系。深刻认同理学的男性文士们,如程颐、朱熹、黄榦和魏了翁,像其他宋代作者一样,就女人所写的,大多是同一类的事。① 他们似乎更倾向于表扬妻子们在祭祖一事上的奉献,而不是记录她们对佛教的虔诚。我对此大胆的解释是作传时不能完全放手自由地写。死者的亲属自有一套什么才算是好女人的标准,并希望给自己的女性亲属作传时凸显这些特质。

　　他们设想的成为好女人的要素与宋代士人阶级的性质有错综复杂的联系。这个阶层的女人应该与下层社会的女人不同,就像上层阶级的男人不同于农夫:他们都克制、沉着、知书达理。除了体现这个阶层起源的功名一类的特征,上层阶级妻子的形象还应该有助于保持家庭的地位。上层阶级的女人因制造出平和、安详与和谐而得到大肆赞扬,这是因为这个阶级的复合家庭非常脆弱,女人经常被视为紧张、分家、吵架的主要原因。袁采写道:"人家不和,多因妇女以言激怒其夫及同辈。盖妇女所见,不广不远,不公不平。"②下层阶级的女人也经常被描绘为这种形象,如胡颖(1232 年中进士)写的:"大凡街市妇女,多是不务本业,饱食终日,无所用心,三五为群,专事唇舌。邻舍不睦,往往皆因于此。"③于是,上层阶级男人的好妻子就不能用女人的自然本性行事,但是已经克服了这些倾向的女人,就有可能使她们的家庭繁荣昌盛。

---

① 参见柏清韵(Birge):《朱熹与女性教育》。
② 袁采:《袁氏世范》1:12。
③《名公书判清明集》13:506,北京:中华书局,1987。

第七章　女　红

　　13世纪的诗人舒岳祥（1217—1301）注意到浙江的农村妇女多么辛苦地劳动,采茶、车水、从井下汲水、把食物送到田边地头、春打稻谷、做衣服、种庄稼、卖鱼卖菜。他写了为数10首的一组诗歌纪念她们的劳动,前3首如下:

　　　　前垄摘茶妇,倾筐带露收。

　　　　艰辛知有课,歌笑似无愁。

　　　　照水眉谁画,簪花面不羞。

　　　　人生重容貌,那得不梳头?

　　　　田头车水妇,挽水要流通。

　　　　乌帽掀炎日,青裙鼓晚风。

　　　　翻翻循故步,踏踏似虚空。

　　　　听取劳歌意,生身莫嫁农。

　　　　江上提鱼妇,朝朝入市闤。

　　　　守船留稚子,换酒醉良人。

　　　　不著凌波袜,长垂溅水裙。

浑家同泛客,笑刹别离津。①　　　　　　　　　　　

　　诗人和画家似乎很乐于描绘劳动时的妇女;注视着沉浸于劳作、没有意识到自己在被人观察的女人,这时候的想象略带一点色情意味。尽管如此,我们还得感谢他们留下了证据。毕竟在必须通过劳作满足自己衣食之需的大多数家庭里,女人得像男人那样辛苦、长时间地干活。在中部和南部更暖和的地方,女人被描绘为在户外干农活的形象。陆游(1125—1210)的日记记载,他注意到崇德县一带的女人,脚下一边踩着水车,手上还在捻麻线。范成大(1126—1193)的一首诗记述老太太、年轻姑娘、孩子在背上睡觉的妈妈们,采桑叶的季节刚刚过去又立刻去采茶。陈藻(13世纪)写了题为《田家妇》的一首诗,开女人的玩笑,"一田夫妇两身泥"。②

　　然而无论妇女干了多少农活,在中国学者看来她们的主要任务还是在别处。女人的工作是耗时、费工、大多数工序需要在室内完成的纺线织布。象征意义上陪伴女人的东西是布,因为自古以来对劳动性别分工简单扼要的说法就是"男耕女织"③,纺织业被视为基本的、可以与耕种相比的生产活动。就如人需要吃饭一样,他们还需要穿衣御寒。男男女女各自做好分内之事,一家人就可以丰衣足食。这个模式长期以来已成为朝廷赋税制度的依据。几个世纪以来,农户必须在秋季用谷物缴纳应缴赋税的大头,其余不小的一部分是在夏天缴纳本色布帛。朝廷就这样在鼓

---

① 舒岳祥:《阆风集》3:7,四库全书。
② 陆游:《陆放翁全集》渭南文集43:266,香港:广济书局;陈藻:《乐轩集》1:17,四库全书;丹乔二:《宋代小农民家族和女性:时代和女性》,《日本大学文学研究所纪要》1978,20:101—119。
③ 其他任何地方,并不是不常见,见威纳(Weiner)、施奈德(Schneider):《布和人类的经历》。

励每家每户织布的背后施加征税体系的威力。

宋代作者继承了长期的传统,习惯于把男人在田间种庄稼与女人在家里制造布匹相提并论。在回忆皇帝登基的文章里,司马光描述了男人不畏严寒从夏到冬的耕地、播种和收割,女人养蚕、绩麻、把线装在织布机上,丝丝缕缕地织成经纬交叉的布匹。他观察到,农户为了完税纳捐,偿还债务,得在夏秋两季加紧劳作,因而,还没等到谷物从田间运到家里,或是布匹从梭子上卸下,艰辛劳动的果实就已不再是他们自己的了。① 监管百姓投入生产、积极务农的地方官,常常提到女人的贡献。1179 年朱熹催促南康百姓努力干农活,特意号召他们植桑种麻,这样女人就可以养蚕,纺线,织麻布和丝绸。② 在一项法律判决中,胡颖(1232 年中进士)描述了典卖田地的农民如何在土地上苦苦劳作,积攒每一个钱以赎回田地:"日夜夫耕妇蚕桑,一勺之粟不敢以自饱,一缕之丝不敢以为衣……铢积寸累。"③

并不是所有的农家妇女都必须织布。气候和土质的不同使有的地方不出产布匹,而适合出产别的东西例如茶叶,专业化的茶户总可以买回他们需要的布。最穷的农户可能没有能力置备织布需要的土地和设备。种桑树的家庭要有采摘和贮藏桑叶用的梯子和篮子;养蚕和缫丝需要孵化蚕蛾的蚕室,扁平的畚箕,放置蚕箔的架子,缠线的大框子,纺锤和梭子,线轴,纺纱用的大轮纺车。如果自己织布,还要有织布机,一般是竹制的机杼和竹箔。只种麻或种苎麻、棉花的农户即便不需要生产丝绸用的那么多东

---

① 司马光:《司马文正公传家集》48：615,国学基本丛书。
② 朱熹:《朱文公文集》99：8,四部丛刊。
③《名公书判清明集》9：317,北京:中华书局,1987。

西,仍需要置办一部分纺线和织布的设备。① 每生产 5 匹麻布或苎麻布(每匹大约 0.6 米宽,12 米长),通常需用 1—3 亩耕地种植纤维植物。如果以生产同等数量的丝绸为目标,他们就得拿出大约几亩以上的土地,栽上一千株桑树。五口之家每年织 5 匹布,足够给每人做 2 套衣服,其余的用来纳捐。②

宋代农家妇女生活状况的记录非常少。但是我们可以相当肯定地说她们花了很多时间干各种活。本章将具体考察她们的纺织工作需要什么。出于两个原因我用相当多的篇幅描写工作本身。第一个原因是我们的无知。生活在 20 世纪末,我们知道一点做饭、洗衣、照管小孩意味着什么,甚至也知道什么是监管仆人或采茶;但是我们很少知道捻线、纺纱或织布,以及制作布匹过程中的每一道工序是什么样子。第二个原因,由于最终的成品很容易卖掉,换成钱,妇女的纺织工作提出了很多问题,如妇女参与商品经济,她们在家庭内部的身份、纺织方面的劳绩如何影响对妇女社会价值的更广义的评估,以及三者之间的关系是什么呢?从唐代后期到宋代,经济的商业化进程速度非常快。市场容量扩大,商品空前地多——包括大多由妇女生产出来的布帛——都卷入了市场。商业化对布匹生产组织产生了冲击,更多家庭成为特定形式的或特定工序的专业户。这些发展怎样影响了妇女?③ *134* 女人的劳动可以换来很多钱以后,她们在决定家庭财产如何使用时得到更多的权力了吗? 赚钱机会的增多使女人更自主吗?

---

① 参考王祯:《农书》16:369—431,王毓瑚校,北京:农业出版社,1981。
② 盛余韵(Sheng, Angela Yu-yun):《纺织品的使用技术和宋代乡村纺织生产的变化》。
③ 盖茨(Gates):《中国女人的商品化》。

捻线和纺线

并不是只有女人介入制作布匹的工作。男人种植纤维植物、帮女人养蚕、管理原材料及半成品和成品的买卖、加工,在更专业化的织布工序里还有更多的作为。然而,妇人和姑娘们长时间地干着单调乏味、费时费工的那些工种。作为同时种庄稼的农户的副业,织布所需要的线都是女人纺出来的。技术简单得足以使业主或承包人不必购置大的设备,不必雇工人。的确,纺线这件事由女人在自己家里用简单的设备就可以干好,何时开始,何时停工,都可以服从家里别的事的需要。

自古以来,人们日常穿的衣服都是麻布做的,粗糙的麻衣还被用来当作丧服。麻是一年生植物,中国大部分地区都可种植。麻籽可以榨油,茎皮(韧皮)会长成长长的纤维,雄性麻株的纤维比雌性的更好,因此雄株的韧皮常用来纺线织布,雌株则做麻绳、麻袋及同类产品。几乎与麻同样重要的植物是苎麻,苎麻主要生长于南方,四川和河南也有。苎麻只能用于纺织,而且不能在寒冷的北方生长。另外,它是多年生植物,一年可收获三次。苎麻纤维比麻纤维更柔软,更有光泽,特别适合做夏衣,即便在潮湿的气候里也易于晾干。一旦出售,苎麻布的价钱是麻布的好几倍。[1]

麻秆的加工须经过很多步骤。男人割下麻杆,把它们放在水里沤一天。然后,男人或女人,通常是男人,把麻皮也就是麻纤维

---

[1] 库恩(Kuhn):《纺织技术:纺纱和缫丝》,《中国科学技术史》(李约瑟主编)第 5 卷《化学及相关技术》第 9 册,30—38;周藤吉之:《宋代经济史研究》328,东京,1962。

从麻秆上剥下来①；沤麻要沤一夜，白天再洗麻、晒麻。下一步，或男或女把晒干的麻秆打软使麻皮和茎杆分开，然后把麻纤维从杆上剥下来，梳理成一把一把的。再用手把麻捋成光滑的一团，除去残留在线上的杂质，然后再次放到水里面沤，随后分成一根一根的线。下一道工序是纺线，格外费时耗工而且总由女人干：把一根根麻线的首尾接在一起用手捻，捻成长长的线（图16十分理想地表现了3位安详从容地纺线的女子）。麻线纺出来后，还要把两根线扭在一起，或拼成双线使它们结实得足够用来织麻布。苎麻的制作过程没有这么多的工序，但是要在一定的时限内完工。麻秆割下以后必须在田边地头上就把含纤维的麻纤维从茎杆上剥下来。然后沤麻，刮去外皮上的杂质，再挂起来晒干。最后由女人们把纤维一根根分开，连成长线，进行纺织，仍然得在一定期限内完工。

由于捻线的工作没有任何程度的机械化，在大量种植麻和苎麻的地区，捻麻线的活计耗费了妇女很多时间。范成大记载，苏州附近一个以产布而知名的市镇，在路上可以看见村里的女子一边走路一边捻麻线。② 比较而言，纺线的人如果有一个好一点的纺锤，工作效率要高一些。③ 宋代的很多家庭使用简单的手持纺锤。王祯的《农书》（1313）描写了一种简易纺锤，左手牵着线绕到右手拿着的纺锤上。村民发现，有了这种纺锤，可随时随地把空闲时间利用起来。④ 手持纺锤的问题不仅在于纺出来的线粗细不匀，还在于速度太慢。有人计算过，供一部踏板织布机工作一

135

136

① 见周藤吉之：《宋代经济史研究》341。
② 范成大：《吴船录》1：12，百部丛书集成。
③ 见库恩（Kuhn）：《纺织技术：纺纱和缫丝》60—236。
④ 见王祯：《农书》"图谱"20：431；库恩（Kuhn）：《纺织技术：纺纱和缫丝》76—77。

天所用掉的麻线,需要用手持纺锤纺 30—40 天。有能力多投一点资的家庭因而可以为女人购置一部纺车,如图 17 所示。这时,一位妇女拿着线团,另一位摇纺轮。效率更高的是脚踏纺车,同时有三四个纺锭在转,效率提高好几倍。[①] 为了减轻妻子和女儿的劳动,并赶上期限,中国北方一些地方有了一种明显的可能,即把捻好的线装到水力驱动的大纺车上纺。王祯临摹了一幅《大纺

图 16 纺麻线的女人们

刘松年(约 1150—1225 以后)作。台北故宫博物院:《故宫名画选萃》(VA35C),1970。

①库恩(Kuhn):《纺织技术:纺纱和缀丝》301—302。

车图》,并建议别的地方也用这种纺车。①

麻和苎麻并不是可以用来织布的唯一的植物纤维。有些豆科匍匐植物和蕉类植物的纤维也可通过特有的办法用来织。②沿中国边界地区的小族群用棉花织布已经有几个世纪了。棉花最初产于印度,从中亚、缅甸—云南两条路线传入中国。但是在宋代,棉花生产戏剧性地兴盛起来。11世纪,棉花已经种植于广东和广西,到12世纪末已达海南岛和福建。由于大幅度地向北延伸,棉株的特性已经发生了变化。生长期逐渐变短,已培植出一种一年生的、分枝少或不分枝的变种。如果不是更早,这个变化发生于13世纪。农民更容易控制一年生植物的产量,从而使植棉业的经济潜力大大增长。③

137

图 17 在纺轮上纺麻或亚麻的女工人

王居正(11世纪)作。藏于北京:故宫博物院,《中国美术·绘画篇》3:pl.19。

---

① 见王祯:《农书》"图谱"24:424—425。

② 见库恩(Kuhn):《纺织技术:纺纱和缫丝》39—57。

③ 赵冈(Kang,Chao.):《中国棉纺织生产的发展》4—13;漆侠(此处原著为"夏鼐"):《宋代经济史》2卷,139—145,上海:上海人民出版社,1987;刘咸(Liu Hsien)、陈渭坤(Ch'en Wei-k'un):《中国植棉史考略》,《中国农史》1987,1:35。

棉花不是麻和苎麻那样的韧皮纤维植物,而是种子纤维植物。在被纺成线以前,必须先用大叉子把棉朵打松,在阳光下晒干,把棉籽从纤维里轧出来,用丝线弓子把棉朵弹得起毛、蓬松,然后再把棉团拉直,分成长短均匀、重量相同的棉条。① 棉花有好几种吸引人的特点:它是极好的做冬装和被子的保暖填充物,像丝绵那么好但比丝绵便宜。织成布以后,棉布比麻布或苎麻布既轻又暖。而且,棉布柔软、舒适。1313 年,王祯说明了种棉花的好处:"且比之桑蚕,无采养之劳,有必收之效。埒之枲苎,免绩缉之工,得御寒之益。"②它没有很快在中国推广的原因似乎是适合中原地区的品种出现得比较慢,脱籽比较难。

到宋代末年,棉花的种植在福建已经变为非常重要的行业。谢枋得(1226—1289)在一首诗里感谢有人送他棉衣做礼物,说福建是一块福地,因为棉花在那儿生长得好,八口之家的农户种一千株棉花就可不再害怕贫穷。③ 宋朝末年,朝廷在江南一带征收棉花充当布税。④

棉花脱籽技术的改进刺激了棉花种植的推广。王祯记载,在他的时代,用弓子各从对面轧的旧式的、令人不满的老方法被用滚轴制成的脱籽机取代。⑤ 一个女人,黄道婆,把当时最先进的棉花加工技术带到江南地区,这个传说流行已久。按照陶宗仪(创作活跃期 1300—1368)的记录,土壤贫瘠的松江(江苏)某村,到 13 世纪末棉花已成为主要作物,种棉者用手轧棉籽。黄道婆

---

① 见库恩(Kuhn):《纺织技术:纺纱和缀丝》188—196。
② 见王祯:《农书》"图谱"19:414。
③ 田汝康(Tieh Ju-k'ang):《男人的焦虑和女人的慈善:明清时期伦理价值观比较研究》3:1。
④《大元圣政国朝典章》24:2(1307)。
⑤ 见王祯:《农书》"图谱"19:415。

从海南岛来到那里,带来更好的纺纱、织布设备,同时还引进了轧棉籽技术;她就这样改进了地方经济。陶宗仪写道,人们修建了黄道婆祠纪念她。[①] 换句话说,在社会性别十分明确的纺织业领域,女人的创举可以使她成为女英杰。

纺棉花比纺麻或苎麻更容易,不必在纺线以前把棉线接成长线,现在只要抽出等量的短的棉纤维,絮成粗细均匀的棉条,就可捻成粗细均匀的细棉线。王祯画图显示了女人用的纺车,与纺麻和苎麻的纺车差不多。[②]

养 蚕 和 缫 丝

当女人们纺麻线、苎麻线、棉线时,她们实际在做着本质上属于功利主义性质的日常工作。更浪漫、奇迹般的工作是养蚕。奇妙的小小的蠕虫每天吃掉大量桑叶,而且,如果喂养得当的话,它们会吐出精致而又非常结实的长达成百上千米的丝线,蚕丝可以做成最柔软、最轻、最光滑的丝制品。

自古以来中国就出产生丝,而且技术不断改进。有些学者认为宋代的造丝技术已经达到中国前所未有的最高水平。[③] 丝可以纺成不同粗细的丝线;可以染成各种各样的颜色;织布工人可以把它们织成不同颜色、不同质地的丝织品,轻薄的绫罗,光鲜的绸缎,厚重的斜纹布和彩色的、工艺复杂的锦缎,更不必说本色的平纹绸布。

制丝业需要大笔投资,包括种桑树,购买养蚕、缫丝、纺线、织

---

① 陶宗仪:《辍耕录》24:354,丛书集成。
② 见王祯:《农书》"图谱"19:417。
③ 见库恩(Kuhn):《纺织技术:纺纱和缫丝》385—387。

139　绸用的各种设备。宋元时期的农书用很多篇幅描述丝的生产,特别是陈旉的《农书》(1149),无名氏的《农桑辑要》(1273)和王祯的《农书》(1313)。① 让桑树长出正好需要的桑叶,是一门科学。但是大部分工作由男人做。到了采桑叶的时候,无可置疑,总要女人来帮忙。诗人戴复古(1169—1246 以后)以女子的口吻,描写了那种景象:

> 妾本秦氏女,今春嫁王郎。
>
> 夫家重蚕事,出采陌上桑。
>
> 低枝采易残,高枝手难扳。
>
> 踏踏竹梯登树杪,心思蚕多苦叶少。
>
> 举头桑枝挂鬓唇,转身桑枝勾破裙。辛苦事蚕桑。②

王祯在《农书》里画了一个男人站在梯子上采桑叶,但是画面上还有一个女人站在高凳子上摘桑叶。③

在北方,一年只能养一次蚕,最忙的季节是春天。南方春天就更忙,更需要人手。蚕卵可以安全越冬。桑叶吐芽时,粘在纸上的蚕卵被放到暖和的地方,直到浅黄色的蚕卵变成绿色,幼蚕孵出来。刚孵化的小蚕必须马上转移到扁平的浅箔里分散开,让它们有足够的空间可以长大。浅箔必须放在专门的蚕室里,这样才有利于让蚕得到细心的照料,并且可以升火炉保持室温。第二个月的小蚕必须小心对待,一天要喂五六次切碎的桑叶,并谨防蚕受冻。这段时间蚕会"睡"(实际是"蜕")3 次,重量变成原来的

---

① 陈旉:《农书》3,百部丛书集成;《农桑辑要》3:31—4:72,(元代无名氏)丛书集成;王祯:《农书》"图谱"16:369—19:414;盛余韵(Sheng, Angela Yu-yun):《纺织品的使用技术和宋代乡村纺织生产的变化》8—10。

② 戴复古:《石屏诗集》1:2,四部丛刊续编。

③ 王祯:《农书》"图谱"17:395—396。

1 000 倍，每只蚕大约重 4 克。

蚕作茧时必须喂养好，特别在最后迅速生长的几天里。每天喂食次数增加到 10 次，其中几次是在夜里。陈旉提醒，桑叶放到扁平浅箔里以前一定要晒干，否则湿叶子在暖和的蚕室里会形成"蒸"蚕的效果。① 如果一切顺利，蚕在几天之内结成茧。蚕茧一旦破开，必须立刻行动，否则蚕蛹一旦彻底变成蚕蛾，蚕茧就毁了。如果家庭养的蚕不多，可以在蚕蛹还活着的时候把蚕丝缫出来。如果没有足够的劳动力同时对付那么多迅速破茧的蚕蛹，或者还得等着去借或租缫丝的设备，就得把蚕蛹杀死在茧里。一般用"蒸"的办法杀死它们，或者把它们卷裹起来压在一起，让它们窒息而死。②

缫丝意味着在蚕茧上挑起丝的一端，同时要把几根丝扭在一起形成一根牢固得足可纺、织的丝线。蚕茧必须放在一盆水里，得让茧在水里能活动开。缫丝的工具可以非常简单，但是秦观（1049—1100）《蚕书》里的一幅画画了一套很复杂的、可以让一个人同时挑起两根丝的缫丝设备。③ 这类缫丝工具时不时出现在绘画里。如图 18。缫好的丝在织以前，仍有必要用纺轮把几股丝扭在一起，并把一些线纺成经线。

蚕是出了名的多变动物。有的年头所有的蚕子都孵化成小蚕，结出的好茧多得不得了；有的年头又让人失望。妇女们在体力和感情两方面投入精力，试图让蚕宝宝保持着好脾气。她们还希望蚕神站在她们一边。秦观在《蚕书》里把祈求蚕神视为养蚕

140

---

① 陈旉：《农书》3：7—8，百部丛书集成。
② 见库恩（Kuhn）：《纺织技术：纺纱和缫丝》336—345。
③ 秦观：《蚕书》2—3，百部丛书集成。见库恩（Kuhn）：《纺织技术：纺纱和缫丝》354—364。

图 18　缲丝的女子

　　梁楷(约 1200 前后)作于 13 世纪,《耕织图》(局部)。美国克利夫兰艺术博物馆
(77.5,第三部分)。

过程里必不可少的步骤之一。王祯与他以后作者的著作里都有
女蚕神的画像。① 洪迈讲了一个养蚕缲丝之家的故事:这家人一
年一般养 100 箔桑蚕,这使他们成为颇具规模的生产者。三年里
他家的蚕每年结三次多得出奇的茧。但是后来的一年,无论春天
和秋天,一箔一箔的蚕一个茧也没结,以后两年仍然如此。他们
把运气的改变归结为第一年养过的那只超常大的蚕。妻子觉得
这是一个吉兆,特意仔细地照看着那只蚕所在的浅箔并把它供在
佛像前边。当这只箔里的蚕长得看起来达到极致时,这家人把它

_____

① 见秦观:《蚕书》3;王祯:《农书》"图谱"16：369—374;库恩(Kuhn):《纺织技术:纺
　纱和缀丝》247—272。

葬在桑树下。① 说起来也怪,大概是在暗示,那箔神妙的蚕回报了她们的虔诚,赐给他家三年好收成,但是后来似乎又不灵了。

人们有时不由自主地违背了桑和蚕的恰当比例,这时采取的措施多半最好地证明了他们对蚕的焦虑。洪迈记录了一个颇有启示的故事:

南 昌 胡 氏 蚕

淳熙十四年,预章蚕顿盛,桑叶价值过常时数十倍。民以多为忧,至举家哭于蚕室,命僧诵经而送诸江。富家或用大板浮籧其上,旁置缗钱而书标云:"下流善友,若饶于桑者,愿奉此钱以偿,乞为育此蚕,期无愧于天地。"他不得已而辇弃者,皆蹙额起不忍心。独南昌县忠孝乡民胡二,桑叶有余,足以供喂养,志于鬻叶以规厚利,与妻议,欲瘗蚕,妻非之,胡不顾,唤厥子携钽,斸桑下为穴,悉窨之,且约迟明采叶入市。自以为得策,饮酒醉寝。三更后,闻床壁喷喷声,谓有盗,举火就视,盖蚕也。以帚扫去之,随扫随布,竟夕扰扰,一家骇惧,妻尤责言曩怨。胡愈愤怒,决意屏涤尽,明日昏时乃定,殊不自悔,但恨失一日摘鬻之利。俄又闻喷喷,胡呼曰:"莫是个怪物又来也?"亟起明灯,足才下地,觉为虫所啮,大叫称痛。其子继起,亦如之。妻急奔视,则满榻上下蜈蚣无数。父子宛转痛楚,数日,胡二死,蜈蚣悉不见,子幸无他。而外间人家,蚕已作茧,胡桑叶盈园,不得一钱也。②

看来蚕很能报复那些对它们不公的人。

141

142

① 洪迈:《夷坚志》支丁 7:1023,北京:中华书局,1981。
② 洪迈:《夷坚志》支景 7:935。

织布、染布和整布

　　写了这么多,我还只讨论了纺线。线纺出来以后,在变成可以做衣服的布以前,女人们还得干很多活。一般要把麻线、苎麻线和棉线弄成粗细相同的经线和纬线,织成简单的平纹布。她们都用自家的织布机,织布机的大小、复杂程度和效率十分不同。周去非(1178 年以后去世)记载,在桂林(广西),人们用绕在腰间的简易织布机织苎麻布,一边织一边还干些零星杂活。[①] 这种相对原始的背带式织布机大概自商朝以来就有,[②]可以织非常简单的纺织品,也可织花色品种复杂的毯子,因此产品的价值很高。在中国其他地区,更大的立式织布机已存在了几个世纪,因此更常见。最好的是脚踏织布机,可以织得更快,因为人们可用脚提起经线,腾出双手来来回回迅速地穿梭。自汉代以来就有人用脚踏织布机织绸布,到宋代还用它们织更实用的纺织品。安装脚踏织布机是很费力的事,至少要两个人,才能让经线被引导着穿过一个必须穿过的综眼小孔。

　　诗人文同(1018—1079)塑造了一个为了家庭的绢纳不停地在脚踏织布机上劳作的女性形象:

> 掷梭两手倦,踏桵双足胼。
>
> 三日不住织,一匹才可剪。
>
> 织处畏风日,剪时谨刀尺。

---

① 周去非:《岭外代答》6：64,丛书集成。
② 见库恩(Kuhn):《纺织技术:纺纱和缀丝》1。

皆言边幅好,自爱经纬密。①

一部织布机占据的空间相当大,如这首诗所示,很多农户把它放在院子里,不足为奇。

普通农户用脚踏织布机可以很容易地织出本色绸布。由于丝线非常纤细,织绸子用的时间比织麻或苎麻布多得多。更有甚者,用很多丝织出特殊的纺织品,包括绫、罗、绸、缎、织锦缎等等。一位织工织一匹大约长 12 米的纱,朝廷提出的期限是 12 天。②更精密的纺织品需要更好的设备和熟练的织工。织那种纹路复杂、多种颜色交织的锦缎,织以前要把丝线分别染上颜色,然后再分别缠在大梭子上。这时最好用提花织布机,一种整体框架很高的机子,织工引导着坐在架子高处的小孩子提起特定的那根经线。这样织丝绸是一门专门的手艺,织工一般是男的。但是女人也能学会。一组描绘桑蚕纺织业全过程的宋末绘画,其中之一画着一个女人在小孩的配合下在提花织布机上操作(图 19)。

织好的苎麻布、麻布、棉布不需要再经过很多加工。干活的男人穿的衣服不需要染色,绘画里干活的男人经常穿着灰白色的本色衣服,与节俭的原则保持一致。③ 他们的衣服大概都是用家庭手工纺织的布做的,可能经过简单的漂白,在阳光下晒一晒。一位诗人提到木船上织白色苎麻布的姑娘(我推测她们也住在船上),后来把麻布铺在阳光照耀的河岸上进行漂白。④ 石灰水或某种灰也以能漂白苎麻而知名。⑤ 女人的衣服常常染过颜色——

① 文同:《丹渊集》3:12,四部丛刊。
② 庐宪:《嘉定镇江志》12:13,宋元地方志丛书,台北:国泰文华实业重印。
③ 这些规定,见盛余韵(Sheng, Angela Yu-yun):《纺织品的使用技术和宋代乡村纺织生产的变化》119—121。
④ 王庭珪:《庐溪文集》7:2,四库全书。
⑤ 见王祯:《农书》"图谱"20:427—428;周去非:《岭外代答》6:64。

144

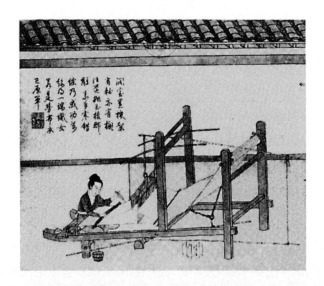

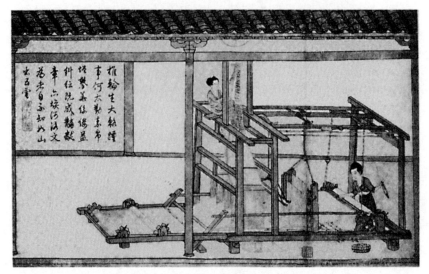

图 19　在脚踏织机和牵引织机上织布的妇女

　　程棨 13 世纪手卷,临摹自楼璹(1090—1162)《耕织图》,描绘了丝绸生产的步骤。华盛顿特区,史密森学会,弗里尔艺术画廊(54.20)。

或至少诗人和画家愿意把她们的衣服画成有颜色的。

可以在家里染布。已知宋代有很多种矿物和植物染料。农书介绍了怎样种最常见的植物染料,比如靛蓝和"红花"。[①] 一旦准备染布,就可以染很多已纺好的线和织好的布块,一次可以染一个家庭几个月纺织的线和布。所以在人口稠密地区,染布店或公共染缸给织户提供了便利。在大城市的染布店染绸布肯定比较可靠。金华(浙江)的一家染布店有几百个用红花染布的染缸,可以同时用手工染几百匹绫绢,缸里面添加了一千多磅紫色植物染料。洛阳的一位染工因为能按照复杂的设计要求染出多种颜色而广为人知。[②]

商品化的布匹生产

唐末和宋代的经济发展如此具有戏剧性,以至于常被称为"革命"。劳动的性别分工在那种形势下不可能保持完全不变。城市给妇女提供了新的赚钱机会;比如说寡妇当小旅店主并不是很少见的。[③] 纺织品生产的扩张和商业化使手头拮据的家庭更容易求助于妻子、女儿来筹集资金。与此同时,商品化生产通过催生男性高级织工而改变了行之已久的性别分工原则。

市场对初级产品如线和布的需要不断扩大,塑造了纺织品生产中女工这个类型。没有一个家庭只为穿衣而织布,也没有一个

---

① 《农桑辑要》6:111—112,(元代无名氏),丛书集成。

② 朱熹:《朱文公文集》18:24,四部丛刊;孟元老:《东京梦华录外四种·东京梦华录》3:19,上海:中华书局,1962;吴自牧:《东京梦华录外四种·梦粱录》18:282;参考吴淑生、田自秉:《中国染织史》198—200,上海:上海人民出版社,1986;李仁溥:《中国古代纺织史稿》132—133,长沙:岳麓书社,1983。

③ 见全汉升:《宋代女子职业与生计》"食货",1935,1,9:5—10。

从事纺织生产的家庭包揽所有的工序。家庭可以集中力量干自己最擅长、效率最高的那道工序,在地方市场或流动商贩那里卖掉多余的产品。①

布匹的市场非常大。朝廷需要麻布和苎麻布为士兵做军装,需要丝绸发给官员当官俸,还得交给契丹人、女真人做赔偿。②北宋时期,赋税收入里有将近 50 万匹麻布和苎麻布,其中来自两个路的占总数的一多半:"河东路,151 116 匹","广南西路,10 5647 匹"。③ 收上来的更多的是各种丝绸——几乎有三百万匹本色绸布,数十万匹绫绡,成千上万匹特种织物、锦缎。④ 按定额收集到的布匹有相当多的部分是从商人手里买来的,商人收购了专业户的产品,然后卖给必须用纺织品纳捐的人家;朝廷允许以钱抵税时,也可直接把绸缎卖给朝廷。朝廷也直接收购生产者手里的布匹,然后单方面定价,压低价格,从而给织户增加负担,迫使他们以低于市场价的价格卖掉产品。⑤ 由于商人愿预付资金,家庭可以投入更多精力专做纺织。洪迈讲了江西抚州一位平民的故事,他以买卖麻布、苎麻布为业。每年年初他都在州内到处转,通过经纪人把钱借给织户,6—8 个月以后,亲自上门讨回借款。他的一个经纪人从他手里拿到 500 贯钱,建成一个纺织品货栈,把几千段布料存进去。⑥ 这类事先拿到钱的家庭可以不卖掉韧皮或纺好的线,尽管这些初级产品也有市场,但是他们可以干下

---

① 参考柳田节子:《宋代养蚕农家的经营——以江南为核心》,"和田博士古希纪念东洋史论丛",东京,古典社,1960。
② 参考盛余韵(Sheng, Angela Yu-yun):《纺织品的使用技术和宋代乡村纺织生产的变化》71—113。
③ 见周藤吉之:《宋代经济史研究》331—332。
④ 斯波义信:《宋代商业史研究》274—276,东京,1968。
⑤ 见周藤吉之:《宋代经济史研究》345—347。
⑥ 洪迈:《夷坚志》支癸 5:1254。

一道工序,直到织成成品布。

棉花多半从一开始就是经常被买卖的产品。中国北方冬天必须穿棉衣,需要的棉花肯定多于出产的棉花。有的地方可以种棉,但不擅加工,不能完成纺织的全过程,因为缺少温度和湿度,不利于纺纱织布。因此得把原棉运到适合纺织的地方,而成品布则运到市场需求高的地方。

丝绸与市场的联系甚深。把做丝绸当作副业的农户可以买进桑叶和养蚕用的工具、设备;可以卖掉蚕茧、缫好的丝或成品丝绸。生产的丝绸比纳捐和自己穿、用的多时,丝绸就成为农户换钱的手段。一段本色丝绸,1066 年的卖价可达 1 500 个铜钱,当时大概可以买到够一个成年人吃两个月的稻米。[1] 需求刺激了生产,于是在大城市,大量各种不同类型的丝绸都待价而沽。[2]

商品化导致生产丝绸的专业户增多。这包括养蚕和偶尔也做丝织品的农户,还包括买缫好的丝用来织各种绚丽多彩的绸布的城市居民。在吴兴的山村,一部地方志记载,富户可以养几百箔桑蚕并雇工织布。浙江金华县城的很多居民以织布为生——生产得如此之多,以至于他们号称"衣被天下"。洪迈记录的一则故事中,一位男子自我介绍时说"吾乃润州范公桥织罗张八叔也"。[3] 陈旉在他的农书里解说,一个家庭只养 10 箔这样少的桑蚕就可养活自己,"十口之家养蚕十箔,每箔得茧一十二斤,每一斤取丝一两三分,每五两丝织小绢一匹,每一匹绢易米一硕四

① 徐松:《宋会要辑稿》"食货"64:25,北京:中华书局,1957。见盛余韵(Sheng,Angela Yu-yun):《纺织品的使用技术和宋代乡村纺织生产的变化》142—145。
② 张学舒:《两宋民间丝织业的发展》,《中国史研究》,1983,1,110—125;李仁溥《中国古代纺织史稿》129—132;斯波义信:《宋代商业史研究》278—285。
③ 谈钥:《吴兴志》20:5,宋元地方志丛书,台北:国泰文华实业,1980 年重印;刘敞:《公是集》51:621,丛书集成;洪迈:《夷坚志》乙 17:325。

斗"。但是丝绸专业户,无可置疑,显然常常从公开的市场上买进全部或一部分桑叶,这就使他们不得不依赖市场价,并且当桑叶价格飞涨时会面临一些问题。①

并不是所有养蚕的农户都干织丝绸的活计。有的家庭缫好丝以后立刻把它们卖掉,因为他们也许没有钱买精致、复杂的织布机。范成大描写了一位忙于煮茧、缫丝的农家妇女,缫丝时的噪音像暴风雨的声音那么大,蚕茧似乎在没完没了地生出丝线。由于他们自己无力把蚕丝织成绸缎,就在第二天把蚕丝拿到市场去卖掉。②

朝廷的诏令经常提到"机户",大多数机户都因干这一行而居于优势,无论养蚕兼织布或只织布的,都是如此。朝廷对机户很感兴趣,因为可以征收相当高的捐税,一般是让他们上缴各种不同类型的优质绸缎。比如张逸记载,1036 年,梓州(四川)的几千家机户必须把产品的 2/3 交给朝廷。在成都,机户曾经不能满足朝廷的要求,这时候就派 80 名士兵帮他们织布。③ 没有找到更有力的证据说明他们雇用了家庭成员以外的工人为他们干活,因而成为纺织作坊;相反,机户似乎只是家庭企业。宋代纺织专业户数量的增多削弱了妇女和布匹生产的联系。纺织产品的很大一部分,至少是精致复杂的纺织品的制作,如今已由专业化的男性工匠承担,大多得到家庭内部女性成员的协助。④

---

① 见陈旉:《农书》3:4;盛余韵(Sheng, Angela Yu-yun):《纺织品的使用技术和宋代乡村纺织生产的变化》150。
② 范成大:《石湖居士诗集》3:34,国学基本丛书;柳无忌、罗郁正(Liu, Wu-chi, and Irving Yucheng Lo)编:《葵晔集:中国诗歌三千年》387—388。
③ 见张学舒:《两宋民间丝织业的发展》;徐松:《宋会要辑稿》"食货"64:23,64:25;李仁溥:《中国古代纺织史稿》123—124。
④ 见张学舒:《两宋民间丝织业的发展》。

在以缫丝织绸为主要谋生手段的家庭里,男人和女人无疑都分担了工作。一幅临摹 12 世纪绘画的作品画了养蚕业的 24 个步骤,画面上有 42 个女人,24 个男人,3 个男孩,5 个女孩,2 个婴儿。婴儿的在场表明丝织活可以掺在其他家务活如看小孩中间一块儿干。大一点的孩子无论如何也是个帮手。表现最后工序的画面上,一个男孩坐在手工提花织布机的顶端,提起坐在下边的女织工指定的经线,这是织锦缎时必不可少的一种技术。男孩可能是家里的儿子,或仆人的儿子,也许是学徒。(稍后时代的画面[见图 19],坐在上边的孩子像个女孩。)画面上的男人照管桑树,采桑叶,搬运工具,升火炉,装蚕山,把蚕茧存在缸里,向蚕神祈祷。女人在桑蚕业里似乎专门照料蚕宝宝,其中有两位照看着蚕箔。只有一幅画面出现了 4 位以上的一组人:蚕旁边的女人正准备挑丝,另外的 3 男 2 女正忙着装蚕山。①

即便在男人采桑叶、搬弄工具时由女人照看着桑蚕,财务多半仍由男人决定。至少洪迈记录的两个养蚕家庭面临高价桑叶时的故事有这种含义,其中之一已记述于上文。两个事例都写到男人曾与妻子商量,但又不听她们的劝告。上文叙述的故事里,妻子责备了丈夫;另一个故事,男人要倒掉蚕时,妻子和儿媳一致

---

① 林桂英:《我国最早记录蚕织生产技术和以劳动妇女为主角的画卷》,《农业考古》1986,1:341—344,395;林桂英、刘锋彤:《宋〈蚕织图〉卷初探》,《文物》1984,10:31—39;赵丰:《〈蚕织图〉的版本及所见南宋蚕织技术》,《农业考古》1986,1:345—359。比宋代稍后一点,线条更流畅而且起源相同、复制得更清晰的一幅画可见于日本学者铃木(Suzuki;Kei):《易于理解的、图解性质的中国绘画目录》1:228—229,东京:东京大学出版社,1982。宋代稍后的图中没有小婴儿。这幅画还见于李约瑟和王铃(Needham,Joseph,and Wang Ling):《中国科学技术史》第 2 卷《物理和物理技术》第 2 部分"机械工程"166—169;何惠鉴(Ho)等:《八个朝代的中国绘画:尼尔森博物馆的藏品——阿特金斯博物馆、堪萨斯城、克利夫兰艺术博物馆》78—80;劳顿(Lawton):《中国人物画》54—57。

协力抢救出第二年用的蚕卵。①

　　并不是每一个参与纺织品生产的女人都在家长的监督之下劳作。单独一个女人可以在别人家里当纺纱工或织布工,就像做厨娘,女裁缝,或洗锅洗碗的女仆一样。洪迈提到一位 60 岁的寡妇,儿子们都死于瘟疫,儿媳都再嫁了,只给她留下一个 8 岁的孙子。她每天到别人家纺线织布,然后回家与孙子一起吃饭。(她只在一家干,还是四处打短工,不太清楚。)②宋代唯一在大型纺织场里干活的女性是那些官府作坊里的女工,她们在那儿的劳动至少一部分是强制性的;981 年,朝廷取缔了湖州的织布场,20 名男工被送到京城,58 名女工被遣散。③

　　宋代和过去的时代一样,如果寡妇需要养活自己和家庭,最好的办法,就是干捻线、纺、织等活计。④ 社会对这种劳动的认可无疑与女人的特性(那是女人干的活)和她们的位置在家庭以内有关(干这些活不需要过多地接触男人)。随着线和绸布等纺织品市场的扩大,在宋代,靠干这些活计养活自己或家人变得比较容易。陈堂前结婚不到两年丈夫就死了,她说她不再嫁了,代之以养蚕、纺织来养活小婴儿和公婆。周氏(1113—1174)带着 5 个不大的孩子寡居,养蚕,捻麻线,纺麻线,还织麻布,每天孩子们还没起床她就开始干活,一天到晚不休息。甚至官员的孀妇据说也要干这些活以便不使家人分离。陈氏(1016—1089)的丈夫于1059 年死在任上,远离老家,孩子又小,幸亏她会纺线,才渡过难

---

① 洪迈:《夷坚志》丁 7:590。
② 洪迈:《夷坚志》补 4:1580。
③《宋会要辑稿》"食货"64:17。
④ 如脱脱:《宋史》437:12951,北京,中华书局,1977。

关。① 当然,女人并不是必须成了寡妇后才需要自己养自己。一个寄养在另一个家庭里的妓女的女儿不愿服从母命继承母职,反而告诉母亲自己可以干纺织活养活她,声明自己掌握了专门技术。应当注意,那些没有专门技能的人,不能指望得到高收入。一个被丈夫遗弃的农民的女儿,为了得到工钱当了织工,但是收入少得只够买自己和婆婆最低限度的生活必需品。②

＊ ＊ ＊

在后工业时代,我们倾向于视纺织业为可与造纸业、制陶业相比的工业或工艺。相比之下,传统中国的纺织业却是十足的农业活动。农户养牲畜,种庄稼,多数产品都需要进一步加工以便充分利用:谷物需要去壳,如果用面粉做面条,还得磨面;蔬菜需要晒干或醃渍以便保存;豆子需要发酵做成调味酱。种纤维植物和养蚕结茧的全部工序可能更耗工费时,但是与种庄稼没有多少基本的不同。整日绩麻、纺线的女性是农妇而不是工匠。

宋代妇女的织布工作发生了缓慢但稳定的变化。受成熟的市场对各种纺织品的需要的刺激,生产者持续地改造设备,发明更好的纺车、缫丝机和织布机。由于妇女积极地充当纺线工、缫丝工和织布工,她们无疑非常珍视技术上的改进,并且大概经常由她们自己提出改造工具和工艺的建议。宋朝时代,织一种绸布或另一种绸布获得的利润不一样,农夫的妻子和女儿常常把原来的产品更新为另一种。③ 当然,由于棉花日益广为人知,适用的

149

---

① 《宋史》460:13485;吕祖谦:《东莱集》11:2,四库全书;苏颂:《苏魏公文集》62:955,北京,中华书局,1988。
② 《宋史》460:13479;李元纲:《厚德录》2:6,笔记小说大观。
③ 见盛余韵(Sheng, Angela Yu-yun):《纺织品的使用技术和宋代乡村纺织生产的变化》。

轧棉籽机已发明出来,更多的家庭种起了棉花。男人在市场上比妻子更活跃,但是女人可能更有资格决定做哪种产品可获取更多利润。

宋代经济的商品化意味着家庭可以看到妇女纺织劳动的货币价值:11 世纪中期,一匹成品苎麻布值 500—700 个铜钱,一匹本色丝绸值 1 500 个铜钱。这些赚钱机会使女人在家庭的地位有任何方式的提高吗?她们得到更多的权力或自治权了吗?我看支持正面答案的证据很少。首先,纺织品生产完全是家庭事务。没有更多的理由说卖布所得的钱较多地来源于女人干的纺织活而较少来源于男人在麻田里锄草、剥麻皮。工作由全家人在家长的统一指挥下干,任何收入都是全家的收入。

如果在卖掉纺织品的过程里女人感到实现了更多自我价值的话,似乎没有文学作品注意到这一点。对于女人,市场因素更多地渗进家庭纺织品生产仅仅使她们生活得更艰难。代替担忧织妇变得过分自治,文人们更倾向于同情她们必须干得很辛苦而报酬却很少。文同(1018—1079)写了一首诗,表现织妇为减少家庭的捐纳负担而忍受的艰辛。他描写了织女的疲惫不堪,又讲到官员拒收刚织好的布时她的辛酸:

父母抱归舍,抛向中门下。

相看各无语,泪迸若倾泻。

质钱解衣服,买丝添上轴。

不敢辄下机,连宵停火烛。

当须了租赋,岂暇恤襦袴?

前知寒切骨,甘心肩骭露。

里胥踞门限,叫骂嗔纳晚。

150

安得织妇心,变作监官眼?①

文同的同时代人徐积(1028—1103)作了题为《织女》的诗,描写女人立即卖掉刚刚织好的布,再买回更多的丝线,织更多的布:

此身非不爱罗衣,月晓寒霜不下机。

织得罗成还不著,卖钱买得素丝归。②

两个世纪以后,文珦(1210—1276 年以后)吟诗抨击对养蚕女的盘剥:

吴侬三月春尽时,蚕已三眠蚕正饥。

家贫无钱买桑喂,奈何饥蚕不生丝。

妇姑携篮自相语,谁知我侬心里苦?

姑年二十无嫁衣,官中催税声如虎。

无衣衣姑犹可缓,无绢纳官当破产。

邻家破产已流离,颓垣废井行人悲。③

文珦的同代人陈允平用询问一位熟练女织工的劳动做一首诗的结尾。女子答道:

……

七日收得茧百斤,十日缲成丝两束。

一丝一线工,织成罗与縠。

百人共辛勤,一人衣不足。

诗人以描写女子的感情作为结束:

151

---

① 见文同:《丹渊集》3：12。
② 徐积:《节孝集》25：9,四库全书。
③ 文珦:《潜山集》5：8,四库全书。

举头忽见桑叶黄，低头垂泪羞布裳。①

从这位女子的诗我们看到，女人控诉的是官府收税人，不是社会性别的不平等或与家庭体系有关的任何事。诗人通过描写女性受害者，为对官府压榨穷人的抗议增添了几丝哀婉。

---

① 陈允平：《西麓诗薰》19—20，四库全书。

第八章　夫妻关系

　　闺训著作描写的夫妻关系看起来毫无问题:是那种因妻子愿意服从而维系的等级关系。《女孝经》用班昭的口吻回答学生提的丈夫的重要性问题:"夫者,天也,可不务也?"①两位宋代画家用描绘妻子在丈夫面前的低姿态表现了这种情形。第一幅画面,她跪在他面前,献上食物;②另一幅画中(图20)她微微颔首,好像在等待他的指教。

　　但是其他的宋代史料很有说服力地证明,"服从"远远不是形容夫妻关系的唯一要素。爱情、感情、仇恨、苦涩、不满和嫉妒都被列为婚姻关系里常见的因素。不幸的是,很少有丈夫或妻子记述自己的婚姻生活;第一手资料极为少见。此外,宋代上层社会的男子不向朋友介绍自己年轻的妻子,也不过多谈论她们。即便与妻子两情相悦,男人也会因公开自己的感情而窘迫。诗人写别离诗表达离开兄弟或朋友后的悲伤,并把诗辞示以他人。他们甚至与别人分享与妓女分离后写的诗,却从不把与妻子分别后写的诗(甚至也许从来不写)给别人看。妻子去世后,男人即令怀着可以告慰的心情描写她对父母是尽责的儿媳,家务方面是胜任其职

---

① 陈梦雷编:《古今图书集成》395:11。
② 见默里(Murray):《训诫女人的艺术:〈女孝经〉》125。

图 20　向丈夫表示尊敬的女人

马和之 (12 世纪) 作,《女孝经图》手卷 (局部)。台北故宫博物院:《故宫名画选萃》 (SH 35) , 1970。

的管家,对孩子来说是慈爱的母亲,却不写她是他生命中的最爱或遇到困难时最强有力的盟友。他可能会写诗表达自己的悲痛,但是这些诗词通常会更多地关注他在丧妻后的情感反应,而不是他们共处的时光。

　　宋代的夫妇肯定像其他任何地方一样各不相同,有的深情相爱,有的只不过在互相容忍。历史上任何一对特定夫妇的历史,

153

如果多多少少能再现的话,必定会表现出他们最大和最小限度上的互相迁就对方;那就是说,夫妇关系并不自动按照道德训诫、阶级地位或年龄而生成,而是形成于宣传和接受的过程中,每个组合都在这个过程里从储备的意象和观念里提取资源,为共同生活奠定基调。由于夫妇关系在理解婚姻时处在如此中心的位置,本章将试图从能找到的贫瘠的史料中剔出反映夫妇创造共同生活的那些信息。

154

人口统计的线索

宋代夫妇的生命周期统计数据提供了一点认识夫妇生活的线索。至少在上层阶级当中,大多数男女都在很年轻时就结婚;正如第三章讨论的,我的样本里将近 90％的女人和 60％的男人 22 岁以前就结了婚。这么年轻就结婚似乎增加了他们感受彼此间强烈的性吸引的机会,因为双方都处在由荷尔蒙引起的生理和情感发生各种变化的年龄。女人经常比丈夫小两三岁,但不都是。我研究的个案里,大约 1/4 的妻子比男人年龄大,7％的妻子大 3 岁或更多——这些数字与对后期富裕人家的研究结果并不矛盾。① 然而,更常见的是丈夫比妻子年龄大得多:31％的案例中,丈夫比妻子大 5 岁或更多;足足有 12％的男子比妻子大 10 岁或更多——尽管双方都是初婚(见表 2)。

---

① 刘翠溶(Liu):《浙江萧山两个中国家族的人口统计,1650—1850》26;卡蒂尔(Cartier):《明代中国的人口统计》1345;萨(Sa):《1945 年以前台北市台湾人之间的婚姻》298。

表 2　夫 妻 年 龄 差

丈夫大于妻子的年岁*	占总数的百分比
−4,−3	7
−2,−1	12
0	8
1,2	17
3,4	19
5,6	10
7,8	6
9,10	6
11,12	4
13 或更多	4

＊负数表示妻子比丈夫大

年龄差异必不可免地影响夫妇关系。与丈夫同岁或比他大的妻子即便在十几岁时就出嫁,也会想方设法避免被他钳制,至少会尽量减少被钳制。然而 17 岁的女孩子和 25 岁左右的男子结婚,无论如何,他会认为她是个孩子,相应地会像对孩子一样对待她。但这仅仅是臆测。宋代文人并不认为年龄差有多大意义。妻子们的传记表明,即使她们比丈夫大,也不就因此受到尊重,另外,比丈夫年轻许多的妻子也证明了她们是胜任的管家。

夫妻关系的另一种人口统计线索是一对夫妇生了几个孩子。早在十几岁时就由父母亲安排婚事并未阻碍夫妻们使性和谐程度达到足以生育很多孩子。我论及的夫妇一般都有 4、5、6 或 7个足够大并被记录下来的孩子,尽管有些是妾而不是妻生的。

夫妇之间如何看待对方,一定受婚姻延续期的长短的影响。多数婚姻始于配偶非常年轻的时候,但不一定能持续到双方都变老。除了少数以离婚告终的以外,一般都延续到一方死亡时,而死亡的事时有发生。在我研究的夫妻当中,2％的男人、10％的女人死于 30 岁以前,4％的男人和 10％的女人死于 30—40 岁,另外 16％的男人和 13％的女人死于 40—50 岁。因而,虽说婚姻延续期平均为 25 年多一点,但是相当多的婚姻只存在 10—15 年。确实,婚姻以非常稳定的比率结束,大概每 10 年有 20％的婚姻完结了(表 3)。如果婚姻在第一个 15 年里结束,通常是因为妻子死亡,在很多情况下是分娩时。此后,婚姻结束更可能的原因是男人死了。

表 3　婚姻的长短

年　限	百分比
5 年以内	8.3
6—10	9.7
11—15	11.1
16—20	8.3
21—25	8.3
26—30	12.5
31—35	8.3
36—40	9.7
41—45	8.3
46—50	11.1
51 年以上	4.2

夫妻恩爱的婚姻的景象

156

彼此相爱的夫妻通常都像鸳鸯——美丽,安静,成双成对,肩并肩游戏于水面。相亲相爱的夫妻还可能被形容为"捆在一起的干柴",比喻关系紧密。丈夫或妻子表达爱情时常常说白头到老,百年好合或死后同穴。夫妇之爱是美好的事，几乎所有的婚姻的目标都暗含在这些意象和说法中。

传记资料经常把理想的夫妻关系最明显的特征描写成十分内敛和相敬如宾。那种对待丈夫像朋友一样，每天结束时告诉他自己做了什么的妻子，并没有受到传记作者的尊敬；相反，他们表扬那种不妨害丈夫的尊严，不用琐事打扰他，即便结婚几十年以后对他还像“待客”一样的妻子。可爱的妻子像傅氏（1097—1148）那样，在丈夫出门赶考时给他一些首饰做盘缠，分手时对他说：“往卒业，为亲荣。无以家为恤。”①换句话说，可爱的妻子是贤内助。

短暂的婚姻很少使男人产生为妻子作传的兴趣，比如，欧阳修为前两位妻子作的传记，像曾巩和吕祖谦写的一样，毫无价值可言。也许婚后 5 年内去世的女人还太像一个新娘，不太像妈妈和管家婆，使丈夫对她没有多少要说的。但是，延续已久的婚姻无论如何会激发出更多的披露内情的叙述。李觏（1009—1059）与陈氏（1015—1047）的婚姻延续了 17 年。他为她写的生平事迹几乎全都集中在她从不抱怨的性格上面：“觏行四方，未尝与谋，亦不敢问。在家有所啬，独居常数月，然不见怨望。”②刘克庄（1187—1269）谈起妻子林氏（1190—1228）时描绘了同样的形象：

> 为余妻十九年，余宦不遂，江湖岭海，行路万里，君不以远近必俱。尝覆舟嵩滩，十口从死获生，告身橐装漂失且尽，余方窘挠，君夷然如平时。又尝泛漓江，柁折舟漩，危在瞬

---

① 孙觌：《鸿庆居士文集》148：16，刊于盛宣怀编：《常州先哲遗书》，台北，据 1895 年本重印，1971。

② 李觏：《李觏集》31：360，台北，1983。

息,君亦无怖容。①

由于留在家里照顾公婆是恰当而又荣幸的,值得表扬,我猜测,经常提到妻子与丈夫一块儿旅行的事,是因为这在夫妻关系中非常重要。旅途中没有对方的兄弟姐妹和侄子、侄女。另外,夫妇二人单独旅行数周、数月,旅行期间两人在一起的时间比平时多得多。

袁燮(1144—1224)与边氏(1155—1203)的婚姻延续了30年。他记得她的勤劳、真诚、一番苦心和宽大为怀:

> 吾饮食衣服,烹饪补纫,常躬其劳而不使吾尽知之。其用钱,其遣人,物虽甚微,亦必以告。每曰:"吾心如大路,人皆可行。"言由中出。②

司马光与张氏结婚后共同度过44年。"自始嫁至于瞑目,未尝见其有忿懥之色,矫妄之言。人虽以非意侵加,默而受之,终不与之辨曲直,己亦不复贮于怀也。"她对女仆和妾慷慨大方,同情她们而且从不嫉妒。"常夜濯足,婢误以汤沃之,烂其一足,君批其颊数下而止。病足月余方愈。"日常生活非常节俭,但是丈夫资助自己的亲戚时,她从不抱怨。有一次他们的衣服被人偷走了,丈夫为没有见客的衣服而着急,但她开导他,告诉他如何正确看待事务,说任何可以遮蔽身体的东西都可以穿。③

洪适(1117—1184)与妻子沈德柔(1119—1179)白头偕老。婚后45年,他写了妻子如何自愿承担家庭责任,比如安排小叔、小姑的婚事,举行祭祖仪式,甚至为自己准备了棺木、寿布和寿

---

① 刘克庄:《后村先生大全集》148：16,四部丛刊。
② 袁燮:《絜斋集》21：357. 丛书集成。
③ 司马光:《司马文正公传家集》78：968,国学基本丛书。

衣。尽管他总是强调妻子有能力在二人分别时过得很好,但却用惊鸿一瞥的笔触无意中透露了两人相伴时感到的快乐。有一次他赋闲在家小住,得到一处乡村别墅并建起一座亭子,妻子"喜同其游,临水看山,常至日昃"。[①]

当然,以妻子为对象的叙事史料实际上充分地表现了男人自己,写妻子时也写了同样多的自己。男人常常会强调他的妻子是多么的无怨无悔,他不介意承认自己让她的生活变得多么艰难——钱总是那么少,必须搬家的时候那么多,多少家庭责任由她承担着。他希望别人知道妻子精神抖擞地承受了一切。阅读这些论述的时候,留给我的印象是做丈夫做得困难的男人怀着秘密的骄傲。他们是否把不能胜任日常生活的管理视为男子汉大丈夫气? 至少这种不胜任可驱使离自己最近的女人行动起来,在有限的收入和环境内把生活弄得尽可能地舒服一点? 参考我们已知的处于优势地位的男人需要的可爱的随身女侍的审美想象,我猜测那正是事实所在。

伴侣型婚姻

所有赞美各处一方的夫妻生活的作者,常对双方怀有共同的知识兴趣和精神财富的婚姻流露正面的评价。欧阳修(1007—1072)记载,梅尧臣(1002—1060)告诉他,妻子谢氏(1008—1044)懂得很多,她在门后听梅尧臣和客人谈话以后,就能聪明地和丈夫讨论时事。苏轼(1036—1101)声称他很乐于与第一个妻子王弗(1039—1065)聊天,结婚时她才 16 岁。"其始,未常自言其知

---

① 洪适:《盘州文集》77:11,四库全书。

书也。见轼读书,则终日不去,亦不知其能通也。其后轼有所忘,君辄能记之。问其他书,则皆略知之。由是始知其敏而静也。"她经常询问丈夫为官作宦方面的事,并给以忠告。苏轼有客人时,她躲在屏风后边听他们说话,事后竟然警告他,她认为哪一位不够老实。胡寅(1098—1156)说他的年轻妻子张季兰(1108—1137)经常陪伴他直到深夜,他读、写时,她缝衣服,偶尔和他聊一聊。她孩提时代就读过《论语》,现在让丈夫告诉她《论语》的深层含义。由于职务原因他们经常分离,这时她就给他写信。周必大(1126—1204)记载,妻子王氏(1135—1203)受过很好的教育,可以与他讨论他的著述。晚间他们一起教儿子读书,然后下棋,有时直到深夜。①

对于后世中国人来说,宋代最著名的伴侣是李清照与赵明诚(1081—1129)夫妇,结婚时她 18 岁,他 21 岁,没有孩子。他们之间有格外紧密的知识方面的联系。把他们联在一起的是收集和欣赏任何一种历史文物、文学作品或艺术品的共同爱好:书籍,绘画,书法,金石印章或古代青铜器及自家的文物、古董。他们编辑了金石图书目录和藏品清单,幸存的《金石录》表明他们深入地研究了实物与古籍和其他史料记载的脱节之处。收藏品越来越多,最后竟多得不计其数:1127 年,赵明诚带着 15 车文物去南京,但是途中不得不把这些价值连城的宝藏留在山东,后来毁于女真人在他们老家烧杀掳掠时燃起的大火。

在为赵明诚死后出版的《金石录》写的后序当中,李清照描写了他们如何着迷般地收集金石藏品。② 即使刚刚结婚、还是太学

159

---

① 欧阳修:《欧阳修全集》36:251,台北:世界书局,1961。
② 参考宇文所安(Owen):《纪念物:中国古典文学中过去的存在》80—98。

的学生时,赵明诚就用积攒起来的每一个铜板在回家的路上停下来买石刻图书和印章,然后二人一起仔细研究。无论旅行到何处,他都去看古董。"后或见古今名人书画,一代奇器,亦复脱衣市易。"有一次有人想卖给他们一幅徐熙的画配诗,要价二十万。他们彻夜未眠,观看此画,等到因为价钱太高不得不退还给卖主时,"夫妇相向惋怅者数日"。她还写道:"每获一书,即同共勘校,整集签题得书画、彝鼎,亦摩玩舒卷,指摘疵病,夜尽一烛为率。"李清照还提到二人晚饭后伴着香茗坐在藏书旁边常玩的一个游戏:一人提到某段文字,无论谁指出精确的出处,谁就饮一口茶。经常以大笑和洒了茶水收场。后来,经受了无数女真人入侵者加害于他们的苦难,李赵二人都曾做过一次又一次努力,尽可能多地带走心爱的藏品,但最终还是几乎都丢了。①

李清照和赵明诚被视为理想的伴侣不仅由于他们有共同的爱好,还由于李清照擅长写流行已久的女人克服失去爱人后的悲痛的诗词。其中最有名的一首如下,一般解释为反映了与丈夫分别后的感情:

> 薄雾浓云愁永昼,瑞脑销金兽。佳节又重阳,玉枕纱橱,半夜凉初透。东篱把酒黄昏后,有暗香盈袖。莫道不销魂,帘卷西风,人似黄花瘦。②

丈夫去世后,她借吟唱诗词怀恋共度的时光。其中之一的后半部分如下:

> 当年曾胜赏,生香熏袖,活火分茶。极目犹龙骄马,流水

---

① 李清照:《李清照集》71—75,北京:中华书局,1962;胡品清(Hu):《李清照》;秦家懿
(Ching):《李清照》;钟玲(Chung):《李清照:精神和人格的形成》。
② 李清照:《李清照集》11。

轻车。不怕风狂雨骤,恰才称,煮酒残花。如今也,不成怀抱,得似旧时那?①

李清照和赵明诚的重要性不仅在于他们代表伴侣型夫妇关系,还在于他们激发了人们的想象力。各种因素都不利于已婚妇女发展天才,但人们仍然可以从李赵二人身上看见一种另类的理想型即夫妻间的知识性联系。

专横的妻子和粗暴的丈夫

从来没有人说所有的夫妇都是快乐的。夫妇双方都有很多机会使对方不愉快。洪迈描述的他的妻妹就是一位典型的悍妇,与一个胆小懦弱的男人结了婚:

> 外舅女弟五姑,名宗淑,自幼明慧知书,既笄,嫁襄阳人董二十八秀才。董懦而无立,淑性高亢,庸奴其夫,灒灒不满,至于病瘵。靖康之冬,郭京溃卒犯襄邓,董死于汉江。明年,淑从其母田夫人至南阳,饮酒笑嬉,了不悲戚。宿疴亦浸瘳。方自欣庆,一旦,无故呕血,斗余不止,心疑惧,使呼□□□□□□□语曰:“和中不可再嫁,嫁当杀汝。”和中,盖淑字,虽家人皆不知之。淑识其声为故夫,叱曰:“我平生为汝累,今死矣,尚复缴绕我。使我再归它人,何预汝事?”巫无语而苏,淑故自若。会外舅来南,挈与偕行,至扬州,谋婿,将以嫁王趯。淑曰:“一生坐文官所困,不愿再见之,得与武弁足亦。”遂适阁门宣赞舍人席某。②

161

---

① 罗克珊(Rexroth)等:《李清照:诗辞英译》。
② 洪迈:《夷坚志》丙 14:482,北京:中华书局,1981。

——但是，当然，很遗憾，宗淑第二次婚姻的结局不好，前夫的鬼魂在最后回来雪耻复仇。

洪迈的论述没写清楚淑怎样搅扰她的丈夫。他大概以为读者能想象专横的妻子是什么样。下面是关于夫妻争吵的不多的描述之一，像作秀一样。秦桧（1090—1155）和妻子王氏被俘虏后，他们想了一个办法避免分开。后来当女真人要把秦桧赶到另一个地方时，王氏对着他大声嚎叫，声音大得路边的人都能听见："我家翁父使我嫁汝时有赍货二十万贯，欲使我与汝同甘苦，尽此平生。今大金国以汝为任用，而乃弃我于途中耶。"她一直不停地嚎叫，弄得俘虏官的妻子出面劝说丈夫允许秦桧带着她一块儿走。① 女人和丈夫争吵时提到嫁妆和父亲的次数多不多，或是不是故意提高音量让邻居听见，当然很难断定。但是我们可以想到司马光反对选富家或权势之家的女儿做妻子的理由，她们可能很傲慢，很难控制。

夫妻争吵时很容易做出比拌嘴和大嚷大叫更过分的事。女人经常直接表达愤怒，生了丈夫的气以后朝任何地位比她低的人发泄，特别是婢女和妾。男人不用同样方式泄愤。相反，常见的是殴打妻子，就像妻子打婢女一样。洪迈的几个故事顺便提到了殴妻。其中之一，某男人在路上遇见一位面带愁容的女子。她告诉他："我不幸，丈夫很恶，常遭鞭棰。而阿婆性尤严暴，不曾得一日定叠。昨夜赶我出，无处著身。"②

殴妻致死是严重的犯罪行为，但把殴打当作训诫方式却被视为理所当然。在一个体现官员判案才能的事例里，传记记载

---

① 徐梦莘：《三朝北盟会编》142：9，上海：上海古籍出版社据 1908 年本重印，1987。
② 洪迈：《夷坚志》支丁 5：1008，丁 9：610。

他怎样处理一桩男人被告殴妻致死的案子。由于怀疑其中还有隐情,他就让被告说发生了什么事:"母诉妇,妇反之。我不胜忿殴无几。偶以伤死。"判官告诉他不会判刑,因为"殴不孝妇非殴妻也"①。

性 关 系

什么是夫妻间正常的性关系?除了零零星星的信息,史料没有提供什么。性吸引,作为文学话题,大多谈男人被妻子以外的女人特别是名妓、歌女和卖淫女吸引。② 十几岁的女孩子(西方说法指 11—16 岁)显然非常吸引男人。青春萌动期女孩子的魅力在于人们假定她天真无邪:她可以展示她年轻姣好的外貌、笑容、歌声,很自然地像孩子那样聊天说话。没有人会认为她的行动是早熟、手法老练或出于真正的性意愿。然而男人却被视为有能力唤醒她们的欲望。长期以来盛行的两性隔离,毕竟建筑在双方的性愿望都易于刺激起来的假定上。从记述互不相识的男女邂逅相遇的笔记小说可以推断,人们认为没有经验的姑娘会轻而易举地接受一个温文尔雅地对待她的男子。宋代最流行的《西厢记》在唐末元稹(779—831)版本的基础上写成。经过多次修订的宋代版本非常精彩,特别适合说书艺人当场表演,年轻的男主人公惊鸿一瞥,看见了站在庙门口的那位精心打扮的 17 岁姑娘,无可救药地爱上了她。而她也立刻被他的热情和英俊所吸引。③

---

① 李昭玘:《乐静集》28:10,四库全书。
② 见海陶玮(Hightower):《词人柳永:第一部分》《词人柳永:第二部分》记录的柳永的诗词。
③ 陈荔荔(Chen Li-li):《董西厢诸宫调:一首中国曲》。

宋代文人对妻子的性欲的看法看起来更加复杂。我们应该尽力区分男人眼里偶发的、正常的、吸引人的和他们认为是道德的、可取的性行为类型。从男人作的诗词看，他们似乎发现女人有一种渴望，希望自己有吸引力。被忽视的、与丈夫分离的或被丈夫抛弃的那种女子，男人们书写她们的情感早已成为一种传统。尽管对男人说来，想着一位独居的女人很可能带有一点温和的色情意味，但他们的感情一般是非常抽象的，可综合为长久的、悲哀的和无目标的那一种。男人假想着注视女人时会产生快感，这多半与他们强烈反对别的男人看自己的妻子有关。正如我们在前边的章节看到的，司马光警告妻子不要让外人看见身体上任何没用衣服盖住的部位，并扩大到若必须逃避火灾时，须用袖子遮住面部。妻子的身体是非常私密的东西。

当然，男人认为一小部分女人性欲旺盛，因而不易拘限于一夫一妻的结合以内。最常见的民间传说之一是狐狸精变成一个年轻、漂亮的姑娘去媚惑男人，用某种办法吸干他的精髓。关于通奸的故事常常把女人描述为淫荡和滥交（见第十四章）。但是我并不认为宋代作家视这样的女人为正常或典型。他们就是有过，但也很少担心无视年轻寡妇的性欲的后果。他们想当然地认为，一个 25 岁的寡妇如果没有再嫁会遇到财务上非常困难的时刻，但是并不担心单身生活也会成为一个大的麻烦。但无论如何应该注意到，洪迈的逸闻里寡妇卷入桃色事件的例子比妻子涉足婚外恋的要多得多，这表明人们事实上已觉察到不是所有的寡妇都能平静、安心地过单身生活。

妻子们对于性的看法甚至于更难重新架构。盼着有一天结婚的女孩和已婚女人被教导着把强奸视为对她们人格完整性的根本侵犯，因而自杀就是最恰当的反应。由于这种原因选择自杀的女人典范在训诫性著作里常常见到,如司马光的《家范》和朱熹的《小学》,还有正史里的《列女传》。所有的妻子都知道人们反感可敬的女人与第二个男人建立性同盟,即便在第一个丈夫去世以后(见第十一章)。与此同时,妻子们知道男人并不认为妓女是不洁的,而且事实上经常被她们强烈地吸引。大多数妻子都能逃避运用自己的性吸引力时矛盾的感情吗? 诱惑对方的行为会不会使她们感到降低了身份,或因此保住了丈夫的倾心呢?

有些男人对女人的性反应可能有公平的理解,因为确实有为愿意实践道家长寿术的人而写的性交生理学指导书。这些书鼓励男人与尽可能多的年轻女人发生性关系,把性伙伴引向高潮却不射精,反而让精液重新定向到大脑。宁可把性交视为男女之间的战斗,其间每一方都试图多索取不付出。① 这些文献尽管如此有趣,但我不愿做过多论述。这些思想看起来在范围很窄的圈子以外影响不大,对夫妻间性关系的影响,不超过赞赏独身生活和视性事为邪恶与肮脏的佛教文献。② 在当代中国,一般的丈夫似乎并不特别感觉到妻子在性意义上的存在,女人对这方面的期待也不高。③

另一类影响可能较大的技术指导书是医学文献,因为识字的男人和女人似乎常常表现得很熟悉医学理论。陈自明 1237 年为妇女写的中医药方汇编用 17 页篇幅写了题为"求嗣门"的一章。

① 高罗佩(Van Gulic):《中国古代的性生活》;比尤迪利(Beurdeley):《中国的色情艺术》7—38;李约瑟、鲁桂珍(Needham and Lu):《发现和发明:生理上的炼丹术》;哈泼(Harper):《公元前 2 世纪出土文献描述的中国古代的性生活》;威尔(wile):《房中术:中国的性瑜伽经典,包含女性单方面沉思默想的文本》。
② 保罗(Paul):《佛教中的女人:密宗传统里的女性形象》3—10;卜德(Bodde):《中国的思想、社会和科学:前现代中国科学技术的知识和社会背景》270—284。
③ 韩企澜、贺萧(Honig and Hershatter):《自我的声音:80 年代的中国妇女》181—186;克利斯托弗(Kristof):《穿过钥匙孔窥视新中国》。

继在导言里介绍了孟子的没有子嗣是最不孝的行为的观点,陈自明提出了各种各样避免这种后果的建议。他引用一位权威的话说,虽然女孩子 14 岁就开始有月经,但这时候结婚常可能不孕,或生出赢弱的小儿,难以成活。直到 20 岁,女人"阴"的力量才达到最强。陈自明还提出一些导致不孕的医学控制以外的因素,比如风水(坟墓不嗣)和星象(夫妇年命相克)。陈自明依据一些信息算出了对希望怀孕的性交者说来比较吉利的日子,同时也列出了应回避的日子。比如说,应避免性事的日子在每个天干里的"丙"日和"丁"日(每十天当中的第三天、第四天)和弦望晦朔(每个月的第一天和第十五天);"大风大雨大雾,大寒大暑,雷暴霹雳,天地昏明,日月无光,虹蜺地动,日月薄蚀"的日子例外。还有一些地点应该回避:"日月火光星辰之下,神庙佛寺之中,井灶圊厕之侧,塚墓尸柩之旁"。如果想生男孩,最好的时间是女人月经结束后的第一、三、五天;想生女孩则在第二、四、六天。①

虽然陈自明引述了性交日期决定孩子性别的说法,但同时也介绍了与此矛盾的理论,即胎儿的性别在第三个月的月底才定。这样一来,孕妇可以做一些事影响未出生孩子的性别,如想要男孩就随身带着弓箭,或骑一匹种马,想要女孩就戴耳环或别的女人的首饰。② 陈自明自己则为想把女胎变成男胎的孕妇开了一个药方。③

继为不孕妇女开了很多药方以后,陈自明还附上一个丈夫可以照办的方子。有一个家庭,三代妻子没生男孩(唯一的男孩是

---

① 陈自明:《妇人大全良方》9:1—2,4—5,四库全书。
② 陈自明:《妇人大全良方》10:1。
③ 陈自明:《妇人大全良方》10:11。后世有关概念和遗传的思想,见恩·瓦特纳(Waltner):《立嗣:中华帝国后期的收养和家族建设》28—47。

妾生的），这家的男人在和尚的带领下学着行善，修行 3 年培养美德。他虔诚地进行修炼，最后妻子给他生了一个儿子。[1] 这个药方与羯磨受戒、因果报应的训诫故事传递的讯息比较一致：行善的人会得到子嗣作为酬报。

即便作者们没有讨论夫妻间的性关系，但偶尔会提到一些厌恶性事的奇观。尤玘（13 世纪）重述自己家史时提到这样两个例子。11 世纪初，尤申 19 岁的母亲在丧夫以后自刎而死，他成为一个襁褓里的孤儿。30 岁的时候尤申有了儿子，从此以后与妻子分居，没有再靠近过她。我们得知，尤申的妻子活到 104 岁，显然因独身而长寿。第二个例子涉及尤玘的高曾祖父尤梁，对于他，尤玘说是"好洁"。虽然他有一妻一妾，但不喜欢接近她们。他可能有点过敏；只要闻到女人头油的味道就止不住地呕吐。他终生保持着童贞，为了完成传宗接代的义务，收养了族人的一个儿子。[2] 　*165*

无论男女都会由于宗教动机放弃性关系，模仿和尚和尼姑的行为方式。我们得知，陈氏（1024—1083）步入中年后变得对佛教越来越重视。她不仅不再吃肉，而且整天诵经不止，她还把一个妾盛装打扮起来代替自己去侍奉丈夫。梁季珌（1143—1208）的女婿说岳父对养生之道越来越感兴趣，"年甫四十不居内室"。新年之际，所有的亲戚聚在一起时，他们夫妻相处的样子就像难得见面的熟人。洪迈记录了一个 24 岁的已婚年轻人，他决定像和尚那样生活，与妻子分开睡觉。最初妻子试图追随丈夫的榜样信佛教，但不到一年就放弃了，与别人结了婚。[3]

---

[1] 陈自明：《妇人大全良方》9：14—15。

[2] 尤玘：《万柳溪边旧话》3—4,12,笔记小说大观。

[3] 黄裳：《演山集》33：12,四库全书；刘宰：《漫塘集》34：9,四库全书；洪迈：《夷坚志》甲 11：92。

嫉妒的问题

毫无疑问,上层阶级夫妻之间最严重的导致冲突的根源,从妻子的角度看,是丈夫宠爱妾,从丈夫的角度看,是他们正当的行为遭到妻子的嫉妒。当然,并不是所有的男人都有妾,但是妾在比较富裕、累世共居的复合家庭里十分常见。留下记录的士人中,活到 40 岁以上或更高年龄的男人至少纳一房妾。不愿尝试纳妾的男人比有几个妾的男人反而更惹人注意。[①]

司马光像宋代其他道德家一样,教导妻子们学会控制嫉妒情绪,甚至宣称对于女人,没有比不妒更重要的德行。妾在儒家经典里被认可,因此妻子们应该与她们和平共处。[②] 功名之家的年轻姑娘都要接受历史上烈女故事的教导,人们大都希望,在丈夫对别的女人感兴趣时,她们能保持平静、大方和具幽默感。至少在理论上,妻与妾在家里是主仆关系,而且妻子的身份绝不因服侍丈夫而降低。但是在一个妾进入家门以后,甚至那些事先认为自己能控制局面的女人也会发现自己心烦意乱。洪迈讲了解洵的故事,解洵全靠妻子的帮助从女真人手里逃出来。后来,他得到 4 个妾作为奖励。他出于对妻子的义务打算谢绝,但是妻子督促他接受,说这个礼物是重大的荣誉。她将"当抚视如儿女,君何辞"! 不过,不久以后,解洵就开始不太注意她了。有一次,二人都喝多了,有点醉醺醺的,她谴责他忘了自己怎样帮助过他;他发

---

① 如苏辙:《龙川略志龙川别志》龙川别志 1:74,北京:中华书局,唐宋史料笔记丛刊,1982。

② 司马光:《家范》9:679,中国哲学名著集成。

了脾气,打了她的头。①

文人们通常都把嫉妒当作任性的表现,是那种被惯坏了的、以自我为中心的或专横女人的缺点之一。在他们看来,无论出于什么原因,女人能使丈夫做她愿意让他做的事,不纳妾或不与婢女同睡。嫉妒也可以看成一种毒素,可以使人生病。黄庭坚(1045—1105)给陈慥写信询问后者妻子的病情:"公暮年来想渐求清静之乐,姬媵无新进矣。柳夫人比何所念以致疾邪?"②

下面由洪迈记述的故事成功地表达了这样一种观点,嫉妒就像一种病,就像着了魔一样:

> 台州司法叶荩妻,天性残妒,婢妾稍似人者,必痛挞之,或至于死,叶莫能制。常以诚告之曰:"吾年且六十,岂复求声色之奉,但老而无子,只欲买一妾为嗣续计,可乎?"妻曰:"更以数年为期,恐吾自有子。"至期,不得已勉徇其请。然常生嫉恨,与之约曰:"为我别筑室,我将修道。"叶喜,即于山后创一室,使处焉。家人辈晓夕问讯,间置酒食,叶以为无复故态,使新妾往省之。抵暮不返,乃策杖自诣其处,见门户扃钥甚固,若无人居。命仆发关,则妻已化为虎,食妾心腹皆尽,仅余头足。急走山下,率众秉炬视之,无所睹。时绍兴十九年。③

宋代男人对嫉妒的本质所做的解释,用当代的眼光看,似乎至少是过于简单化。用单独一个妒字表示丈夫对婢女或妾感兴趣以后,行为和态度都变化了的妻子的感情和动机。我们可以想

---

① 洪迈:《夷坚志》补14:1675。
② 洪迈:《容斋随笔》三笔3:447,上海:上海古籍出版社,1978。
③ 洪迈:《夷坚志》补6:1608。

象常见的情况是什么样。一位 18 岁的女子作为新娘进入一个家庭，必须学会不只与丈夫，还有公婆和丈夫的兄弟姐妹及其孩子们相处。慢慢地她的地位提高了。她有了孩子；公公婆婆去世了；丈夫和兄弟们分了家。到 35 岁或 40 岁时，她的处境更好了。她成为家里的女主人，忙着为儿女们张罗婚事，期待着不久长子娶了媳妇，就可以当婆婆。但是现在丈夫带回家来一个 17 岁的妾陪他过夜，而且认为就他作为家长的地位而言，这是理所当然的，他看不出妻子作为孩子的母亲和家务管理者，荣任这样的角色还有什么不满意的。我能想出至少 3 种感情成分，使很多这样的妻子对妾怀有敌意，或试图羞辱丈夫。首先，她的尊严受到侮辱。已经学会对待她像对女主人一样的婢女和儿媳现在可能在背后窃笑她的失意。其次，看见年轻的妾只会使她更加觉察到这么多年后自己的外表变化多大，突然意识到自己老了。再次，(至少在后弗洛伊德主义者的眼里)这里面肯定有性挫折方面的原因，经过很多年正常的性生活，她现在发现几乎没有夫妇间的乐趣了。她多半不把对丈夫的感情看成性的，但是受挫折的性愿望肯定会激起情感上的反应。或许我们可以从图 21 的画面读到一点这种心情：一个女人化好妆，梳好头发，在镜子前边看着自己，几尺之外站着两个年轻女子，可能一个是婢女，一个是妾，专心于自己感兴趣的事而不待候她。

无论我们怎样分析"嫉妒"这种感情，毫无疑问它可能非常扰人心智。妻子们的传记都说她们脾气好，有耐心，即便有过但也很少殴打妾或女仆——这暗示着这种容忍十分罕见。事实上洪迈的故事里妻子经常打妾。其中之一是年轻妻子结婚时带来的女仆与男主人有了性关系，后来被女主人打死。另一个故事里，一个女子说她逃跑的原因是男主人开始亲近她以后，女主人就殴打她。另一条史料说李贯的寡妻再嫁后生病了,这时候李贯的鬼魂出现了,控诉她3次杀死已怀上他的孩子的婢女,使他死去时没有子嗣。①

即便妻子的嫉妒没有导致暴力,但也会使丈夫不愿和她共处。洪迈记载范斗南于1175年进士及第不久后买了一个姜。由于妻子不能接受这个更年轻的女人,他谎称自己必须外出办事,

图21　审视自己外貌的女人

王诜(约1046—1100以后)作,《绣枕晓镜图》。台北故宫博物院:《故宫名画选萃》(VA 15 H),1970。

---

① 洪迈:《夷坚志》甲17:148,补22:1753;郭彖:《睽车志》4:4,百部丛书集成。

与妻告别,然而实际上只搬到不远的一所庙里与妾同住。洪迈还说一男子与一官员女儿结婚后,迷上了一个 16 岁的妾,"因是常与妻反目"。袁采写道:"人有以正室妒忌,而于别宅置婢妾者,"同时针对这种情况提出警告,由于妾可能与别人建立不正当关系,男主人最终养大的孩子可能是别人的。①

　　为什么男人不硬性要求妻子别管束他们的妾? 一个原因是无论男人怎样厌恶女人内闱里的怨恨,他们能做的事仍在一定限度以内。尽管他们可以把妾转移到妻子的控制范围以外,但不能颠覆妻子在内闱的基本权利。这与他曾面对的母亲和妻子之间的情形一样。男人可能爱妻子而不愿看到母亲苛刻地对待她,但他不能向母亲当家作主的权力挑战从而破坏了秩序。相反,他可以试着软化母亲的态度或带着妻子到很远的地方任职。此外,由于宠爱妾意味着自我放纵,这就使妻子对付丈夫时可以利用一点杠杆效应。我们得知,周必大(1126—1204)的妻子因为他宠妾而限制妾使用水。这个妾请求经过的周必大给她打水。周必大照办了。在屏风后边观察着这一切的妻子此时取笑周必大说:"好个相公,为婢取水?"②

　　有的男人发慈悲放走了妾。曹汭(11 世纪)不得不因已形成的妻妾争宠的局面把一个自己喜欢的妾送给别人。后来他拜访了旧妾新丈夫的家。饶舌的闲谈者喜欢讲被位高权重但不招人喜欢的男人撵走的妾的故事,显然表明舆论很喜欢这种感觉,即公共生活中看似很强的男人可能有一位作威作福的妻子。我们得知,王唤升迁较快,因为他妻子是高官郑居中(1059—1123)的

<hr>

① 洪迈:《夷坚志》支丁 8:1029,6:1012;袁采:《袁氏世范》3:49,丛书集成。
② 丁传靖:《宋人轶事汇编》17:831,台北:商务印书馆,1935;章楚夫妇(Djang and Djang):《宋人轶事汇编》666。

女儿。她"怙势而妒"。一个婢女生了她丈夫的儿子,她就把孩子送走了。王钦若(962—1025)的妻子十分嫉妒,使他不能纳妾。他用典把书房命名为"三畏",一个朋友取笑说,对他而言"四畏"更合适,可以加上第四畏——惧内。我们还得知,秦桧的妻子既跋扈又嫉妒;她曾在秦桧一个儿子都没有的时候把怀孕的妾卖掉了。[1]

讲述被逐的妾的故事可以拆穿某人的身世。妾被撵走时怀孕了吗?据称韩侂胄(逝于 1207 年)的生母是他父亲从中间人那里买来的,当时已有身孕,但被王家嫉妒的女主人赶出来了。据说贾似道(1213—1275)情况类似,他的亲生母亲被夫家卖给他父亲,但她怀孕后又被送给另一个男人,因为贾似道父亲的正室妻子很嫉妒。[2]

嫉妒虽然受到普遍谴责,但也不是没听说过男人有点同情与嫉妒苦苦搏斗的女人。在"导言"里我讨论了王兴对老朋友王晏(890—966)的劝告,王晏的妻子在他当上高官后病了。王兴认为如果王晏遣散那些姬妾,像过去那样生活,一夫一妻,妻子的病就会好。[3] 有的判官甚至批评丈夫给了妻子嫉妒的理由,在一个涉及夫妻争吵的案例里,最后丈夫打了岳父,岳父带女儿回到娘家。判官说丈夫喜爱为他生了孩子的妾,忽略了妻,使她被嫉妒毁灭。"妇人不贤,世多有之,顾何责于此辈",判官这样解释这件事。他命令女婿向岳父道歉,把妾嫁给别的什么人,为小孩请一个奶妈。170

---

① 王铚:《默记》1:14,北京:中华书局,唐宋史料笔记丛刊,1981;徐梦莘:《三朝北盟会编》143:5;丁传靖:《宋人轶事汇编》5:197,16:771;章楚夫妇(Djang and Djang):《宋人轶事汇编》229,634。

② 周密:《癸辛杂识》续 2:209,北京:中华书局,1988;丁传靖:《宋人轶事汇编》18:919;章楚夫妇(Djang and Djang):《宋人轶事汇编》721。

③《宋史》252:8849。

判宫还命令岳父送女儿回夫家。他说这样家里才会有一点和气。①

　　女人同意男人对女人的嫉妒的看法吗？被别人视为妒妇的女人怎样看待自己的行为和感情？很多女人可能认为她们是在严格管理妾和婢女，因为保持家庭内部秩序井然是她们的职责所在。她们认为来自下层人家的仆人和妾有各种各样的坏习惯，有必要进行约束。如果丈夫宠坏了这些年轻女人，弄得她们不守规矩，那么妻子不得不严加管教。另外还要考虑到，男人可能意识不到受宠的妾会用什么办法激怒一位妻子。他们与妾在一起消磨的时间越多，就越可能偏听她的一面之词。有的情况下，大概确实需要给妾们立一点规矩。

　　虽然很多女人没有意识到自己的嫉妒，但是肯定有些人意识到了。如果她们在长大的过程中领悟到嫉妒是破坏性情绪，那么当发现自己不能抑制对毁坏她们生活的女人的敌意时，将陷入深深的烦恼。此刻她们可以到哪里寻求忠告呢？孩提时代背诵过的儒家启蒙书，如《孝经》，并没告诉她们如何处理这样的情绪，或怎样消除它们。专为女子写的《女孝经》或《列女传》那样的启蒙读物只教导她们效仿什么，并未就这类问题提供建议。儒家经典如《论语》和《孟子》毫无用处，它们就像只为男人写的，而男人从来不必抑制自己占有女人的感觉，甚或在大多数情况下不必抑制性愿望。宋代理学家与弟子们讨论许多道德修养问题，兴趣的重心仅在男人的道德方面。他们谈到节制欲望，但是欲望问题在男性精英当中是成问题的欲望：他们有在现世取得成功的野心，还有贪婪和自我放纵的倾向。哲学家们一点都没想到妇女们控制

---

① 《名公书判清明集》10：381，北京：中华书局，1987。

复杂的感情时面临的这类问题。我们已经知道上层阶级女士的文学修养非常高，但满足她们需求的文字几乎没有，这确实令人吃惊。

发现自己被强烈的感情撕裂了的女人可能转而求助于同龄的或年长的女性——母亲、姐妹、表姐妹或姘娌。多半出于对方的劝告，她可能转向信佛。佛教教义认为肉欲其实是人的全部欲望，是提升精神的过程中的障碍。佛教还教给人一个如何看待老去的有价值的视角：世界上没有什么是永恒的；唯一不变的就是无常。佛教还提供了使精神保持安宁并去除不想要的想法的技术。如果一位妻子转向佛教而变得安详沉静，她就会得到周围所有人的尊敬，因为她维系了家庭内部的和谐。她将不再是痛苦的、被忽略的妻子，不再会有激烈的感情爆发，而成为家里的圣人，一个放弃了肉食，背诵着佛经，向亲戚们传授佛法，对周围的人表示慈悲的人。她还用精细微妙的方式向丈夫的行为提出了挑战，反衬出他是那么明显地不能摆脱肉欲，获得解脱。我猜测这是在其他地方谴责佛教的儒家学者慷慨大方地表扬信佛的女人的原因。儒家价值观推崇的家庭和谐经常不能从其他渠道获得。儒士并未教给女人转向佛教从而控制自己的生活：这似乎是女人为女人自己开发出来的解决问题的途径。

* * *

宋代的婚姻关系，像其他大多数时代和地方的一样，远非一成不变。训诫著作针对相应的家庭角色做出的指导，清楚地阐明了夫妻双方的法律责任和义务，但是运用到任何一桩婚姻时都还有相当的余地。丈夫们和妻子们可以设想很多种行动的方式。女人同男人一样，都知道有相亲相爱的夫妻，也有疏远的夫妻。他们也都知道男人打老婆或女的骂丈夫乃常见之事。性和谐与性不满的夫妇也都在想象当中。我无意说把所有的可能性都估计到了；我们知道当今社会上的许多事都超出人们的想象。然而他们仍面临各种选择。我们已经看到，有些女人认定自己有权监督家庭里的其他成员，但另一些则退出了，献身于佛教。希望与丈夫一块儿旅行的女人可以说他需要有人管理家务；宁愿留在家里的女人可以引经据典地说儿媳的职责是照顾公婆。

妻子有机会选择并不意味着她们的权力与丈夫同等。法律上她们其实没有权力：她们不能驳回丈夫对家务的任何主张，也无权惩罚或驱逐丈夫。法律上她们甚至不能放弃婚姻或离开家庭。相反，她们有办法——或者说策略——在上述限度内使自己处于最好的情势之中。卢惠馨（Margery Wolf）曾说成功的中国妇女"学会了主要依靠自己，但同时表现得依靠父亲、丈夫和儿子"①。

嫉妒的妻子和放纵的丈夫两种形象镶嵌在一起，传递出强有力的夫妻关系的信息。我怀疑很少有妻子清醒地意识到这种关系中的法律不平等，更不用说怨恨了，因为她们已经学会了这样想：婚姻的不和谐并非源于不平等的法律权力，而是丈夫被年轻女人吸引，同时妻子无力控制自己的嫉妒。情感是罪魁祸首，精明的算计和献身的责任意识都约束不了它。

---

① 卢惠馨（Wolf）：《台湾乡村的妇女和家庭》41。

第九章　为母之道

怀孕,生孩子,照顾孩子,在任何社会都是妇女生活的特征,但是女人们经历此事的途径却非常悬殊,这取决于对生理过程的解释,对生男、生女的价值认同,怎样才是最好的养育孩子的想法,以及更宽泛的理想的为母之道。在宋代,人们对妻子这一角色的理解理所当然地都认为生、养孩子是她们的中心任务。婚礼仪式上用"五子二女"这类话公开表示希望新娘将来多生育。王氏(1212—1284)的婆婆用"愿汝多男长寿也"感谢她耐心照料瘫痪的公公。① 有宋一代越过阶级界限的对女人身份的认定与她们是孩子的妈妈紧密相连。

怀 孕 和 生 产

宋代多数已婚妇女都经常处在怀孕期间。从将近 20 岁结婚到 45 岁左右生育能力走向终结的 25—30 年里,典型的妻子一般会怀孕多次。我通过墓志铭研究的夫妇,到 45 岁时双方都健在的,平均有 6.1 个长大到足够留下记录的孩子(但是妾生的孩子偶尔也被记录在内)。实际上刚出生时还活着的孩子更多,因为

---

① 舒岳祥:《阆风集》12：11,四库全书。

人们经常忽略不提夭折的小孩子。以死胎或流产而告终的怀孕，可能也占相当的比例。因此很多妇女可能怀孕过 10 次或更多。

　　妇科和产科问题在宋代医学文献里既有一般的也有专门的讨论。① 一部 12 世纪的书目罗列了 16 种妇女保健类著作的书名。朱端章 1184 年完成的妇科专著(8 卷)描写了怀孕初期的种种症状，如恶心、食欲旺盛，还有因胎位不正引起的难产、大出血、胎盘不脱落、脐带缠绕和其他并发症，以及各种各样的产后疾病。陈自明 1237 年的著作《妇人大全良方》甚至篇幅更长，有 24 卷。陈著引介了更多的前代作者的成果，更充分地分析了每个专题，含有许多朱端章著作没有的内容，比如说不育。②

　　宋代的医学文献不认为足月分娩以前的怀孕会使人虚弱。已经生过孩子的女人多半一下子就度过了这一段，尽最大可能避免中断工作。毕竟，她们在怀孕的同时仍然要养育小孩，服侍公婆，做家务活，或许还得兼顾桑蚕或监督奴婢。苏舜钦(1008—1048)用不太在乎的口气写了妻子程氏(逝于 1035 年)死亡的事，说明人们不认为有必要细心照料孕妇。婚后七八年苏舜钦得到一个官职。夫妇俩已经有了三个孩子，而程氏又怀孕了。程氏建议他带着孩子们赴任而自己留在家里照顾婆婆，但是家人劝告说，她的职责就是陪伴丈夫。两个月后他们到达任职地点，苏舜钦的父亲去世了，他们立刻穿上丧服往家赶，日夜兼程，没有正常地进食和休息，即使此时程氏在怀孕后期。她从马背上摔下来，

---

① 参考费侠莉(Furth)：《血、人体和社会性别：中国女性的医学形象》，《清代怀孕、生孩子和杀婴的概念》，《雌雄同体的男性和残缺不全的女性：中国 16、17 世纪的生物和社会性别界限》。

② 郑樵：《通志》69：813，国学基本丛书，台北：新兴书局重印，1962；朱端章：《卫生家宝产科备要》，丛书集成；陈自明：《妇人大全良方》，四库全书。

腿部 3 处受伤,仍坚持不停地赶路,说:"早得一恸于舅之柩前。遂死无恨;若或殒灭,重为姑忧,大甚为不孝也。"到家的那天晚上她生下一个孩子,给她带来更大压力,七天以后就故去了。①

医学权威劝告怀孕最后一个月的女士要特别小心。要保持镇定自若,不要背负重物也不要登高,不要过度饮酒,不吃不好消化的食物。最后一个月无论如何都不要洗头发。②

最后一个月,也是选一位像屈老娘那样有经验的老接生婆的时候,她年过八十仍在一个姓宋的人家负责接生。③ 接生婆经过什么样的训练,我们知之不多。多数人可能在独立工作以前通过给一位经验更丰富的女人当几年助手学到了手艺。人们期待接生婆能告诉孕妇什么时候使劲,并且把不是头先出来的胎儿的位置调整好。④

当事情变得非同一般的麻烦时,可能要找来男医生。洪迈记 *174* 录了朱新仲(1097—1167)讲给他的下述故事:

> 朱新仲租居桐城时,亲识间一妇人妊娠将产,七日而子不下,药饵符水,无所不用,待死而已。名医李几道偶在朱公舍,朱邀视之。李曰:"此百药无可施,惟有针法,然吾艺未至此,不敢措手也。"遂还。
>
> 而几道之师庞安常(1042—1099)适过门,遂同谒朱。朱告之故,曰:"其家不敢屈先生。然人命至重,能不惜一行救之否?"安常许诺,相与同往。才见孕者,即连呼曰:"不死。"

---

① 苏舜钦:《苏舜钦集》14:178,上海:上海古籍出版社,1981。
② 陈自明:《妇人大全良方》16:3,17:2。
③ 陈自明:《妇人大全良方》16:4;洪迈:《夷坚志》三辛 4:1416,北京:中华书局,1981。
④ 陈自明:《妇人大全良方》17:3—9。

令家人以汤温其腰腹间。安常以手上下拊摩之。孕者觉肠胃微痛，呻吟间生男子。母子皆无恙。其家惊喜拜谢，敬之如神，而不知其所以然。安常曰："儿已出胞，而一手误执母肠胃，不复能脱，故遂投药而无益。适吾隔腹扪儿手所在，针其虎口，儿既痛，即缩手，所以遽生，无他术也。"令取儿视之，右手虎口针痕存焉。其妙至此。①

生孩子并不一定被视为单纯的医学事务。难产时巫师也会被请来帮忙。洪迈提供了很多这样的例子。当吴氏不能忍受临产的疼痛时，家人请来一位和尚念咒。黄氏分娩时剧痛，使了劲但还是生不出来，为避免让她死去，请来一位灵媒，他预言鬼神已在迎候这位产妇，等于预告了她的死。常氏使了不少劲，但劳而无功，她告诉家人，一位被她打死的妾正在打她的肚子，家人请来一位道士洒了圣水。② 即便是医生有时也用非生理的概念解释特殊的事。洪迈在一个类似于前、但用意不同的故事中表明了这一点：

县酒官吕生妻临褥，五日弗产。或曰："非屠醉不可。"吕亟招之，至则醉矣。径入室，隔衣略扪抚即出曰："且扶坐，少顷免身矣。"俄闻婴啼声，谓屠不曾施技，偶值其生尔，无足奇者。屠语吕曰："君细视儿左手虎口，必有小窍。"视之果然。问其故，曰："此非佳儿也，必有宿冤，欲取君夫人命，故在胎执母肠不放，无由得生。吾用庞安常法针之，故得脱。"吕拜谢，儿亦寻死。

又二岁，妻孕如前，仍以前法治之。既愈，乃告之曰："事已至再，夫人从此当清居独处，倘不知悔，他日不幸，复值此，

---

① 洪迈：《夷坚志》甲 10：83。
② 洪迈：《夷坚志》丁 19：696，乙 15：311。

将奈何？吾或不在，必非他人可治。吾自料年运亦垂尽，不久于世。夫人于为性命计，勿忘吾言。"明年，屠果卒。

又一年，吕妻竟因产丧命。吕狃于俗说，谓妇怀胎死者，沉沦幽趣，永无出期，至自持刀剖其腹，取败胎弃之。①

这个故事隐含两个在别处也得到证实的民间信仰：其一，某个特定的婴儿不是一般的孩子，而是送来让父母伤心痛苦的孽障，多半因父母曾经犯下的罪孽而遭到这样的报应；其二，怀孕是阻挡母亲再生的不洁或污秽的事。很难追溯怀孕和生小孩是污秽的这种想法的由来。一部佛教伪经（出自中国），《盂兰盆经》，描写了目连进入阴间寻找母亲时发现的盂兰盆地狱。地狱里只有女人，卫士向目连解释她们在那里是因为生孩子时的血污玷污了土地神，或让河流下游的人无意中用洗过血衣的河水给神献了茶，从而冒犯了神。作于宋代的几部道教经书含有类似的主题，暗示这些观念——在后期的中国非常突出——早在宋代已经十分流行。②

孩子生下来以后紧接着的日子对母亲说来非常重要。医书的作者劝告产妇卧床 3 天。作者还指出产后易感压抑或神志不清，常说她们看见鬼了，因此应该及时治疗。产妇分娩后还易于遭受疼痛、风寒以及种种不适和危险。③

分娩的直接后果之一是孩子生下来几天后就死去，或几岁时夭折了，这种情况显然很普遍，即便是在有墓志铭资料、享有特权、有功名的士人家族里。陈自明的著作（1214—1297）明确记叙了第一个妻子董尚柔（1216—1252）生了 4 个女婴，但是都没长 *176*

---

① 洪迈：《夷坚志》补 18：1715。
② 泽田瑞穗：《地狱变：中国的冥界说》，京都，1986。当代台湾视生育为脏污的思想，见芮马丁（Ahern）：《中国妇女的权利和脏污》；西曼（Seaman）：《因果报应的政治》。
③ 陈自明：《妇人大全良方》18：1，26—35，19：1—8。

大。37岁时第一个儿子出世的第二天她辞世而去。13天后男婴也死了。姚勉（1216—1262）的不幸是两位妻子都在婚后一年分娩时丧命。第一位妻子邹妙善（1228—1249）在唯一的女儿出世20天时去世，接着，女孩在第二年死去。第二位妻子，邹妙善的小妹邹妙庄，死于第一次分娩以后的第七天。对母亲死后活下来的儿子，作者避而不谈他妈妈死于生他时得的并发症，多半怕伤害他的感情。又如，元明善（1269—1322）仅记载了史棣卿（1246—1266）21岁时因"病"死于京城。后来他在铭文里提到她的第四个孩子——唯一的儿子，当时刚刚生下来7天。①

图22　婴孩形状的瓷枕

北京：故宫博物院，翁万戈（Wan-go Weng）摄。

---

① 陈著：《本堂集》90：8—10，四库全书；姚勉：《雪坡舍人集》50：7—10，于胡思敬编：《豫章丛书》，南昌，1915—1918；元明善：《清河集》5：42，缪荃孙编：《藕香零拾》，台北：广文书局重印，1968。

记住这一点很重要,尽管前现代时期生孩子很危险,但是仍使父母和祖父母感到非常兴奋、快乐,特别是生下男孩时。枕着小孩形状的瓷枕头(图22)躺在床上的女人会想到生养孩子的乐趣。邵雍(1011—1077)45 岁才结婚,第一个儿子出世时他写了一首诗:

> 我今行年四十七,生男方始为人父。
>
> 鞠育教诲诚在我,寿夭贤愚系于汝。
>
> 我若寿命七十岁,眼前见汝二十五。
>
> 我欲愿汝成大贤,未知天意肯从否?①

养 活 婴 儿

无论孕妇面临什么样的危险,她们孩子的生命都更加岌岌可危。考虑到宋代皇帝的女儿在婴儿期死掉一半,可以说婴儿的死亡率肯定非常高。② 正如一幅令人回味的宋代绘画(图23)描绘的那样,死亡似乎有办法吸引婴儿。

有的女人显然比别的女人运气坏,正如洪迈另一则逸闻所示:

> 睢阳刘桨夫妇,年皆四十余;屡得子不育,唯一幼女。刘调官京师,女在家亦死。将出瘗,母望送之,哭甚苦,倦憩椅上,遂昏睡。及醒,见高髻妇人立于侧曰:"无庸过悲恼,便毓贵子矣,官人已得差遣,朝夕归。但往城西魏十二嫂处,觅一 *177*

---

① 邵伯温:《邵氏闻见录》18:193,北京:中华书局,唐宋史料笔记丛刊,1983。
② 脱脱:《宋史》248:8771—8790,北京:中华书局,1977。

图 23 《骷髅幻戏图》

李嵩(创作活跃期 1190—1230)。北京:故宫博物院藏。郑振铎、张珩、徐邦达:
《宋人画册》,北京:中国古典艺术出版社,1959。

故衣,俟生子,假大银盒,借以衣,置子于中,合之少时而出,
命之为合住或蒙住可也。"语毕,忽不见。

后五日,刘调滁州法曹掾归,妻告之故。次日,既出西门
寻魏氏,行二里,无此姓者。还及门,偶驻茶肆,与主人语,其
行第则魏十一也,问其弟,曰:"正为十二弟,所娶弟妇生十
子,皆不损折,共居同食,殊非贫舍所宜。"刘闻言喜甚,以情
语之。魏入告其弟,持妇所衣绢中单与客,刘酬以钱二千,不
肯受。

既而妻娠。越五月赴官,时宣和庚子岁也。夫妇因对食,相与语:"生男似有证,顾何处得银合?"适被郡檄兼委公帑,阅器皿,乃有大银合二。滁固荒州萧索,他物不相副,当巨珰谭缜使浙西,所过州必荐土物,盛以合而并归之,滁亦为备,缜从他道去,故留库中。至六月生男,如妇所教而字之曰"蒙住"。①

这个孩子当然活了下来,长大以后当了官。

为了让新生儿活下来,医学文献提供了无数处方和切实可行的建议。其中之一引用了许多谚语:"要当下之,不可不下。不下则致寒热,或吐而发痫,或致下利,此皆病重不早下之所为也,则难治。先治其轻时,儿不损耗而病速除矣。……儿衣锦帛,特忌厚热,谨之谨之。"还注明不扎针灸、不用灸法的农民的孩子往往活得比庸医治过的孩子好。②

西方国家的前现代社会,父母们经常把婴儿从不利于健康的城市送到乡下交给乳母照顾,这种办法大概使婴儿死亡率增高。中国同样广泛使用乳母,但是婴儿死亡率多与她们无关,因为代替把婴儿送到奶妈家的办法是把奶妈请到自己家,可随时照顾小儿各方面的生理需要。③ 医生不反对使用奶妈,相反,他们只提醒选健康、丰满、奶水洁白的奶妈。④ 事实上通常的医学思想认为喂奶就像失血并且耗尽了女人的力气:"世俗之家,妇人产后复乳其子。产既损气已甚。乳又伤血至深,蠹命耗神,莫极于

---

① 洪迈:《夷坚志》补 10:1640。
② 朱端章:《卫生家宝产科备要》8:112。
③ 如洪迈:《夷坚志》三辛 4:1417。
④ 陈自明:《妇人大全良方》24:9。

此。"①这样想的人家会雇奶妈以保护新妈妈的健康。无论出于何种原因,奶妈在士人家庭里是常见的角色。苏轼(1036—1101)写道,任采莲(1017—1088)喂大了他姐姐和他自己,然后留在他家 35 年,带大苏轼的 3 个儿子,跟着他旅居、宦游各地。士人为雇用奶妈而烦恼是因为有功名人家的孩子常受奶妈坏习惯和价值观的影响,或是奶妈为了得到这个差使而过早地给自己的孩子断了奶。②

人们会把上层阶级的女人自己带孩子视为献身母性的表现。袁燮(1144—1224)说自己的妻子边氏(1155—1203)是理想的妈妈。她 19 岁结婚,不久就开始养育孩子,最终养大 4 个儿子,4 个女儿。

> 男女八人,自乳其七。饥饱寒燠,节适谨甚。无顷刻不系于心;无毫厘不至之处。自言吾之心寄于儿之身。儿小不安,终日抱持,未常置之衽席,委之他人也。察之微,护之谨。故咸遂以长;而无夭折之患。③

在袁燮看来,照看婴儿的母亲带有非常迷人的美,这种感情得到了画家们的共鸣,他们有时会描绘妇女为婴儿洗澡的场景(图 24)。

中国的父母与别处的一样,把爱挥洒到孩子身上。孩子死掉则痛不欲生。不少士人写诗哀叹婴孩的死。徐积(1028—1103)写的一首探究母亲在稍大一点的孩子死去时可能感到的悲伤,其

---

① 陈自明:《妇人大全良方》16:2。
② 苏轼:《苏轼文集》15:473,北京:中华书局,1986;李昌龄:《乐善录》4:44,台北:四部善本丛刊重印宋版,1971;袁采:《袁氏世范》3:54,丛书集成。
③ 袁燮:《絜斋集》21:356,丛书集成。

图 24　给婴儿洗澡的女人

宋代画作《浴婴图》。华盛顿特区,史密森学会,弗里尔艺术画廊(35.8)。

中一部分为:

> 谁何哭,哀且危?
>
> 白头母,朱颜儿。
>
> 儿忽舍母去,母何用生为?
>
> 架上有儿书,箧中有儿衣。
>
> 儿声不复闻,儿貌不复窥。
>
> 谁何哭,哀复哀?
>
> 肠未绝,心先摧。

180

母恃儿为命，儿去不复来。

朝看他人儿，暮看他人子。

一日一夜间，十生九复死。①

流 产 和 杀 婴

在撇开生理意义上的为母之道以前，我们应该概略地看一看人们怎样对待意料之外的怀孕。人们广泛认为小孩子可能是不受欢迎的。最常见的不愿养过多孩子的理由是家庭太穷：儿子越多，每人分到的土地越少；女儿越多，花费越大，特别是办嫁妆的时候。

人们大多相信吃掉一些特定的东西可以导致流产，但是那些办法似乎并不安全或有效。周密(1232—1308)记录了一则谣言，度宗(1264—1274 在位)皇帝是一次不成功的流产的结果，他母亲曾跟随嫁给皇子的李氏做仆人，"绍陵之在孕也，以其母贱，遂服堕胎之药，既而生子手足皆软弱，至七岁始能言"。② 李昌龄(创作活跃期 1233 年)撰写的训诫故事集子也谈到人们吞服毒药达到流产的目的。他从反对怀孕最初阶段子宫里只有精液和血的观点出发，声称孕期的最初，一个精灵就已经存在于子宫。他重述邵伯温(1057—1134)记录的故事作为证据。邵伯温的祖母怀孕时服用了医生开的药，生了一个健康的男孩即他的父亲邵雍；但是邵雍的孪生妹妹出生时即死去，人们归咎于药物。10 年

---

① 徐积：《节孝集》11：8，四库全书。
② 周密：《癸辛杂识》续 B：190，北京：中华书局，1988。《宋史》46：891 没有同样的记载。

后邵雍的母亲病了,梦见死去的女孩来访,诉说她在子宫里怎样因毒药而受苦。又过了 10 年,她又来了,说自己终于可以转世投胎了。[①]

杀婴无疑比流产更为常见。即便远非赤贫的家庭也用杀婴控制生育,而且士人阶层里颇有一些杀婴或企图杀婴的故事。洪迈记录的故事之一是,一位官员的儿子、儿媳一致同意如果再生女儿就把她淹死,因为他们已经有 4 个女儿了。另一个故事中,一位年过五十的男子尴尬地告诉长大了的儿子们他的妾怀孕了,问他们孩子出生后怎么办:杀死,立即送人,还是养大一点再送人(估计是让别人收养或送给寺庙)。小儿子提议养活他,但是长子亲手把小婴儿扔到一个酒缸里。[②] 有时人们改了主意,把放到水盆里的小孩救活。据传言说,官员单同(1035—1105)之所以活下来,仅由于他被扔到水里后有人救了他。同样有传言说胡安国(1074—1138)的妾生的小孩被扔到水里溺死,胡的妻子恰好梦见一条鱼在盆里游,因此把淹得半死的男孩救起来亲手养大。这个孩子胡寅(1098—1156),因为生母企图淹死他而对她怀怨在心,生母死后也不为她服丧。[③](我们忍不住会猜测,胡寅法律上的母亲会在他不过是小孩子时给他讲这个故事,使他视她为真正的母亲。)

尽管有证据显示士人同侪实施了杀婴,大多数士人仍认为杀婴是愚昧、自私和不道德的,像是那些平民百姓干的,而不是士人

① 邵伯温:《邵氏闻见录》18:192;李昌龄:《乐善录》9:7。

② 洪迈:《夷坚志》三壬 2:1479,丁 5:573。

③《道山清话》14,丛书集成;王明清:《挥麈录》余话 1:945,丛书集成;周密:《齐东野语》6:103,北京:中华书局,唐宋史料笔记丛刊,1983。

阶层自己干的。① 王得臣(1059 年中进士)写道,福建人有了三儿两女以后就不想再要孩子,如果生了,就溺死。他记述了福建一位县官俞伟的努力,俞伟发布禁止杀婴的劝谕,召来村里的长者,款待他们,教导他们回去后向邻居们解释为什么杀婴是错误的。王得臣说,通过俞伟的努力救活的小孩,多达几千个。② 几十年后,朱松(1097—1143)在福建当地方官时,贴告示劝人们不要杀婴。多半为了引起注意,他从一个死而复生的女人说起,此前据说她曾被引到一个地方,看见亲戚和祖先在那里排成一行,还有5 个血泊中的小孩,她被指控杀死了他们。这个案子最后被弄清楚是抓错了人,于是她又活了过来。然后朱松说:"吾乡之人,多止育两子。过是,不问男女,生辄投水盆中杀之。父母容有不忍者,兄弟惧其分己赀,辄亦从旁取杀之。"③

人们认为杀婴是罪过,这可以从很多杀婴者遭到报应的故事中看出来。洪迈讲了一个叫江四的富农的故事,妻子生了女儿以后,他很生气,把婴儿扔到水盆里。孩子没有死,他使劲揪住她的耳朵,把整个耳朵撕扯下来,就像用刀切下来那样。然后,婴儿死掉了。第二年,妻子又生了个女儿,结果这个女儿没有耳朵。邻居解释说这就是报应,但并没有打消他再次杀婴的念头,因为他怕招来更大的灾难。洪迈还讲了高氏的故事,她是佃农的寡妇,和一个游手好闲的年轻人交好后怀了孕。由于担心有人控告她通奸,她溺死了婴儿。几年后,她染上了寄生虫病,肚子胀起来。她疼得日日夜夜大嚷大叫。病危时她对围在床边的人说,这是死婴在折磨她。说完了就开始疯狂地踢打,第二天就死了。高氏的

---

① 参考艾科恩(Eichorn):《宋代控制人口的一些表现》。
② 王得臣:《麈史》1:21,笔记小说大观。
③ 朱松:《韦斋集》10:11—13,四库全书。

女儿看着她死去,但是她结婚以后,想到自己和丈夫要养的人已经很多了,就溺死了一个刚出生的女婴。第二年她又怀孕了,看见一个怪物出现在房间里。她生病、死去,经受的折磨与母亲完全相同。①

对那些认为自己无力供养更多小孩而选择杀婴的人,可以提出的建议是把孩子送给别人收养,或把他们遗弃在易于被人发现的地方。袁采指出,"子多固为人之患",但还是力劝把孩子养大一点再送走。② 在大城市里,弃婴是常见的社会问题。地方官府有时制定育婴机构,雇奶妈照管婴儿,直到有人领养。在乡村地区,地方官会试图制定防范措施,要求邻里举报孕情以便劝告她们不要杀婴,为那些实在不能再添一张嘴的人家提供救济。③

照顾孩子的感情需要和道德发展

许多作者似乎都流露了这样的想法,衡量女性成就的真正标准是看她们怎样很好地把孩子抚养大。人类发展中孩童时代的重要性受到广泛认同,④而且公认母亲是最可靠、天然的早期教育专家,从道德、知识和能力各方面培养孩子。程颐描写母亲侯氏(1004—1052)给了他兄弟二人重要影响。(在下文中,对"母亲"这个概念,程颐像其他写已逝母亲的儿子们一样,用"夫人"这

---

① 洪迈:《夷坚志》支庚 10：1214,支甲 6：757。
② 袁采:《袁氏世范》1：15。
③ 如周应合:《建康志》23：38—41,44,宋元地方志丛书,台北:国泰文化实业重印,1980;谈钥:《吴兴志》8：7,宋元地方志丛书,台北:国泰文化实业重印,1980;李心传:《建炎以来系年要录》117：1889,丛书集成;朱熹:《朱文公文集》27：1,四部丛刊;还见,今堀减二:《关于宋代的婴幼儿保护事业》,《广岛大学文学部纪要》1955,8：127—151。
④ 李弘祺(Lee):《孩童生活的发现:宋代中国的儿童教育》。

一称谓,或常常不写主语。)

仁恕宽厚,抚爱诸庶,不异己出。从叔幼孤,夫人存视,常均己子。治家有法,不严而整。不喜笞扑奴婢,视小臧获如儿女。诸子或加呵责,必戒之曰:"贵贱虽殊,人则一也。汝如此大时,能为此事否?"道路遗弃小儿,屡收养之。有小商,出未还而其妻死,儿女散,逐人去,惟幼者始三岁,人所不取,夫人惧其必死,使抱以归。时聚族甚众,人皆有不欲之色,乃别籴以食之。其父归,谢曰:"幸蒙收养,得全其生,愿以为献。"夫人曰:"我本以待汝归,非欲之也。"好为药饵,以济病者。大寒,有负碳而击者过门,家人欲呼之。夫人劝止之曰:"慎勿为此,胜则贫者困矣。"

先公凡有所怒,必为之宽解,唯诸儿有过则不掩也。常曰:"子之所以不肖者,由母蔽其过而父不知也。"夫人男子六人,所存唯二,其爱慈可谓至矣,然于教之之道,不少假也。才数岁,行而或踣,家人走前扶抱,恐其惊啼,夫人未尝不呵责曰:"汝若安徐,宁至踣乎?"饮食常置之坐侧,常食絮羹,皆叱止之,曰:"幼求称欲,长当如何?"虽使令辈,不得以恶言骂之。故颐兄弟平生于饮食衣服无所择,不能恶言骂人,非性然也,教之使然也。与人争忿,虽直不右,曰:"患其不能屈,不患其不能伸。"及稍长,常使其从善师友游,虽居贫,或欲延客,则喜而为之具。其教女,常以曹大家《女诫》。

居常教告家人曰:"见人善,则当如己善,必共成之;视他物,当如己物,必加爱之。"……

夫人安于贫约,服用俭素,观亲族间纷华相尚,如无所见。少女方数岁,忽失所在,乳姥辈悲泣叫号。夫人骂止之,曰:"在当求得。苟亡失矣,汝如是,将何为?"……

　　……颐兄弟幼时,夫人勉之读书,因书线贴上日"我惜勤读书儿";又并书二行:日"殿前及第程延寿",先兄幼时名也;次日"处士"。及先兄登第,颐以不才罢应科举,方知夫人知之于童稚中矣。宝藏手泽,使后世子孙知夫人之敬鉴。①

多年后回顾母亲养育孩子的言行,程颐发现了很多值得赞扬的地方。他母亲生活在人们特别明确地知道自己地位的社会里,但她试着教导孩子要体谅仆人、穷人和任何处于不幸境地的人。她能使愤怒中的丈夫冷静下来从而达到相夫的效果,但是对孩子不纵容放任,不娇生惯养,不让孩子变得冷漠和任性。相反,她对孩子"爱之深而教之严"。她在关心他人和淡泊物质方面为孩子树立了一个好榜样。她还善于激发、督促孩子步入仕途。

程颐对母亲个人品性中沉着、平静的那一面的评价超过感情方面,他指出小妹妹死时母亲比乳母还要镇定。在这一点上,程颐当然反对那种刻板常规的观念。袁采则为我们描绘了母亲养育孩子的经历和母子关系的更普遍的情况:

　　人之有子,多于婴孺之时,爱忘其丑;恣其所求,恣其所为。无故叫号,不知禁止,而以罪保母。陵轹同辈,不知戒约,而以咎他人。或言其不然,则日小未可责。日渐月渍,养成其恶。此父母曲爱之过也。

　　及其年齿渐长,爱心渐疏。微有疵失,遂成憎怒。摭其小疵,以为大恶。如遇亲故,妆饰巧辞,历历陈数,断然以大不孝之名加之,其子实无他罪。此父母妄憎之过也。

---

① 程颢、程颐:《二程集》文集 12:653—655,北京:中华书局,1981。

爱憎之私，多先于母氏。其父若不知此理，则徇其母氏
之说，牢不可解。为父者须详察此。子幼必待以严，子壮无
薄其爱。①

在士人阶层当中，很多母亲把孩子引进书本世界。袁燮
(1144—1224)描写他母亲戴氏(1121—1192)怎样抓住孩子最初
阶段的识字教育："……教之书，手写口授，句读音训必审。"儿子
们长大后，她的作为更多地在于鼓励和告诫他们，但还是用很多
时间与儿子谈古论今，让他们分享自己广博的知识和精彩的见
解。母亲带孩子读启蒙著作的事也不罕见。比如龚氏(1052—
1119)亲自教儿子读《论语》和《孟子》。黄氏(1063—1121)本人文
学修养极高，逐个教 7 个女儿学习诗书礼仪。没有男人的情况
下，母亲可能接管儿子的教育。虞道永(1103—1182)40 岁丧夫
后紧紧抓住儿子的教育，"亲授经训"。②

女儿们肯定常常由母亲教着读书。但是更多的妈妈要教会
女儿自如地适应强调性别差异的社会。传记常常说女孩子们对
各种女工无师自通。这样说也许反映了男人对这个事感到的惊
奇，他们看到的是，必须施加压力儿子们才能掌握构成职业基础
的古典文献，反之，他们的姐妹，仅在家里跟着母亲，边学边干，就
给家庭帮了越来越多的忙，不费劲就学会了必要的烹饪、养蚕、纺
织、缝缝补补和照料老弱病残的技能。

妈妈还最有资格教女儿做到甜美、顺从、谦恭、收敛。当然，
宋代的母亲们并不认为培养这类素质意味着她们参与了对妇女

---

① 袁采：《袁氏世范》1：5。
② 袁燮：《絜斋集》21：353；许翰：《襄陵文集》12：13，四库全书；李纲：《梁溪先生文集》
　170：13，台北，1970 年重印；朱熹：《朱文公文集》92：13。

的压迫。相反,她们因别人称赞自己养育的女儿美丽、女性化而感到骄傲。女人味的复制是一个女人自治的领域。人们容忍父亲和祖父们溺爱女孩子或鼓励她们那些不太体面的言行。而母亲和祖母却负有教她们学会适当的言行举止的重任。韩维(1017—1098)讲述了岳母王氏(987—1041)怎样被其父喜爱看重,却最终学会更多女性行为举止的过程:"夫人才数岁,文正特喜其明悟。亲教诵《孝经》,白氏讽谏及杂诗赋数百篇。每家人会上,夫人饮独为多。稍长,谓人曰:'酌酒诵书,非女子所为。'遂覆杯不视文字终身焉。"[1]我们仅仅可以推测,她的母亲、祖母或别的女亲戚曾对她的行为发表过议论,抵消了一些她从父亲那里得到的正面肯定。

培养女儿形成一些美德,比如行为的适当,似乎在所有品行中是最重要的,会受人尊重,表明这位姑娘不是妓女。男人越是被那些愿意在他们面前出头露面招待他们的女人吸引,就越明显地愿意让自己的妻、女留在家里,行为举止适当。但是母亲们不硬性排斥娱乐场所的时尚并以此引导女儿的发展,比如缠足的广泛流行就充分证明了这一点(见第一章)。

* * *

虽然有那么多危险和困难,养育孩子仍然使母亲得到极大满足。做母亲不像其他女性角色那样谜一般地模棱两可:女人在疼爱孩子和尽最大努力照顾他们的问题上没有接收过含糊不清的信号。一个女人把自己是孩子的妈妈看得比其他都重要,就会发现生活少了许多令人困惑、沮丧的东西,而不像首先把自己当作女人、妻子、诗人、织妇或管家那样。母亲可以把自己的全部热忱

---

[1] 韩维:《南阳集》30:1,四库全书。

投入照顾小婴儿的身体,可以尽可能地把时间花费在大一点的孩子身上,这时候她们知道自己的企图不会被误解:无论做什么都会被当作爱孩子的表现。别人只可能批评某种做法,但不会批评妈妈的动机。做母亲还是女人们可以期待通过努力收到回报的主要领域;每个人都认为孩子爱妈妈就像妈妈爱他们小时候那么深,这是当然的和适宜的。的确,作者们常常暗示一个儿子永远没有办法充分报答他们一直以来欠给母亲的恩情。

所有这些再一次强调了女人与别人的关系对于她来说有多么重要。一个女人是很多人的什么人:父母的女儿,丈夫的妻子,妯娌中的一个,等等。但是赋予她的各种关系里最主要的是她与孩子的关系。此外,视女人为母亲还把她带进很多其他关系:儿子的妻子不仅是儿媳,还是孙子的母亲;女邻居不仅仅是邻居,还是邻家孩子的妈妈。

可以说,中国的家庭价值观由于如此推崇母亲这个角色,因此把老年妇女看得比青年女子更尊贵,多子女的女人比子女少或未生育的女人更尊贵。有些女人受益于子女,至少到最后会受益,但是最大的受益者大概是孩子们。通过从每一种可能的角度激励女人当一个好妈妈,中国的家庭体系鼓励女人经心、慈爱地养育子女。

第十章　寡居生活

孙氏（出生于 1070 年）于 1134 年去世时，抛下了其 56 岁的妻子强氏（1078—1153）和 11 个孩子，其中有的尚在幼年。他家的财务十分混乱，因为他"疏财乐施，一语之投，捐数十万无所计"。[1] 孙氏积攒的借据有满满一箧，临终时他叮嘱儿子把借据都烧掉，但是儿子们却打算去讨债，这时，强氏拦住他们，说：

> "不取一金之息，不遣一介诣门，淹速惟所命，折券则不可。"饬诸子日报书云而已。而诸子犹自言，家有未分之田，计积岁粟麦之直为钱，无虑万缗。夫人悯然，不喻其故。或曰："分法过五年，有司不受诉，今隔世矣，复何道？"夫人曰："争财与让财孰愈？"尽出帑廪畀之，无秋毫计惜。族姻闻之曰："寡妇弱子，一旦丧家资之半，其家破矣。"夫人经理内治，衣粗食粝，勤俭自力。即舍东间屋数楹，迎师教其子。晨夜课诵，不使嬉窝。而后营伏腊，输赋税，治宾祭，交宗党。应已然，待未然。事无剧易，皆中节法。积二十年，男授室，女得所归，田园聚资，稍复其故。内外属人，无老幼疏近，一口翕然，称为贤母。[2]

---

[1] 孙觌：《鸿庆居士文集》35：13，盛宣怀编：《常州先哲遗书》，台北，据 1985 年本重印，1970。

[2] 孙觌：《鸿庆居士文集》40：9。

　　宋代史料里像这样决心克服逆境并成功带大孩子的孀妇并不罕见。这种坚强、胜任而又无私的女人受到普遍的尊敬，原因与受尊敬的内助大致一样：她们维系和提升了丈夫和儿子的家族声望。

　　即便还有年幼的孩子，但几乎可以肯定 56 岁成为寡妇的强氏有长大成人的儿子，可以帮她打理很多事情。更令人敬畏的是那些孩子还小的寡母。用前现代社会的死亡率推断，失掉丈夫而孩子尚小的女人并不罕见。我所研究的夫妇中，5％的妻子 30 岁丧偶，13％的妻子 40 岁丧偶、将近 20％的妻子 45 岁丧偶。最好的情况下，女人丧夫后留在复合家庭里，与丈夫的兄弟们一起度日，并且今后也只依赖于他们生活。分家时，她的儿子将得到丈夫应得的那份财产。体谅她的丈夫的兄弟将尽量推迟分家，直到她的儿子能管理财产或养活她。即便丈夫去世前已经分了家，丈夫的兄弟也会收留她和孩子们，支持或赡养（如果需要的话）她这个可能不能完全独立的小家；这是士人通常的做法，他们按照惯例遵循成规，其中不少是为寡妇规定的。韩元吉（1118—1187）在一篇为小叔叔作的悼文里说叔叔去世时没有子嗣，韩元吉收留了无处可去的寡婶，直到她也去世，他还为婶婶立了嗣，使叔叔那一支脉延续下来。[①]

　　与这种理想的境况相反，很多寡妇回到娘家，可能是自愿这样做，因为丈夫的兄弟不欢迎她们，或丈夫没有兄弟。寡妇的财产状况和家庭形势因为阶级和个人情况不同而多种多样。[②] 吴氏（1035—1093），婚后不到一年丧夫，带着尚在襁褓里的小女儿

---

① 韩元吉：《南涧甲乙稿》18：370，丛书集成。

② 参考霍姆格伦（Holmgren）：《贞节的经济基础：古代和当代中国的寡妇再嫁》；柳立言：《浅谈宋代妇女的守节与再嫁》，刊于《新史学》，1991，2，4：37。

回到娘家，"以事兄嫂"，长达 32 年。苏氏（1031—1072）35 岁时第二次丧夫，回到母亲家住，每日独处诵经，连家里人也很少见到她。寡妇的父母和兄弟即使已去世，活着的娘家人最终也会收留她们。寡居的虞道永（1103—1182）收留了已逝丈夫的姐姐，慷慨地供养她十五六年，并为她的儿子们娶了妻。①

有些没有儿子只有女儿的寡妇可以投奔女儿。张氏丧夫后，丈夫前妻的女儿严氏（1039—1110）把她接到自己家，照顾她度过余年。宋氏的第二个丈夫去世后，住到她与前夫生的女儿陈氏 ¹⁹⁰（1155—1230）家里。姐妹家甚至也是可去之处。大约 1175 年，年老、贫穷且有病的邵氏被她年过 60 岁的妹妹收留。②

寡妇的脆弱性

试图保持一定程度上独立的寡妇肯定会遇到很多困难。一般情况下寡妇不能继承丈夫的财产（他的儿子才是继承人），如果她不再嫁，可以靠丈夫的产业维持生活。如果没有儿子，她可以管理丈夫的财产并为他选一位继承人，恰当但不一定必要的人选是他的侄子或侄辈族人。如果不确立继承人，她死后这个家庭将被归为绝户，财产将按照户绝法的复杂规定进行处置。如果有年幼的儿子，不管是她生的还是妾生的或收养的，她都可以在儿子利益的基础上掌管财产，但是没得到官府的同意不能变卖田产和

---

① 王令：《王令集》附录 405—407，沈文倬编，上海：上海古籍出版社，1980；苏颂：《苏魏公文集》62：951，北京：中华书局，1988；朱熹：《朱文公文集》92：13，四部丛刊；陈亮：《陈亮集》，北京：中华书局，1974。

② 邹浩：《道乡集》37：12，宋名家集汇刊，台北，据 1833 年本重印，1970；刘克庄：《后村先生大全集》149：12，四部丛刊；朱熹：《朱文公文集》90：13；陈亮：《陈亮集》30：436，北京：中华书局，1974。

房屋,因此她只不过是财产的保管者。儿子长大后,她仍有权要求掌握养活自己的那些财产;未经她的同意,儿子不能合法地签署契据卖掉产业。①

毫无疑问,宋代寡妇愿意得到更明确的对嫁妆和丈夫产业的所有权的法律依据。但是财产所有者的合法权利实际上是个大问题。男人会尽力曲解财产权,会用他们不会用来对付其他成年男子的办法把财产夺走。开封的一个恶霸曾试图逼迫邻居把住房卖给他,没有得手。邻居去世后,恶霸占有了他留下的寡妇张氏,唆使亲信、狗腿子向张氏的两个儿子扔瓦片、石头,逼得两人背井离乡。②《名公书判清明集》里的案例解说提供了大量证据,其中很多男人认为没有成年儿子的寡妇好欺负,把她们当靶子。因为她们毕竟是女人,从小被要求顺从,让着别人,听从男人对种种"外"事的安排,为在公开场合露面而尴尬难堪。这些同一类的案例也表明的确有不少可爱的、相当勇敢的寡妇,准备着反抗到底。

寡妇们需要保护自己不受亲戚欺凌,跟防备恶霸一样。韩亿(972—1044)遇到一位十年前丧夫、被小叔子逼迫再嫁的寡妇。她的儿子被送给一位村妇,村妇受贿后声称孩子是自己生的。③像强氏一样,很多寡妇似乎从财产问题引起的纠纷里得到的最好的教训是放弃。1045年李氏成为寡妇时,丈夫的两个弟弟分了家产,骗走她20万钱。她唯一的儿子还小,压不住愤怒,但是她

191

---

① 袁俐:《宋代女性财产权述论》,杭州大学历史系宋史研究室编:《宋史研究集刊》第2卷,296—307,杭州:浙江省社联探索杂志。
② 徐松:《宋会要辑稿》"刑法"4:70,北京:中华书局,1957。
③ 魏泰:《东轩笔录》11:83,丛书集成。

劝儿子忘掉此事,否则会使亡父在地下不安。①

袁采提醒说寡妇可能经常被骗,但是他也说这是不可避免的,因为很少有女人具备管理财产必不可少的识字、计算能力。"托之宗族,宗族未必贤;托之亲戚,亲戚未必贤;贤者又不肯预人家事。"为避免被骗,寡妇有时把财产列在别的男人名下,这种办法可能会弄巧成拙,引火烧身。②

很多寡妇与夫家亲戚的争讼集中在收养问题上。法律和习惯偏向于收养父系家族近亲,但是养母本人可能有充分理由倾向于一个远亲甚或陌生人。首先,寡妇愿意保留已经立继的嗣子(即已经和她有母子或祖孙关系的男孩),而且拒绝丈夫旁系近亲想让自己的孩子代替原有养子的意图。他们之间的争斗会拖延很久,如陈铁的寡妻,有知识的傅氏遇到的。她已经从丈夫的亲戚里收养了一个3岁男孩。由于孩子的辈分合适,她已把孩子转到自家户籍上,手续合法。然而,在二十多年里,陈鉴,可能是丈夫的兄弟,多次起诉她,企图让自己的儿子成为她家的子嗣。他告到县、州、路,直到刑部大臣。陈鉴还非法侵吞了傅氏的土地,迫使她不得不亲自打官司讨回田产,弄得她疲惫不堪,判官结案时说这加速了她走向死亡。③

收养夫家血缘以外的孩子的寡妇更容易受到攻击。曾氏与吴坦结婚后生了一个儿子吴镇,不幸年少夭折。由于吴坦的亲戚里没有合适的候选人,夫妇二人收养了一个曾氏娘家的孩子,改姓吴,起名吴铠。丈夫死了,孩子也长大了,娶了妻,生了3个儿

① 晁补之:《鸡肋集》68:7,四部丛刊。
② 袁采:《袁氏世范》1:18,丛书集成;《名公书判清明集》6:191,北京:中华书局,1987。
③《名公书判清明集》13:504。

子、1 个女儿。吴坦死后的年月里,吴镗的继承人的地位多次遭到挑战,吴坦的叔叔挑起第一次、堂兄挑起第二次。最后一次发生于收养吴镗 30 年以后,这次的原告要求为夭折的吴镇立继。已经成为老年寡妇的曾氏回答说早已确立养子的小儿子做继承人。判官为保护寡妇和养子做了能做的一切,并点明挑起纷争者的自私的动机,甚至依据不同的赋税额和劳役负担推算出吴家两条支脉不同的富裕程度,说明这才是引起诉讼的真正原因。法官甚至还建议从母亲娘家挑选养子比收养陌生人要好得多。①

192
　　寡妇可能在丈夫死后很久才需要收养孩子。陈氏丧夫时,有有一个年幼的儿子——张颐翁,但他不幸在 24 岁时死去。后来她收养了一个被遗弃的 3 岁男孩做继承人(做她的孙子)。这孩子八九岁时,去世多年的丈夫的弟弟打算让自己的儿子代替他。由于她丈夫的弟弟的儿子做她儿子的继承人,辈分不对,法官判决寡妇继续收养她已经养大的孩子。②

　　关于毛氏的案子有 3 份单独的判词保存下来,她与四兄弟中的老三黄廷吉结婚(见图表 6)。黄廷吉死于 1234 年,毛氏当时 23 岁。她没生过男孩;两个女儿也没活下来。她发誓不再嫁,第一位法官认为这一点值得尊敬,因为她这么年轻又没有孩子。毛氏没收养侄子,因为丈夫的二哥和四弟当时还没有男孩,而大哥素来与丈夫不甚投合,他死时大哥甚至没来吊唁。此外,大哥的儿子们与她年龄差不多。于是她转而求助于娘家一位女亲戚,收养了女亲戚的二儿子,改名为黄臻。这一切都在公开中进行,两个亲近的兄弟(她显然与他们一起度日)都不反对。事实上,他们

①《名公书判清明集》8：269。
②《名公书判清明集》7：214。

为这个男孩请来教书先生,还给他娶了亲。毛氏丈夫的兄弟们都
去世后,结果大哥的一个儿子起诉要求做三叔的继子。第一个法
官同情他,援引了反对从父系以外收养子的传统观念:神灵不会
喜欢母系养子献上的祭品,无论表面上看起来情形多么相似,但
事实上世系的延续已经中断。即使黄臻早在 18 年前已被收养,
而且和母亲相处得很好,判官仍希望毛氏从丈夫的 8 个侄子里重
新挑选一个继承人,并判定分给这个男孩一半家产。毛氏按判官
所言,收养了丈夫二哥的一个儿子,但恰恰因此引起了更多的麻
烦。同等并列的两个继承人中那个新养子的生母徐氏把儿子领
回去了,并起诉说她的孩子受到虐待。毛氏的案子又一次提到法
庭,新判官显然认为前边的判决走得太远,立第二个继承人有点
过分。现在由第二个继承人引起纠纷,因此他判决立一个继承人
已经足够。第三位判官基本同意第二位的决定,并以制造事端为
由判第一个原告杖 80 棍。[1] 可以设想,很多与毛氏情况类似的
寡妇只能向丈夫的兄弟或侄子让步;毕竟,她们很难想到法官会
站在自己一边。

图表 6

193

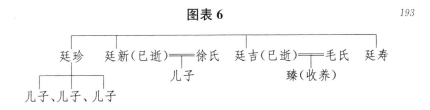

男人有时怀疑寡妇并没把活到结婚以后的每个儿子的传宗
接代视为重大问题,这无疑是对的。当一个寡妇有两个或更多的
儿子,若有一个已婚儿子死去而没留下子嗣,这时她更愿意看到

---

[1]《名公书判清明集》7:217—223。

所有的财产都归于可以指望养她的活着的儿子,而不愿分给与她的关系不可避免地渐趋衰弱的养子养孙。在这样一个案例里,判官谴责寡妇愚昧无知,被贪心的儿子牵着走;但在另一个案子里,那位非凡的法官却强力保护寡妇不受父系亲属的干扰、有决定问题的权力。①

有些有儿子的寡妇甚至会发现父系的旁系亲戚试图强迫自己和儿子接受附加的继承人。请看这个案子:

> 今据具到见得方森系庚申生,年二十而娶阿黄。其阿黄系甲子生,年十六而嫁方森。阿黄于癸未年内亲生一女,名柳姑,五岁丧父,见年一十五。阿黄于乙酉年内亲生一男,名洽,三岁丧父,见年一十三。所谓方龟者,据其供称,系是方森就伯方凯抱乞为子,年方八岁,于丁丑年五月,随父方森同到书坊,开小典买卖。乙卯年正月,龟父续娶阿黄。以丁丑考之,方森年始十八,而已抱养方龟为子。大抵无子立嗣,初非获已,不是年老,便是病笃,岂有年始十八,无故抱养他人八岁男为子之理。兼方龟状貌老大,亦非二十八岁少壮者之比,虚妄情节,于斯益见。②

很明显,方森18岁开书坊,收留了年轻的亲戚方龟做助手。十年后方森去世,留下一位寡妇,两个小孩。大概她让方龟继续经营书坊,但十年后他回报她一纸诉状,企图以已被收养的理由分享她的财产,几次上告。

甚至在放弃自己的意见、立侄子为嗣以后,寡妇可能还要为保有财产而奋斗。阿陆是一位没有儿子的老年寡妇,迫于压力接

---

① 《名公书判清明集》8:246,7:211。
② 《名公书判清明集》8:250。

受了丈夫兄弟 8 岁的孙子作养孙。她分给养孙一份财产，把他交给他父母抚养。她和女儿（可能也是寡妇）削发为尼，把住房改建为寺庙。当她丈夫的兄弟强迫母女交出全部财产时，案子打到官府。判官宣布两方都有错，但最后决定不强迫寡妇改变当尼姑的决定，因为她已经 80 岁了。法官知道如果再刺激她，只会加快她的死亡。但是他又催促她兑现把财产分给养孙一半的打算，并指示养孙用这些钱为她死去的丈夫修葺坟墓。[①]

当寡妇的全部财产都来自嫁妆时，她收养小孩也会引起纠纷。张氏与吴姓男子结婚，丈夫和他们唯一的儿子死去后，她靠耕种陪嫁的奁田养活自己。我们得知，她"暮年疾忧交作。既无夫可从，又无子可从，而归老于张氏"。吴家没有任何人给她一点点帮助，但她快要死去时，吴姓男子吴辰指控照顾她的娘家子侄偷偷地把她的奁田和地里的青苗归到自己名下。这项指控被官府驳回，但老妇死去以后，同一个吴辰又告到官府，打算让自己的孙子做她的继承人进而得到她陪嫁的地产。判官虽然批评吴家没有任何人在她暮年时照顾过她，仍决定在扣除丧葬费之后，把她留下的奁田判给从吴家子孙选出来的继承人。[②]

男人清醒地认识到寡妇容易受到伤害，这使一些男人试图事先做好安排以便保护死后留下的遗孀和孩子。柳璟和 3 个兄弟分家后富起来了。他快去世时，为尚未长大的儿子和妻子忧虑。柳璟的兄弟们已经先他死去，但是还有几个侄子，他们的财产比他少得多，可能会给自己的遗属制造麻烦。因此，在遗言里他嘱咐妻子每年给 4 个侄子每人一万钱。寡妇照办了 5 年或 7 年，后

194

---

① 《名公书判清明集》7：229。
② 《名公书判清明集》8：258。

来不再给了。侄子们找到一位本族男长辈帮他们告到官府。结果判官对此案有不同看法。他认为柳璟这样安排显然是因为他无法指望侄子们帮他照顾孤儿寡母,因此给他们钱以便打消他们的敌意。现在这位寡妇已经掌握了处世之道,他判决,寡妇可以全权管理自己的产业并拥有全部收入。①

青年寡妇,道德英杰

拒绝再嫁的青年寡妇普遍被视为英雄般的人物。人们知道,抵制催促她们再嫁的父母和公婆,保护和教育好孩子,有多么不易。能坚持到底的女人被视为非凡的人,能同时激励男人和女人。②

195　　女人道德上达到完美的表现是只结一次婚,这种信仰有古老的根源。《礼记》说:"信,事人也;信,妇德也。壹与之齐,终身不改。故夫死不嫁。"③至少上溯到汉代的一个古老传说颂扬圣帝尧的两个女儿,给同为圣帝的舜做妻媵。据说舜死后,两人都投水自尽了。④ 这个故事在宋代非常流行以至于成为绘画的题材(图25)。《诗经》里的《柏舟》提到共姜的誓言,她是一个顶住父母压力拒绝再婚的寡妇。⑤ 公元前一世纪末刘向写的《列女传》讲了共姜和其他因最初的盟约而拒绝再婚的女人的故事。刻画贞节妻子时援引的格言经常被记录下来,比如"虽有贤雄兮,

---

① 《名公书判清明集》8:291。
② 参见柳立言:《浅谈宋代妇女的守节与再嫁》。
③ 《十三经注疏·礼记》26:19,台北:艺文印书馆据1821年本重印,1981。
④ 张其昀等主编:《中文大辞典》5:1390,台北:"中华学术院",1973。
⑤ 《十三经注疏·诗经》3:173,台北:艺文印书馆,据1821年本重印,1981。

图 25　丧夫的妻滕准备自尽

张敦礼(约 1200 年)作品《九歌图》(局部),神话中圣人皇帝舜的妻滕,一对姐妹,投水自尽以前毫不悲伤。美国波士顿美术馆(34.1460)。

终不重行",或"妇人之义,一往而不改",或"妇人之义无二夫"。很多女人宁肯最终牺牲生命,也不接受耻辱。到了公元一世纪末,班昭(约 48—约 120)写道,丈夫有责任在元配去世后再婚,但是传统文本中没有女人再嫁的记载("礼夫有再娶之义,妇无二适之文")。很多断代的正史为主要以拒绝再婚而闻名的女人设传。①

---

① 刘向:《列女传》4:8,9,5:5,四部备要;奥哈拉(O'Hara):《〈列女传〉表现的中国古代女性的地位》122,123,139;陈梦雷编:《古今图书集成》395:9;斯旺(Swann):《班昭:中国最早的女学者》87;霍姆格伦(Holmgren):《〈魏书・列女传〉中北朝寡妇的守节》,《传统跢跋贵族中的妇女和政治权力:〈魏书〉后妃传初探》。

常见的女教书传达了同样的信息。唐后期的《郑氏女孝经》重复了男人有责任再娶而女子无权"再醮"的规则。① 同样著于唐代的《宋尚公女论语》最后一章题为"守节"。这一章描写姑娘们结婚以前应该留在女人的闺房里，客人来时应保持安静，避免让客人听到她们的动静，天黑以后应秉烛而行。然后开始讨论对婚姻的忠诚：

> 夫妻结发，义重千金。若有不幸，中路先倾。三年重服，守志坚心。保家持业，整顿坟茔。殷勤训后，存殁光荣。②

宋代官府赞成宣传拒绝再婚的美德。法官们不惜笔墨赞扬不再嫁的寡妇，把她们比喻为共姜。③ 作为改变风俗习惯的一种办法，朝廷旌表那些年轻时就守寡，长期拒绝再婚的节妇，送给她们谷物，或免除税役负担。比如，1094 年，王氏收到朝廷送的 10 斗谷物和 10 匹素绢，因为她丧夫以后留在公婆家已 12 年，抚养着婚后一年死去的丈夫的遗腹子。④ 地方官可以主动嘉奖节妇。程迥（1163 年中进士）安排为地方上一位寡妇度氏每月发放补贴，她为了养活孩子们，已经典当、卖掉了嫁妆里的每一件东西，仍不愿再嫁，理由是抛下孩子便是对丈夫的不忠。⑤ 守节的女人被视为孝顺的英雄般的人物，她们在服丧期表现了非同一般的苦行，或割下大腿上的肉为生病的公婆配药，或维持着不分家的五代同堂的生活。⑥

---

① 陈梦雷编：《古今图书集成》395：11。
② 陈梦雷编：《古今图书集成》395：10。
③ 如，《名公书判清明集》7：217。
④ 徐松：《宋会要辑稿》"礼"61：4。
⑤ 脱脱：《宋史》437：12951，北京：中华书局，1977。
⑥ 徐松：《宋会要辑稿》"礼"61：1—15；伊懋可(Elvin)：《女性的贞节和中国社会》。

很多作者对他们认识的寡妇的描述证明他们毫不伪装地仰慕坚忍的寡妇。王安石(1021—1086)记录了魏氏(987—1050)29岁丧夫,带着两个幼小的男孩,不仅在他们外出读书以前教他们读《诗经》《论语》和《孝经》,还"躬为桑麻,以取衣食,穷苦困厄久矣,而无变志"①。楼钥(1137—1213)写到他一个表兄的遗孀甚至赛过共姜。虽然共姜顶住父母的压力不再嫁,但是不知道她还有什么别的品行。而楼钥的族人蒋氏(1117—1202)26岁成为寡妇,带着从两周到6岁大的5个孩子,虽然她的生母想让她再嫁,公婆也不是不鼓励,但是她拒绝了,说否则孤儿的将来得不到保证。后来她全身心投入经营家庭,在她的指挥下,这个家庭越来越大,越来越富裕。②

很多节妇的故事读起来就像奇迹。在公众思想中,最具自我牺牲和献身精神的示范性行为可以惊天地、泣鬼神。洪迈记述了没有孩子的寡妇、王乙之妻吴氏的故事:

> 都昌妇吴氏,为王乙妻。无子寡居,而事姑尽孝。姑老且病目,怜吴孤贫,欲为招婿接脚,因以为义儿。吴泣告曰:"女不事二夫,新妇自能供奉,勿为此说。"姑知其志不可夺,勉从之。吴为乡邻纺缉、干濯、缝补、炊爨、扫除之役,日获数十百钱,悉以付姑,为薪米费。或得肉馈,即包藏持归。赋性质实,不与人妄交一言。虽他人财物,纷杂在前,不举目一视,其所取唯称其直。故乡人交相邀唤,是以妇姑介处,略无饥寒之患。常炊饭未饙馏,有外人相呼与语,姑恐饭过熟,将取置盆中,以目不能见,误置桶内,其中甚垢污不洁。吴还视

① 王安石:《王临川集》99:631,台北:世界书局,1966。
② 楼钥:《攻媿集》105:1486—1489,丛书集成。

之,不发一言,亟于邻家借饭馈姑,而取所污饭,洗涤蒸熟食之。一日正昼,里人皆见祥云五色从空下,吴氏蹑之而升,冉冉际天,惊报其姑,姑曰:"莫胡说,恰才与人舂米回家,方倦卧在床,尔谛视之。"众诣房前窥之,果熟睡未寤,皆骇然而退。及寤,姑语之故,吴曰:"适梦二青衣同驾云而来,执符牒,牵我衣,言天地有召,令我步空,直抵天门。引入朝谒,帝御坐临轩劳问曰:'汝一下愚村妇,乃能诚事老姑,勤苦尽力,实为可重。'赐酒一盃,馨香彻鼻,又与钱一贯,曰:'将归供赡,自今不须佣作。'拜谢而返,二童仍前送归,恍忽而醒。"果有千钱在床,满房香气。始悟众所睹者,乃神游尔! 自是佣唤愈多,吴亦不拒,而赐钱专留姑用,用尽复生,一千绵绵不匮,姑双目寻亦再明。①

很难想象还有比吴氏更不顾自己的女人。她如此关心婆婆的舒适,无论受到什么样的误解和刺激,都从不发脾气。她用这种方式赢得了邻居的亲善友好和神灵的帮助。②

英杰般的寡妇受到如此的尊重,以至于把一个家庭的成功全归功于这样的节妇并未降低这家男人的身份或使他尴尬。比如,池州(安徽)的罗家有一篇文章,表扬这个家庭8代以前即11世纪时真正的缔造者。她是张氏,27岁丧夫时怀着唯一的孩子。她一直留在丈夫家,养大了儿子,亲眼看到孙子之一当上官,主持着"五世不分"的大家族。到1262年,纪念她的子孙后代达一千多人。③

---

① 洪迈:《夷坚志》补1:554,北京:中华书局,1981。
② 参见伊懋可(Elvin):《女性的贞节和中国社会》118—120,论述儒家的奇迹。
③ 欧阳守道:《巽斋文集》27:4—7;其他例子,见《宋史》460:13485;戴仁柱(Davis):《中国宋朝的宫廷与家族:明州史氏的政治成就与家族命运》37,40。

考虑到颂扬寡妇守节的传统非常悠久,而且在宋代得到广泛支持,宋儒加入这个大合唱,也就不奇怪了。司马光写道:"妻者齐也。一与之齐,终身不改。古忠臣不事二主,贞女不事二夫。"[1]他在《家范》一书列举了很多拒绝再婚的寡妇以备仿效。司马光并不认为女性的自我牺牲在情感上和道德上比男性的自我牺牲更可嘉,他也没有把宁肯自杀也不再嫁的寡妇当作典型。相反,他笔下的节妇仅仅抵制了努力劝说她们再婚的父母,把全部愿望都寄托在继续照顾公婆或孩子上。[2] 她们可能会自残以便让求婚者泄气,但是不会轻生。[3] 他甚至记载了一位被男人碰了手臂而切断它的寡妇,她感到男人的举动伤害了自己。[4] 他还鼓励女人仿效为避免被奸污而自尽的少女、妻子或寡妇,但是并不把再婚等同于被强奸。

在下一代人当中,是后来的程颐因不折不扣地反对再嫁而变得十分著名: *199*

> (又)问:"或有孤孀贫穷无托者,可再嫁否?"曰:"只是后世怕寒饿死,故有是说。然饿死事极小,失节事极大。"[5]

朱熹的《近思录》引述了这段文字,使这段话更加为人所知。不过朱熹知道多数人都认为程颐坚持强调寡妇守节,这不够理智,因此当他写信给一位弟子督促他帮助寡居的姐姐守节时,用

---

[1] 司马光:《家范》8:622,中国哲学名著集成。

[2] 如马司光:《家范》8:665—668。涉及他的亲戚的例子,见司马光:《司马文正公传家集》79:980,国学基本丛书。

[3] 司马光:《家范》8:665,671,674,676。

[4] 司马光:《家范》8:676。

[5] 程颢、程颐:《二程集》遗书22B:301,北京:中华书局,1981。

了温和得多的语言。① 可以说,他对程颐论点的支持有助于把理想化的寡妇贞节改造为一般人可用来鼓励姐妹或妯娌守节的理论。

我认为,当代读者从理学著作涉及再嫁的段落看出来的厌女情结,从根本上说来自对婚姻的不同看法。以当代西方的思考方式看,结婚意味着得到一个配偶,而且男女双方都要结婚。婚姻以离婚或一方死亡为终结。因此,要求寡妇为死去的丈夫守节而不要求丈夫做同样的事,很难说是平等地对待两性。但是就宋代而言,无论如何,一对夫妻结合在一起只不过是整个事情的一部分。婚姻主要在于家庭怎样通过接纳新成员保全自己。一个男人可通过出生或被收养加入一个家庭。他对自己已加入其间的家庭的忠诚可以通过几种方式受到考验:他可能得忍受恶毒的继母、专横的异母兄弟、爱在兄弟之间搬弄是非或做出其他扰乱家庭之事的兄弟的媳妇。克服了这些可能出现的麻烦的家庭才能幸存下去。一个女人对其通过婚姻所加入的家庭的忠诚也会受到检验:她可能会碰到坏脾气的婆婆或宠爱妾的丈夫,接受妾生了儿子而她没生的事实,丈夫可能在她还没有孩子或孩子很小而她又很年轻时就死了,她还可能遭遇丈夫死后不欢迎她的丈夫的兄弟或继子,或是抢走她孩子财产的人。面临这些考验时她的英杰般的行为可能与任何一个支撑家庭的男人所做的不相上下。对女人说来,再婚意味着放弃已经加入的家庭。性质与丢弃父母的儿子相同,而不同于娶一位新妻子的男人。

但是正如从下一章看到的,颂扬节妇并没使宋代的青年寡妇不再结婚。对寡妇贞节的褒奖最终达到的制高点见于明清时代

---

① 朱熹:《朱文公文集》26:28。

的那段历史。[①] 然而宋代已经出现的给拒绝再婚的寡妇授予荣誉称号的现象是文化上特别重要的事，因为它用巨大的力量传递 了这样的信息：以往受到称赞的姑娘和妻子们的好品德（顺从、温和、愿意让步）比诸对丈夫家族的忠诚只不过是小事。由此涉及对女人的本质的认识：一个女人并不因藏身不露、充分表现了"阴"的倾向而真正了不起，她完全克制欲望才算是伟大。这也很好地说明了婚姻对于女人意味着什么：与其说一个女人是和一个男人结婚，还不如说她是和一个家族结婚。

儿子已长大成人的老年寡妇

通常表示丧夫女人的"寡妇"一词使人想起的是那些处在不幸环境里的女人。但是大多数比丈夫活得长的女人直到儿子长大成人以后才丧夫，丧夫以后也没独居，而是和儿子、儿媳及孙子们住在一起。她们的社会身份更多的是婆婆、奶奶而不是寡妇，她们被看作是享受长寿的果实的人。没人感到有必要在母亲和儿子之间正式地分割财产，或从儿子的产业里明确地剥离出母亲带来的嫁妆，这是欧洲中世纪和现代前期通常的做法。

现实中当然有不孝的儿子。袁采提到"伪书契字"的儿子。在一个案例里，一个因缺钱而赌博的男子未经母亲和 4 个兄弟同

---

① 罗普（Ropp）：《种的变化：反观清朝初期和中期的妇女状况》；谢安迪与史景迁（Hsieh and Spence）：《中国前现代社会的自杀和家庭》；恩·瓦特纳（Waltner）：《明朝和清初的寡妇与再婚》；伊懋可（Elvin）：《女性的贞节和中国社会》；霍姆格伦（Holmgren）：《贞节的经济基础：古代和当代中国的寡妇再嫁》；曼素恩（Mann）：《宋代至清代女性传记的历史变化：清初江南（江苏省、安徽省）个案》；田汝康（Tien）：《男人的焦虑和女人的贞节：明清时期伦理价值观比较研究》；鲍家麟（Pao Chia-lin）：《晚清节妇和支持她们的制度》。

意抵押了家产。还有一些案子是寡妇状告不孝的儿子不赡养她们。其中一个做得太过分，甚至卖掉了母亲的床。① 但是吝啬到不给母亲住处和饭食的亲生儿子毕竟很少。洪迈的故事暗示这类不孝的儿子都会遭到神的报应。他说一个寡妇有两个儿子在杭州开一家银店。知道自己的一个儿子非常忤逆刚愎，寡妇偷偷地攒了一点钱做自己的丧葬费。这个儿子偶然看到这些钱就拿走了，结果不久以后就遭电击而死。②

如果我们可以相信幸存的史料，那么更常见的是被溺爱的儿子帮助寡母享受余年。刘克庄（1187—1269）给我们留下一个他的寡母与孩子相依为命的极佳的描述。他父亲刘弥正（1157—1213）临终时在床上说自己感到深深的遗憾，不能活到安排好孩子们的婚事的那一天。他请求53岁的妻子林氏（1161—1248）把这些事做好，从现在就可以开始留意，一定让儿子延续家庭的传统好好做学问，一定让女儿和士大夫结婚。③

201　　林氏在儿子的问题上非常成功。长子克庄在父亲去世时已为官作宦3年，服丧期满以后重获一系列职位并得到诗人的声誉。次子克逊（1189—1246）和三子克刚（1200—1254）也最终获得官职，像克庄一样进入可以荫庇儿子当高官的高品阶行列。父亲去世时克刚年仅14岁，寡母林氏多半对他的发展有很大帮助。幼子克永，父亲去世时只有7岁，因此林氏亲自教他读书，他与母亲形影不离。多次赶考未能中进士，他留在家里，专事诗词歌赋

---

① 袁采：《袁氏世范》1：18。《名公书判清明集》9：301，10：364；还见《名公书判清明集》8：284。
② 洪迈：《夷坚志》丁9：613。
③ 刘克庄：《后村先生大全集》153：1。

的写作。①

寡居期间,林氏为次女、三女和三子、四子安排了婚事。丈夫去世时,家里已经有两个儿媳服侍她,但是克庄的妻子跟他从宦,不能总在婆婆身边侍奉。克逊的妻子方氏(1190—1259)没陪伴丈夫却留在大家庭里。她侍候林氏 40 多年,我们得知她始终保持着孝敬,一直到自己的头发白了,仍不改初衷。最小的儿媳小林氏(1203—1261)于 1223 年踏入刘家大门。她比丈夫大 4 岁,但也只有 17 岁。多半因为林氏自己已经过了 60 岁,急着让幼子结婚。作为最年轻的儿媳,据说小林氏集中精力致力于让婆婆过上幸福的晚年生活。②

一旦把家事妥善地交给儿媳处理,林氏就逐渐转向信佛。她坚持吃素,定时打坐,沉思默想,与附近寺庙里一流的禅师保持接触。但是她并没有忘记家庭。我们得知,家庭聚会时,她始终不渝地劝说每一个人皈依佛教。③

七十多岁时肯定是林氏一生中快乐的时候。她仍然健康,儿子中有 3 人当官,因此"麾节盈门"。此外,至少有 8 个活着的孙子。刘克庄 1242 年庆祝他 56 岁生日时写的诗总结性地表示,自己没有寻求永生不朽、成佛或辅佐天子的愿望;相反,只愿家庭恒久延绵,永远像那个时候一样,白发老母和儿子幸福相伴。确实,林氏的儿子们看起来非常敬爱她。刘克庄写道,1237 年刘克逊向他建议各自想办法尽快从官位上退下来,因为"仕所以养亲,太夫人薄荣利,安舆跬步,不去乡井,吾兄弟唯有早退尔"。离家在外时刘克庄与母亲保持联系,有一首诗记录了

---

① 刘克庄:《后村先生大全集》160:2—4。
② 刘克庄:《后村先生大全集》158:11,160:2—3,4。
③ 刘克庄:《后村先生大全集》153:1。

接到母亲写来的两行字时感到的快乐,她告诉他庄稼收成好,祝他仕途顺利。①

202 林氏八十多岁时不那么快乐,但是家庭成员继续照料着她,让她舒服度日。刚刚过三十岁的孙子在京城等候科举考试时死于痢疾,家里上上下下深感痛心。两年后他的父亲刘克逊去世,家人不敢告诉病中的林氏。这件事瞒了她一年多。因为林氏的病,二女儿经常丢下夫家的家务回来照顾生母,每次都要住几个月。二女儿是林氏子孙里真正可以与她讨论佛学的人。长子刘克庄返回家察看年轻一些的家人是否把老人照顾好了。1247—1248年,他辞去了官职,一心一意在家陪伴母亲度过余年。在请求辞职的奏议里,他强调自己是长子而母亲双目视力越来越差。他还特别说明自己已年过六十,没有多少时间陪伴母亲了,很难忍受离开她。虽说强调父母年迈或生病总是躲避不愿接受的任命的最好理由,刘克庄要求留在家里的愿望看来仍然是真挚的。他写给朋友的信中说人们对他的动机的猜测是错的:"实以老亲今年八十有八,母子相依为命,跬步不容相舍"。②

＊　＊　＊

本章讨论过的寡妇的叙事史料主要不是来源于上层阶级。几乎所有揭示寡妇脆弱性的法律案例都发生在一般人家,很多节妇的故事也是同样。讨论寡妇的美德时,下层阶级的事例特别适合作者的意图,因为他们打算表达的重点在于寡妇承受的艰难。即便从我们的眼光看,寡妇们的情形有很多跨越阶层的相似之处

---

① 刘克庄:《后村先生大全集》5:16—17,153:2;刘克庄:《后村词笺注》64—65,钱仲联注,上海:上海古籍出版社,1980。

② 刘克庄:《后村先生大全集》76:3—5,153:3,6,157:3;张荃:《后村先生年谱》之江学报,1934—1935,1,3:1—26;伊沛霞(ELrey):《刘克庄家的女人们》。

的观点也是有道理的。所有的寡妇有一个关键的共性：她们没有丈夫代表她们。作为结果，她们要做很多丈夫活着的妻子们不会做的事。她们要做很多决定，从是否再婚到自己单独住还是和亲戚们一起住开始。如果儿子还小，她们就得做一家之长，虽无权卖掉地产但是可以为孩子择偶或确立继承人。她们还要管理家庭的生计，雇人或收租，或自己动手干活。她们会被威吓，被欺骗，或被忽略，但是她们远非仅仅是牺牲品：她们是光荣的代表家庭参与社会的行动者。

寡妇们还有一些别的共同点：她们没有（至少假定没有）性活动。中国对寡妇的崇尚似乎有点像西方社会过分崇拜圣处女玛丽亚。独身的寡妇是妻子的同时又是未经玷污的母亲。她们纯洁而无性，完全献身于养孩子的种种事务。虽说无人否认她们经过性交才成为母亲，但是丈夫死后保持贞节的誓言使她们完全脱离性的不洁，成为圣洁的母亲。① 如果婚姻短暂而又未生育，唯一的孩子又是收养的，那就更是这样。史料表明这种形象对男人多么有影响力。可能至少对一部分女人也同样。请求收养婴儿、借此延续丈夫宗桃的青年寡妇不一定是被强制这么做，也不一定为了名望和酬报扮演愤世嫉俗的角色。很可能有人认为无性的为母生活更纯粹、更圣洁，比普通的婚姻生活更荣耀，因而接受了节妇的角色，就像她们可能献身于宗教一样。

在寡妇之中进行分类主要是看丧夫时是否有长大成人的儿子。所有的女人在变老以后都更加被看作是母亲或祖母，而不在于是不是丈夫的性伙伴。一位有儿媳照顾、有孙子绕膝承欢的

---

① 参见桑格伦（Sangren）：《中国宗教符号中女性的社会角色：观音、妈祖和"无生老母"》。

60 岁的寡妇，一般地说，多半与同等条件下的妻子一样快乐，当然，没有人会提出，老年女人希望丈夫死掉，这样就可享受几年身为家中最年长者的快乐（更多的可能是有人认为儿子会希望父亲死去，他们就可做一家之长）。

我们应该怎样看待这一制度：青年寡妇受到尊敬，但同时人们又急于利用她们？对这个明显的矛盾的解释是（当然，偶然的联系另作别论），这是因为人们知道青年寡妇必须承受多少苦难，因此他们对坚持不渝者感到肃然起敬。不过我想指出，我们还可以更进一步，点明赞赏这类节妇强化了父系世系和父权制。没有男人，女人就不会过得很好。抬高有胆量、顽强、自我牺牲的寡妇似乎是在赞扬有勇气的女人，但是潜台词是女人确实需要男人。

第十一章 再 婚

在宋代，丧偶的青年无论男女一般都再婚。但是不管怎么说，女人面临的局面与男人的十分不同。就像今天离婚后的女人，再婚可以被接受，因为某些情况下这是唯一可行的，但终究不值得骄傲。走进第二次婚姻的寡妇不得不应付的感情冲突远比得到继任妻子的男人所经历的要坏。

女人的第二次婚姻

与前朝和后世相比，宋代妇女因丧夫或离婚而再婚都是完全合法的。强烈反对寡妇再嫁的法官也不得不维护再婚的合法性。这里的案子关系到区氏；尽管她因为嫁过 3 个丈夫而不受尊重，但是她前夫的兄弟无权过问她再嫁与否，法官判决："或嫁或不嫁，惟阿区之所自择，可也。"[1]从法律角度看，寡妇和未婚女人在结婚的合法性方面唯一的不同在于，寡妇不能在为前夫服丧期间结婚，而且不能与前夫的族内近亲和旁系表亲结婚。考虑到贫穷的寡妇们所面临的种种困难，到 1090 年，第一条规定有所放宽，

---

[1]《名公书判清明集》9：344，北京：中华书局，1987。

无人供给生活费的寡妇可以在丧夫 100 天以后再婚。①

寡妇再婚,尤其是与鳏夫结婚,没有什么不平常的。这在无数涉及纯粹普通人的论述里常常可以见到,如《名公书判清明集》记载的很多案例。洪迈提到的再婚寡妇有数十位。② 类书列出的写再婚婚书用的短语和对联表明再婚不仅被接受,还值得庆贺。比如:"令女月亏影缺,喜兔魄以重圆。"③换句话说,一位没有男人的女人是不完整的,因此再婚非常自然。为再婚女人写婚牍,可以先说明守贞节是完美、理想的,但是再次结婚也是命中注定,因而特许赞成这桩婚事。④

再婚之事无疑更多地发生在青年寡妇之中,她的孩子越少,她照原样生活的困难就越大。寡妇再嫁,大概越低的社会阶层里也就越普遍,但是也并不一定限于穷人或未受教育者。士人阶层里有不少例子,特别是在 11 和 12 世纪。她们当中有杜衍(978—1057)、范仲淹(989—1052)、刘斌(创作活跃期约在 1000 年)、贾逵(1010—1078)、胡藤川等人的母亲;⑤姚桼忱(11 世纪)、岳飞(1104—1142)、张九成(1092—1159)和罗田(1150—1194)的妻子;⑥薛居正(912—981)、程颢(1032—1085)、张俊(1086—1154)

---

① 苏轼:《苏轼文集》35:1009,北京:中华书局,1986;李焘:《续资治通鉴长编》484:19,台北:世界书局,1961。

② 张邦炜:《婚姻与社会(宋代)》68—72,成都:四川人民出版社,1989,一些例子是婚姻结束后的事务而不涉及再婚。按照克利斯蒂安(de Pee):《〈夷坚志〉中的女人:用小说做史料基础的社会史研究》74,共计 33 例再婚。

③ 熊晦仲(宋):《新编通用启劄截江网》丙 3:22,宋版,静嘉堂。

④ 如《新编婚礼备用月老新书》后 10:4—6,台北"中央图书馆"据宋本影印。

⑤ 司马光:《涑水记闻》10:184,北京:中华书局,唐宋史料笔记丛刊,1989;《宋史》314:10267,456:13397,349:11051;刘克庄:《后村先生大全集》154:10,四部丛刊。

⑥ 邹浩:《道乡集》37:10,宋名家集汇刊,台北,据 1833 年本重印;李心传:《建炎以来系年要录》120:1938,丛书集成;张九成:《横浦先生文集》20:18,据明本重印,1925;柳立言:《浅谈宋代妇女的守节与再嫁》,《新史学》1991,2,4:46。

和陈则(12 世纪)的儿媳;①还有孙稷(1074—1134)、翁忱(1137—1205)、赵用(1151—1209)、林经略(13 世纪)和魏了翁(1178—1237)的女儿。② 涉及再婚妇女的案子包括一位嫁给官员的女子。③ 逸闻传说里也有。④ 到 13 世纪,文字记载已经很少提及功名之家里有再婚的寡妇,这多半反映了理学思想对作家写什么、不写什么的影响,对哪类作家的文集能流传下来的影响,大概还包括对上层阶级家庭寡妇的行为本身的影响。

并不是所有再婚的寡妇都很年轻。李清照 1129 年丧夫时已年过 45 岁,然而 3 年后她与另一位官员结婚(这桩婚姻只维持了几个月)。⑤ 卢氏(1004—1067)出生于士人家庭,17 岁时与一官员结婚。生了 3 个孩子以后,官员去世了。丈夫死后她与婆婆一块儿生活了 10 年,养大孩子,直到婆婆也死去。当亲生母亲说打算把她托付给一位如意郎君,并安排她与一位有两个儿子的鳏夫结婚时,她肯定已经年过三十。⑥

终宋一代,文人作家们经常若无其事地提到一个女人的前夫,并无歉意或尴尬。史料记载真宗(997—1022 在位)的刘皇后进宫以前曾结过婚。其实她的前夫还活着,因为贫穷,决定把她

---

① 脱脱:《宋史》282:9555,北京:中华书局,1977;程颢、程颐:《二程集》外书 11:413,北京:中华书局,1981;李心传:《建炎以来系年要录》140:2254;刘克庄:《后村先生大全集》149:11。

② 孙觌:《鸿庆居士文集》40:9,盛宣怀编:《常州先哲遗书》,台北,据 1895 年本重印;叶适:《叶适集》15:291,北京:中华书局,1961;《江苏金石志》14:36,石刻史料新编,台北:新文丰,1977;刘克庄:《后村先生大全集》156:16;周密:《癸辛杂识》别A:244,北京:中华书局,1988;刘宰:《漫塘集》别集三 33:27,四库全书。其他例子,见唐代剑:《宋代的妇女再嫁》,《南充师院学报》1986,3:80—84。

③《名公书判清明集》9:349—351,353—356,10:377—379,12:443,附录 602。

④ 郭彖:《睽车志》4:4,百部丛书集成;洪迈:《夷坚志》乙 15:311,丙 14:482,丁 7:591,丁 18:689,支甲 5:744,北京:中华书局,1981。

⑤ 秦家懿(Ching):《李清照》。

⑥ 韩元吉:《南涧甲乙稿》22:462,丛书集成。

嫁给别人。哲宗(1086—1100在位)的母亲有过"三父":她母亲的第一位丈夫、第二位丈夫(她用他的姓),还有照顾了她很多年的一位亲戚。哲宗成为皇帝后,让三父都得到了谥号。① 文人学士为女人作的传记可能毫无顾虑地谈起再婚。苏颂(1020—1101)在为妹妹写的传记里公开说到她婚后3年丧夫,虽说有两个儿子,仍在4年以后再婚了。韩元吉(1118—1187)用大量篇幅追溯了李氏(1104—1177)的先祖,指出她第一次结婚嫁给了钱端义,生了一个女儿以后成为寡妇,第二次结婚给韩继球做继任妻子。郑刚中(1088—1154)写道,妻子的外祖母生了她的母亲后不久就丧夫,4年后带着女儿嫁到另一个人家。王藻(1079—1154)认为施氏(1055—1148)是整个宋代最能干的两三个妻子之一:她生养了15个孩子,维持二百多口人的家庭始终保持和睦。王藻说施氏夫妇二人都是第二次结婚,此前她与一位胡姓男子的婚姻仅持续了一年。② 如果这些男性作者觉得再婚是非常丢脸的事,他们完全可以缩短对这些女子早年生活的描述,不提这件事,有些作者无疑采取了这种做法。

甚至到了宋代末期,学者圈内肯定对反对寡妇再嫁的议论有所耳闻,但有些作者还是毫无顾虑地提到再嫁。史绳组(1191—1274)曾跟随著名理学大师魏了翁(1178—1237)研读,著述十余种,多为经学著作。他为第二位妻子杨允荫(约1210—1271)写的墓志中把她描写为承受过几次不幸的人:第一次是9岁丧母;接着,嫁给继母的子侄,在金兵入侵时同时失去了父亲和丈夫;第三次是在1237—1238年金兵更大范围入侵时,必须照顾继母、保

---

① 李焘:《续资治通鉴长编》56:1225,北京:中华书局,1985;《宋史》243:8630。
② 苏颂:《苏魏公文集》62:951,北京:中华书局,1988;韩元吉:《南涧甲乙稿》22:460;郑刚中:《北山文集》15:188,丛书集成;汪藻:《浮溪集》28:363,丛书集成。

护灵柩;最后,自己抱重病在身。史绳组的前妻与杨氏是亲密的朋友,他成为鳏夫后向杨氏提亲,二人于 1240 年结婚。[1]

偶尔有人甚至明确提出特定情况下再婚是非常适当的。11 世纪,任管理皇室成员的判大宗正事一职长达二十多年的赵允让,请求批准一位年轻丧夫、无子的宗室女再婚。他指出,在这种情况下,禁止再婚违背人情。[2] 监察御史唐询(1005—1064)于 1046 年甚至指控吴育(1004—1058)过于自私,不允许哥哥的遗孀再婚。唐询认为吴育不放寡嫂再嫁的目的是想维持与她有权势的亲戚的关系。[3] 唐询肯定认为,他的读者会认为她再婚(哪怕她已经有 6 个孩子)是完全正常的。

尽管有很多史料说明再婚作为不幸情况中被迫采纳的方式已得到接受,但毋庸否认还有着极力反对再婚的情绪。毕竟不是所有抵制再婚的女人都是为了得到一个贞洁烈女的荣誉头衔。很多人非常清楚地感到,离开初婚时进入的家庭再与另一个男人进行性结合,这在本质上是可耻的、不洁的,或有辱人格的。张九成(1092—1159)写到他的第二个妻子马氏曾结过婚。她前夫死后留下她和小孩子,她娘家父母亲催促她回去准备结第二次婚,对她说:"吾老矣,汝不再适,吾死不瞑目。"但是她确实不愿意顺遂这个主意。"既成婚,翌日吾妻面壁掩涕者终日,余问之再三,曰:'君至诚君子也,妾不敢不以诚告。妾吾氏姑高节懿行,当于古列女中,求妾欲与之同志弗克。今已适君矣。'"马氏不仅因被迫离开她爱的人(婆婆和 7 岁的儿子)而烦恼,还由于不能效仿婆

① 衢州市文管会:《浙江衢州市南宋墓出土器物》1009—1011,《考古》1983,11: 1004—1011,1018。

② 李焘:《续资治通鉴长编》190:20,台北:世界书局,1961。

③ 李焘:《续资治通鉴长编》158:3836,北京:中华书局,1985。

婆的榜样而不愉快。①

在另一个案例中,这位女性的痛苦似乎已持续多年。蔡氏 (1037—1075) 身为官员的女儿,14 岁嫁给一位患重病的青年,婚后 16 天他就死了。她留在丈夫家好几年,不但为丈夫、还为两年后死去的公公服了丧。她不同意再嫁,但是她的母亲和兄弟纠集了几十个族人到她家去。他们与她争辩,说她已经做了妻子该做的一切,然而除了再婚她没什么可持守的,因为她的丈夫和公公都没有立嗣。"若虽欲守志,将谁与居?"这时候她的精神涣散了,最终屈服于压力回到娘家。一年后嫁给一位家境富裕,有 4 个儿子、1 个女儿的鳏夫。再婚丈夫二十年后去世,据说她言道:"身践二庭,女子之辱也。矧又如此。生复何聊,吾其决矣。"她不再进食,暗中派一位老妇去买砒礵。与家人的全部努力相违,丈夫死后两天,她也死了。②

寡妇再嫁也使男人感到有些不太对劲。韩琦为侄孙韩恬 (1042—1063) 写的墓志铭说,韩恬 22 岁死去,只留下两个小女儿,其一在不久后也死了。韩琦写到年轻的侄孙媳,说"妻无以守归其家",显然是为再婚做过渡之举,他为侄孙悲叹:"妻无以守归其家,尔独于兹瘗其柩。何罪而当此罚邪?"③文莹(11 世纪)认为再婚的寡妇是自私的。他对比了两种情形,一是一位普通人家的妻子努力把丈夫的遗体运回家去埋葬,另一种是富有士人家的寡妇,丈夫死后她们立刻收拾起嫁妆物色另一个男人。④ 南宋时期,萧轸中进士后有望成为一桩良缘的极佳候选人,但他决定与

---

① 张九成:《横浦先生文集》20:18。
② 秦观:《淮海集》36:247,四部丛刊。
③ 韩琦:《安阳集》49:2,四库全书。
④ 文莹:《玉壶清话》2:21,北京:中华书局,唐宋史料笔记丛刊,1984。

一位寡妇结婚。一个同窗写诗取笑他,尖刻地用"旧店新开"①讽喻他妻子曾有前夫。在宋代末年,仰慕诗人李清照的男人开始坚持说记载她再嫁的史料必定是恶语中伤的杜撰。②

在鬼故事里,我们遇到了反对再嫁情绪的另一个层面。洪迈记录了几个故事,说死后的丈夫返回来斥责再嫁的妻子。一个故事说,一个有才的姓郑的男青年娶了漂亮女子陆氏,彼此恩爱有加。一天夜晚,郑在床上对妻子说:"吾二人相欢至矣,如我不幸死,汝无复嫁;汝死,我亦如之。"她答道:"要当百年偕老,何不祥如是!"十年以后他们有了两个孩子。郑此时身染重病,试图让妻子在公婆面前发誓不再嫁,但她只是流泪哭泣。几个月后他死了,来了一位媒婆,陆氏与她商量另一桩婚事。服丧期过去不久,她就带着嫁妆嫁到曾家。婚礼后的第七天,曾氏因公事不得不外出,陆氏接到一封前夫的亲笔信,信上说:

> 十年结发夫妻,一生祭祀之主。朝连暮以同欢,俸有聚而共聚。忽大幻以长往,暮何人而辄许。遗弃我之田畴,移资财以别户。不恤我之有子,不念我之有父。义不足以为人之妇,慈不足以为人之母。吾已诉诸上苍,行理对于幽府。

阴间的判官显然向着原告,3 天后陆氏死去。③

在这位鬼丈夫的眼里,妻子有责任祭祀他,同时照管好他的父母、孩子们和财产。另一个故事里,一个小官回到妻子的梦中责骂她嫁给一个他的胥吏,给他丢脸:"我存日有财产及居室两

---

① 许景衡:《横塘集》34,四库全书。
② 丁传靖:《宋人轶事汇编》14:676,台北:商务印书馆,1935;章楚夫妇(Djang and Djang):《宋人轶事汇编》。
③ 洪迈:《夷坚志》甲 2:15。

间,尽可赡给,而必欲归他人。既已如此,何得下交胥吏? 我平时交游士大夫间,视此辈为奴仆,汝今自鄙薄以相玷辱。且彼既取汝为正室,却又窃奸我婢,情理不可容。"然后他诅咒妻子的新丈夫 49 天之内一定丧命。①

鬼丈夫的动机有时候只不过是嫉妒。有一个这样的故事,鬼丈夫把自己的怨气发到妻子的后夫身上:

> 将仕郎邓增……娶宗室朝议大夫子淦季女,绝有色,未及从宦而亡。家素贫,赵无以守志,才服阕,携其二儿适南丰富室黄氏子。甫一月,黄梦邓至,诮之曰:"汝何人,乃敢娶吾妻! 吾今受命为瘟部判官,汝宜速罢昏。不尔,将行疫疠于汝家,至时勿悔也。"黄惊寤而惧,虽甚慕恋赵,不得已亟与决绝。

> 逾年后,赵益穷匮,或日高无炊烟,又嫁南城童久中。越数月,亦梦邓来责数,且云:"当以我临终之疾移汝身。"童方溺爱,不以为然。果得风劳之疾,如邓所感时,二年竟死。②

再婚的寡妇比留在夫家的寡妇在财务方面困难少一点,但是她们仍然发现自己遇到的问题比一般妻子多。如果她们与前夫生过孩子,就更是这样,因为前夫的家人有权谴责她们丢下孩子不管,甚至拒绝她回去看孩子。程颐虽然反对侄媳再嫁的决定,但允许她不时回来看望留下的小儿子。③ 邵伯温(1057—1134)谈到一位县令的寡妇李氏,她没告诉新丈夫自己把一个尚在襁褓里的儿子留在前夫的亲戚家。后来,新丈夫知道那个孩子处境不

---

① 洪迈:《夷坚志》三辛 9:1454。
② 洪迈:《夷坚志》支甲 4:744。
③ 程颢、程颐:《二程集》外书 11:413。

好,就出钱把孩子接到自己家,像对待自己的孩子一样抚养他,在他长大以前从未告诉他亲生父亲是谁。①

但是带着孩子再婚并不总是好办法,异母兄弟之间的紧张关系几乎不可避免。妻子前夫的儿子无权要求得到母亲后夫的财产,虽然他们的生活费用由继父支付,但是他们也帮助继父干了很多活,经营家业多年。可能有这样的情况,继父受新妻子的影响,喜欢继子超过前妻生的儿子。继子似乎常常改姓继父的姓,这样一来就有可能与异母兄弟一起继承继父的财产。袁采建议,无论何时娶有孩子的寡妇,事先都应该有所警惕:"娶妻而有前夫之子,接脚夫而有前妻之子,欲抚养不欲抚养,尤不可不早定,以息他日之争。同入门及不同入门,同居及不同居,当质之于众,明之于宦,以绝争端。"当然,种种不同也从另一种角度起作用。前夫的儿子可能继承生父的财产,也可以得到母亲的嫁妆,而异母兄弟则不能。②

正常情况下,寡妇不能把前夫的任何财产带到第二个丈夫家。法律规定,没有儿子的寡妇只有留在前夫家,才能得到前夫的那份财产。③ 但是,她即便有儿子,也常会携产再嫁。袁采指出,男人把财产登记在妻子名下是不明智的(一般是为避免日后与兄弟分产),因为自己辞世后妻子再婚时可以把它们带到新家。男人甚至会争着娶带着丰厚嫁妆的寡妇。寡妇如果有儿子或继

---

① 邵伯温:《邵氏闻见录》16:177,北京:中华书局,唐宋史料笔记丛刊,1983。

②《名公书判清明集》4:124—126,7:242,8:274,10:275;袁采:《袁氏世范》1:17,丛书集成。

③ 即便她留在前夫家,仍得不到完整的财产权,只有使用权,因为法官会引用此条款"诸寡妇无子孙,擅典卖田宅者仗一百"(窦仪:《宋刑统》12:12,台北,据1918年本重印,1964;《名公书判清明集》9:304)。换句话说,所有无子女的寡妇能做的就是不靠家庭收入生活,只负责为将来按照户绝法继承自家财产的人保存它们。

子,而他们没跟着她到新丈夫家.就会争夺她的嫁妆。有一个案例,判官根本不问寡妇带走的那块地产是不是她的嫁妆,就认定只有一种可能,即实际上是她丈夫家的财产。① 判官也可能甚至很少过问她带走的其他形式的嫁妆,比如衣服和首饰——这些东西的价值实际上都换算为值多少金子计入嫁资总数。偶尔也有走到另一个极端的法官,认为嫁妆应该成为丈夫继承人的财产,甚至不管他是不是嫁妆主人的孩子。还有一个案例,一名男子在娶继室以前已经收养了继承人,法官翁甫奉劝新妇别把嫁妆带进第二次婚姻:"妇人随嫁奁田,乃是父母给与夫家产业,自有夫家承分之人,岂容卷以自随乎?"②

我们已经看到不少寡妇离开前夫家再嫁到新丈夫家的案例。然而,"纳接脚夫"——就是把新丈夫接到前夫和自己的家,种前夫的田,养前夫的子女——同样并不少见。类书里有这类事的用语,逸闻传说也提到这种情况,如前一章提到的节妇吴氏拒绝婆婆为她招婿。洪迈的故事里也有招婿的寡妇,她把丈夫(当地的一位巫师)的礼器卖给别人,然后"招"来另一位男人。③

毫无疑问,在相对贫困的人群里招婿之俗比较流行,比如佃户。一位佃农如果死了,留下母亲、寡妻和三个不到十岁的孩子,地主可以赶走他们全家,因为他们没有能力种地、交租。或许地主会给他们一点时间,使寡妇找到新丈夫,承担全部劳动并缴纳租税。这样的婚姻是男到女家的入赘婚,但不必沿着女方的世系

211

---

① 袁采:《袁氏世范》1:9;洪迈:《夷坚志》甲 2:15;《宋史》282:9555;《名公书判清明集》10:365。参考柳田节子:《南宋期家产分割中的女性继承》,衣川强编:《刘子健博士颂寿纪念宋史研究论集》,东京,1989;柏清韵(Birge):《宋代的妇女和财产(960—1279):福建建州的理学和社会变化》。
②《名公书判清明集》5:141。还见第五章结尾处黄榦的讨论。
③ 洪迈:《夷坚志》三辛 2:1399。

继承财产：前夫的儿子仍可以继承他的财产，赘婿如果和女主人也生了儿子，可以继承生父的姓和财产（如果有的话）。看起来愿意招婿的似乎常常是寡妇的公婆。如果唯一的儿子死了，留下年轻媳妇和幼小的孙子，他们若要一个舒服的晚年，最好的办法是留住孙子和儿媳并招来赘婿救眼前的急。比如，阿枼的儿子死后，留下两个女儿和怀孕的妻子（后来生了儿子），阿枼"命"儿媳纳接脚夫"抚养幼孤"。①

招婿得到宋代法律的承认。一个案例是阿甘和丈夫丁昌收养了一个不知来自何处的小孩子。丁昌死后，阿甘纳接脚夫。有人（可能是一个佃农）想强迫他们离开那块地，理由是丁昌已经绝嗣了。第一位判官就是这样想的，但是第二位推翻了他。他说，这些人都没有知识，他们不知道应该为养子登记，可以原谅：

> 妇人无所依倚，养子以续前夫之嗣，而以身托于后夫，此亦在可念之域，在法初，无禁绝之明文。……按法令：寡妇无子孙并同居无有分亲，招接脚夫者，前夫田宅经官籍记讫，权给，计直不得过五千贯，其妇人愿归后夫家及身死者，方依户绝法。②

这个案子涉及的财产仅仅价值二百多贯，所以寡妇及其后夫可以拥有它们。

给有财产的寡妇做接脚夫是很划算的事。一个故事说，一位穷学者成为富嬬的接脚夫以后，在后来的十年里过得非常舒服、阔绰，从不与妻子争吵。她死去时，他悲伤不已。同样，王氏的丈夫去世后，儿子尚小，她请来许文进做后夫。"许文进用王氏前夫

---

① 《名公书判清明集》6：177。
② 《名公书判清明集》8：273。

之财,营运致富。"甚至有的官员也倒插门踏入富孀家利用她们的钱财,当然名誉方面未免有损。①

有时一个男人住进寡妇家,这种关系未被承认为合法婚姻,而被当作介于长期的通奸和事实婚之间的关系。洪迈讲的故事里有一位书吏的妻子,30 岁丧夫,后来与一位屠夫有染,不久就公开住在一起。他迫使她的儿子对他像对父亲一样,使孩子产生深深的怨恨。男孩长大以后,把他的深仇大恨告诉给一位勇敢、精力充沛的屠夫,后者找机会杀了那个男人和他的两个孩子,这个举动使替人复仇的屠夫被视为一个纠正错误行为的正义者。②含义再清楚不过,儿子因那个男人与母亲的非法性关系感到奇耻大辱。

鳏 夫 与 继 室

男人过早地失去妻子同样苦不堪言;确实,有相当多主题为怀念妻子的悼亡诗。③ 宋代这种文学传统里最好的是梅尧臣(1002—1060)43 岁丧妻后写的诗。她死后不久,他写道:

> 结发为夫妇,于今十七年。
>
> 相看犹不足,何况是长捐。
>
> 我鬓已多白,此身宁久全。
>
> 终当与同穴,未死泪涟涟。④

---

① 张齐贤:《洛阳搢绅旧闻记》5:8,百部丛书集成;《名公书判清明集》8:294。李焘:《续资治通鉴长编》291:12,471:10。

② 洪迈:《夷坚志》支甲 8:772。

③ 蔡夫斯(Chaves):《梅尧臣和宋初诗辞的发展》154—158。

④ 梅尧臣:《宛陵先生集》10:16,四部丛刊;蔡夫斯(Chaves):《梅尧臣和宋初诗辞的发展》147。

几个月以后，她的死仍使他深思默想：

> 自尔归我家，未尝厌贫窭。
>
> 夜缝每至子，朝饭辄过午。
>
> 十日九食斋，一日偿有脯。
>
> 东西十八年，相与同甘苦。
>
> 本期百岁恩，岂料一夕去。
>
> 尚念临终时，拊我不能语。
>
> 此身今虽存，竟当共为土。①

　　但是梅尧臣强烈的悲痛没挡住他在前妻去世不到两年时"续"娶了新妇。② 这件事是他这个年龄、这个阶级的男人的典型 *213* 行为。袁采写下面这段话时似乎已经总结性地点明了他们共同的感受："中年以后丧妻，乃人之大不幸。幼子稚女，无与之抚存。饮食衣服，凡闺门之事，无与之料理，则难于不娶。"③ 张载（1020—1077）解释了寡妇和鳏夫此刻的不同：

> 夫妇之道，当其初昏未常约再配，是夫只合一娶，妇只合一嫁。今妇人夫死而不可再嫁，如天地之大义然，夫岂得而再娶！ 然以重者计之，养亲承家，祭祀继续，不可无也，故有再娶之理。④

　　越年轻的鳏夫越可能再娶，这不足为奇。我用墓志铭资料研究的夫妇当中，二十多岁丧妻的鳏夫，有 89％ 再婚了；三十多岁

---

① 梅尧臣：《宛陵先生集》24：12；蔡夫斯（Chaves）：《梅尧臣和宋初诗辞的发展》150。

② 蔡夫斯（Chaves）：《梅尧臣和宋初诗辞的发展》158。

③ 袁采：《袁氏世范》1：17。

④ 张载：《张载集》298，北京：中华书局，1978；程颢、程颐：《二程集》遗书 22B：303，北京：中华书局，1981。

的,下降为 75％;四十多岁的下降为 23％。我没有发现一个年过五十丧妻后再娶的男人。不续娶的男人可以纳妾(当然,他可以保留其妻在世时他已有的任何妾)。五十岁以后丧妻的男人,已知有 57％纳了妾。

不希望丈夫在自己死去后再娶的妻子,对丈夫纳妾的感受不一定相同。郑畯的妻子在他再婚前夕变成鬼回来指责他时,他为自己辩护说:"家事付一妾,殊不理,不免为是。"①

再婚的男人不一定娶寡妇;他们娶没结过婚的女子做继室被看成是相当正常的。由于很多寡妇不打算再婚,看起来总会没有足够的寡妇可以续娶。因此鳏夫的第二任妻子一般比他们年轻很多。我所论及的墓志中这类夫妇的平均年龄差是 12 岁。因此,这种第二次婚姻存在的时日平均只有 17 年,而男女都是初婚的婚姻,相应数字是 26 年。当婚姻以男方的死为终结时,就像常见的那样,未亡人相应地比别的寡妇年轻许多。

鳏夫的婚姻没有初婚所生子女多,然而我论及的那些夫妇中,这种差别惊人地小,相对初婚平均生 5.4 个,结两次婚的男人平均有 5 个小孩。在超过一半的案例中,丈夫已经和第一任妻子有了几个孩子(平均 3.6 个),因此,续娶的男人的家庭常常变得特别大。

男人似乎不费吹灰之力就可适应继室妻子。因为纳妾一直是可以接受的,没有人会认为与不止一个女人保持性关系是被玷污。男人显然像喜欢初婚妻子那样喜欢继室。他们甚至能据理说明再婚对第一个妻子也有好处,因为新妻子可以祭拜她,照顾她的孩子们。但是看来似乎确实有一些真正爱妻子、尊敬妻子的

---

① 洪迈:《夷坚志》甲 16：143。

男人在她死后不再娶妻取代她,而仅仅纳妾应付一下。对于司马光来说,不再娶可被视为忠于家庭的行动,因为继母会引起一些麻烦。他引用50岁丧妻的后汉朱晖的事例,其兄长打算为他娶继室,但他表示反对:"时俗希不以后妻败家者。"司马光评论道:"今之人年长而子孙具者,得不以先贤为鉴乎!"①

在大众的想象中,已逝的妻子也会嫉妒,这和已故的丈夫没有什么不同。洪迈讲了娶漂亮的郑氏为妻的张子能的故事。郑氏身染重病,临死前哀求丈夫不要再娶,不要忘掉她。张含泪问她:"何忍为此?"郑氏要他发誓,张说:"吾苟负约,当化为阉,仍不得善终。"郑氏离世3年后,张子能多少有点被迫地娶了一位官员的女儿。婚后他越来越感到沮丧,终于有一天看到前妻从窗户里进来了。"旧约如何,而忍负之? 我幸有二女,纵无子,胡不买妾,必欲娶,何也? 祸将作矣。"说完她紧紧抓住他的睾丸,张疼痛难忍,变成了阉人。②

人们会认为这个故事明显的道德意义是女人对男人有疯狂的占有欲,想到丈夫在与别的女人亲近,她们就会被无名的力量驱使,做出无法控制的行为;甚至连死亡都不能使她们安宁。但是李昌龄(13世纪初)总结出另一种不同的道德境界。概述了这个故事以后,他评论说:"妻者,齐也。一齐而不易也。人伦之本而伉俪之道也。家道之睦斯为首也……今人但知彼为死矣,而不知彼死者四大虽坏,神实不亡。必有所憾,尤甚于生。"③李昌龄就这样把所有的错都怪罪到再娶的丈夫身上。

正如司马光指出的,男人第二次婚姻最容易引起的麻烦是继母和继子之间糟糕的关系。男人似乎比较容易把感情转移到新 *215*

① 司马光:《家范》3:505,中国哲学名著集成。
② 洪迈:《夷坚志》甲2:11。
③ 李昌龄:《乐善录》6:12,台北,四部善本丛刊重印宋版,1971。

妻子和他们的孩子身上。而人们常以为继室妻子使丈夫背弃前
妻的孩子。丈夫在世时总会尽力调解双方的争执。尽管如此,怨
恨和不愉快仍非常普遍,以至于传记作者几乎总在表扬第二任妻
子如何像对待自己的孩子一样善待继子女——这就明显地说明
不偏心是罕见的美德。男家长去世后,继母及其亲生子女和非亲
生子之间的冲突很容易导致财产纠纷。到那时候,前妻的儿子比
第二位妻子生的儿子年龄大,在为继母制造麻烦方面占有优势,
争讼家庭财产时处于有利位置。

有一位寡妇,按照哥哥的建议,把丈夫的财产分成三份:66%
分给她进入这个家以前丈夫收养的儿子,12%给自己生的女儿做
嫁妆,22%给自己颐养天年。儿子反对,判官援引条款,判决丧夫
的继母不能处置自己那份财产,只能由儿子继承。① 另一案例涉
及士人家族,第一任妻子在儿子 7 岁时死去。孩子和继母一向不
和,父亲死后继母带着财产改嫁他人。继子很快把自己的财产挥
霍一空,想要回一些继母带走的东西。他没打算要她用嫁资买的
那块地,但是起诉要回她名下的一块原为家庭财产的地产,而她说
那是用她的嫁资买的。但是法官也明确表示不赞成寡妇再婚,敦
促继母出于对已逝丈夫的感情,拨给败家子足够活命的财产。②

* * *

多数宋代人视女人的第二次婚姻为权宜之计——老套但又
经常出现的现象,但是不如守节的寡妇那样受人尊重。守节作为
一个标准并不针对所有的妻子(不像应对丈夫和公婆保持谦卑和
恭敬那样,要求所有妻子都得做到)。年岁大一些、有子女的寡妇

---

① 《名公书判清明集》5:141。
② 《名公书判清明集》10:365。

更可能守节,但是当一个年轻女人决定为亡夫守节时,她就值得表彰。当然,程颐明确声明了他的原则,生活艰难不应该成为再婚的借口,但是没有证据表明再婚的寡妇因此而减少,即使士人家族里也不是这样。他的话被传开以后,最显著的后果,可能是使士人家族里的寡妇最终再嫁时感觉更坏。 *216*

与鳏夫结婚做继室的初婚女人,她们的人生轨迹不同于大多数其他女性。除非这个男人第一次婚姻非常短暂而且没有孩子,否则她们会与比她们大得多的男人结婚,进入一个已经有继承人的家庭。因此,她们既没有机会成为丈夫的初恋,第一次怀孕、特别是第一个孩子的出生也不会伴随着特别的兴奋和感激之情。她们的丈夫似乎非常溺爱她们,但这并不总是福气,年龄的差距可能在某些方面困扰着她们,而她们的丈夫却无此烦扰。袁采说鳏夫回过头来娶未婚女子是"……少艾之心,非中年以后之人所能御"。[1] 母亲的角色常常使女人得到许多,但是在继任妻子这里,事情就特别矛盾。她们被期待着像亲生母亲一样对待前房留下的孩子,但是孩子们并不是那么容易争取。一旦生了自己的孩子,对抗性看起来就更多,因为前妻的子女总有理由怀疑她偏袒自己生的孩子,并可能痛恨继母和父亲的特殊关系。

第二次婚姻中的男人不会遇到再婚的寡妇或继室遇到的那么多问题。确实,生活经常善待他们。当他们的朋友因为有了年轻的妾而不得不对付内闱的怨恨和嫉妒时,他们娶了年轻的妻子。他们完全相信继室可以活到照顾他们度过晚年。而且,除非他们娶了带来孩子的寡妇,非亲生关系产生的问题不是他们自己的,因为他们是所有孩子的实实在在的父亲。

---

[1] 袁采:《袁氏世范》1:17。

第十二章　妾

　　在中国，自古以来，财富和政治权力伴随着无以计数的可爱的年轻女侍。制度文书明确列出哪个品级的男人可以配有多少个妾，这些规定似乎没有人严肃对待。诸侯可以有几十或成百上千个宫女，占有她们意味着他拥有财富，就像拥有骏马和珠宝一样。秦朝第一个皇帝（秦始皇，公元前246—前209在位）号称有上万名宫女，后世的皇帝们一般有一千多。整个帝制时代，拥有婢女和妾是富人惹眼的消费方式和男子气、精力充沛的表现；甚至财产状况非常一般的男人也要纳一两个妾，以帮助他的妻子做家务事。①

　　在大城市里，另一种发展起来的制度给男人们提供了享受女人的陪伴和性服务的机会：一种娱乐场所，配备受过取悦于人的训练的女子。"唱"是这种女人普遍掌握的技能，还有一部分会弹奏乐器、跳舞，或作诗、吟诗。在唐朝首都长安和洛阳，住着这类女人及其主人的那种场所到处都有，是到京城赶考、求前程的士人经常光顾的地方。自唐朝以来流传的口头文学相当可观的内容围绕着男人与这类女子的纠纷和瓜葛。小说作者被她们的才华吸引，仰慕她们倾心相爱的情怀，同情她们不得不忍受主人的

---

① 陈鹏：《中国婚姻史稿》667—736，北京：中华书局，1990。

剥夺和轻视。①

随着宋代货币经济的迅猛发展和遍布全国的城市商业化,男人用钱换取女人的机会似乎日益增长了。在大城市,娱乐场所像唐代两京的那么多。但到了北宋中期,那些从前满足于流连风月场所、狎妓亵玩的男人已经愿意并有办法把女人买回家去做妾。因此,随着上层阶级的扩大,为他们的家庭提供婢女或妾的女人市场也出现和扩大了。

现存史料透露的士人对纳妾生活的感受复杂不一。男人有一个妾——或甚至三四个——这没有什么不对的,但是如果他过于沉醉于她,那么就会被看作自我放纵和不懂节制。文人们很高兴记录诗人与妓、妾之间的酬唱,但是又把妾描写为下层女子,不必对家庭负责,没有荣誉感。男人喜欢谈论妻妾之间的争斗,特别是事关位高权重的男士时。他们悲叹自己阶级里沦为妾的女子的不幸命运。还诅咒那些绑架女孩子和女人、把她们卖掉的恶棍。当然他们也知道很少有女人自愿做妾。对妾的复杂感情,大概也反映了、还可归因于妾们经常身临其中的混乱局势。她们的世界不是限定好的、期待中的。会发生什么事,更多地凭个人关系带来的运气,而不取决于习俗或法律。

宋代与此前和此后的时代一样,妾的法律身份没有得到妻那样清楚明确的规定,多半由于妾几乎没有一点特权。② 法律塑造了一个三层的等级体系:妻高于妾,妾高于婢。比如说,一个男人如果在殴斗中打断了一个陌生人的胳臂或腿,对刑事犯的处罚是拘禁起来服劳役一年。如果受害者是他的妻子,刑罚降两等;如

218

---

① 参考瓦格纳(Wagner):《莲花船:唐代流行文化中"辞"的起源》80—91。
② 参考谢宝华(Sheieh):《14—17世纪中国社会里的妾》134—166。

果是妾,就降四等。殴伤婢女不受惩罚。① 任何情况下男人都不能把妾升格为妻,哪怕妻子已去世,但是可以把生了孩子的婢女升为妾。② 在实际的社会生活里,人们似乎可以很清楚地感觉出哪些特定的女人是妻子,其他的属于广义上的妾,但是这个宽泛的范围几乎已从得到妻子般待遇的所有女人(特别在妻子已逝的情况下)扩展到身份未公开、实为妓女的女人,还有原本为婢女但已得到主人宠幸的女人。虽然妻子们经常认为婢女极力引诱了丈夫并为此感到愤怒,但是妻子和任何其他人似乎都不认为女仆有权躲避她不想要的主人给予的偏爱。法律条令规定与自家婢女发生不正当性关系的男人无罪,甚至与别人的婢女发生性关系,受的惩罚也非常轻(只杖 80 下,对比之下,如果她是别人的妻子,则服劳役两年)。③ 婢女的社会身份较低,使她们易遭受性侵害,易遭受侵害又使她们的身份很难提高。在本章,名义上是婢女,但是已知与主人有了孩子的女人将被列入妾的范围进行讨论。事实上,她们的身份已经含有下述法律的和社会的意义:一个男人与父亲或祖父"宠幸"过的婢女发生了性关系,被看作一种典型的乱伦,法律量刑的程度比与父亲、祖父的妾低两等,但是比与其他人的婢女发生性关系要严重得多。④

纳　妾

姑娘们作为妾进入一个家庭的过程,从男人方面看与从女人

---

① 窦仪:《宋刑统》21:2,22:4,7,台北:文海据 1918 年本重印,1964。
② 窦仪:《宋刑统》13:15。
③ 窦仪:《宋刑统》26:18。
④ 窦仪:《宋刑统》26:21。

方面看非常不同。男人可以通过各种各样的途径纳妾。偶尔可以得到做为馈赠的妾。王曾（978—1038）为了回报欧阳修（1007—1072）为他写的文章，据说送给欧阳修一对金酒杯和两个陪他喝酒的丫头。据苏辙（1039—1112）报道，真宗帝（997—1022在位）听说王旦（957—1017）一个妾都没有，就派人买了一个送给他。据说仁宗帝（1023—1063在位）听说宋祁（998—1061）写了一首诗，诗中说一位宫女走在街上，认出宋祁以后就大声叫他的名字，为此仁宗送给宋祁一名宫女。① 潘良贵（1094—1150）得知一位朋友没有儿子，送给他一个已经与自己生过孩子的婢女。据说辛弃疾（1140—1207）把自己的妾送给为他治病的大夫，然后写了一首打油诗记叙此事。据闲谈传说，程松花八十万钱买下宰相韩侂胄（逝于1207）退给人贩子的一个妾，指望韩侂胄一旦冷静下来，还会要回那个女人。后来他把她带到韩侂胄面前，果然如愿以偿，作为回报，得到一个更好的职位。②

男人把自己迷上的妓女带回家的事也不是很少见。《名公书判清明集》里的一个案例涉及地方一霸，他的妾原来是一名官妓，官妓就是被官府强制性地雇来招待来访者和达官显宦的那种女人。③ 刘震孙（逝于1214）特别欣赏一位年轻的舞妓，于是纳她为妾，后来让她帮忙招待客人。根据周密（1232—1308）的记述，一位名妓得到自由以后，一位宗室成员纳她为妾。④

① 曾慥：《高斋漫录》1，百部丛书集成；苏辙：《龙川略志龙川别志》74，北京：中华书局，唐宋史料笔记丛刊，1982；黄升：《花庵绝妙词选》3：1，见于毛晋编：《汲古阁词苑英华》。
② 周密：《齐东野语》16：294，北京：中华书局，唐宋史料笔记丛刊，1983；罗郁正（Lo）：《辛弃疾》；《庆元党禁》23，丛书集成。
③ 《名公书判清明集》14：525—527，北京：中华书局，1987。官妓，见陈东原：《中国妇女生活史》96—102，台北：台湾商务印书馆重印，[1928]，1980。
④ 周密：《癸辛杂识》别1：244，北京：中华书局，1988；周密：《齐东野语》20：374—376。

但是,大多数妾多半都通过中间人买来,中间人靠给有钱人家提供侍女做买卖赢利。[①] 最高度专业化的市场是在京城,特别是南宋时期的杭州。《东京梦华录》讨论了掌握着男劳动力、管理人才和店铺伙计的经纪人以后,还讨论了买卖女人的经纪人:"如府宅官员,豪富人家,欲买宠妾、歌童、舞女、厨娘、针线供过,粗细婢妮,亦有官私牙嫂,及引置等人,但指挥便行踏逐下来。"[②]廖莹中在宋末描绘了相同的画面:"名目不一,有所谓身边人、本事人、供过人、针线人、堂前人、杂剧人、拆洗人、琴童、棋童、厨娘,等级截乎不紊,就中厨娘最为下色,然非极富贵家不可用。"[③]洪巽描写了同类市场,然后讲了一位州官买下一个女人的故事,这个二十出头的女人非常漂亮,能写会算,被训练得一手好厨艺。然而,由于她惯于操办奢侈的宴会,不到两个月他就觉得负担不起她了。[④] 不住在京城和大都市的人可能必须到中心城市才能找到中意的妾。一位没有儿子的冯姓商人利用到开封的机会买了个妾。袁韶(1187 年中进士)的父亲去了杭州,才弄到一个妾。到成都和苏州这样的城市游逛.也可得到同样的机会。[⑤]

城市市场满足了那些寻找多才多艺姑娘的士人的需要。很多妾都会读书、作诗、唱曲、弹奏乐器。宋朝末年一位官员想在杭

① 一个世纪以后的这个市场,见格罗沃尔德(Gronewold):《漂亮的商品:卖淫在中国,1860—1936》;贺萧(Hershatter):《20 世纪初上海的繁荣发展和女人市场》;沃森(Watson):《妻、妾和婢:香港地区的奴役和家族》;谢宝华(Sheieh):《14—17 世纪中国社会里的妾》82—98。

② 吴自牧:《东京梦华录外四种·梦粱录》19:301,上海:中华书局,1962。

③ 廖莹中:《江行杂录》5,丛书集成。

④ 洪巽(宋):《旸古漫录》1,于陶宗仪编《说郛》,上海:商务印书馆,1927。

⑤ 罗大经:《鹤林玉露》4:192,北京:中华书局,1983;脱脱:《宋史》415:12452,北京:中华书局,1977;廉宣(宋):《清尊录》1,笔记小说大观;陈郁:《藏一话腴》1,见于陶宗仪《说郛》,上海:商务印书馆,1927。

州找一个既漂亮又多才多艺的妾,几天后找到一个漂亮姑娘,问她有什么才艺,她说只会温酒。陪他去的人听了大笑,但是他试了试她温的酒,感觉很好,印象很深,就把她带回家。[①] 洪迈谈到一位官员在京城等待任命,他说服朋友陪他出去买两个妾。在中间人那里,他发现最年轻、最有才的女孩子只卖 80 贯,另外两个却卖到 400 和 500 贯。他问中间人这种价格差异是为什么,中间人说 3 个姑娘都只能在合同期限内带走做妾;最年轻的姑娘,期限已经快到,只有半年了,另外两个还有整整 3 年的合同。[②] 换句话说,可以不必买妾而租一个。

不一定非要由男人到中间人那儿去挑选妾室。偶尔有时妻子出面办这件事,她认为自己有责任为丈夫纳妾,可能是因为自己没生儿子,甚或认为丈夫的社会地位要求他得有妾。我们知道,司马光没有儿子,妻子和妻子的姐姐曾为他纳妾并试图让他对她产生兴趣,但未成功。出于同样原因,年过五十未生儿子的赵必善(1188—1260)给丈夫买来一个妾,后来为他生了唯一的儿子。[③]

妾甚至可以用来送给妻子。有一个例子,妻子的家务活儿太多而丈夫又很穷,于是妻子的哥哥送她一个 12 岁的女孩帮她干活;结果女孩子最终成为丈夫的妾,28 岁时生了一个儿子。父亲在女儿出嫁时也会买丫头或妾送给她做陪嫁。这是很久以前的做法,作为一种减轻嫉妒的办法颇受宋代男人欢迎。比如,盛氏(1007—1077)从小在未来女主人家里被养大,后来陪着女主人出

221

---

① 陶宗仪:《辍耕录》7:110,丛书集成。
② 洪迈:《夷坚志》补 8:1620,北京:中华书局,1981。
③ 丁传靖:《宋人轶事汇编》11:510,台北:商务印书馆,1935;刘克庄:《后村先生大全集》158:14,四部丛刊。

嫁。女主人去世后男主人再婚，她则留在那个家里成为妾。[①] 对妻子说来，把她的丫头送给丈夫做妾有许多好处。这个丫头出身低微而比较谦卑，也没接受过可使她魅力大增的训练。因此与妻子相比没有社会地位方面的野心。另外，人们普遍认同仆人应该忠于主人的观念，这会使人相信婢女上位后会保持对女主人的恭顺。[②] 但是事情也会发展变化。一位年轻妻子想把结婚时带过来的丫头打死，因为她怀上了男主人的孩子。[③]

经纪人在纳妾过程中扮演的角色就像婚姻大事中的媒人。他得按买卖双方达成的协议用专门用语写好契据，并且见证交易的过程。中介起到的调停和证明的作用显而易见非常重要，有时当事人双方已初步谈好并达成口头协议，但还是要找来一个见证人，使事情变得正规化。[④] 袁采说任何一桩女仆或妾的买卖中，中间人都是不可少的，但他认为仍应仔细追问女子的来历。如果发现她曾遭拐卖，买主就得把她送还她家。更重要的，还得注意别又把她送回人贩子手里。[⑤]

经纪人准备的契据要标出妾的"身价"。数额依据市场因素而定，同时，迷人和多才多艺的比一般的女孩子价格高。洪迈提到的数额从 140 贯到 300、400、900 和 1 000 贯不等。[⑥] 甚至低级官吏也能凑够买一个年轻女子的钱，洪迈观察到，在他生活的时代，最低等级的官吏（县衙的书手和衙前）在配发的稻米以外，都

---

① 叶适：《叶适集》22：432，北京：中华书局，1961；魏泰：《东轩笔录》12：90，丛书集成；陆佃：《陶山集》16：177，丛书集成。

② 参考当代的例子，见贾斯肖克(Jaschok)：《妾和奴仆：社会史》。

③ 李昌龄：《乐善录》4：8，台北：四部善本丛刊据宋版影印，1971。

④ 如洪迈：《夷坚志》甲 13：115。

⑤ 袁采：《袁氏世范》3：55，丛书集成。

⑥ 洪迈：《夷坚志》丙 15：491，丁 11：632，补 3：1566，补 22：1754。

有大约 50 贯钱的月俸。[1]

有些买主不把全部款项一次性付给妾的父母或经纪人,而是定期付钱,有点像付工资。为梁居正生了两个小孩的郑氏的父母亲,每月收到 3 500 钱。[2] 高文虎 67 岁时纳何氏为妾,何氏识文 ²²²断字,能弹会唱,高文虎提出买断何氏 3 年时光,约定每月付一斗米,因此何氏的母亲总按时来取米。3 年过去后,何氏的母亲签了新契约。她没要求增加收入,只提出不再按月取米,而希望得到现金,大概是打算把钱攒起来给何氏做嫁资。第二个 3 年过去后,何氏的母亲又来续约。这一次,报酬变成每年 100 贯钱,大约增加了 50%,高文虎认为这是她应该得到的,因为她的年纪和经验都在增长。这一次再次得到许可,一次付清了所有款项。[3]

成　为　一　个　妾

从一个姑娘或女人的角度看,使她进入一个家庭做妾的过程始于她被排除在做正妻的人生道路之外的时候。这种情况的发生有多种原因。父母亲可能被骗,或因生活困难而失去希望,或出于贪得无厌;女子本人可能被引入歧途,被拐卖,或由于没有别的更好的出路而出此下策。有的家庭确实缺钱,就把女儿卖给中间人或直接卖给男主人。一个姑娘哪怕被卖做婢女或被训练成妓女,到头来仍可能变成妾,可能被另一个主顾买走,或在生了主

---

① 洪迈:《容斋随笔》四笔 7：699,上海:上海古籍出版社,1978。
②《名公书判清明集》7：232。
③ 周密:《癸辛杂识》别 B：272—274。她的工资比洪迈标出的高,多半因为宋末的通货膨胀,见全汉升:《宋末的通货膨胀及其对于物价的影响》,刊于《宋史研究集》第 2 卷,台北:中华丛书编审委员会,1964。

人的孩子后被"升"为妾。有些父母自始至终打着卖女儿的主意，很早就开始教她们学会能卖高价的技艺。很多姑娘被不法之徒骗得离开了家。而且女人在走投无路、无以为生时也会自动卖身为妾。

士人们坦言，当得知有的家庭训练女儿如何做妾、打算通过养女儿获利时，深感震惊。陈郁（逝于 1275 年）写到苏州的穷苦人家怎样教女儿吹拉弹唱以便做私妓，待她们长成大人以后就卖个好价钱。① 廖莹中同样写道："京都中下之户，不重生男，每生女则爱护如捧璧擎珠。弗长成，则随其姿质，教以艺业，用备士大夫采拾娱侍。"②

作者们一般都同情那些走投无路、自认没有理由卖女儿的人。洪迈记录了一个士人如何因邻人而感动，他发现邻人在悲伤地哭泣：

> 其人左右盼视，欷歔久之，曰："仆不能讳，顷者因某事负官钱若干，吏督迫，不偿且获罪，环视吾家，无所从出。谋于妻，以笄女鬻商人，得钱四十万，今行有日矣！与父母诀而不忍焉，是以悲耳！"③

这个父亲得到的 400 贯铜钱或多或少等同于一个奴婢或做工的一生所得④，或一户佃农二十多年的租金。⑤ 这样一个好看的、十几岁的女孩子是负债家庭难以漠视的一笔有销路的财产。

223

---

① 陈郁：《藏一话腴》13。
② 廖莹中：《江行杂录》5。
③ 洪迈：《夷坚志》补 3：1566。
④ 赵冈（K. Chao）：《中国历史上的人和土地：经济角度的分析》。
⑤ 据梁庚尧的《南宋的农村经济》(146—147，239—246，台北，1984)推测而得一户耕种 20 亩及租金数额和稻谷的价钱。

父亲卖女儿做妾完全合法,就像他可以签约把女儿卖掉当婢女,或把她嫁出去。寡母也可能卖女儿;的确,曾经很富裕的人家的寡母沦落到了为了钱卖女儿的记载并不少见。[①] 但是继父继母一般被描绘成比亲生父母更可能干出这种事的人。比如说洪迈讲述了一个女人带着两个女儿再嫁,结果新丈夫把她俩都卖掉做妾。[②]

丈夫有时也把妻子卖给别人做妾,但这是违法的。[③] 一个关于贾似道父亲的故事说他在旅途中看见一个漂亮女人在户外洗衣服,于是请她做妾。这个女人说自己已婚,因此必须问她丈夫。那个男人欣然答应,把妻子卖了一个好价钱。[④]

洪迈记录的逸闻里,女人自己卖自己的事并不罕见。比如,一个逃荒的女人经过官宦人家的大门时,有人问她是否愿留下做妾。她说自己太饿,走不动了,并答应做妾,这位官员叫来一个牙人写了契据。[⑤] 另一个故事,一位游商的寡妇,丈夫死后无以为生,敲门请求收留她做婢女或妾。[⑥] 无论多么低下,侍候人,也比饿死或沦为妓女好。

由于对婢女、妾、妓女等的需求如此之多,不法之徒便不择手段、用各种欺诈伎俩弄来姑娘以应对。福建福州的一部 12 世纪的地方志记载,一位州官在 1099 年打算禁止欺骗行为。这位州官说邻县经常窜过来一些只带着很少资金、自称为"生口牙人"的人。他们对家长说有人想找一个姑娘做妻子或养女,怂恿家长交

---

① 如《宋史》415:12452。
② 洪迈:《夷坚志》支乙 10:869。
③ 如洪迈:《夷坚志》支戊 10:1131。
④ 丁传靖:《宋人轶事汇编》18:919;章楚夫妇(Djang and Djang);《宋人轶事汇编》721。
⑤ 洪迈:《夷坚志》甲 13:115。
⑥ 洪迈:《夷坚志》补 22:1753。

出一个女儿或婢女。这个姑娘会被藏起来一段日子,然后偷偷送到很远的地方转手卖掉。家长发现上当受骗后,即便立刻报告县令,寻人搜索的结果也是一无所获,他们将永远不知道女儿在哪里,甚至永远不知道她是死是活。①

²²⁴宋代史料还经常提到公开的绑架。洪迈记录了一位十七八岁的宗室女乘轿子到附近亲戚家的路上遭绑架后还挨了打,被交给生口牙人,卖给一个男人做妾,那个男人知道她的身世并且认为那就是她的魅力所在。洪迈还说有一位官员的妻和妾在乘轿子途经杭州时双双被绑架。绑架者当然会受到蔑视。一部训诫故事集里,一个以绑架和诱拐为生的男人到后来遭到报应,浑身奇痒难耐,萎缩成一个废人。②

大多数描写买卖妾的市场的人似乎都是从一种略带窥视的角度来写的,感觉他们的读者会从中分享想象可爱女子的快感,这种场景的吸引力绝不会因为知道女子是被迫的而且还经受了苦涩和悲哀而减少。但是,至少有几个作者明确地谴责了买卖妾的市场。比如北宋学者徐积(1028—1103),试图用一首诗打消那些让女儿做妾的人的念头,他的诗假想了一位经历了不幸、变成一个大户人家的妾的女孩子:

> 妾家本住吴山侧,曾与吴姬斗颜色。
>
> 燕脂两脸绿双鬟,有貌有才为第一。
>
> 十岁能吟谢女诗,十五为文学班姬。③
>
> 十六七后渐多难,一身困瘁成流离。

---

① 梁克家:《三山志》39:7(8075 页),宋元地方志丛书,台北:国泰文化实业重印,1980。

② 洪迈:《夷坚志》补 8:1624,丁 11:631;李昌龄:《乐善录》6:6。

③ 谢道蕴(4 世纪)和班昭(约 48—约 120)。

尔后孤贫事更多,教妾一身无奈何。

其时痴呆被人误,遂入朱门披绮罗。

朱门美人多嫉妒,教妾一身无所措。

眉不敢画眼不抬,饮气吞声过朝暮。

受尽苦辛人不知,却待归时不得归?①

尽管徐积意在移风易俗,但是这首诗引起的感觉多半是人们被那位虽遭蹂躏,但仍敏感、可爱的年轻女子所吸引。

男 人 和 妾

一般情况下,男人在进入中年以后开始纳妾,这时候他们多半当上了一家之长,对相处了 15 年或更久的妻子有点厌倦。比如苏轼(1036—1101)38 岁时把 11 岁的王朝云(1063—1096)接回家做妾。② 但是还有许多与这种模式不同的情况。年轻男子婚前纳妾并不少见。③ 我们得知,有一个男人,不到二十岁就有几十个妾;④还有七八十岁纳妾的老翁。⑤ 财力雄厚的男人似乎经常有好几个妾。11 世纪富有的官员周高,有几十个姬妾;韩侂胄(逝于 1207)号称有 14 个妾。洪迈记录的故事里,一位富有的官员有七八个妾,但在他又老又病时,她们都打算离开他。⑥

225

---

① 徐积:《节孝集》11：7,四库全书。
② 苏轼:《苏轼文集》15：473,北京:中华书局,1986。
③ 如《名公书判清明集》12：442—444;洪迈:《夷坚志》补 10：1641;胡寅:《斐然集》
　　20：11,四库全书。
④ 彭乘:《墨客挥犀》8：2,百部丛书集成。
⑤ 如赵令畤:《侯鲭录》7：67,丛书集成。
⑥ 苏辙:《龙川略志龙川别志》4：20;《宋史》247：8749;洪迈:《夷坚志》补 8：1621—
　　1623。

男人怎样对待他们的妾？一般说来很不相同，有的宠爱年轻女人而忽视妻子，有的把她们当欲望的对象，有的急切地在客人面前炫耀自己的妾。然而，特定的模式还是值得注意。男人一般不为妻子改名，但是差不多为所有的妾和婢女改了名，这象征着这些女人社会地位的低下。妻子一般正式地以姓相称，妾们则通常用个人化的本名相称，这个名字多半是主人起的。① 我们发现，妾的名字里经常含有"奴"字，如"柔奴""莲奴""馨奴"或"进奴"。② 高文虎(1134—1212)给妾何氏起名"银花"，雪片的雅称。其他文人士子也为妾起文绉绉的名字，有人爱起直截、明快、无路数可寻的名字，比如辛弃疾(1140—1207)给两个妾起名，就用姓做名，因此二人被叫做"田田"和"钱钱"。③

下层阶级的女孩子为准备做上层阶级男人的妾所接受的训练，和妓女的培训很相似，而且很多男人把妾当作私人妓女来招待客人，逗客人取乐。寇准(961—1023)以喜好彻夜的华宴知名于世，宴会上要有歌舞姬跳舞、奏乐，还必须有一位能即兴作诗、吟诗的女子。袁采提醒说教婢女和妾学会招待客人会引起麻烦：如果女人美丽过人或才艺高超，"虑有恶客起觊觎之心"，并导致灾难性后果。魏泰(约1050—1110)描写了这样一件事。有一天杨绘让自家唱曲的姑娘们招待客人，客人中有一位喝多了，对一个姑娘做得太过分，激怒了藏在屏风后面看热闹的妻子。妻子招来小妾并殴打她。当那位客人要求姑娘回来时，杨绘打算结束宴会，但这只不过惹得客人更生气。客人开始动手打杨绘，结果众

---

① 如《名公书判清明集》8：251。
② 如洪迈：《夷坚志》甲17：148，乙19：347，支丁2：978，三己6：1346，补22：1753。
③ 陶宗仪：《画史会要》6：59，四库全书。

宾客一拥而上,才把他救出来。①

因为得到的对待像妓女一样,妾也就容易像妓女那样为人行事。我们得知,苏轼之所以得出这个结论,源于他发现一个最近刚去世的朋友最宠爱的妾在另一个男人家里招待客人。"不觉掩面号恸,妾乃顾其徒而大笑。"②苏轼显然不愿意面对这样的现实:妾们经常没事人似的从一个主子转到另一个主子手里。

士人很少写他们的小妾及自己与她们的关系。刘克庄(1187—1269)声明他出于对妻子的忠诚而纳妾;她死后,出于对她的尊敬,他决定不再续娶。"余年四十二,哭林淑人哀逝者之贤而殀。遂不再婚。既葬淑人,左右无侍巾栉者。或言里中有孤女陈氏,本大族母征,携以适人。长无所归。先亲魏国为余纳之。"③刘克庄赞扬比他年轻 24 岁的陈氏(1211—1262),在后来的 35 年里照管着所有的家务,记着每一件事,管好每一笔钱财。他不把她当作妾而称她为小儿子的"生母",也不认为自己是丈夫,只是她的"主君"。

高文虎(1134—1212)提供了男人与妾的关系最完整的记录。④ 在一封信里高文虎写道,妻子在 1163 年,他 30 岁那年去世了,在后来的 37 年里,出于为孩子着想,他既没再娶也没纳妾。直到 1200 年的正月里,他 66 岁时,才与何氏签订了一个 3 年的合同。

高文虎说,何氏的职责就是为他熬药、收拾东西,照料他。她

---

① 丁传靖:《宋人轶事汇编》5:186—189;袁采:《袁氏世范》3:50;魏泰:《东轩笔录》7:48。

② 王明清:《挥麈录》后录 7:551,丛书集成。

③ 刘克庄:《后村先生大全集》161:10。

④ 参考,伊沛霞(Ebrey):《宋代中国的妾》。

经常为他做早饭和晚饭，照管他的衣服：洗，缝补，按时令变换准备好应季衣服。晚上如果他有点儿咳嗽或睡不着觉，她就起床，升火，为他熬药。她也能读、写，常为他找东西、写回信。她来了一年以后，高文虎退休辞官，到儿子任职的徽州住。他带着何氏，在徽州度过非常和谐的两年，游玩了当地所有著名景点。此后他们就回到高文虎的老家明州（宁波）。

227　　　在这封信里，高文虎隐晦地暗示，他并没有行使自己的权利与何氏发生性关系，他说自己年事已高，不再对感官享受感兴趣。何氏在 11 年里没有生孩子，看起来印证了他的声明。但是高家其他成员显然都认为他被何氏迷住了，担心他会把家产挥霍在她身上。

高文虎非常喜欢何氏，希望亲眼看到她得到他曾许诺给她的钱财。他写道，问题在于"余身旁无分文，用取于宅库，常有推托牵掣，不应余求"。为了打破这一僵局，他决定卖掉家里一块地收获的 600 石谷物，但是刚刚卖了五六十石，管理庄园的僧人就告诉他，他的儿子和儿媳打算用卖谷物的钱建一座粮仓。后来，儿子前来劝慰，说他可以从宅库里支取钱财，哪怕他需要一千贯，也会给他。然而，每次高文虎到宅库去，得到的回答都说现在没有钱。最后，又过了两年，高文虎再次下令卖掉庄园里的谷物，这次卖谷得到 1 080 贯钱，其中 800 贯是给何氏的。

按照高文虎所写，何氏愿意在他死后作为寡妾住在高家。高文虎深知这件事难以实现，所以到了 1210 年，他认为到了让何氏回娘家的时候了。在信的结尾之处，他概括了何氏应该得到 1 000 贯钱的正当理由。第一，钱是他的，他为家庭赚到很多钱，而儿子并没有。第二，何氏应该得到这笔钱：照顾他 11 年以来她自己从未要求得到家产，没从宅库支取过钱，也没有干预过家庭财务。甚至何氏穿的衣服花的都是高文虎自己的钱。因此,用1 000贯钱给她做嫁妆并不过分。如果有人嫉妒,挑起无端的指控,何氏可以把此信作为证据,为自己讨回一个公道。[①]

妾在家庭里的边缘位置

妾是家庭里的一员,但是她们在家庭里的地位很不稳固,她们与主人、主人的孩子,甚至与自己生的孩子之间的联系都是脆弱的。

中国作者们唯一详细列出妾与其加入的家庭里其他成员间的联系的地方是对丧服的阐释。已婚女子在婚后为娘家人服丧的义务比原来减低一等,但是几乎要为夫家所有成员(比如丈夫的兄弟、叔伯和本家)服丧,丧期与丈夫一样。这些成员间的义务是双向的,如果妻子去世,别人也应当为她服丧。对比之下,妾就像未婚女人一样,对娘家人还有服丧的义务,虽然实际上可能很少执行。妾对男主人家庭的义务很少。妾只为男主人、女主人和主人的孩子服丧。妾只有在生了孩子以后,男主人和别的女人生的孩子与她之间才有双向的服丧义务(不过与她为他们服的等级不同)。男女主人都不为妾服丧,即便她生了孩子。[②]

更复杂的问题是妾的孩子为她服什么等级的丧。这些孩子为父亲的妻服丧,是在为法律上的母亲服丧,与妻生的孩子一样。但是按长久以来的传统,孩子们对法律上的母亲比对与父亲有瓜葛的女人更尊重,后者包括孩子的生母、离婚的出母、奶妈和保

228

---

① 周密:《癸辛杂识》别B:272—274。
② 谢深甫(12世纪):《庆元条法事类》77:4—15,台北:新文丰,据静嘉堂宋版重印,1976。

姆。这并不是因为孩子只能为一位作为母亲的女人服丧。如果母亲去世，父亲再婚后，继母也去世了，那么儿子应该为每一位法律上的母亲服丧。儿子为身为妾的生母服什么等级的丧，在宋代没有统一认识。张载（1020—1077）说只有在法律上的母亲活着时，儿子才为生母服低一个等级的丧。朱熹在回一封信时说，张载认为，为生母服较低等级的、专为"妾母"制定的丧，这是错误的；她是他的生母，他就应该为她服 3 年丧。①

妾在家里的地位毫无疑问在很大程度上取决于女主人的存在。即便妻子活着，但是如果她丧失了行为能力，妾就可以充当家里的女主人。宋朝末年，朝廷规定，如果妻子病得很重而丈夫又不愿休掉她，男人可以按照通常的婚礼礼仪娶一位"小妻"。②但是无论用什么称呼，法律上不是妻的女子都是妾。刘克庄（1187—1269）的一项判决涉及两个被家人视为身份相当不同的女人——一位在男主人活着时就管理着一切家务，并瞧不起另一位；另一位是主人儿子的妾——但是刘克庄说，因为两位都没有正式结婚（"非礼婚"），因此都不能被当作妻子。③ 有女主人的妾不仅在人身上依附于她，还会失去与孩子间的大部分联系，而由女主人掌控着孩子。妻子的传记经常说她们养大了妾的孩子，但是从未有任何迹象表明，她们必须征得小妾的同意才能照顾她的孩子。舒岳祥（1217—1301）形容他的妻子王氏（1212—1284）如何"性多容少妒姬。侍生子抚育如己出，寒暑燥湿一皆共之"。④

---

① 伊沛霞（Ebrey）：《宋代中国的妾》。
② 车垓（逝于 1276）：《内外服制通释》3：4，见于沈家本（1840—1913）编：《沈碧楼丛书》，1913。
③ 刘克庄：《后村先生大全集》193：11。
④ 舒岳祥：《阆风集》12：12，四库全书。

很容易想象妾对妻照管她的孩子怀有什么样的仇恨，绝不会认为
是对孩子的爱和慈悲心。

妾的边缘位置可以持续到死后。在父亲、法律上的母亲和生
母都死去很久后，韩琦（1008—1075）在新的家族墓地重新安葬了
他们。他大胆地把身为妾的生母葬在父亲与嫡母的合葬墓的一
侧，作为"侍葬"。他声明这样做没有冒犯父母的意思，因为所有
的事，比如棺木的质量，下葬的仪式，都是按照比父母低一级的规
格办的。考虑到其他人会谴责他失礼，他说有充分、正当的理由
捍卫自己，"夫礼非天降地出，本于情而已矣"。①

洪迈记录的下面的故事清楚地表现了妾在家庭里的边缘
位置：

> 朱景先铨，淳熙丙申，主管四川茶马。男逊，买成都张氏
> 女为妾，曰福娘。明年，娶于范氏，以新婚不欲留妾，妾已娠，
> 不肯去，强遣之。又明年，朱被召，以十月旦离成都，福娘欲
> 随东归，不果。后四十日，生一子，小名为寄儿。

> 朱居姑苏，吴蜀杳隔，彼此不相知闻。庚子岁，逊亡，范
> 妇无出，朱又无他儿，悲痛殊甚。乙巳岁，朱持母丧，后茶马
> 使者王渥少卿遣驶卒赍书致唁，卒乃旧服役左右者。方买福
> 娘时，其妻实为牙侩，因从容言："福娘自得子之后，甘贫守
> 节，誓不嫁人，其子今已七八岁，从学读书，眉目疏秀，每自称
> 官人，非里巷群儿比也。"

> 朱虽喜而未深信，其与卒携来者巡检邹圭，亦故吏，呼扣之，
> 尽得其实。即令圭达书王卿及其制帅留尚书，祈致其母子。②

---

① 韩琦：《安阳集》46：11，四库全书。
② 洪迈：《夷坚志》补10：1641。

这个故事清楚地说明,妾,方便的时候可以有,不方便的时候可以丢掉,如果家庭后来需要她生的孩子,还可把他们要回来。

为 母 的 妾

生儿子提高了女人在家庭里的地位,不管这个女人是妻、妾还是婢。对妻子而言,生了儿子就去掉一个可能休弃她的理由。对于妾,生了儿子就可以确立她与主人家庭成员间的亲属关系。对于婢,她得到了升格为妾的机会。进一步而言,如果妻子已经有了孩子,生儿子会使妾卷入与主母和她的儿子之间更激烈的矛盾冲突当中。司马光写道:"世之兄弟不睦者,多由异母或前后嫡庶更相憎嫉,母既殊情,子亦异党。"①

妾的儿子肯定经常发觉自己面临的形势比较混乱,压力比较大。一个妾的儿子毕竟要对两位女人尽孝,而她们之间多半不太和睦。此外,他的父亲会视他的生母为妓女,而他的嫡母则认为他妈妈是婢女。不幸的是没有史料可供分析所有这一切引起的心理后果。当然,妾的孩子长大后不会有明显的社会和心理的残缺。北宋最具影响力的高官之一——韩琦,就是妾的儿子。他父亲韩国华(957—1011)的妻子生了 4 个儿子,第三个生于 989 年。那时韩国华多半已经有了妾——胡氏(968—1030),胡氏生了 2 个儿子、1 个女儿。韩琦出生时父亲 52 岁,父亲去世时他 3 岁。身为妾的生母在韩家住了几乎有二十年之久。韩琦被两个女人养大,很有些像被妈妈和奶奶同时照顾的小孩子。韩琦写道,无论何时生母打他,嫡母都会站出来保护他,并且气得一整天都不

① 司马光:《家范》7:643,中国哲学名著集成。

和他生母说话。①

然而，很多孩子恐怕不这么幸运。比照妻子生的孩子，妾的孩子似乎更可能被牺牲，因而更可能被送给别人当养子，或一出生就被溺死。陈亮（1143—1194）父亲的妾 1160 年生了一个男孩，三个月后就送人了。同样，刘宰（1166—1239）的一个弟弟是妾生的，很小就被送给别人收养。② 第九章提到的几件杀婴事件涉及的就是妾生子。父亲抛弃了为妾的母亲，孩子也跟着屡受磨难。官员和商人们离家在外时纳妾陪侍他们，待到离开那个地方时就把妾遣散的事也不是很少见。他们还会因妻子的嫉妒赶走妾，哪怕她已经生了孩子。这些妾的孩子经常失掉与生母的所有联系。

儿子与被父亲排斥的庶母之间的关系在 11 世纪末期引起较 *231* 多讨论。当王安石（1021—1086）的门生李定（1028—1087）不能为他父亲（以前的）妾仇氏服丧时，官员们愤然而起表示抗议，大家都知道那是他的生母。她很久以前就被李家送走，并已嫁到别家。③ 意见一致的抗议对李定的事情无助，却大大声援了朱寿昌，朱寿昌的事与李定类似，但他的选择与李定不同。朱寿昌的父亲在京兆任官时纳一女子为妾。她生了寿昌，孩子两岁时她被打发到一个平民之家做妻子。④ 后来的 50 年里朱寿昌从未见过生母。他当了官以后宦游四方，打算找到生母。最后，在 1068 或

---

① 韩琦：《安阳集》46：12。
② 陈亮：《陈亮集》28：414，北京：中华书局，1974；刘宰：《漫塘集》26：20—23，四库全书。
③ 李焘：《续资治通鉴长编》211：5121，213：5173，217：5272，北京：中华书局，1985；陆游：《老学庵笔记》1：4，丛书集成；王偁：《东都事略》98：4，台北：文海，宋史资料汇编，1967。
④ 李焘：《续资治通鉴长编》212：5143。

1069 年,他辞官离家,声明,"誓不见母不复还"。他在同州找到已经七十多岁、嫁到唐家、生了几个儿子的母亲。朱寿昌把生母一家人全都接到自己家。他的故事由钱明逸(1015—1071)首次公布,此后,很多一流学者,"自王安石、苏颂、苏轼以下,士大夫争为诗美之"[1]。朱寿昌的声望如此不凡,以至于他接回母亲以后,神宗帝(1068—1085 在位)专门接见了他。[2]

寡　妾

　　由于妾在家庭成员中处于边缘地位,男主人死去以后,她们特别容易受到伤害。此外,由于妾通常比男主人年轻二十多岁,因此开始守寡时比寡妻们年轻得多。按照法律,妾不能被前主人的近亲收留做妾(某种程度上受限制的范围比妻子还大),但是这种事一旦发生,看起来在人群中引起的震动又小于遭受同样命运的妻子。[3] 没生孩子的妾在主人的寡妻或儿子的家里没有特定、明确的位置。如果她们侍奉主人多年,可能作为慈善行为的对象留在家里,就像老奶妈或老厨娘一样。受尊敬的富贵人家在赶走无处可去的人时会犹豫不决。但即便这样,她们的生活仍是暗淡的,无趣味可言。洪迈说有一个妾住在主人的寡妻和已婚儿子的家里,下场就是被寡妻活活打死。[4]

　　没有孩子的妾不能诉求财产,但是主人可以为自己喜爱的妾

---

① 《宋史》456:13405。还见王安石:《王临川集》31:174,台北:世界书局,1966;苏颂:《苏魏公文集》3:31,北京:中华书局,1988;苏轼:《苏轼文集》22:643—644,北京:中华书局,1986。

② 李焘:《续资治通鉴长编》212:5143。

③ 《宋刑统》14:3;洪迈:《夷坚志》丙 15:491。

④ 洪迈:《夷坚志》三己 6:1346。

预先做好安排。《宋史》记录的一个案例,说一个男子写遗嘱,把财产分成三份,两个儿子和妾各得一份。儿子们上告到官府,说妾没有财产权,判官指出儿子有义务遵守父亲的遗愿,于是达成妥协,如果她留下来不再嫁的话,他们就应该让她使用那些财产; 232 如果她死了,财产将成为他们的。①

生了小孩的妾也许可以留下和孩子在一起,也许不能。我们已经知道几个生了孩子却被送走的妾。毫无疑问,寡妻和儿子们至少与对妾失去兴趣的男主人一样,希望妾离开家。一个 12 岁进王家做厨娘的姑娘,28 岁时生了一个儿子。3 年后男女主人双双去世,主人的儿子们分了家,分给她一份养大孩子的财产。② 当然,主人已经离开人世的婢女和妾为了再嫁人常常愿意离去。一个婢女偷走小女儿继承的财产做嫁妆,这样就可以把自己嫁出去了。③ 有些妾带着自己的孩子嫁人,对于小孩说来,这在当时似乎是最仁慈的做法,但却不利于他们长大以后争到父亲的财产。④ 高五一死后留下一个女仆生的女婴,还有一个侄子立为继嗣。继承人得到 3/4 的财产,小姑娘得到 1/4。姑娘的田产收入应该送到她已离开这一家的母亲手里,但实际上,她们得到的少得可怜。⑤

留在主人家打算养大孩子的妾除了面临所有寡妇都会遇到的问题,还有别的麻烦。一位为主人生了唯一活下来的两个孩子的妾,还不得不去官府捍卫财产不被贪婪的亲戚侵吞。她不敢承

---

① 《宋史》412:12381。
② 叶适:《叶适集》22:432。
③ 《名公书判清明集》7:230—232。
④ 如《名公书判清明集》7:211。
⑤ 《名公书判清明集》7:238。

认自己是妾,审讯时谎称自己是妻子。另一个案例中,争讼的人群里有人质疑一个只生了女儿的妾有什么理由说自己是"生母"。① 如果妾的儿子们长大了,形势当然就不同了,一切取决于他们是否愿意、并且有能力保护母亲。

方回(1227—1306)的著述证明会有一些麻烦困扰着儿子和身为妾的寡母之间的关系。方回的父亲方琢(1174—1229)有一个妻子生的女儿,但是直到她长大嫁人,方琢始终没有儿子。因此他在 1221 年收养了邻居的孩子做继承人。3 年后方琢被贬到广东。他把妻子留在家里,到广东后纳妾,妾室后来生了方回。方回从未见过嫡母,因为她在他两岁时就死了。第二年父亲也死了。又过了一年,父亲的朋友把母子送回老家,一位叔叔收留了他们。但是这个叔叔在那一年也死了。另一个已经承认方琢养子的叔叔为方回母子做了安排,划出一块 30 亩地的田产让她和两个男孩子、一个男仆一起过日子,这块地刚刚够维持他们几个人的生活。

233　　　方回 15 岁时,他的妾母被迫离开方家,到另一个地方嫁人为妻或妾(方回用的词汇,字面意思是她被迫放弃了守节的愿望)。几十年后方回写到此事,回想当年,为自己没能站出来与叔叔对着干而深感痛苦。虽然方回没有明确地这么写,但可能是他叔叔在嫁出方回生母时收到一些钱。不论是否部分地由于这些经历,方回从未娶妻,因此成为他所属的社会阶级的中国男人当中较为特殊的一个,虽然按照他自己的记载,他不断地纳妾,妾们生了 7 个儿子和 4 个女儿。他如此偏爱妾和女仆,引起很多他的同时代

---

①《名公书判清明集》7:232,8:268。

人批评他行为放荡。①

* * *

本章只是表现女人的命运与财产问题联在一起的几个章节之一。家庭要给女儿提供一份嫁妆,确保她成为一门合适的婚姻中的妻子,使她有一定的自由用嫁资送给别人礼物,有一些财力、物力满足自己的需要。大多数做妾的女孩子往往是因为家里不仅无力为她们准备嫁妆,还得被迫卖掉她们赚到一些钱。妾虽然可以通过接受礼物得到一些个人财产,但是她争取到家产的可能微乎其微。作为比妻子边缘化得多的家庭成员,甚至不能保证自己终生的生活供给。她所能依靠的仅仅是感情:她必须指望男主人和自己的儿子们因为爱她而继续照顾她。最好的办法是尽可能地疏远家庭里的其他人,因为他们可能会阻挠即使是最好心的儿子和主人。

妾的制度可以看作是阶级统治的一个方面。如果农民不能通过把女儿卖给富人做妾或婢女的办法换回一些钱,统治精英就无法从农民手里榨取那么多盈余。与此同时,用这种办法侵占贫困阶层的"过剩的"女儿使上层阶级和下层阶级保持着紧密接触,从而确保精英阶层永远不能完全切断与普通人的道德、价值观和生活经历的联系。穷人家的姑娘作为妾或婢女踏入富人家的大门,如果生养了儿子,就会对下一代人产生相当大的影响。

姑娘们被当作财产对待——被双亲卖掉,被绑架,被迫跟着中间人走,或像小饰物一样被送人——在心理上会产生什么样的后果? 在公开地对她有敌意的人群里生活是什么样子? 如果她从小被教导,与一个以上的男人发生性关系就是被玷污了,当她

① 方回:《桐江集》8：22,上海:商务印书馆,1935;周密:《癸辛杂识》别 A：249—252。

被卖给第二个主人时会怎样想？很容易想象，这些经历会扭曲妾
的人性。妻子们视妾为阴谋家。也许她们的确经常是阴谋家，不
相信其他任何人。除了尽力保全她们的个人利益，留给她们的还
有什么呢？

进一步而言，纳妾造成的心理后果不一定限于成为妾的女
性。农家姑娘看见邻家女友或自己的姐姐被卖给人贩子，换来钱
偿还家里的债务，就不太可能再感到安全。每一个人都知道女人
得依靠男人，她们的幸福完全取决于运气。纳妾用极端的方式证
明了这一点。

本章虽然倾向于把妾描绘为牺牲品，但是不能忘记有的女人
认为做妾对于她们说来是较好的选择。不幸境遇中的女人也许
更愿到富人家做妾而不愿做妓女或婢女，甚至于不愿做穷人的妻
子。有些女孩子肯定看到妈妈因为干苦工而累坏了。对她们来
说，过上舒服日子的一线希望也要比铁定过沉闷困苦的生活更有
吸引力。

第十三章　靠女人延续家庭

按照儒家的家庭模式,家庭的意义,家庭责任和荣誉都与从父亲到儿子再到孙子的父系相联。家庭的持续存在源于儿子继承了父亲。父母为儿子娶妻不是由于女人本身很重要,而是因为女人可以生出父系血脉的孙子。事实证明这种延续世系的方式在有些家庭行不通——因为父母没有儿子或儿子在生出儿子以前就死掉了——父母一般会收养一个侄子或其他父系近亲,作为亲生儿子最好、最可能的替代者。

这种父系继承模式支撑着官府制订的财产继承法,鼓励家庭用各种方式收养继承人。然而,这并不等于宋代社会每一个成员都接受父系模式的全部含义,这是很明显的。当一个家庭没有儿子时,很多男人,甚至可能也包括更多的女人,宁愿通过与自家的某个女子(女儿、姐妹、母亲、妻子等)有关联的男人延续家庭。他们要么让女儿留在家里,为她找一位加入自己家庭的丈夫(男到女家的入赘婚),要么收养一个与嫁出去或娶进来的女人有关的男孩子。甚至于有的家庭在已经有儿子的情况下还把女儿留在家里,为她招婿,通常由于儿子太小不能劳动,或因为他们有足够的财产,希望用招婿的办法扩大家庭。

多种可供选择的延续家庭的方式使我们回到女人可以拥有财产这个问题上来。由于女方是财产的主人,所以男子愿意到女家做赘婿。这样一来,夫妇二人就可以得到嫁妆,如果那一家没有儿子,他们还可以在父母去世后继承财产。从财产如何从一代转移到下一代的方式上看,没有兄弟的女儿继承的财产,和出嫁时得到的嫁妆差不多。

236

让女儿留在家里

自古以来就有的入赘婚似乎总被当作权宜之计,同时也是家庭在特定情况下可以选择的最好、但又比较低级的出路。在宋代,经典著作提到入赘婚时都持批评态度。人们可以援引短语"莒人灭鄫"来表示这类婚姻的危险性,出自《公羊传》对《春秋》一段话的解释,郎公为女儿招莒国公子为婿,结果鄫国的世系被莒人的取代了。[1]

由于对怎样把握好女儿的婚姻有共同的理解,把女儿留在家里在宋代一定非常盛行。《东京梦华录》记载,入赘婚的"细帖"一般都写明这桩婚事是男到女家的,还要列出女婿带过来的东西,就像女子嫁到男家前送去的细帖里列着嫁妆的细目一样。类书一般都有适合入赘婚的婚书样本(一部书里有 13 封)。偶尔甚至有作品可以传世的士人收录了他们为入赘婚写的婚书。[2]

洪迈经常顺便注明某个男人是赘婿。[3] 无论何地,没有儿子的家庭都可能为女儿招女婿。从年轻男人的角度看,到女方家里

---

① 《十三经注疏·公羊传》19:10,台北:艺文印书馆据 1821 年本重印,1981。

② 吴自牧:《东京梦华录外四种·梦粱录》20:304,7,上海:中华书局,1962;《新编婚礼备用月老新书》后 8:8—11,台北"中央图书馆"据宋本影印;陈著:《本堂集》82:4,11,14,83:3,四库全书。

③ 如洪迈:《夷坚志》丙 13:474,丙 16:504,三壬 4:1496,三壬 6:1513,三壬 10:1544,补 5:1588,补 16:1702,北京:中华书局,1981。

入赘做女继承人的丈夫,可能是取得成功的一条捷径。洪迈讲了詹庆的故事,他原来是一个贫穷农民,接受训练成为乐师。后来他实在忍受不了给哥哥家多添一张嘴的处境,离家沿途乞讨,寻找更好一点的前程。在城里他当上了乐师并入赘到一家。他很快就富起来了并且让儿子读书,培养他学会学者的行为举止。[①]这种生存策略的问题在于男人经常会因为妻子的父母对待他的态度感到羞辱。我们从洪迈的故事得知,1186 年解三师为读过书的女儿招施华为赘婿。不久以后,施华在离家经商的路上写信给妻子表达了不满:"我在汝家,日为丈人丈母凌辱百端,况于经纪不遂,今浪迹汝宁府。汝独处耐静,勿萌改适之心,容我稍遂意时,自归取汝。"无论她父母怎样对待他,妻子一定很爱他,因为接到信以后她变得非常沮丧,不再吃东西,四个月以后就死了。[②] *237*

　　有儿子的家庭把女儿留在家里可能出于好几种动机。需要更多劳动力的普通农家,一个小男孩没有多少用,但十几岁的女孩可以吸引来能干活的青壮年男子。北宋初期的一个男人,儿子只不过 3 岁,他写下遗嘱,把 70％财产留给女婿,只把 30％留给儿子,让女婿管理全部财产直到儿子长大。[③] 留女儿在家有时是为了满足溺爱女儿的妈妈。名宦富弼(1004—1083)的两个女儿及其丈夫、儿子都与富弼夫妇及其子一起生活。苏岘(1118—1183)容忍寡母为爱女招婿,他和母亲及妹妹一家人在一起生活了 30 年。[④]

---

① 洪迈:《夷坚志》三壬 4:1496。
② 洪迈:《夷坚志》三壬 10:1544。
③ 脱脱:《宋史》293:9802,北京:中华书局,1977。
④ 邵伯温:《邵氏闻见录》9:94,北京:中华书局,唐宋史料笔记丛刊,1983;韩元吉:
　《南涧甲乙稿》21:442,丛书集成。

地产充足或有买卖的人家想扩展事业时也可能用招婿的办法扩大家族事业。990 年，郭载（955—994）记载，他在四川南部任官时，注意到那儿的富人家常常招赘婿，像对自家儿子一样对待他们，并且分给他们一份产业。郭载认为这种做法导致贫穷的男子抛弃父母而且经常引出官司，出于这些原因他希望宣布入赘婚违法。入赘婚流行的其他地区，情况可能与此类似。福建人范致明（1100 年中进士）记载湖南一带到处都可以看到入赘婚，常常是外来移民的赘婿愿意为妻子家卖力干活，因为他们迟早可以得到掌控财产的权力。刘清之（1130—1195）在鄂州（湖北）辅佐州官时，发现当地人不认为穷人家的儿子离开自家到女方家当赘婿有什么不妥。①

入赘婚在这些地方的盛行多半可以由新开拓地区的条件解释，那里人口压力小而土地相对丰足。没有资源的外来移民显然乐于利用这种有利于自己的机会，通过结婚进入一个既有的兴旺之家。除此以外，以往长期定居在新开拓边疆地带的人大多是具有自己独特婚姻习俗的非汉族人群。看到这些的汉人多半会错误地把母系婚姻描写为一种以入赘婚、性混乱且易导致离婚为特征的婚姻制度。相对同源的制度也可能被归类为盛行入赘婚的制度，比如有的婚姻规定新郎必须为岳父家干活（作为聘金的替代），导致新郎必须在新娘家住上一定年限。来到这类地区的汉族定居者会发现，自己称之为入赘婚的做法很便利于与不认为它低人一等的非汉族伴侣结成异族婚姻。

考察一桩又一桩的入赘婚经常会发现它们与移民有关。在

---

① 李焘：《续资治通鉴长编》31：705，北京：中华书局，1985；徐松：《宋会要辑稿》"刑法"2：4，北京：中华书局，1957；范致明：《岳阳风土记》17，见于陶宗仪编：《说郛一百二十卷》上海：中华书局，1988 重印；《宋史》437：12954。

四川南部,新移民的儿子赵之才入赘到牟里仁家当女婿,得到一份与牟里仁儿子一样多的产业,使牟家与赵家原有的联系纽带更牢固了。赵之才的两个女儿也与舅舅的儿子结了婚。① 昆山(江苏)县志表明那里的入赘婚非常普遍,特别在 12 世纪北方沦陷以后,很多北方人来到南方定居。因为身为名人而有传记的 9 个男人中就有 6 个是通过自己或先人的入赘婚而加入当地户籍的。② 他们对宗族的记述会提到某一个祖先是作为赘婿迁移到这个地方的。比如金华张氏记载,第一位定居本地的祖先是为了当潘家女婿而来的。③

　　有时是男方家里断定入赘婚是最好的办法。戴表元(1244—1310)记载,戴家在奉化(浙江)城南三里定居已有 6 代。他的高曾祖父已经有了 6 个儿子、12 个孙子。孙子之一即戴表元的祖父戴汝明(1176—1254),以迟钝著称。兄弟们认为他迟钝的原因是房屋狭小,因此应该让戴汝明"嫁"出去,他们安排他移居到县城,入赘到妻子郑氏(1190—1274)家里。(可能很难为他找到妻子,他肯定已 30 岁了,比妻子大 14 岁。)郑家并不是因为缺儿子而招婿,郑氏有一个哥哥在地方上做教师,可以适时地教妹妹的儿子读书。郑氏,多半因为住在自己家,给孙子留下的印象比丈夫的要好。戴表元记得她非常聪明,勤写善记,还是一个严格的管家。④

　　宋濂(1310—1381)用同情的笔触描写了可能导致把女儿留

① 范格兰(van Glahn):《溪流和洞窟地带:宋代四川新开拓地的扩张、定居和文化》162。
② 杨谌(元):《昆山郡志》4:11—13,宋元地方志丛书,台北:国泰文他实业,1980 年重印。
③ 宋濂:《宋学士文集》10:183,国学基本丛书。
④《大元圣政国朝典章》5:73—77,16:243,据元版影印。

在家里的感情和想法,他记述了南宋一个第一次招赘婿的家庭。我尽力重新构建了楼—王—泰三家联姻的方式,见图表7。楼约和住在婺州(浙江)的王氏结婚,他们至少有一个儿子,但仍把女儿妙清留在家里,为她招王氏哥哥的儿子王野为赘婿。王氏结婚时陪嫁丰厚,这成为她后来给女儿女婿很多财产的基础。由于这笔财产最初来自王家,所以从某种程度上说又回馈给了王家。"王氏爱妙清甚,乃于湖塘上造屋一十七间,别置薪山若干亩,蔬畦若干亩,腴田若干亩,招妙清夫妇谓曰:'此皆吾捐嫁赀所营,毫发不以烦楼氏令悉,畁而主之,畁其慎哉。'"楼妙清和丈夫有两个儿子,都夭折了。他们把大女儿嫁给住在同一个州的楼汝浚,使妙清有了一门住得很近的亲戚。这个女儿显然没姓母亲的姓,否则的话,与同姓男子结婚就有些奇怪。楼妙清和丈夫王野把小女儿"莹"留在家里,莹长大时浙江沦陷于蒙古人手里,一个蒙古人泰不华成了莹的入赘丈夫。莹生了泰不华的儿子"泰野仙"。现有史料没有泰不华多少信息。(事实上,把这门亲事说成入赘婚可能为了掩盖一些事,比如女儿被入侵的蒙古士兵强暴后怀了孕,或成为士兵的情妇但一段时间后又被抛弃了。)莹的母亲妙清一直掌管着这个家,因此我们得知:

> 妙清又笃爱之(指外孙"野仙")甚。教育备至,不翅其己出。野仙长,复谋于众,命约诸孙渊以女善归之。妙清问言于野曰:"吾二人耄矣,不幸无子,今甥野仙,文而有守,又妻吾侄之女,此而非亲,将谁亲乎吾母氏所畁之业,宜具授之。更其屋为义祠,使岁时具豚酒,祀吾之父母舅姑,而野仙之先祖与焉。吾二人他日或终于户下,亦庶几有所托亦。"[1]

---

[1] 宋濂:《宋学士文集》46:812。

图表7

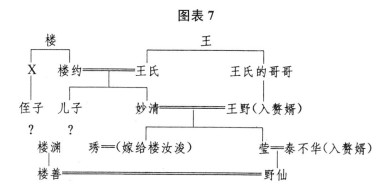

这一家的故事触及宋代其他提到入赘婚的地方反复出现的主题。必须有一定的财产，招婿之事才能进行；招婿与女人的财产和嫁妆有关；入赘婚姻的内部伴随着由女人当家作主；但不一定都改姓；入赘婚可能在后代重演；男到女家的婚姻引起的争议说它基于亲密的宗族关系；这类婚姻还可能使两条世系之间的界限变得模糊。

正如这个例子所示，看起来说赘婿本人可以延续世系，这没什么道理。赘婿不等同于养子。他们能做的是经营家业，奉养年迈的岳父岳母，得到一部分财产作为回报。但是宋代作者们确实提到女儿和女儿的儿子可以做继承人。袁采提醒家长们对女儿要好一些，因为她们值得信赖，可以为父母送葬，祭祀祖先。像朱熹和陈淳（1159—1223）这样的理学家，反对男人未经慎重考虑就立外孙子为嗣。[①] 判官吴革同意让一个入赘女婿赎买岳父多年前抵押出去的田产，但是不准他再卖掉："俞梁既别无子孙，仰以续祭祀者惟俞百六娘而已，赎回此田，所当永远存留，充岁时祭祀之用，责任在官，不许卖与外人。"这里牵扯到祭祀，但是判官指的

① 袁采：《袁氏世范》1：20，丛书集成；朱熹：《朱文公文集》30：17，四部丛刊；陈荣捷（Chan）：《陈淳（1159—1223）〈北溪字义〉英译》150—152。

是让女儿、而不是她的丈夫或儿子主持祭祀。其他宋代史料也提到没有儿子时可由女儿主持祭祀。[1] 在上述楼约的事例里,传承宗祧的问题似乎一直到第一个赘婿的孙子长大以后才提出来。祖父祖母想到自己当年招来的女婿,会感到欣慰,而且他还可以为联姻的另外两个家族进行祭祀。入赘婚显然是让父母亲得到外孙的好办法。

趁女儿在家时转移财产

如前所示,宋代家庭把包括地产在内的财产给女儿做嫁妆,或通过女儿传给外孙子,并不违法。此外,长久以来法律就规定如果"绝嗣"——就是没有男性继承人,无论是亲生的还是收养的——这家的女儿有权首先得到家产。然而宋代法律没有明确规定入赘婚应该与女子嫁到男家的婚姻区别对待。很多未来的岳父也许通过口头承诺说服一个年轻男子加入自己家,许诺帮他安排好生活,最终可以得到家产。但是这种许诺与宋代成文法是矛盾的,法律不承认这种协议。

按照宋代法律,户绝时如果还有未出嫁的女儿("在室女"),她们就有资格拥有全部财产。如果所有活着的女儿都嫁出去了("出嫁女"),她们就只能得到 1/3 家产,其余的都要充公、没官。如果在户主死后确立了继子,出嫁女仍将得到 1/3 财产,继子可得到另外 1/3,最后的 1/3 仍将充公。[2]

把这些规定套用到入赘婚时,有本质上的含糊不清之处。一

241

---

[1]《名公书判清明集》9:316,北京:中华书局,1987;苏洵:《嘉祐集》14:148,国学基本丛书。

[2] 窦仪:《宋刑统》12:13,台北,据 1918 年本影印,1964。

个住在家里招婿的女儿算是"在室女"(而一般情况下在室女应该是从没结过婚的女儿),还是"出嫁女"(哪怕她是"招"了女婿而未嫁到别家)? 如果认为她是在室女,她就可以在户绝时得到全部财产或与其他在室女平分财产。如果把她视为出嫁女(似乎多数实例都照此处理),那么接着会出现奇怪的结果。设想一个家庭有两个女儿,一个比另一个大许多。父母亲为长女招了赘婿,他在岳父家的土地上劳作了十几年,在养活妻子和孩子的同时还供养了岳父、岳母和妻子的妹妹。严格按照法律条款,岳父岳母去世后,如果没留下遗嘱,所有的财产都将成为妹妹的;赘婿、长女及其孩子什么都没有。或者可以想象类似的情况,一个女儿嫁走了而另一个招了赘婿。无论赘婿付出了多少劳动,工作得多么辛苦,两个女儿最终将各得一份同样多的财产,即全部财产的1/6。或许还可能只有一个招婿的女儿,但是她先于父母而逝,丈夫继续养着孩子和岳父岳母,情况会怎样? 岳父岳母去世后这一户就绝了,那么赘婿和孩子可能什么也得不到。最后,还有一种可能,赘婿在这家的田地上劳作了很久,支撑着整个家庭,但是后来岳父岳母收养了一个侄子做继承人。继承人将继承全部家产,因为那时候这个人家不再是户绝之家。

有宋一代为了减少这些反常的事发生,对户绝法做过很多修订。整个倾向是让赘婿多得到一点家产。特别值得注意的是家长可以在女儿死后把财产传给女婿;即便后来收养了继承人,如果有遗嘱,女婿仍可以得到家产的一半(最多可以得到 3 000 贯);有一个实例规定,如果赘婿增殖了家产,那么户绝时他可以得到1/3。①

---

① 见伊沛霞(Ebrey):《财产法和宋代的入赘婚》。

　　从《名公书判清明集》的案例看,似乎普通人和法官都不大担心如何针对入赘婚严格执行财产继承的法令。没有儿子的家庭可能避免明确声明是否让女婿得到家产,或是否由他延续嗣脉,因为他们始终怀着生儿子的希望,或者因为担心女婿没有能力或不合心意,因而留着把他赶走的主动权。入赘的年轻人也许明白,无论法律怎样规定,家人常常会给女儿和赘婿留下财产。在一个争讼财产的案例中,一个男人把财产交给女儿女婿成为案情的焦点:“洪观生无子,其家一付之女,与婿。”①打这以后,很多年过去了,判官并没有追究女儿女婿现在是否是这些财产的所有者。

　　当赘婿和妻子的兄弟争讼时,判官似乎很少关心赘婿来到岳父家时有什么期待。比如,刘克庄(1187—1269)为周家的案子(见图表8)写了一条判词。周丙在没有儿子时招李应龙为赘婿。周丙死后,一个遗腹子出生了。女婿试图以家产已经作为嫁妆分给他为由保住他对大部分家产的权利,但是刘克庄反对:

　　　　在法:父母已亡,儿女分产,女合得男之半。遗腹之男,亦男也,周丙身后财产合作三分,遗腹子得二分,细乙娘得一分,如此分析,方合法意。李应龙为人子婿,妻家见有孤子,更不顾条法,不恤幼孤,辄将妻父膏腴田产,与其族人妄作妻父、妻母摽拨,天下岂有女婿中分妻家财产之理哉? 县尉所引张乖崖三分与婿故事②,即见行条令女得男之半之意也。③

　　然后刘克庄下令仔细清查周丙所有的财产,可动产和地产,

---

① 《名公书判清明集》6:177。
② 参考,《宋史》293:9802。
③ 《名公书判清明集》8:277。

以便公平地分成 3 份。

图表 8

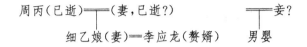

周丙(已逝)══(妻,已逝?)　　　══妾?

　　　细乙娘(妻)══李应龙(赘婿)　男婴

　　尽管刘克庄写判词时好像在严格遵循对法律的理解,对待赘婿比较严厉,但是他并没有把赘婿及其妻丢掉不顾。李应龙显然在周丙去世以前就入赘到周家。从法律上看,有弟弟的已婚女儿无权诉求任何家产。但是刘克庄肯定认为不给细乙娘夫妇任何 *243* 财产是不合理的,因为很明显,父母从未像嫁女儿那样给她划出一份财产。刘克庄认为她是在室女。他也有点同情李应龙,因为他被招为女婿时无疑抱着将来继承财产的希望,并估计周丙不会再有儿子出生。

图表 9

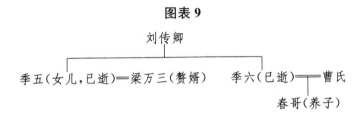

刘传卿

季五(女儿,已逝)══梁万三(赘婿)　　季六(已逝)══曹氏

　　　　　　　　　　　　　　　　　春哥(养子)

　　在另一个相同类型的案子(见图表 9)里,判官吴革对赘婿采取了更严厉的立场。刘传卿有一儿一女,女儿比儿子大。为女儿招婿以后,大概过了很久儿子才结婚。案子告到官府时,父亲、儿子和女儿都已经死了,活着的只有寡媳和赘婿。赘婿打算继续掌管财产,甚至想卖掉它。判官非常愤怒,坚持对所有财产进行评估,而且都划归寡媳和她最近收养的儿子。赘婿一无所得。[1]

---

[1]《名公书判清明集》7：236。

没有儿子、只有4个女儿的吴家的案子揭示了一种可能,即在室女在法律上处于比招赘婿的女儿更占优势的地位(图表10)。吴琛这位父亲已经为两个大女儿(24岁,25岁)招了赘婿,同时也收养了一个异姓儿子。审看整个形势以后,判官说:

> 石高、胡闉,赘婿也,义犹半子,倘吴琛以二婿为可托,则生前无由立异姓之男,向立间丘,以续其传,复娶李氏,以为其室,尽有在矣。①

养子为养父服表,并在死前收养了自己的继承人。两个女婿此刻想促成分家析产。用判官的话说:

> 胡闉又称吴氏之产,乃二婿以妻家财务,营运增置,欲析归四女,法则不然。在法:诸赘婿以妻家财物营运,增置财产,至户绝日,给赘婿三分。今吴琛既有植下子孙,却非绝之比,岂可遽称作绝户分邪?②

244

图表10

吴琛(已逝)

女儿＝石高	女儿＝胡闉	有龙＝李氏	女儿	女儿
(赘婿)	(赘婿)	(养子,已逝)		
		登		

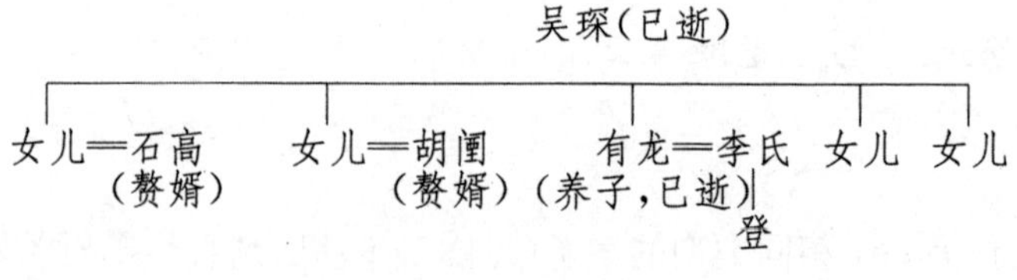

女婿援引一个遗嘱作凭据,但是遗嘱未经官府验证,判官并且补充说,口头遗嘱无效。养子被收养时的年龄也作为反证递交上来。接着的问题在于两个小女儿为什么未婚。判官认识到她们的在场对任何一种财产划分都很重要。

---

① 《名公书判清明集》7:215。
② 《名公书判清明集》7:216。

殊不思已嫁承分无明条,未嫁均给有定法,诸分财产,未娶者与聘财,姑姊妹有室及归宗者给嫁资,未及嫁者则别给财产,不得过嫁资之数。又法:诸户绝财产尽给在堂诸女,归宗者减半。①

在三女儿的问题上有两种观点。有人说她已经出嫁了,但是四女儿控诉自己被卖给别人做养女。如果后一种说法是真的,那么看得出来姐姐或姐夫为人不好。还有一个疑点即四女儿的婚事被耽误了。由于这些不确定因素,此时判官能做的就是否决下一级官府的判决,即不能按户绝法给女儿划分财产,判官督促养子的寡妇李氏尽快为四女儿找丈夫,告诫女婿不要再麻烦法庭。值得注意的是,判官把养子的寡妇当作比她的小姑子(户主的女儿)和她们的丈夫亦即家里仅有的成年男人地位都要高的家庭成员。②

245

图表 11

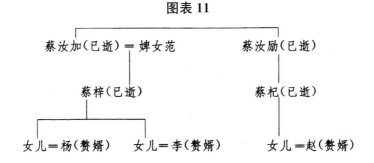

蔡家的案例表明旁系亲属可能介入入赘婚,这一家招了3个赘婿(见图表11)。家里还活着的是为主人蔡汝加生了孩子的婢女范氏;她的两个孙女及其入赘丈夫杨和李;还有蔡汝加弟弟蔡

---

①《名公书判清明集》7:217。
②《名公书判清明集》7:215—217。

汝励的孙女及其入赘丈夫赵。他们都在一起过日子,财产从来没分开过。蔡家在地方上是有四个分支的大家族,这一支系是第三支,其他支系的人在蔡梓和蔡杞死后,开始借故和赘婿们争吵,他们想把自己的子孙立为蔡梓和蔡杞的后嗣,因为蔡梓和蔡杞是招赘的蔡家姑娘的父亲。换句话说,蔡家的人想让姓蔡的、而不是别的姓氏的男人控制蔡家财产。赘婿们错误地到官府寻求保护。祖母并不愿意为儿子立嗣,满足于依靠两个孙女及其丈夫生活。但因为她是婢女出身,所以无论如何在对付蔡姓族人时处于弱势。判官吴革站在蔡家人一边,他判决应该立嗣,避免争讼形势变得更坏。从好几个候选人中挑了养子以后,吴革判定财产首先应分为两半(一半归蔡汝加的后代,一半归蔡汝励的后代),然后再在死后确立的继承人和赘婿或丈夫之间分割。吴革以"女乃其所亲出,婿又赘居年深"①为理由,判给赘婿一半财产。一半,可以说相当慷慨,因为法律规定出嫁女只能得到 1/3,但是如果赘婿根本不诉诸于官府,得到的将是全部。

　　这个案子凸显了招婿之家与族人之间潜在的矛盾冲突。很多地方,特别在江南和福建,12 世纪以来宗族团体在地方事务里变得越来越活跃。这种宗族团体可能由几十户或几百户拥有同一个最初迁徙到当地的祖先组成。他们经常在墓祠里祭拜共同的祖先,借以加强对把他们联在一起、成为一个团体的宗族纽带的本质的理解。② 毫不奇怪,这种宗族组织的成员会反对允许赘婿继承财产的任何一位族人,特别是在由一个寡妇(即她不是男性子孙中的一员)做出这种决定的时候。

246

---

① 《名公书判清明集》7:205。
② 参考,伊沛霞(Ebrey):《宗族组织发展的早期阶段》。

正如这些案例所示,判官把入赘婚与女人、普通人、地方习俗和妥协视为同一类事,而并不认为入赘婚与男人、士人、民族准则或绝对准则相关。一种在文化上处于弱势的制度怎能在中国社会盛行,特别是在理学发展强大的时期?这种婚姻形式怎样得到法律的承认,得到比从前更多的法律上的保护?我能提供的最好的解释是,官员们承诺的更理想化的家庭形式与他们同样强烈的增强国家和儒学的影响的愿望发生了冲突。达成妥协的一个主要潜在原因是中国中心的南移,迫使官员们必须认真对付北方不太常见的做法。北宋的很多名流出自中原,就像很多财富也出自中原一样。到了南宋,南方当然是中心地区。地方和中央官僚处理特殊案例或打算修订法律时,用意想不到的方式改变了他们所谓的"中国式"的家庭制度,更多地容忍了宋朝初期的判官轻而易举否定的东西。

收养族人以外的亲戚

已经把女儿嫁出去、假定将来可以通过儿子延续家庭的父母,会因为儿子突然死掉而变得没有继承人。他们可能收养女儿的儿子延续嗣脉。姐妹的或女儿的孩子,看起来比别的异姓亲戚更亲近;据说共有同样的"气"。但是人们也会收养关系更远的孩子,比如母亲或祖母娘家的后代,甚至从与父系没有血缘关系的妻子的娘家收养孩子。①

宋代法律没有区分同姓族人以外的、或完全没有亲戚关系的

---

① 见恩·瓦特纳(Waltner):《立嗣:中华帝国后期的收养和家族建设》,提供了明代的例子。

养子。法律只规定可以收养 3 岁或 3 岁以下即使和养父不同姓
的小孩。《名公书判清明集》不鼓励收养异姓婴儿或在父母死后
收养,但是父母活着时收养、立嗣是备受欢迎的。此外,如果收养
是父母明确的选择,而且在诉讼以前很多年就存在的话,判官也
不会拿 3 岁的规定小题大做。[①]

　　这类收养在有功名的官员之家就像在普通人家一样发生。
比如,魏了翁(1178—1237)的一个叔叔就被他舅舅收养了。差不
多在同一时期,一位县令的妻子黄氏收养了娘家侄子。朱熹最亲
密的弟子之一蔡元定(1135—1198),让姑姑的虞姓儿子收养了自
己的次子。蔡元定死后,他的寡妻要求自己的儿子"归宗",但是
儿子又让自己的一个儿子留在虞家延续嗣脉。整个 12、13 世纪,
贵溪的倪家和邻县金溪的傅家世代联姻,所以当倪姓的一个分支
没有男孩时,就收养傅家的子弟。[②]

　　人们求助于亲戚,部分原因在于比较容易要求对方给以好
处。程老先生 70 岁时,他为一个儿子没有继承人而发愁。1274
年,当他出嫁了的女儿带着儿子郑元宪回娘家省亲时,他为自己
儿子着想,请女儿把儿子留给程家做舅舅的继承人,说女儿虽已
嫁到郑家,但不应忘了程家。女儿不同意让儿子立刻被别人收
养,第二年,她死了,而她弟弟的妻子也死了。程老夫妇到女婿家
请求带走外孙。郑家人同意了,郑元宪回到程家并为最近刚去世
的养母服丧,随后就留在程家,改姓程。多年以后,他为两个母亲

①《宋刑统》12:8;《名公书判清明集》8:245,246—247。
② 魏了翁:《鹤山集》72:17,四库全书;《名公书判清明集》7:225;李清馥(创作活跃期
　 1749):《闽中理学渊源考》25:3,四库全书;吴海(14 世纪):《(吴朝宗先生)闻过斋
　 集》1:13,丛书集成。

举行了联合的纪念活动。① 像这个例子这样收养女儿的儿子,从
传宗接代的最后结果看,有点像入赘婚。

图表 12

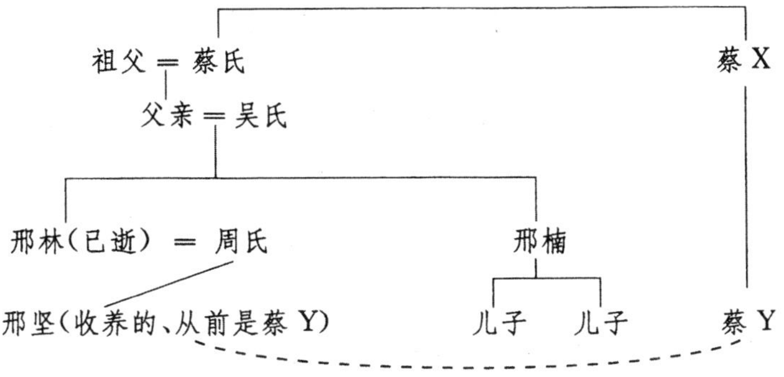

收养超过 3 岁的姻亲的孩子没有法律依据,但是似乎也比收
养同龄的陌生人得到更多的认可。吴革为邢家(见图表 12)的案
子写了下面的判词:

> 邢林、邢楠为亲兄弟,邢林无子,邢楠虽有二子,不愿立
> 为林后,乃于兄死之日,即奉其母吴氏、嫂周氏命,立祖母蔡
> 氏之侄为林嗣,今日邢坚是也。夫养蔡之子,为邢之后,固非
> 法意,但当时既出于坚之祖母吴氏及其母周氏之本心,邢楠
> 又亲命之,是自违法而立之,非坚之罪也。使邢楠宗族有知
> 义者,以为非法,力争于邢楠方立之时,则可,进欲转移于既
> 立八年之后,则不可。②

判官并没有表扬这种收养。相反,他们常常就当事人如何违

---

① 戴表元:《剡源集》5:80,丛书集成。
② 《名公书判清明集》7:201。参考,《名公书判清明集》8:269,当 30 年以后父系族人
打算让自己的儿子当继承人时,这个案子的法官否决了一个从妻子娘家收养的
男孩。

背父系继承原则发表负面的评价,多半会引用经典例子,即莒人如何通过继承鄫人的一支取代了他们。[1] 然而判官并没有彻底否认这类收养。

如果还有其他潜在的家产的诉求者,收养 3 岁以下姻亲的小孩等于面临着入赘婚会产生的同样问题。有一个案子,一位 23 岁没有活着的孩子的寡妇希望留在丈夫家,并收养一个继承人。她丈夫有 3 个兄弟,但是一个未婚,一个无男孩。长兄一向与她丈夫不和睦,而且,他儿子与她年龄相近。因此,她收养了娘家姑姑的儿子。18 年以后,两位小叔子已去世,丈夫的长兄告到官府,试图推翻这一非血缘关系的收养。判官坚定不移地站在寡妇和养子一边,指出当年按父系原则收养族人有多么困难。[2]

* * *

本章讨论了没有男性继承人的家庭解决问题时最常采用的两种办法。这两种策略——把女儿留在家里,通过女人的关系收养子嗣——表明女人在家庭继承问题上并不是完全没用;她们只不过不像儿子那么顶用。她们比男人差多少,这在宋代不同阶级、不同社会性别、多半还有不同地区之间是相当不一致的。女人的观点明显与男人不同。在 14 世纪,吴海写道:"近代亦不由礼法,以婿与甥及外孙为后者何限,皆由不胜妇人之见以自灭。"[3]吴革在前边提到的一条判词里驳回了一位满足于有 3 个女婿赡养她的寡妾的要求,说:"妇人女子,安识理法?"[4]人们可以感觉到,女人比男人更容易把女儿视为近亲,因此男人为女人

[1] 如《名公书判清明集》7:225。
[2]《名公书判清明集》7:217—222。
[3] 吴海:《(吴朝宗先生)闻过斋集》1:12。
[4]《名公书判清明集》7:205。

做出这样的判决。

阶级差异也在这里起作用。那些制定财产继承法和强力推行法令的人，如地方官，无一例外都属于士人阶层。毫无疑问，入赘婚和收养族人以外的亲属会给他们带来比普通农民更多的耻辱，因为在精英阶层当中，家族的姓氏和祭祀祖先在确定一个人的身份时是非常关键的。当判官给赘婿贴上罪恶的、企图从中渔利的标签时，他们就把上层阶级的标准用到不认为续香火比老有所养更重要的人身上了。① 那些信奉程颐、朱熹教导的人最难接受入赘婚和收养非父系亲戚，但是其他接受儒家学说但不拘泥于理学的士人，比起大多数农民，多半也会感到不太舒服。

女人在安排这种靠女人延续家庭的事情时大多起积极作用，但是并没有史料表明她们在这类家庭里面更幸福，或过得很好。女人不仅至少感到这是一种退而求其次的选择，还与男人一块儿承受这种婚姻在法律上的弱势。把女儿留在家里的母亲和收养非父系继承人的寡妇无疑都希望得到亲属更多的承认，可以不因自己的安排面对挑战。女人是行动者，可以确信，她们的行动累积的跨越时代的效果使非标准的家庭形式得到更多的接受。但是对于发现自己的行为不被法律认可的女性个人来说，这不一定是一种安慰。

① 参考伊沛霞（Ebrey）：《宋代"家"的概念》。

第十四章　通奸、乱伦和离婚

婚姻并不都像人们期望的那样美满。极端情况下,婚姻会崩溃,丈夫可能休妻,或一方走掉了事。即便不是太坏的婚姻,有时整个形势也会导致性犯罪从而毁掉婚姻。中国没有一个对应于原罪的概念;也就是说,他们不认为性诱惑和性犯罪是人类罪恶的根源,但是确实对特定种类的婚外性关系感到厌恶、羞愧和愤怒。乱伦和通奸会引向法律诉讼或只好离婚了事。出于任何原因的离婚,都是羞耻和尴尬的来源,对女人而言尤其是这样。

通　　奸

已婚妇女和丈夫以外的男人发生性关系是一种严重的违法行为,双方都要拘禁两年。① 确定是否为强奸时,男人的婚姻状态无关紧要;已婚男人只要不是与好人家的未婚女儿或别人的妻子发生性关系,并非犯法——换句话说,与妓女、歌女、娼妇或自己的婢女、妾,完全可以被接受。

严厉的法律并不一定使人们避免犯通奸罪。庄绰(约1090—约1150)记载,穷人家可以为了周转的需要让"贴夫"(他

---

① 窦仪:《宋刑统》26：18,21,台北,据 1918 年本重印。

们得付钱)留宿,和尚通常最可能成为住在寺庙附近的穷人家的"贴夫"(奸夫)。① 洪迈故事的读者似乎能接受很多环境中可能发生的通奸。客人可能引诱主人的妻子或妾。僧人,特别是在得到慷慨施舍的人家里,经常涉嫌引诱了那一家的妻子。一个 50 岁男人有一个岁数比他小一半还多的美妾,她与他年轻力壮的男仆有染。另一个故事说一位比 60 多岁的丈夫年轻一半的女子逼着他让一个十七八岁的孤儿到家里做养子,然后她就和养子同睡,丝毫没有遮掩的意思;丈夫为了免遭邻居嘲笑,被逼得悬梁自尽。② 在这些故事里,女人被描写成像男人一样有可能引发通奸,特别是那些嫁给比自己老很多的男人的女人。

从现存的法律案例资料看,人们会感到地方官不愿意接办通奸案。黄渐带着妻子朱氏和小儿子住在陶岑家做私塾先生。和尚妙成也住在陶家,可能住在家庙里。有人指控朱氏与妙成通奸,判官下令打 3 个男人(和尚、丈夫和主人)各 60 杖,妻子发配充军,任由那儿的士兵抽签决定把她配给谁。这位丈夫反对这个判决,上诉到更高一级官府,第二个判官对处罚妻子感到气愤。他认为,尽管有处罚的条款,但针对的是下层人家的女人,没有丈夫的女人,或是丈夫不愿让她回家的女人,而不适合这个希望妻子留下的丈夫。事实上法官提出,为了对付可能的诬告,只有丈夫提出指控的通奸案才应予以受理。最后,判官把那女人交还给丈夫,条件是他们必须离开那个镇子。③

在中国,多半也像任何地方,很多丈夫宁愿掩盖妻子与人通

---

① 庄绰:《鸡肋编》2:58,丛书集成。
② 如洪迈:《夷坚志》支丁 9:1037,丁 19:694,补 5:1590,支癸 4:1252,北京:中华书局,1981。
③《名公书判清明集》12:448,北京:中华书局,1987。

奸的证据。比起把妻子或她的情人告到法庭接受惩罚，男人更愿意试着自己解决问题。在一桩最后终于告到官府的案子里，一个男人声称他已经发现妻子与一个县吏通奸，于是去找地方上的邻保；但是县吏在这时候逃走了。丈夫决定不公开这件事，但是他担心儿媳妇已经看见婆婆的事，就让儿子休掉她。后来他还决定休掉自己的妻子。几个月以后，父子二人都后悔了，到官府去要求让两位妻子回来。判官判决惩罚那位通奸的吏员，杖 100 棍，但是并没做主恢复任何一桩婚事。儿媳已经嫁给别人，而他的妻子则声称必须把现在照顾丈夫的婢女赶出家门。①

乱 伦

针对亲属之间非法性关系的惩罚甚至比通奸罪更严重，惩罚的轻重根据亲属关系的远近决定。判死刑的，是与父亲或祖父的妾、叔伯的妻、自己的或父亲的姐妹、儿媳或孙媳及侄女。比死刑低一等的（流放到 2 000 里以外），是与母亲的姐妹、兄弟的妻子和儿媳，更低一等的（拘役 3 年），是与继女（妻子前夫的女儿）或同母异父的姐妹。② 在乱伦案里，如果男方使用了暴力，那么他将接受高一级刑罚，女方可以免刑。与母亲、同父同母的姐妹或亲生女儿，显然不可思议，因而法律没做规定；但是如果发现有这种事，可按照十恶不赦之罪处理。③

在所有可能犯乱伦罪的人当中，宋代史料经常提到的只有两类，多半因为他们是最可能招来嫌疑的男人：与父亲的妾或与儿

---

① 《名公书判清明集》12：446。
② 《宋刑统》26：19。
③ 《宋刑统》1：6。

子的妻。从法律上看,这两种都是最严重的罪,如果男方没有强迫女方的嫌疑,双方都判死刑,如果使用了暴力,男的判死刑,女方免罪。从我们已知的中国家庭生活的安排看,陷入这类猜疑之中是不奇怪的。因为男人经常弄来比自己儿子还年轻的女人做妾,外人肯定会猜想这些女人可能更喜欢儿子而不是老子。又由于四五十岁的男人对十几岁、二十出头的姑娘往往格外具有吸引力,邻居们无疑会猜测为儿子娶进家门的新娘会怎样想。与父亲的妾乱伦,在法律上和与儿媳乱伦一样严重,但是显然不会像后者那样激起强烈的愤恨。苏辙(1039—1112)甚至提出官员应该回避调查这种事,因为经常发生,如有人因此获罪而另一些人没有,那就很不公平。①

公公/儿媳之间的乱伦就更麻烦。即使人们都希望新娘避免与公公不必要的接触,但是又不可能完全避免,一般会要求儿媳侍候公公的饮食起居,在他生病时照顾他。这样,乱伦的事就可能发生。暗指乱伦之事的说法通常有"新台之事"或"河上之要""燕婉之求",都出自《诗经》,长期以来解释为对卫宣公的批评,卫宣公在黄河边建了一座塔,把儿子的新娘带到那里,强迫她与自己交合。②

《名公书判清明集》里的几个案例表明儿媳要想制止公公的 253 无理要求是多么困难。判官胡颖(1232 年中进士)看起来一点也不同情指控他人乱伦的人:

> 父有不慈,子不可以不孝。黄十为黄乙之子,纵使果有新台之事,在黄十亦只当为父隐恶。遣逐其妻足矣,岂可播扬于外,况事属暧昧乎! 符同厥妻之言,兴成妇翁之讼。惟

---

① 苏辙:《龙川略志龙川别志》4: 20,北京:中华书局,唐宋史料笔记丛刊,1982。
②《十三经注疏,诗经》2C;14—16。台北:艺文印书馆,据 1821 年本重印,1981。

恐不胜其父,而遂以天下之大恶加之。天理人伦,灭绝
尽矣![1]

然后胡颖判打黄十 100 杖、他妻子 60 杖。

第二个案子中,儿媳本人提出指控,但是胡颖重申了同样的
原则:

妇之于舅姑,犹子之事父母。孝子扬父母之美;不扬父
母之恶。使蒋八果有河上之要,阿张拒之则可,彰彰然以告
之于人,则非为尊长讳之义矣。况蒋八墓木已拱,血气既衰。
岂复有不肖之念?[2]

这桩案子里的儿子已经带着妻子离开了父亲家。在胡颖看
来,儿子的行为比父亲可能做的任何事都还要坏。胡颖下令打他
60 杖,并立即回家赡养父亲。儿媳被判充军,配给一个幸运的士兵。

第三个案子,虽然胡颖并不怀疑指控之事,但仍下不了决心
惩罚男主角。审问过双方以后,他认为多半是李起宗有罪。遂决
定不对主犯用刑以逼迫他们认罪,因为他知道女人不能像男人那
样撑得住。但他还是认为散布这样严重的指控完全不合适。因
为儿子必须休掉父母不喜欢的媳妇,就应当忘记与妻子的“偕老”
之愿,把她送走。胡颖命令媳妇的父亲把她嫁给别人。[3]

可以看出来,被凌辱的儿媳要想从官府讨回公正有多难,受
害女性的亲属多半会自己解决问题,把她从丈夫家带走——那就
是说,他们能想到的就是像胡颖判决的那样。在一个类似的案子
里,受害女人的父亲悄悄地把她嫁给另一个地方的某个人,然后

---

[1]《名公书判清明集》10:388。
[2]《名公书判清明集》10:387。
[3]《名公书判清明集》10:388。

对外说她失踪了。当公公要求儿媳回来时,判官(不是胡颖)拒绝
了,说:

> 胡千三戏谑子妇,虽未成奸,然举措悖理甚矣,阿吴固难
> 再归其家。然亦只据阿吴所说如此,未经官司堪正听。而其
> 父吴庆乙受其兄吴大三之教,遂将阿吴收匿。背后嫁与外州
> 人事,乃妄经本司,诉其女不知下落,设使根究不出,岂不重
> 为胡千三之祸?揆之以法,合是反坐,吴庆乙堪杖一百,编管
> 邻州。若妄诉一节,亦是吴大三所教,则吴大三当从杖编管,
> 而吴庆乙可免。帖县追吴大三根究,解从本司施行。阿吴若
> 归胡千三之家,固必有投水自缢之祸,然背夫盗嫁,又岂可再
> 归胡氏之家。名不正,则言不顺,本县责付官牙,再行改嫁,
> 所断已当,此事姑息不得。胡千三未经堪正,难以加罪。如
> 再有词,仰本县送狱堪正其悖理之罪,重作施行,以为为舅而
> 举措谬乱者之戒。①

就像女人很难证明自己是受害者一样,男人同样很难证明自
己无罪。1045 年,高官兼学者欧阳修(1007—1072)被姐姐的继
女控告乱伦后,身陷囹圄,两次审讯中唯一有力的证据就是女方
针对他的说词。他的罪名最终被洗清,但当然不是每一个人都停
止了猜疑。二十多年以后,1067 年,当他 61 岁时,欧阳修再次被
指控调戏大儿媳吴氏。这一次他又被证明是清白的,但是直到他
当众宣布这种栽赃的行动非常卑鄙、并要求投诉人拿出更好的证
据以后,此事才算了结。②

---

① 《名公书判清明集》9:343。
② 刘子健(James T. C. Liu):《欧阳修:11 世纪的一位理学家》65—67,80—81;李焘:
《续资治通鉴长编》209:5078,北京:中华书局,1985。

　　洪迈记述了一个社会地位低得多的人被人诬陷、受害的故事：

　　　　建昌南城近郭南原村民宁六，素蠢朴，一意农圃。其弟妇游氏，在侪辈中稍腴泽，悍戾淫沃，与并舍少年奸。宁每侧目唾骂，无如之何。

　　　　游尝攘鸡欲烹，宁知之，入其房搜索，得鸡以出。游遽以刃自伤手，走至邻舍大呼曰："伯以吾夫不在家，持只鸡为饵，强胁污我。我不肯从，怀刀欲杀，幸而得免。"

　　　　宁适无妻，邻人以为然，执诣里正赴县狱。狱吏审其情实，需钱十千，将为作道地。宁贪而啬，且自恃理直，坚不许。吏傅会成案，上于军守戴头，不能察，且为间阎匹妇而能守义保身，不受凌逼，录事参军赵师景又迎合头意，锻炼成狱奏之。宁坐死，而赐游氏钱十万，令长吏岁时存问，以旌其节，由是有节妇之称。郡人尽知宁冤，而愤游氏之滥。

　　　　竟以与比近林田寺僧通，为人所告，受杖，未几抱疾，见宁为崇，遂死。①

　　根据洪迈的记录，介入案子的两位官员都因未能主持正义而遭到报应。

离　婚

　　宋代的离婚和今天的离婚引起的联想相当不同。最有代表性的图景不是夫妇分居，吵架不断，或发现一方与他人坠入情网；

---

① 洪迈：《夷坚志》支甲 5：746。

相反,离婚悲剧的景象是相爱的夫妻因为公婆不喜欢新娘而被迫分离。汉代有一首这个主题的诗广为人知。宋代中期一个类似的例子也引出很多讨论。诗人陆游(1125—1210)娶了舅舅的女儿唐氏,但是他母亲不喜欢这个侄女做儿媳。她完全不顾陆游的意愿,把姑娘送回娘家,唐氏后来与一位宗室子结婚。几年后她和陆游在一个花园里邂逅相遇。得到丈夫的同意后,她送给陆游一些食物和酒。回忆起昔日的痛苦,陆游在花园的墙上写了一阕词,想象着她的心情。词中写道:"东风恶,欢情薄。一怀愁绪,几年离索,错!错!错!"后来的岁月里陆游还写了一些词,一般也解释为表达他被迫休妻的痛苦情感。① 256

　　离婚可以用"离"和"出"表示。一般来说,男人休妻并不需要得到法官或任何其他官员的批准。但是为了表明他确实要跟她离婚,对他来说最好的办法就是写一纸休书,表明他的意图。②宋朝初年的一份"放妻书",标记为 977 年,和其他文书一起被封存在敦煌的一个洞窟里,偶然地保存下来。文书的开头没有了,但是后边的内容似乎说明女子的父母是无辜的:

> □□甥至此　　　　　眷　　　
>
> 公□生女柔容温和内外六亲欢竦远近□
>
> □□之情九族恺怡少时□不曾更放娘子有
>
> 谦恭之道恤下无觉无众饶不尽之相财女女
>
> 称□□之庆何结为夫妻六亲聚讼□慈九族
>
> 见布含恨酥乳之合止恐异前猫鼠同巢安能

① 陆游:《陆放翁全集》渭南文集 49：305,香港:广济书局影印;华兹生(B. Watson):《随心所欲一老翁:陆游诗文选》26—27。
② 如《名公书判清明集》9：345,353,13：499。

见久今对六亲各自取意面不许言夫说父

今妇一别更选重官双职之夫随情□恋没齐晋

案琴瑟和韵伏愿郎娘子千秋万岁□

施欢□三年衣粮便献药仪□□□

于时开宝十一年　丁丑岁放妻①

这份文件经过画押,注明了日期。

离婚书不是非有不可。只把女人送走也可使法律和社会承认已经完成了离婚。但是一位丈夫休掉妻子,接着又立刻安排她与别人结婚,这当中应有一个明确的界线,否则会带有卖掉她的意思。法律禁止卖妻,而现实生活中这种事并非闻所未闻。②

从法律思想上看,男人只能在女方同意的情况下或他有理由时休妻,但常见的列举的理由比较模糊并且难以证实(比如多嘴多舌和嫉妒)。此外,如果妻子正在为公婆服丧或无处可去,那么也不能休妻。③ 但是到了宋代,休妻的理由和不能休妻的规定在人们的思想上都不十分明确。本书导言引述的故事中,王八郎的妻子说她无处可去,但他还是可以休了她。④ 如本章所述,甚至在女人唯一的罪过是不孝,即把公公的罪恶企图告到官府时,判官也会判决离婚。此外,妻子们可以、而且经常做的是抵制被休弃。一个案例里,妻子不同意离婚时,丈夫就诬告她通奸。因为他诬告,胡颖下令打他80杖,但仍批准离婚,还说那女人遭到如此的污蔑仍愿意回到那个家,令人费解。⑤

---

① 仁井田升:《支那身份法史》696,东京,1942;又见仁井田升:《奴隶农奴法,家族村落法》586—597,东京:1962。

② 参考《名公书判清明集》9:352;陈鹏:《中国婚姻史稿》539,北京:中华书局,1990。

③ 戴炎辉(Tai):《中国古代法律中的离婚》。

④ 洪迈:《夷坚志》丙14:484。

⑤《名公书判清明集》10:380。

离婚对于女人而言肯定是蒙羞,但对男人就不一定了。司马光多次重申男人对父母和家庭承担的职责使他可以休弃破坏家庭和谐的妻子。司马光不仅要求丈夫在必要时休妻,还敦促妻子的父母假定自己的女儿是有过错的一方,并且承担改造女儿的任务。他举古代一个故事为例,一位母亲把女儿嫁了 3 次,但每次都被送了回来。第三次回来后,母亲问发生了什么事,女儿用轻蔑的口气谈起丈夫。于是母亲就以妻子应该顺从而不是骄傲为理由打了她,让她在家里呆了 3 年。第四次嫁走她以后,她变成一个理想的妻子。相形之下,在他自己所处的时代,司马光注意到,父母更可能察看女婿有何过错而不是指责自己的女儿。①

程颐持相同见解。有一天他和弟子讨论了离婚的伦理:

问:"妻可出乎?"

曰:"妻不贤,出之何害? 如子思亦尝出妻。今世俗乃以出妻为丑行,遂不敢为,古人不如此.妻有不善,便当出也。只为今人将此作一件大事,隐忍不敢发,或有隐恶,为其阴持之,以至纵恣,养成不善,岂不害事? 人修身刑家最急,才修身便到刑家上也。"

又问:"古人出妻,有以对姑叱狗,梨蒸不熟者,亦无甚恶而遽出之,何也?"②

曰:"此古人忠厚之道也。古人之绝交不出恶声,君子不忍以大恶出其妻,而以微罪去之,以此见其忠厚之至也。且如叱狗于亲前者,亦有甚大故不是处,只为他平日有故,因此一事出之而。"

① 司马光:《家范》5:575,7:656,3:525,中国哲学名著集成。
② 参考范晔:《后汉书》29:101,北京:中华书局,1971。

或曰："彼以此细故见逐，安能无辞？兼他人不知是与不是，则如之何？"

曰："彼必自知其罪。但自己理直可矣，何必更求他人知？然有识者，当自知之也。如必待彰暴其妻之不善，使他人知之，是以浅丈夫而已。君子不如此。大凡人说话，多欲令彼曲我直。若君子，自有一个含容意思。"

或曰："古语有之：'出妻令其可嫁，绝友令其可交。'乃此意否？"

曰："是也。"①

下层社会的家庭里，离婚之事多半更为常见，因为如果没生儿子或夫妇不和，纳妾并不是可行的办法。一个不能尽职的妻子，最简单的办法是把她送回娘家去。洪迈提到一个算匠的女儿嫁给了一个渔夫，但是被休了，因为她不会缝缝补补。由于父母已去世，她无处可去，结果沦为乞丐。② 洪迈还提到一位因病被休弃的女继承人，她的病可能是癫痫。③

显然各个社会阶层的人都发现离婚不是什么愉快的事。司马光感叹，男人该休妻而不能休，多半因为人们认为哪怕是对男人，休妻也很窘困。④ 朋友和亲戚都会尽力劝说男人不要休妻。洪迈说起一位州官——郭云，他在梦中受到任职期会缩短的警告，感到非常害怕，就写了休书休掉妻子杨氏，十几年来他们一直过得很好，而且已有了三四个孩子。郭云搬到另一个住处，几个

① 程颢、程颐：《二程集》遗书18：243，北京：中华书局，1981。
② 洪迈：《夷坚志》支丁9：1036。
③ 洪迈：《夷坚志》三补1806。其他例子，见克利斯蒂安（de Pee）：《〈夷坚志〉中的女人：用小说做史料基础的社会史研究》69—73。
④ 司马光：《家范》7：657。

月里,朋友和亲戚们都试图劝他回家。杨氏的哥哥在旅行途中前来拜访,烧了休书。然而郭云仍独自住在别处。[①]

离婚女人并不都是很可怜的;事实上改嫁似乎非常普遍。一个被县令休了的女人,不久后又嫁给一位县令。[②] 前述故事里,陆游的第一个妻子与宗室子结了婚。尽管被休掉的女人常常抛下孩子离开,但是也有例外。比如名宦吕蒙正(946—1011),他的父亲被一个妾迷住,赶走了他和母亲,后来他在贫困中长大。母亲拒绝改嫁,吕蒙正当官以后,为了阖家团圆,把父亲接到自己家里,安排父母住在不同的房间里。[③]

法律规定,女方不得首先提出离婚。正如刘克庄(1187—1269)坦率而言,没有妻子可以休弃丈夫的理由。法律甚至规定,惩罚那些未经丈夫同意而擅自出走的妻子拘役两年。但是妻子可以说服丈夫同意离婚(在双方都同意的情况下离婚),无可置疑,这样的事出现过。章元弼(11世纪),我们得知,与他非常漂亮的表妹陈氏结婚。章元弼很丑,而且彻夜读书,结果表妹说想离开他,于是他就写了一纸休书,还她自由。[④]

现实生活里有些妻子跑掉了,有的家庭因为女儿的丈夫对她 *259* 不好而接女儿回家。孟氏(1078—1152)年轻时嫁给一个后来证实很不可靠的男子,因此她母亲接她回家,给她找到一个在好人家里当奶妈的差事。洪迈讲到一个女子提出离婚,因为丈夫打她并赶走她的儿子。洪迈的另一个故事里,一位岳父不能忍受女婿的粗鲁和好酒贪杯,不顾女儿的意愿把她接回家,不久后把她嫁

① 洪迈:《夷坚志》支丁1:974。
② 洪迈:《夷坚志》三壬2:1482。
③ 李焘:《续资治通鉴长编》31:705。
④ 《名公书判清明集》9:345;《宋刑统》14:7;李廌:《师友谈记》10,丛书集成。

给别人。① 李清照请求官府允许她结束与第二个丈夫短暂的婚姻，指责他渎职。② 一位官员请求官府判决孙女与丈夫离婚，理由是他有精神病，还要求带回孙女的嫁妆。判官认为男方的病不是理由，但是皇帝恩准给予这位官员特殊的优待。在一个情况类似、但是事主为普通人的案子里，判官胡颖首先指责妻子未能更忠于丈夫：即便像她说的，他是白痴，但他仍然活着，能看能听能动。这位妻子还说公公对她举动不当，对此判官说她是造谣。他判决杖打这个女人，但是按照她的意愿批准离婚。另一个案子中，岳母控告女婿把她女儿卖做婢女。判官援引法规说如果丈夫养不起妻子，她母亲可以把女儿带回家嫁给别人。③

当然，判官经常不批准这样的离婚要求。一位男子希望准许女儿离婚，因为女婿获罪被判流放 19 年，判官只允许他把女儿带回家，以避免涉嫌与公公有染；但是女方不得改嫁，多半因为她自己并不打算离婚。还有一位判官判决一个私自离开丈夫的女人拘役两年，并削籍为官妓。④

只有极少数情况下，在无人提出离婚时官府会判处离婚。一位女子在双方都不愿意离婚的情况下被判离，只因判官发现第二个丈夫是第一个的堂弟，属禁止通婚的亲属之列。判官援引条款，说除非婚姻已存在 20 年或更久，否则这种非法结合的婚姻无效。⑤

---

① 周必大：《文忠集》36：19，四库全书；洪迈：《夷坚志》丁 9：610，三壬 7：1519。
② 罗克珊（Rexroth）等：《李清照：诗辞英译》92—93。
③ 李焘：《续资治通鉴长编》294：9，台北：世界书局，1961；《名公书判清明集》10：379，382。其他由女方提出离婚的例子，见张邦炜：《婚姻与社会（宋代）》78—79，成都：四川人民出版社，1989。
④《名公书判清明集》10：379,12：449。
⑤《名公书判清明集》4：107。

＊　＊　＊

在中国，如同在大多数其他社会一样，国家对性行为很重视，特别是对已婚妇女，国家管理性行为的法律规定有助于创建和强化父系社会结构。[1] 这些法律与情绪也有多方面的复杂联系。人们强烈地感到某些种类的性行为是受谴责的。人们的感觉既由法律塑造又强化了法律。尽管如此，激情、淫欲、残暴，多半还有很多其他种类的情绪和状况驱使人们违背常规，走向犯罪。性方面的品行不端不同于大多数其他种类的品行不端，那些确信不端行为已发生了的人通常宁愿保持沉默，而听到谣言和指控的人从来都不知道应该相信多少。

本章描述的事情通常在其他社会也可以见到，但是有一些倾向似乎与特殊的中国家庭制度的特点相联。我想公公/儿媳之间的乱伦问题特别具有中国特色。当然，如果已婚儿子与父母住在一起，而且经常是在相当小的房舍里，再加上男人很年轻就结了婚，新婚的 17 岁儿子可能有一位 40 岁的父亲，那么出现乱伦的可能性就比较大。然后还有十几岁的新娘面临的困难，她要在中国式的混乱中弄清公公是否在得寸进尺，她还必须像对自己的父母那样尊敬和服从公婆，履行晚辈的义务。

本章列举的史料还为考察第二章勾勒的法定婚姻模式提供了一个视角。当判官处理涉及通奸、乱伦和女方提出离婚的案子时，他们很少原原本本按法律条款办事。量刑经常较轻，或干脆不惩罚任何人，只把夫妻拆散了事。在不少案例中他们推翻了法律的偏见，比如允许女人离开她丈夫，或让离婚女人监护孩子。法律规定在社会语境里是一个关键因素，女性在其中塑造了自己

---

[1] 参考勒纳（Lerner）：《父系等级制的创造》100—122。

的生活,但更重要的是实际施行的而不只是成文的法律。

　　通奸、乱伦和离婚的发生再一次有力地说明家庭并不总是由思想一致、行动一致的人组成的和谐团队。当人们把家庭称为一个有自己的目标、需要或利益的单位时,他们会自觉或不自觉地把家庭等同于家庭中的男人,特别是最年长的男人。这当然是判官们的主观臆断,他们宁可将儿媳逐出家庭而不揭露一家之主对她的行为不轨。

第十五章　对于妇女、婚姻和变化的思考

三个主要的目标形成了本书研究宋代妇女生活的途径。我试图揭示妇女在其中生活的那种复杂的语境,她们把婚姻当作包含不同意象、观点、态度和实践的文化框架从而塑造了自己的生活。我试图指出女人不仅仅是单方面的男人行动的对象,她们还是创造、解释、操纵并讨论她们生存状况的行动者。我还试图把妇女史嵌入一个特定时期即宋代的总体史当中,把发生在女人身上的事和时代的其他发展联在一起。作为结论,我将试图从各个方面总结我们获得的知识,并指出还没有回答的问题。

意象与激情,行动与满足感

宋代婚姻和家庭生活的建构围绕着多种多样矛盾不一而且常常含糊不清的符号、意象和概念。儒家思想观念,如女性的"内"与"阴"对应着男人的"外"与"阳",即使不能说包罗万象,肯定也是强有力的。同样有力的是支配和顺从的色情形象,比如谦卑的女子为男人"侍巾栉"。但是还有很多很不对等的现象,如对女性性行为和女性成就都有自己想法的有决断的寡妇的形象,无论如何与美丽侍女的形象很不一样。对母亲的描述也是如此,有慈爱地照顾孩子的妈妈,也有家庭圣人般的老太太,把对家人的

爱化为努力为他们赢来精神上的福祉。嫉妒的妻子和多情的丈
夫,两种常见形象一旦放在一起,其间的蕴涵就是感情在婚姻纽
带里的核心地位,夫妻不和既源于男人迷恋女色的弱点,也与女
人无力控制嫉妒有关。这些以感情为中心的思想和把婚姻视为
义务职责的伦理模式互不相让。婚姻命定论打破了一个同样有
力的观念,即个人和家庭的命运可能取决于配偶的选择,所以做
媒是一桩严肃的事。如果我们对男人不在场时女人间的对话知
道得更多,毫无疑问,我们还能指出更多前后不一、充满张力或含
混不清的例子。在这样一个文化环境里,女人有余地利用一部分
大众文化满足自己的利益,创建有助于实现自己的目标和自我价
值的思考和行动的方式。

　　她们多久这样做一次? 我们当然发现不少聪明女人的行迹,
但不幸的是,没看到第一人称的女人对一般准则和可做的选择的
思考的记录。在本书中,女人的声音几乎没有被听到。士人写出
了他们眼里有别于男人的女人的想法。他们笔下的女人经常为
母亲和女儿担心忧虑,而并不只在父系体系里关心丈夫和儿子。
他们认为女人更喜欢与表亲联姻,而且最先提出为女儿招赘。他
们还描写了比男人更热衷于信佛、更感情用事的女子。由于男女
在家庭体系里的位置不同,宋代作者透露的种种男女不同的想法
和视角似乎是可信的;我们大可不必把它们当作毫无根据的男性
思维定势而抛弃。

　　在作者没有意识到社会性别差异的情况下,很可能是因为男
人和女人持相同见解。我发现没有理由怀疑女人们接受了阴阳
论宇宙观或男性祖先非常重要的观念。女人似乎像男人一样用
儒家规定的角色定义看待他人。我还发现没有迹象表明女人持
另外一种见识,比如超越家庭角色地位上的差异,赋予女仆与婆

婆同样的性别认同。还有，男人和女人似乎都用积极、正面的态度看待为人之母一事。

但是共识并没有延伸到生活的各个方面。性，是丈夫和妻子的感觉和看法明显不同的最重要的领域之一。从街谈巷议到墓志铭等叙事史料里看到的景象，我们可以梳理出一些夫妻关系中的情感因素。男人在第一任妻子去世后可以公开庆祝新娶了年轻的妻子，而再婚女人则经常为自己与第二个男人的性结合而感到惭愧。同样，大多数男人视纳妾为生命里的一件乐事；妻子则把此事当作典型的烦恼之源。男人认为女人强烈的嫉妒心是一种精神失常，类似疾病或占有欲；但是女人似乎觉得丈夫在瞎子般地被妾操纵。这些丈夫和妻子在性方面的不同感受——他们自己的和对方的——肯定与男女双方究竟怎样感知自己和他们相互间的关系有很大关联。

但是这些不同并没有让宋代妇女不再努力地为家庭的运转而操劳。她们为什么这样有奉献精神？仔细研究过呈现于此的史料后，我渐渐趋向于设想行动和满足感是紧紧相连的：因为几乎总有一些事情是女性可做的，这些事可以帮她得到更快乐、更舒服或更稳定的位置，可以说在体制内确实有激励机制在起作用，从而使有耐心和坚持不懈的女性逐步得到体制提供的更多好处。尽管女性受到很多限制，但她们很少处于完全不可能让自己的生活更愉快或舒适一点的环境中。她们可能永远不会拥有男人所拥有的，但是她们能努力使下一年比上一年好。年轻姑娘可以侧重于争取亲人的关爱和好感。妻子们可以精力充沛地投入到纺织、女红或细心管理家务和仆人的工作中，这样既有利于自己，也有利于家庭。很多妻子多半会发现，下工夫让自己对丈夫更有吸引力是值得的。当然，几乎每一位女性都可以通过努力养育孩子,尤其是儿子而获益良多。如果能教养出孝顺、尽心的儿子,她们就能感到被爱、被尊敬和安定祥和。

改善境遇的机会并不仅限于有幸进入受尊敬的人家做妻子的女人。女仆可以利用年龄优势吸引主人的注意,也许能升格为妾。妾可以专注于赢得并保住主人的宠爱,得到礼物和实惠;或许还可以和主人的母亲、妻子、婢女打成一片,使自己在家里有一个较好的处境;她们还可以把精力用于当一个好妈妈,盼望着孩子最终能眷顾她们。

如上所述,从生养孩子得到的满足感不该被低估。我们知道这项工作要求很高。让孩子活下来,这本身就是一项重大成就,还要让他们受教育,完成婚姻大事,都需要付出很多时间和精力。母亲可以把很多才能和技巧用在孩子身上:可以利用自己的文学修养教孩子读书;可以利用自己对人性和社会关系的了解,教给孩子基本的道德准则和取悦他人的技巧。当女人们在这些事上做得不错时,就可以期待孩子们的赞赏,并受到所有认识她们的人的尊敬。

264 婚姻与动态的阶级不平等

女人婚后过的日子是绩麻还是教孩子读书,很大程度上取决于她们加入的那个家庭的社会和经济条件,而没有什么比她出生的家庭的情况更能预测到她会嫁到什么样的人家。尽管如此,女人的生活、婚姻和阶级体系之间的联系将超出这种简单而显而易见的观察。婚姻,事实上是创造和保持阶级不平等的主要机制之一。

阶级结构作为一个整体,部分地建筑在女人可以卖钱这样一个事实上,这就使需要现金交税或还债的农户有了一点灵活性;处在压力下的穷苦人家如果没办法攒出钱来,统治阶级也就不能从农民那里榨取到更多的剩余价值。比较体面的办法是让女儿纺线织麻布、绸布,拿到市场上换钱,但是完税纳粮得在一定期限内,因此仍可能把女儿卖给富人家做女仆或妾。通过这种渠道占有下层阶级的女儿可以看作阶级统治的方式。与此同时,确保着精英阶层不至于完全割断与一般人的道德和价值观的联系,因为来自穷人家的女人为他们生养了很多儿子。纳妾制度的存在也给有女儿的上层人家施加了很大压力,迫使上层家庭给女儿准备一份嫁妆,让她们接受适当教育,确保她们永远别沦落到被卖作妾的地步。

各种社会阶层的身份意识都在为孩子择偶时不断地更新。与当代中国的俗语女儿是"赔钱货"相反,宋代的女儿并不一定使娘家受损失,因为安排她的婚事使娘家有机会与一个新的家族建立联系。家长为孩子择偶时充分知道做出的决定对自家的社会地位和经济状况意味着什么。婚礼通过把朋友和亲戚聚在一起庆祝新的联盟,为家庭提供了巩固社会地位和社会关系的机会。婚姻还影响到家庭的财富。通过婚姻,财产取道于嫁妆从一个团体转到另一个,这样做,一般来说更有利于在财富、品级和家族声望等方面已经拥有优势的人家。

阶级和婚姻在话语的层面上也互相关联。关于女人美德的话语规定了学者-官员家族的妻子应具有的品德和素质,如维持大的复合家庭平稳运转的管理能力,把握人际关系的能力。很多体现美德的做法得到大家族的推崇,比如拒绝再嫁,从丈夫的族人里收养子而不把女儿留在家里,这些在殷实的人家里更容易施行。内外各处,男女异群的原则也更可能见于精英阶级家庭;不

265

让妻子女儿在公共场合抛头露面是精英阶级显示其道德优越感的一个途径。

因为社会性别概念和婚姻实践如此紧密地与荣誉和身份相联系,女人在保持父亲、兄弟、丈夫、儿子的荣誉方面扮演着重要角色(或承受着沉重负担)。无论出于何种原因,女人如果使家庭荣耀受损(比如,她被强暴了,或被卖作婢女或妾,或再婚),得到的可能最好的对待,就如同她不再是这个家庭的成员。女人的行为和阶级地位之间的联系就这样具有双重结果:一部分女人成为家庭里更大的资产,而另一部分女人却变成家里的负担。

变化中的女性角色

婚姻实践和阶级制度在宋代双双经历了重大的转折。如果女人是行动者,我们能在变动的过程里看见她们参与的身影吗?为了考察女人在变动中的作用,让我列出女人面临的局面发生变动的渠道。

(一) 女人面临的局面的总的变化

(1) 纺织品商品化的增长

(2) 女人识字率的提高

(3) 婢女、妾和妓女的市场需求的扩大

(4) 男女两性性别气质内涵的改变

(5) 缠足的普遍化

(二) 受理学影响越来越多的家庭、婚姻伦理和社会性别概念内涵的变化

(1) 更多地注意把男女分隔开

(2) 更高地评估女人在家庭管理方面的作用

（3）鼓励女人识字以便用于教儿子读书，但是不鼓励女人写诗

（4）更多地强调父系原则

（5）更严厉地质疑女人再嫁

（三）自唐代至北宋婚姻实践的变化

（1）更重视挑选有迹象仕途发达的人做女婿，而不过多注意他们的家世

（2）嫁资的数量在升高

（3）姐妹婚（续娶前妻的妹妹）的史料增多

（4）入赘婚的史料增多

（四）自北宋至南宋婚姻实践的变化

（1）高官之间跨地区的联姻减少了

（2）法律更多地承认女儿对嫁妆的诉求

（3）对寡妇要求得到嫁妆有一些质问

（4）更多地承认赘婚对财产的要求

以上列出的这些变化比别的现象有更令人信服的文献记载，但是在这里，为了讨论问题的便利，让我们把它们当作前提。

如果问题仅仅在于简单地说妇女是否参与了导致变化的过程，回答将是肯定的。女人从整体上反对纳妾制度，反对对待婢女像对待妾一样，但是她们显然又参与、推动了这些事的进展。母亲训练女儿在这个体制里占据一个特定的位置，培养她们具有上层家庭妻子应有的那种正经的姿态和朴素的外表，或妓女的魅惑力，或仆人的驯顺。大多数婢女和很多妾是女人买回来的。丈夫纳妾，妻子可以通过她若是被惹急了会对妾做些什么的威胁要挟的办法，达到一定程度上限制、规范丈夫行为的目的。成为婢女和妾的女人当然也是行动者。不仅那些不愿做穷男人的妻子、

过苦日子的女人自愿选择做生活有保障的妾,甚至违背本人意愿被卖掉的多数女人也可以作出选择并采取行动。只要有机会改善自己的处境,她们就会使劲争取男主人或女主人的青睐,为了自己的利益在家庭体制内劳作,从而也帮助巩固体制,维持体制的再生产。

缠足是另一个我们必须肯定女人积极参与其中并带来变化的例子。缠足的普遍化与女性吸引力问题搅在一起。女人是肯花时间试图让她们自己、她们的女儿或女主人显得更漂亮的那种人,但是她们对美的理解大多建筑在男人喜好什么的基础上。那些被为自己唱歌、穿着打扮优雅的妓女迷惑的男人,可能不希望自己的妻子、女儿对其他男人激起同样的感情。被妓女吸引的男人的妻子必须决定是否在外貌、才艺方面与对手竞争,或者走向相反,保持明显与之有别的妻子的举止,朴素大方,严谨谦和。在养育女儿方面,她们必须决定在多大程度上强调谦和而不是别的,比如说音乐技能。当她们决定给女儿裹脚时,实际上已经承认有必要模仿妓女用来吸引男人而用的诀窍。缠足一旦变成已经普及的习俗,母亲们只要简单地说不裹脚就嫁不出去,就可以了。但是缠足并没有流行得那么快,有一段时间必定是母亲们积极地参与和推进了这桩事。

在我们今天可以断定的对她们更有利的变化中,女人是否发挥了很大作用? 她们当然介入了涉及联姻策略的所有决定,比如说是否把女儿留在家里给她招女婿,还是让她们嫁出去。嫁资上扬的趋势里她们一定也起了一些作用,因为妻子们经常被描写为在帮助小姑子或女儿凑齐嫁妆。像丈夫在晚年倚仗儿子超过依靠女儿一样,女人愿意参与把更多家产送给女儿的决定,只不过理由与丈夫重视儿子不同。给女儿嫁妆可能并不是为了建立一个有利的姻亲关系，只是愿意帮助年轻姑娘完成难度原本较大的过渡。由于女人积极参与为子女择偶的事，她们多半也在跨地区联姻的趋势逐渐减弱的过程里起了作用。难道她们不是比丈夫更愿意不时见到女儿，从而热衷于把女儿嫁到只有几天路程的近处吗？可以把高品级官僚家族之间远距离联姻的减少，以及嫁资的上扬，当作妻子更多地影响家事的决定的标志吗？

最困难的是证明女人在话语和价值观的改变中起了多大作用。必须承认，那些阐述伦理问题的男性，将他们的想法归因于他们对经典的阅读或对宇宙原理的理解，而不是他们妻子或母亲的影响。无论女人是否用不同标准评价儿媳或婆婆，或不管她们的想法能不能影响丈夫或儿子，都不能在现存史料里找到估量的依据。

像男人一样，女人在变化中的作用包括许许多多小的、积累起来才形成效果的行动。她们的参与形成的总体冲击不应该被估计过高。已经论及的几个领域没有女人自觉地反抗男人既得利益和欲望的迹象。女人甚至比男人更不可能像对方不存在一样行事。在很多领域里她们的行动几乎都完全基于周围的男人的判断，考虑什么可以容忍，什么应该反对，什么将成功或失败，令人愉快或不令人愉快，招人喜欢或令人厌恶。

父权制的持续

列出婚姻和女性境遇在宋代发生的变化的特点使我们把中国妇女史里一个基本问题推到了前台。为什么这些可视为有违妇女利益的变化能轻易地延续下来，而那些有望带来进步的变化 ²⁶⁸ 没持续下去或出现了而未达到预期的效果呢？前瞻性的进步，我想,包括通过嫁妆把更多的财产转移给女儿,重视姻亲组成的联盟,更普遍地容忍入赘婚,让女性通过纺织品生产的商品化得到更多赚钱的机会,还有更多士人认识到应该让姑娘们受教育,学会读、写。在不利的方面,我想到了缠足的普遍化,买卖女人的市场在扩大,知识界的关键人物对妇德、女人的贞节和把男女分隔开的原则持更强硬的态度。

历经了宋以前或以后的许多历史变迁,中国的父权制始终不变地延续着,因此问题的一部分答案必须在绝非宋代特有的因素里寻找。中国的家族制度具有很强的适应性,变化了的思想和做法都没能扰乱父系世系制、父系等级制和以父系居住地为住地的占主导地位的伦理原则和法律模式,相反还会被后者吸纳进去。家庭生产的基本模式毕竟不会因女人卖掉纺线而动摇。家庭财产的基本概念也不会因为把更多的财产变成嫁妆而改变。除此之外,还有根深蒂固的文化前提,比如家庭关系普遍基于不变的道德伦理关系;简而言之,人们不寻求变化。汉代就已经有了嫁妆,妾,识字的女人和纺线织布赚钱的女人。这些现象并不是史无前例的,著者们很少注意程度和范围上的不同。未觉察到世易时移的人就不懂得寻找机会重建社会秩序。

但是,即便这些长时段的社会和文化特征有助于限定社会和经济变化带来的冲击,它们还是无力解释为什么某些变化来得比别的强烈。为了探究这种结果,我们必须看一看各种变化互相碰撞的方式。我的假设是,无论上层阶级妇女无意中在嫁资增多和受教育程度提高的影响下获得了什么样的权力或自治权,无论下层阶级妇女怎样从经济发展中获益,享受到什么样的权力或自治权,它们都被买卖婢女、妾和妓女的女人市场的扩大及强化父权制的普遍趋势抵消了。

　　为什么买卖女人的大市场对上层阶级妇女的生活产生了这么多负面效应？妻子让丈夫满足她的要求和愿望的能力肯定受到一种共识的牵制，即如果丈夫认为妻子乏味，他可以让妻子做管家和孩子们的母亲，同时纳一个妾作伴。这种可能越真实——男人周围纳妾的亲戚朋友越多，他们纳妾时的年纪越轻——对妻子产生的影响就越大。当然不否认很多妻子成功地对付了妾，有人甚至似乎享受到由于服从她的女人越来越多而产生的优越感。然而，就像每个观察者看到的，总体趋势是导致女人们陷入争斗，她们在因嫉恨引起的纷争中把精力消耗殆尽。

　　女人市场的扩大对下层妇女的影响不同于上层。农夫的妻子不会担心、害怕丈夫纳妾，尽管绑架和卖妻的事偶有发生，但不构成主要威胁。然而，穷人家无论哪位未婚姑娘都会因父母为她们做的安排感到前途未卜，这种不确定性恰恰会导致她日后生活得不安宁。

　　我相信，日益变大、变得重要的女人市场还塑造了知识阶层的社会性别差异思想。人们隐隐约约地意识到女人和钱财的复杂关系混淆了阶级和亲属关系间的团结，造成了模糊的、往往是脆弱的亲属关系，宋代士人对女人和婚姻的看法肯定被理解为是对这种状态的回应。文人学士的家族世界和女人市场之间的界限带有高度的互渗性。讨价还价把婢女买回家纯属家庭财政；男人把从前相好的妓女带回家做妾，让她们招待客人；当官的和妾生了孩子，但在离任返回老家时把妾甩掉。为了在这样一个什么都可以通过谈判、买卖解决的世界里确立一种牢靠的安定感，儒家学者想把人们固定在限定好的角色位置上。为了保护自己的姐妹和女儿不至于和女人市场沾边，上层阶级的男人特别注意传授给她们鲜明的谦卑的观念，不让她们接受任何暗示她们是玩物的那种被玷污的教育。男人和女人都致力于运用道德力量保持品级、职能和角色位置的差别。与女性或通过女性建立的联系所衍生的脆弱性给人带来的不安，看起来似乎在配合维系中国父权制的其他力量，比如宗族组织增强了，士大夫和官员们则致力于完善祭祖仪式以适应本阶级的需要。

针对宋明理学的严厉指控当中经常提到他们厌恶女人，这种不审慎的说法经不起推敲。从论述寡妇的那一章我们看到，在表扬寡妇守节这件事上，宋代理学家比同时代人或前人只往前走了一点点。没有一位儒家学者主张杀害女婴或缠足，这一点不值得赘述。正如我们看到的，杀婴确实存在，但是提到这件事的学者只是为了谴责它。缠足伴随着对美的追求，并不是为了克己或保持男女分隔，而且从来没人把它和妻子的美德相提并论。没有提到女子必须正经、文雅、谦和、知书达理，更没特别提到女孩子应该缠足。母亲们也没因为会给女儿裹脚或裹脚的技术高超而受到儒生的称赞。

270　　与此同时，很难否定在宋代文化所有的观念和形象里，理学家关注的是那些尽可能地把妻子和丈夫的父系世系联系在一起的观念和形象。像司马光、程颐、朱熹、黄榦等一流学者都非常明确地排斥流行文化里与父系世系-父权制模式不一致的因素，比如女人的文学创作、女人的财产权、女人参与家门外边的事等等。因为他们希望从整体上强化父系原则，还因为他们看出来通过女人建立的联结纽带比较脆弱，他们试图把家庭标示为市场化关系无法进入的领域，而家庭内部个人间的联系纽带则应该建立在永久不变的——并且是父系的——原则基础上。

买卖女人市场的发育和宗族组织、哲学话语里父系原则的复苏并不是遏制改善女人生存环境的唯一的发展变化，需要更多地研究元朝和明初发生的事，比如如何看待嫁妆、联姻策略、识字率和由姻亲结成的联盟。蒙古入侵冲击了中国的法律和文化认同感以及需要更充分理解的知识分子对正统和稳定的关注。然而，改善妇女境遇一事之所以失败的部分原因，无疑地建筑在始于宋代的各种发展之间的动态交汇作用上。

妇女史和中国史

最好的妇女史并不只是让我们了解历史上的女人；它向我们发起挑战，让我们重新审视我们对历史和历史进程的理解。如果我在这一点上取得了成功，本书的读者应该准备着在阅读诸如商品化、理学、法律制度和阶级结构等这类中国史老课题时产生新问题。应该学会停下来思考这些主要的社会和经济变化给妇女带来的结果哪些与男人相同，哪些相异。当阅读有关贞节、美貌、宇宙观或平等这些专题论文时，应该对涉及社会性别的信息更敏感。考察男人的生活或思想时，应该更加留心他们与女人和孩子的关系，更能接受爱恨交加、模棱两可、含糊暧昧和激情迸发的信息。甚至应该开始预见到不研究女性和社会性别问题的历史学家将难以深化研究工作，因为这个领域史料缺乏，还有既定的偏见。

至于我自己，我发现考察历史语境中的妇女，使我质疑以往对中国文化和历史的基本理解。比如，我发现有必要将涉及女性、性和亲和力的观念的文化矩阵呈现为通过各种媒体传播的未经整合的集合，从训诫著作、民间传说、衣服样式到房屋布局。我 *271* 慢慢发觉这些思想经常通过意思含糊的图像，用碎片化的方式表达出来，这在很大程度上是由于那些感情和想法正是人们与之斗争的那种，有违中国社会理性化、道德化的观念。在我看来，这些部分矛盾的、共存的思想基本上没有受到什么挑战,但是这个集合物也没有被综合成一个统辖一切的系统。

我现在开始猜测这个模式在中国其他文化领域也同样有效,比如民间信仰。中国人通过建立一个众神殿的办法把各种神灵、鬼怪和恶棍聚在一起,借此与社会上认为是不好的感情作斗争,诸如淫欲、贪婪、仇恨、厌恶等等。这些彼此有关、未经组织的思想也许还用相同的方式进行传播或复制。为了对中国文化及其与社会行为的联系获得更满意的理解,我们需要一个可以跨越并包容两种表达的思想框架,一种是言之凿凿、清晰明确、道德化理性化的思想,另一种是必须表达得断断续续、支离破碎、模棱两可的想法。

对父权制的延续进行的类似思索促使我重新认识中国历史的连续性。尽管今天所有的历史学家都反对"不变"的中国的旧观点,我们还是不应该矫枉过正,否认与别的主要文明相比,中国历史以明显的连续性和经过某些背离后仍能回到原有均衡点的总趋势著称于世。比如,纵观整个中国史,一些基本的宇宙论原则得到广泛接受,如活人和死人之间有某种联系。在漫长的帝制时代,政府一次又一次地重新确立个体农户使用土地的方式,并给他们相当大的回旋余地进行运作。整个帝国时期还以时常回到中央集权的官僚体制为特征,即朝廷靠委任并经常调动官员管理着地方单位,以便保持中央集权的统治。所有这些持续存在的特征是否都涉及类似的机制?我们理解父权制延续的努力是否可以用来理解其他的连续性和循环模式?这些连续性是相互连着的,还是这一种促成了另一种?

换句话说,在我们努力地思考了女性之所在后,中国历史和文化看来就不一样了。

西文参考文献目录

芮马丁：《姻亲与家族礼仪》

Ahern，Emily M. （See also Martin，Emily）1974. "Affines and the Rituals of Kinship. " In *Religion and Ritual in Chinese Society*，ed，Arthur P. Wolf. Stanford：Stanford University Press.

《中国妇女的权力和脏污》

————. 1975. "The Power and Pollution of Chinese Women. " In *Women in Chinese Society*，ed. Margery Wolf and Roxane Witke. Standford：Standford University Press.

安乐哲：《道家与雌雄同体理想》

Ames，Roger T. 1981. "Taoism and the Androgynous Ideal. " In *Women in China*，ed. Richard W. Guisso and Stanley Johannesen. Youngstown，N. Y. ：Philo Press.

阿纳戈斯特：《当代中国的性别转换》

Anagnost，Ann 1989. "Transformations of Gender in Modern China. " In *Gender and Anthropology*：*Critical Reviews for Research and Teaching*，ed. Sandra Morgen. Washington，D. C. ：American Anthropological Association.

巴曼：《新鬼、旧梦：中国人反抗的声音》

Barmè，Geremie，and Linda Jaivin 1992. *New Ghosts*，*Old Dreams*：*Chinese Rebel Voices*. New York：Times Books.

巴恩斯：《佛教》

Barnes，Nancy Schuster. 1987. "Buddhism. " In Women *in World Religious*，ed. Arvind Sharma. Albany：State University of New York Press.

巴恩哈特：《沿着天际线：王氏家族藏品中的宋元绘画》

Barnhart，Richard M. 1983. *Along the Border of Heaven*：*Sung and*

Yuan Paintings from the C. C Wang Family Collection. New York: Metropolitan Museum of Art.

比尤迪利:《中国的色情艺术》

Beurdeley, Michel, Kristofer Schipper, Chang Fu-jui, and Jacques Pimpaneau. [1969]1989. *Chinese Erotic Art*. Secaucus, N. J. : Chartwell Books. Originally published as *The Clouds and the Rain: The art of Love in China*. Fribourg, Switz. : Office du Livre.

比克福德:《玉骨、冰魂:中国艺术里盛开的梅花》

Bickford, Maggie. 1985. *Bones of Jade, Soul of Ice: The Flowering Plum in Chinese Art*. New Heaven: Yale University Art Gallery.

柏清韵:《朱熹与女性教育》

Birge, Bettine. 1989. "Chu Hsi and Women's Education." In *NeoConfucian Education.: The Formative Stage*, ed. Wm Theodore de Bary and John W. Chaffee. Berkeley and Los Angeles: University of California Press.

《宋代的妇女和财产(960—1279):福建建州的理学和社会变化》

_____. 1992. "Women and Property in Sung Dynasty China (960—1279): Neo-Confucianism and Social Change in Chien-chou, Fukien. " Ph. D. diss. , Columbia University.

比莱尔:《灰朦朦的镜子:南朝爱情诗中的宫女形象》

Birrell, Anne M. 1985. "The Dusty Mirror: Courtly Portraits of Woman in Southern Dynasties Love Poetry. " In *Expressions of Self in Chinese Literature*, ed. Robert E. Hegel and Richard C. Hessney New York: Columbia University Press.

布莱克:《中国阴阳五行思想中的社会性别和宇宙论》

Black, Allison H. 1986. "Gender and Cosmology in Chinese Correlative Thinking. " In *Gender and Religion: On the Complexity of Symbols*, ed. Caroline Walker Bynum, Stevan Harrell, and Paula Richman. Boston: Beacon Press.

卜德:《中国的思想、社会和科学:前现代中国科学技术的知识和社会背景》

Bodde, Derk. 1991. *Chinese Thought, Society, and Science: The Intellectual and Social Background of Science and Technology in Premodern China*. Honolulu: University of Hawaii Press.

包弼德:《斯文》

Bol, Peter, K. 1992. *This Culture of Ours: Intellectual Transitions in T'ang and Sung China*. Stanford：Stanford University Press.

柏文莉:《有力的关系和权力的关系》

Bossler，Beverly Jo. 1991. "Power Relations and Relations of Power：Family and Society in Sung China，960—1279." Ph. d. diss.，University of California，Berkeley.

布朗米勒:《女性主义》

Brownmiller，Susan. 1984. *Femininity*. New York：Ballantine.

伯恩斯:《中国古代的私法(宋代)》

Burns，Ian Robert. 1973. "Private Law in Traditional China（Sung Dynasty）." Ph. D. diss.，Oxford University.

高居翰:《中国画》

Cahill，James. 1960. *Chinese Painting*. Geneva：Skira.

《中国画索引:唐、宋、元》

_____. 1980. *An Index of Early Chinese Painters and Paintings：T'ang，Sung，and Yuan*. Berkeley and Los Angeles：University of California Press.

《中国绘画史》

_____. 1988. *The Alternatitve Histories of Chinese Painting*. The Franklin D. Murphy Lectures Ⅸ. Lawrence：Spencer Art Museum，University of Kansas.

柯素之:《艺妓与女道土:作为唐代妇女保护神的西王母》

Cahill，Suzanne. 1986. "Performers and Female Taoist Adepts：Hsi Wang Mu as Patron Deity of Women in T'ang China." *Journal of the American Oriental Society* 106：155—68.

《熟能生巧:中世纪中国妇女走向完美的道路》

_____. 1990. "Practice Makes Perfect：Paths to Transcendence for Women in Medieval China." Taoist Resources 2. 2：23—42.

卡利茨:《晚明版〈列女传〉中女子贞洁的社会功用》

Carlitz，Katherine. 1991. "The Social Uses of Female Virtue in Late Ming Editions of Lienu Zhuan." *Late Imperial China* 12(2)：117—48.

卡蒂尔:《明代中国的人口统计》

Cartier，Michel. 1973. "Nouvelles donn'ees sur la d'emographie chinoise a l'eoque des Ming（1368—1644）." *Annales：economies societes civilizations* 28. 6：1341—59

贾志扬:《荆门》

Chaffee, John W. 1985. *The Thorny Gates of Learning in Sung China: A Social History of Examinations*. Cambridge: Cambridge University Press.

《宋代女性皇室成员的婚姻》

————. 1991. "The Marriage of Clanswomen in the Sung Imperial Clan." In *Marriage and Inequality in Chinese Society*, ed. Rubie S. Watson and Patricia Buckley Ebrey. Berkeley and Los Angeles: University of California Press.

陈荣捷:《陈淳(1159—1223)〈北溪字义〉英译》

Chan, Wing-tsit, trans. 1986. *Neo-Confucian. Terms Explained (the Peihis tzu-I) by Ch'en Ch'un, 1159—1223*. New York: Columbia University Press.

《朱子新探索》

————. 1989. *Chu His: New Studies*. Honolulu: University of Hawaii Press.

张福瑞:《〈夷坚志〉与中国社会》

Chang Fu-jui: 1964. "Les thèmes dans le Yi-Kien Tche." *Cina* 8:51—55.

————. 1968. "Le Yi kien tche et la societe des Song." *Journal asiatique* 256:55—91.

张心沧:《中国文学:通俗小说和戏剧》

Chang, H. C. 1973. *Chinese Literature: Popular Fiction and Drama*. Edinburgh: Edinburgh University Press.

张孙康宜:《晚明诗人陈子龙:爱情和忠诚的危机》

Chang, Kang-I Sun 1991. *The Late-Ming Poet Chen Tzu-lung: Crises of Love and Loyalism*. New Haven: Yale University Press.

赵冈:《中国棉纺织生产的发展》

Chao, Kang. 1977. *The Development of Cotton Textile Production in China*. Cambridge: Harvard University, East Asian Research Center.

《中国历史上的人和土地:经济角度的分析》

————. 1986. *Man and Land in Chinese History: An Economic Analysis*. Stanford: Stanford University Press.

蔡夫斯:《梅尧臣和宋初诗辞的发展》

Chaves, Jonathan. 1976. *Mei yao-chen and the Development of Early*

Sung Poetry. New York：Columbia University Press.

陈荔荔:《董西厢诸宫调:一首中国曲》

Chen，Li-li. 1976. *Master Tung's Western Chamber Romance*：*A Chinese Chante fable*.（"*Tung His-hsian. g chu-kung-tiao*"）：*A Chiinese Chantefable*. Cambridge：Cambridge University Press.

秦家懿:《李清照》

Ching，Julia. 1976. "Li Ch'ing-chao." In *Sung Biographies*，ed. Herbert Franke. Wiesbaden：Franz Steiner Verlag.

朱荣贵:《朱熹和公开的教导》

Chu，Ron-Guey. 1989. "Chu Hsi and Public Instruction." *In Neo-Confucian Education*：*The Formative Stage*，ed wm. Theodore de Bary and John W. Chaffee. Berkeley and Los Angeles：University of California Press.

瞿同祖:《中国法律与中国社会》

Ch'ü，T'ung-tsu. 1965. *Law and Society in Traditional China*. Paris：Mouton.

钟玲:《李清照:精神和人格的形成》

Chung，Ling. 1985. "Li Qingzhao：The Moulding of Her Spirit and Personality." In *Women and Literature in China*，ed. Anna Gerstlacher，Ruth Keen，Wolfgang Kubin，Margit Miosga，and Jenny Schon. Bochum：Studienverlag Brockmeyer.

秦家德:《北宋的宫廷妇女》

Chung，Priscilla Ching. 1981. *Palace Women in the Northern Sung*，*960—1126*. Monographies du T'oung Pao，12. Leiden：E. J. Brill.

克拉克:《共同体、贸易和网络:3—13 世纪的闽南》

Clark，Hugh R. 1991. *Community*，*Trade*，*and Networks*：*Southern Fujian Province from the Third to the Thirteenth Century*. Cambridge：Cambridge University Press.

科尔:《中国农村的生育率:巴克利评估的再确认》

Coale，Ansley J. 1985. "Fertility in Rural China：A Reconfirmation of the Barclay Assessment." In *Family and Population in East Asian History*，ed. Susan B. Hanley and Arthur P. Wolf. Stanford：Stanford University Press.

科恩:《合家、分家:台湾的中国家庭》

Cohen，Myron L. 1976. *House United*，*House Divided*：*The Chinese*

Family in Taiwan. New York: Columbia University Press.

科马罗夫:《结婚费用的意义·导言》

Comaroff, J. L. 1980. "Introduction." In *The Meaning of Marriage Payments*, ed J. L. Comaroff, New York: Academic Press.

克罗尔:《中国的女权主义和社会主义》

Croll, Elisabeth Joan. 1978. *Feminism and Socialism in China*. Boston: Routledge & Kegan Paul.

戴仁柱:《中国宋朝的宫廷与家族:明州史氏的政治成就与家族命运》

Davis, Richard L. 1986. *Court and Family in Sung China*, 960—1279: *Bureaucratic Success and Kingship Fortunes for Shih of Ming-chou*. Durham, N. C: Duke University Press.

狄百瑞:《再评理学》

de. Bary, Wm. Theodore. 1953. " A Reappraisal of Neo-Confucianism." In *Studies in Chinese Thought*, ed. Arthur. F. Wright, Chicago: University of Chicago Press.

狄百瑞、贾志扬:《理学与教育:形成的时期》

de Bary, Wm. Theodore, and John W. Chaffee, eds, 1989 *Neo-Confucian Education: The Formative Stage*. Berkeley and Los Angeles: University of California Press.

克利斯蒂安:《〈夷坚志〉中的女人:用小说做史料基础的社会史研究》

de Pee, Christian. 1991. "Women in the Yi jian zhi: A Socio-historical Study Based on Fiction." M. A. thesis, University of Leiden.

章楚夫妇:《宋人轶事汇编》

Djang, Djang, and Jane C. Djang. 1989. *A Compilation of Anecdotes of Sung Personalities*. New York: St. John's University Press.

卢公明:《中国人的社会生活,对宗教、政治和商业习俗的评论,福州特别的但又不是独一无二的特点》

Doolittle, Justus. 1865. *Social Life of the Chinese*, *with Some Account of Their Religious*, *Governmental*, *Educational*, *and Business Customs and Opinions*, *with Special but Not Exclusive Reference to Fuchau*. New York: Harper & Brothers.

杜德桥:《妙善传说》

Dudbridge, Glen. 1978. *The Legend of Miao-shan*. London: Ithaca Press.

杜敬柯:《汉代的结婚和离婚:前儒家社会一瞥》

Dull, Jack. 1978. "Marriage and Divorce in Han China: A Glimpse at 'Pre-Confucian' Society." In *Chinese Family Law and Social Change in Historical and Comparative Perspective*, ed. David C. Buxbaum Seattle: University of Washington Press.

德沃金:《女怨》

Dworkin, Andrea. 1974. *Woman-Hating*. New york: E. P. Dutton.

伊沛霞:《早期中华帝国的贵族家庭:博陵崔氏个案研究》

Ebrey, Patricia Buckley. 1978. *The Aristocratic Family of Early Imperial China: A Case Study of the Po-ling Ts'ui Family*. Cambridge University Press.

《中国文明与社会:一部资料书》

_____ , ed. 1981a. *Chinese Civilization and Society: A Sourcebook*. New York: Free Press.

《南宋上层阶级家族体系中的妇女》

_____ . 1981b. "Women in the Kinship System of the Southern Song Upper Class." *Historical Reflections* 8:113—28.

《宋代"家"的概念》

_____ . 1984a. "Conceptions of the Family in the Sung Dynasty." *Journal of Asian Studies* 43.2:219—45.

《宋代的家庭和财产:袁采对社会生活的感觉》

_____ . 1984b. *Family and Property in Sung China: Yuan Ts'ai's Precepts for Social Life*. Princeton: Princeton University Press.

《刘克庄家的女人们》

_____ . 1984c. "The Women in Liu Kezhuang's Family." *Modern China* 10.4:415—40.

《宋代中国的妾》

_____ . 1986a. "Concubines in Sung China." *Journal of Family History* 11:1—24.

《宗族组织发展的早期阶段》

_____ . 1986b. "The Early Stages in the Development of Descent Group Organization." In *Kinship Organization in Late Imperial China, 1000—1940*, ed. Patricia Buckley Ebrey and James L. Watson. Berkeley and Los Angeles: University of California Press.

《宋朝朝代精英的统治》

————. 1988. "The Dynamics of Elite Domination in Sung China."
Harvard Journal of Asiatic Studies 48：493—591.

《中国历史上的妇女、婚姻和家庭》

————. 1990. "Women, Marriage, and the Family in Chinese
History." In *The Heritage of China*, ed. Paul Ropp. Berkeley and Los
Angeles：University of California Press.

《中国古代的儒学和家庭礼仪：礼仪著作中的社会史》

————. 1991b. *Confucianism and Family Rituals in Imperial
China：A Social History of Writing About Rites*. Princeton University
Press.

《婚姻和中国社会的不平等》

————. 1991c. "Introduction." In *Marriage and Inequality in
Chinese Society*, ed. Rubie S. Watson and Patricia Buckley Ebrey. Berkeley
and Los Angeles：University of California Press.

《6—13 世纪婚姻中的财产转移》

————. 1991d. "Shifts in Marriage Finance from the Sixth to the
Thirteenth Centuries." In *Marriage and Inequality in Chinese Society*, ed.
Robie S. Watson and Patricia Buckley Ebrey. Berkeley and Los Angeles：
University of California Press.

《财产法和宋代的入赘婚》

————. 1992a, "Property Law and Uxorilocal Marriage in the Sung
Period." In *Family Process and Political Proces in Modern Chinese
History*. Taipei：Institute of Modern History, Academia Sinica.

《女人、钱和阶级：司马光和理学家的女人观》

————. 1992b. "Women, Money, and Class：Ssu-ma Kuang and
Neo-Confucian Views on Women." In *Papers on Society and Culture of
Early Modern China*, Taipei：Institute of History and Philology, Academia
Sinica.

《宋代精英间的联姻》

————. Forthcoming. "Marriage Among the Song Elite." In
Chinese Historical Microdemography, ed. Stevan Harrell. Berkeley and
Los Angeles：University of California Press.

艾思仁：《南宋杭州的印刷业》

Edgren, Soren. 1989. *Southern Song Printing at Hangzhou*.
Stockholm：Museum of Far Eastern Antiquities.

艾科恩:《宋代控制人口的一些表现》

Eichhorn, Werner. 1976. "Some Notes on Population Control During the Sung Dynasty." In *Études d'histoire et de litérature chinoises of ferts au Professeur Jaroslav Prusek*. Paris: Bibliotheque de l'Institut des Hautes Études Chinoises.

伊懋可:《中国历史的模式》

Elvin, Mark. 1973. *The Pattern of the Chinese Past*. Stanford: Stanford University Press.

《女性的贞节和中国社会》

_____. 1984. "Female Virtue and the State in China." *Past and Present* 104: 111—52.

厄勒、科瓦莱斯基:《中世纪的妇女和权力》

Erler, Mary, and Maryanne Kowaleski. 1988. *Women and Power in the Middle Ages*. Athens: University of Georgia Press.

弗格森等:《重写文艺复兴:当代欧洲早期的性别差异话语》

Ferguson, Margaret W., Maureen Quilligan, and Nancy J. Vickers, eds. 1986. *Rewriting the Renaissance: The Discourse of Sexual Difference in Early Modern. Europe*. Chicago: University of Chicago Press.

法因根:《宋代的城市化:中国城市前现代时期的社会和经济诸论》

Finegan, Michael Harold. 1976. "Urbanism in Sung China: Selected Topics in the Society and Economy of Chinese Cities in a Premodern Period." Ph. D diss., University of Chicago.

方闻:《宋元绘画》

Fong, Wen. 1973. *Sung and Yuan Paintings*. New York: Metropolitan Museum of Art.

傅汉思:《盛开的梅花和宫女:中国诗解》

Frankel, Hans H. 1976. *The Flowering Plum and the Palace Lady: Interpretation of Chinese Poetry*. New Haven: Yale University Press.

弗里德曼:《中国东南部的世系组织》

Freedman, Maurice. 1958. *Lineage Organization in Southeastern China*. London: Athlone Press.

《中国社会研究论文集》

_____. 1979. *The Study of Chinese Society: Essays*. Stanford: Stanford University Press.

弗里德尔:《女人的位置:外貌和现实》

Friedl, Ernestine. 1967. "The Position of Women: Appearance and Reality." *Anthropological Quarterly* 40: 97—108.

费侠莉:《血、人体和社会性别:中国女性的医学形象》

Furth, Charlotte. 1986. "Blood, Body, and Gender: Medical Images of the Female Condition in China." *Chinese Science* 7: 53—65.

《清代怀孕、生孩子和杀婴的概念》

_____. 1987. "Concepts of Pregnancy, Childbirth, and Infancy in Ch'ing Dynasty China." *Journal of Asian Studies* 46: 7—35.

《雌雄同体的男性和残缺不全的女性:中国16、17世纪的生物和社会性别界限》

_____. 1988. "Androgynous Male and Deficient Females: Biology and Gender Boundaries in 16 th-and 17 th-Century China." *Late Imperial China* 9: 1—31.

傅恩:《在花朵之中:〈花间集〉》

Fusek, Lois. 1982. *Among the Flowers: The "Hua-chien chi."* New York: Columbia University Press.

甘博:《定县:中国北方的一个农村共同体》

Gamble, Sidney D. 1954. *Ting Hsien: A North China Rural Community.* New York: International Secretariat, Institute of Pacific Relations.

盖茨:《中国女人的商品化》

Gates, Hill. 1989. "The Commoditization of Chinese Women." *Signs* 14. 4: 799—832.

谢和耐:《蒙元入侵前夜的中国日常生活》

Gernet, Jacques. *Daily Life in China on the Eve of the Mongol Invasion, 1250—1276.* Trans. H. M. Wright. Stanford: Stanford University Press, 1970.

吉尔思:《三字经》

Giles, Herbert A. 1963. *San Tzu Ching.* 2d ed. Rev. New York: Ungar.

戈尔德:《女子和处女:法国12世纪的形象、姿态和经验》

Gold, Penny Schine. 1985. *The Lady and the Virgin: Image, Attitude, and Experience in Twelfth-Century France.* Chicago: University of Chicago Press.

古迪:《非洲和欧亚大陆新娘的财产和嫁妆》

Goody，Jack. *1973*．"Bridewealth and Dowry in Africa and Eurasia."
In Jack Goody and S. J. Tambiah，*Bridewealth and Dowry*．Cambridge：
Cambridge University Press.

《家庭和财产继承:西欧农村社会·导言》

_____．*1976*a．"Introduction"，In *Family and Inheritance：Rural
Society in Western Europe*，*1200—1800*，ed. Jack Goody，Joan Thirsk，
and E. P. Thompson. Cambridge：Cambridge Uniiversity Press.

《生产和再生产:家务管理的比较研究》

_____．1976b．"*Production and Reproduction：A Comparative
Study of the Domestic Domain.*"Cambridge：Cambridge University Press.

《东方、古代和初始》

_____．1990．*The Oriental，the Ancient，and the Primitive*．
Cambridge：Cambridge University Press.

格罗沃尔德:《漂亮的商品:卖淫在中国,1860—1936》

Gronewold，Sue. 1982. *Beautiful Merchandise：Postitution in China*，
1860—1936．New York：Institute for Research in History and the
Hasworth Press.

吉索:《武则天和唐代政治的合法性》

Guisso，R. W. L. 1978. *Wu Tse-tien and the Politics of Legitimation
in T'ang China*．Bellingham：Western Washington University，Program in
East Asian Studies Occasional Papers，

《湖上的雷:五经和中国古代对妇女的感知》

_____．1981．"Thunder over the Lake：The Five Classics and the
Perception of Woman in Early China."In *Women in China*，ed. Richard W.
Guisso and Stanley Johannesen Youngstown，N. Y.：Philo Press.

哈吉纳:《欧洲婚姻模式透视》

Hajnal，J. 1965．"European Marriage Pattern in Perspective."In
Population in History，ed. D. V. Glass and D. E. C. Eversley. Chicago：
Aldine.

汉德林:《吕坤的新听众:16 世纪的思想对女性文学的影响》

Handlin，Joanna F，1975．"Lu K'un's New Audience：Th Influence of
Women's Literacy on Sixteenth-Century Thought."In *Women in Chinese
Society*，ed. Margery Wolf and Roxan Witke. Stanford：Stanford
University Press.

韩森:《变迁之神》

Hansen，Valerie. 1990. *Changing Gods in Medieval China*，1127—1276. Princeton：Princeton University Press.

哈泼:《公元前2世纪出土文献描述的中国古代的性生活》

Harper，Donald. 1987. "The Sexual Arts of Ancient China as Described in a Manuscript of the Second Century B. C." *Harvard Journal of Asiatic Studies* 47：539—93.

哈勒尔:《复合社会的嫁妆制度》

Harrell，Stevan，and Sara A. Dickey. 1985. "Dowry Systems in Complex Societies." *Ethnology* 24. 2：105—20.

郝若贝:《750—1550年间中国的人口、政治和社会变迁》

Hartwell，Robert M. 1982. "Demographic，Political，and Social Transformation of China，750—1550." *Harvard Journal of Asiatic Studies* 42：365—442.

贺萧:《20世纪初上海的繁荣发展和女人市场》

Hershatter，Gail. 1991. "Prostitution and the Market in Women in Early Twentieth-Century Shanghai." In *Marriage and Inequality in Chinese Society*，ed. Rubie S. Watson and Patricia Buckley Ebrey. Berkeley and Los Angeles：University of California Press.

海陶玮:《词人柳永:第一部分》《词人柳永:第二部分》

Hightower，James R. 1981. "The Songwriter Liu Yung：Part 1." *Harvard Journal of Asiatic Studies* 41. 2：323—76.

————. 1982. "The Songwriter Liu Yung：Part 2." *Harvard Journal of Asiatic Studies* 42. 1：1—66.

何惠鉴等:《八个朝代的中国绘画:尼尔森画廊的藏品——阿特金斯博物馆、堪萨斯城、克利夫兰艺术博物馆》

Ho，Wai-kam，Sherman E. lee，Laurence Sickman，and Marc F. Wilson. 1980. *Eight Dynasties of Chinese Painting*：*The Collections of Nelson，Gallery————Atkins Museum，Kansas City，and The Cleveland Museum of Art*. Bloomington：Indiana University Press.

霍姆格伦:《〈魏书·列女传〉中北朝寡妇的守节》

Holmgren，Jennifer. 1981. "Widow Chastity in the Northern Dynasties：The Lieh nu Biographies in the Wei-shu." *Papers on Far Eastern History* 23：165—86.

《传统拓拔贵族里的妇女和政治权利:〈魏书〉后妃传初探》

————, 1981—83 "Women and Political Power in the Traditional T'o-pa Elite: A Preliminary study of the Biographies of Empresses in the Wei-shu." *Monumenta Serica* 35: 33—74

《北魏政治中的后宫》

————. 1983. "The Harem in Northern Wei Politics, 398—498 A. D." *Journal of the Economic and Socia History of the Orient* 26: 71—90.

《贞节的经济基础:古代和当代中国的寡妇再嫁》

————. 1985. "The Economic Foundations of Virtue: Widow Remarriage in Early and Modern China." *Australian Journal of Chinese Affairs* 13: 1—27.

《对蒙元社会初期婚姻和财产继承实践的观察,特别是对收继婚的考察》

————. 1986. "Observations on Marriage and Inheritance Practices in Early Mongol and Yuan Society, with Particular Reference to the Levirate." *Journal of Asian History* 20: 127—92.

《自汉至明土著汉人与非汉族国家间的皇室婚姻》

————. 1991. "Imperial Marriage in the Native Chinese and Non-Han State, Han to Ming." In *Marriage and Inequality in Chinese Society*, ed. Rubie S. Watson and Patricia Buckley Ebrey. Berkeley and Los Angeles: University of California Press.

韩企澜、贺萧:《自我的声音:80 年代的中国妇女》

Honig, Emily, and Gail Hershatter. 1988. *Personal Voices: Chinese Women in the 1980's*. Stanford: Stanford University Press.

谢安迪、史景迁:《中国前现代社会的自杀和家庭》

Hsieh, Andrew C. K. , and Jonathan S. Spence. 1980. "Suicide and the Family in Pre-Modern Chinese Society." In *Normal and Abnormal Behavior in Chinese Culture*, ed. A Kleinman and T. -Y. Lin Dordrecht, Holland: Reidel.

徐道邻:《儒家"五伦"的神话》

Hsu, Dau-lin. 1970—71. "The Myth of the 'Five Human Relations' of Confucious." *Monumenta Serica* 29: 27—37.

胡品清:《李清照》

Hu P'ing-ch'ing. 1966. *Li Ch'ing-chao*. New York: Twayne.

赫克:《中华帝国》

Huc, M. 1855. *The Chinese Empire*. 2 vols. London: Longmam,

Brown，Green & Longmans.

休斯：《欧洲地中海地区从聘金到嫁妆》

Hughes，Diane Owen. 1978. "From Brideprice to Dowry in Mediterranean Europe." *Journal of Family History* 3.3:262—96.

韩明士：《宋元时期抚州的婚姻、宗教和地方主义策略》

Hymes，Robert P. 1986a. "Marriage，Descent Groups，and the Localist Strategy in Sung and Yuan Fu-chou." In *Kinship Organization in Late Imperial China*，*1000—1940*，ed. Patricia Buckley Ebrey and James L. Watson. Berkeley and Los Angeles：University of California Press.

《政治家与绅士：北宋和南宋时期江西抚州的社会精英》

————. 1986b. *Statesmen and Gentlemen：The Elite of Fu-chou*，*Chiang-his*，*in Northern and Southern Sung*. Cambridge：Cambridge University Press.

贾斯肖克：《妾和奴仆：社会史》

Jaschok，Maria. 1988. *Concubines and Bondservants：A Sicial History*. London：Zed Books.

杰伊：《唐代西安中国女人的轶事：武则天、杨贵妃、鱼玄机和李娃的个人主义》

Jay，Jennifer. 1990. "Vignettes of Chinese Women in T'ang Xi'an （618—906）：Individualism in Wu Zetian，Yang Guifei，Yu Xuanji，and Li Wa." *Chinese Culture* 31.1:77—89.

姜士彬：《一个大姓的末年：晚唐宋初的赵郡李氏》

Johnson，David G. 1977. "The Last Years of a Great Clan：The Li Family of Chao Chun in Late T'ang and Early Sung." *Harvard Journal of Asiatic Studies* 37:5—102.

约翰森：《中国的妇女、家庭和农民革命》

Johnson，Kay Ann 1983. *Women，the Family，and Peasant Revolution in China*. Chicago：University of Chicago Press.

贾德：《"男人更能干"：中国农村妇女的社会性别和参与意识》

Judd，Ellen R. 1990. "Men are More Able'：Rural Chinese Women's Conceptions of Gender and Agency." *Pacific Affairs* 63.1:40—61.

高辛勇：《超自然的和迷人的中国古代流言：选自 3—10 世纪》

Kao，Karl S. Y，ed. 1985. *Classical Chinese Tales of the Supernatural and the Fantastic：Selections from the Third to the Tenth Century*. Bloomingdon：Indiana University Press.

卡弗斯：《张载的思想》

Kassoff，Ira E. 1984. *The Thought of Chang Tsai，1020—1077*. Cambridge：Cambridge University Press.

凯莱赫：《儒学》

Kelleher，M Theresa. 1987. "Confucianism" In *Women in World Religions*，ed. Arvind Sharma. Albany：State University of New York Press.

《回到基点：朱熹的〈小学〉》

————. 1989. "Back to Basics：Chu His's *Elementary Learning* (*Hsiaohsueh*)." In *Neo-Confucian Education：The Formative Stage*，ed. Wm. Theodore de Bary and John W. Chaffee. Berkeley and Los Angeles：University of California Press.

克拉皮茨：《意大利文艺复兴时期的妇女、家庭和礼仪》

Klapisch-Zuber，Christiane. 1985. *Women，Family，and Ritual in Renaissance Italy*. Trans. Lydia G. Cochrane. Chicago：University of Chicago Press.

高彦颐：《追求才华与美德：17、18 世纪中国的教育和淑女文化》

Ko，Dorothy. 1992. "Pursuing Talent and Virtue：Education and Gentry Women's Culture in Seventeenth- and Eighteenth-Century China." *Late Imperial China* 13.1：9—39.

康德：《打造自我：日本一间工场里的权力、性别和认同的讨论》

Kondo，Dorinne K. 1990. *Crafting Selves：Power，Gender，and Discourses of Identity in a Japanese Workplace*. Chicago：University of Chicago Press.

柯睿格：《宋代社会：传统之内的变化》

Kracke，E. A. 1954—55. "Sung Society：Change Within Tradition." *Far Eastern Quarterly* 14.4：479—88.

《宋代的开封：实用的大都市和礼仪上的首都》

————. 1975. "Sung K'ai-feng：Pragmatic Metropolis and Formalistic Capital." In *Crisis and Prosperity in Sung China*，ed. John Winthrop Haeger. Tucson：University of Arizona Press，1975，

克利斯托弗：《穿过钥匙孔窥视新中国》

Kristof，Nicholas，Nicholas D. 1991. "A Peek Through the Keyhole at a New China." *New York Times*，July 19，1991，1.

库恩:《纺织技术:纺纱和缫丝》,《中国科学技术史》第 5 卷《化学及相关技术》第 9 册

Kuhn, Dieter. 1988. *Textile Technology: Spinning and Reeling*. Pt. 9 of Science and Civilization in China, vol. 5: *Chemistry and Chemical Technology*. Cambridge: Cambridge University Press.

劳顿:《中国人物画》

Lawton, Thomas. 1973. *Chinese Figure Painting*. Washington, D. C. : Freer Gallery of Art.

李:《中国的杀死女婴现象》

Lee, Bernice J. 1981. "Female Infanticide in China." In *Women in China*, ed. Richard W. Guisso and Stanley Johannesen. Youngstown, N. Y. : Philo Press.

李弘祺:《孩童生活的发现:宋代中国的儿童教育》

Lee, Thomas H. C. 1984. "The Discovery of Childhood: Children's Education in Sung China(960—1279)." In *"Kultur": Begriff and Wort in Chinese und Japan*, ed. Sigrid Paul. Berlin: Dietrich Reimer Verlag.

勒纳:《父系等级制的创造》

Lerner, Gerda. 1986. *The Creation of Patriarchy*. New York: Oxford University Press.

利弗令:《龙女和茅山女尼:佛教禅宗的社会性别和地位》

Levering, Miriam L. 1982. "The Dragon Girl and the Abbess of Mo-shan: Gender and Status in the Ch'an Buddhist Tradition." *Journal of the Internatoinal Association of Buddhist Studies* 5. 1:19—35.

《大慧宗杲与凡俗女信徒:禅宗的死亡观》

——. 1987. "Ta-hui and Lay Buddhists: Ch'an Sermons on Death." In *Buddhist and Taoist Practice in Medieval Chinese Society*, Buddhist and Taoist Studies II, ed. David W. Chappell. Honolulu: University of Hawaii Press.

李豪伟:《汉宫专宠》

Levy, Howard Seymour. 1958. *Harem Favorites of an Illustrious Celestial*. Tai Chung: Ching-tai.

《唐代的妓女、夫人和妾》

————. 1962. "T'ang Courtesans, Ladies, and Concubines." *Orient/West* 8:49—64.

《中国的缠足:一种稀奇的色情习俗史》

————. 1966. *Chinese Footbinding：The History of a Curious Custom*. New York：Bell.

李敦仁:《中国人万岁》

Li，Dun J. 1971. *The Ageless Chinese：A History*. New York：Charles Scribner's Sons.

林语堂:《吾国吾民》

Lin Yutang. 1939. *My Country and My People*. London：Heinemann.

林克:《肥沃土地上的孤独影子:宋代上层阶级女性观的变化》

Linck，Gudula. 1989. "Aus der früchtbaren Erde wie einsame Schatten：zum Wandel der Wahrnehmung von Weiblichkeit bei der chinesischen Oberschicht der Sung-Zeit." In *Lebenswelt und Weltanschauung der Chinesischen Oberschicht im frühneuzeitlichen China*，ed. Helwig Schmidt-Glinzer. Stuttgart：Franz Steiner Verlag.

刘子健:《欧阳修:11世纪的一位理学家》

Liu，James T. C. 1967. *Ou-yang Hsiu：An Eleventh-Century Neo-Confucianist*. Stanford：Stanford University Press.

刘广京:《正统的社会伦理:一种角度》

Liu，Kwang-Ching. 1990. "Socioethics as Orthodoxy：A Perspective." In *Orthodoxy in Late Imperial China*，ed. Kwang—Ching Liu. Berkeley and Los Angeles：University of California Press.

刘翠溶:《浙江萧山两个中国家族的人口统计,1650—1850》

Liu，Ts'ui-jung. 1985. "The Demography of Two Chinese Clans in Hsiaoshan，Chekiang，1650—1850." In *Family and Population in East Asian history*，ed. Susan B. Hanley and Arthur P. Wolf. Stanford：Stanford University Press.

柳无忌、罗郁正编:《葵晔集:中国诗歌三千年》

Liu，Wu-chi，and Irving Yucheng Lo，eds. 1975. *Sun flower Splendor：Three Thousand Years of Chinese Poetry*. Garden City，N. Y. ：Anchor Books.

罗郁正:《辛弃疾》

Lo，Irving Yucheng. 1971. *Hsin Ch'I-chi*. New York：Twayne.

麦克里里:《中国和南亚女人的财产权和嫁妆》

McCreery，John L. 1976. "Women's Property Rights and Dowry in China and South Asia." *Ethnology* 15：163—74.

周绍明:《中国的管家》

McDermott, Joseph P. 1990. "The Chinese Domestic Bursar." *Ajia bunka kenkyū* 2:284—67 (15—32).

麦克法兰:《英格兰的婚姻和爱情:再生产的方式,1300—1840》

Macfarlane, Alan. 1986. *Marriage and Love in England: Modes of Reproductin, 1300—1840*. Oxford: Basil Blackwell.

曼德尔鲍姆:《女人的隐身和男人的荣耀:北印度、孟加拉和巴基斯坦的性别角色》

Mandelbaum, David G. 1988. *Women's Seclusion and Men's Honor: Sex Roles in North India, Bangladesh, and Pakistan*. Tucson: University of Arizona Press.

曼素恩:《宋代至清代女性传记的历史变化:清初江南(江苏省、安徽省)个案》

Mann, Susan. 1985. "Historical Change in Female Biography from Song to Qing Times: The Case of Early Qing Jiangnan (Jiangsu and Anhui Provinces)." *Transactions of the International Conference of Orientalists in Japan* 30:65—77.

《清代家族、阶级和共同体结构中的妇女》

————. 1987. "Women in the Kinship, Class, and Community Structures of Qing Dynasty China." *Journal of Asian Studies* 46:37—56.

《打扮出嫁女:清中期的新娘和妻子》

————. 1991. "Grooming a Daughter for Marriage: Brides and Wives in the Mid-Ch'ing Period." In *Marriage and Inequality in Chinese Society*, ed. Robie S. Watson and Patricia Buckley Ebrey. Berkeley and Los Angeles: University of California Press.

《章学诚(1738—1801)的"妇学"》

————. 1992. "'Fuxue' (Women's Learning) by Zhang Xuecheng (1738—1801): China's First History of Women's Culture." *Late Imperial China* 13.1:40—62.

廖天琪:《女教书》

Martin-Liao, Tianchi. 1985. "Traditional Handbooks of Women's Education." In *Women and Literature in China*, ed. Anna Gerstlacher, Ruth Keen, Wolfgang Kubin, Margit Miosga, and Jenny Schon Bochum: Studienverlag Brockmeyer.

莫斯:《礼物:古式社会中交换的形式与理由》

Mauss, Marcel. 1967. *The Gift: Forms and Functions of Exchange in Archaic Societies*. Trans. Ian Connison. New York: W. W. Norton.

梅杰:《牌楼的代价》

Meijer, M. J. 1981. "The Price of a P'ai-lou." *T'oung Pao* 67. 3—5: 288—304.

孟久丽:《训诫女人的艺术:〈女孝经〉》

Murray, Julia K. 1990. "Didactic Art for Women: *The Ladies'Classic of Filial Piety*." *In Flowering in the Shadow: Women in the History of Chinese and Japanese Painting*, ed. Marsha Weidner. Honolulu: University of Hawaii Press.

李约瑟、鲁桂珍:《发现和发明:生理上的炼丹术》

Needham, Joseph, and Lu Gwei-djen. 1983. *Spagyrical Discovery and Invention: Physiologicul Alchemy*. Pt. 5 of Science and Civilization in China, vol. 5: *Chemistry and Chemical Technology*. Cambridge: Cambridge University Press.

李约瑟、王铃:《中国科学技术史》第 2 卷《物理和物理技术》第 2 部分"机械工程"

Needham, Joseph, and Wang Ling. 1965. *Mechanical Engineering*. Pt. 2 of Science and Civilization in China, vol. 4: *Physical and Physical Technology*. Cambridge: Cambridge University Press.

尼尔:《学者的共享:中国艺术在耶鲁》

Neill, Mary Gardner. 1982. *The Communion of Scholars: Chinese Art at Yale*. New York: China Institute in America.

伍慧英:《意识形态与性欲:清代强暴法》

Ng, Vivien W. 1987. "Ideology and Sexuality: Rape Laws in Qing China." *Journal of Asian Studies* 46. 1:57—70.

奥克:《等级制与和谐:从清代案例看家庭纠纷》

Ocko, Jonathan K. 1990. "Hierarchy and Harmony: Family Conflict as Seen in Ch'ing Legal Cases." In *Orthodoxy in Late Imperial China*, ed. Kwang-Ching Liu. Berkeley and Los Angeles: University of California Press.

《中华人民共和国的女人、财产和法律》

————. 1991. "Women, Property, and Law in the PRC." In *Marriage and Inequality in Chinese Society*, ed. Rubie S. Watson and

Patricia Buckley Ebrey. Berkeley and Los Angeles: University of California Press.

奥哈拉:《〈列女传〉表现的中国古代女性的地位》

O'Hara, Albert Richard. 1945. *The Position of Women in Early China According to the "Lieh nu chuan," "The Biographies of Eminent Chinese Women."* Washington, D. C.: Catholic University. (Reprinted Taipei: Mei-ya shu-chu, 1971.)

奥特纳:《性的意义:性别和性的文化建设》

Ortner, Sherry B., and Harriet Whitehead, eds. 1981. *Sexual Meaning: The Cultural Construction of Gender and Sexuality*. Cambridge: Cambridge University Press.

宇文所安:《追忆:中国古典文学中的往事再现》

Owen, Stephen 1986. *Remembrances: The Experience of the Past in Classial Chinese Literature*, Cambridge, Mass.: Harvard University Press.

帕尔:《千字文》

Paar, Francis W., ed. 1963. *Ch'ien Tzu Wen: The Thousand Character Classic*. New York: Ungar.

帕斯特纳克:《中国入赘婚的起因和人口统计后果》

Pasternak, Burton. 1985. "On the Causes and Demographic Consequences of Uxorilocal Marriage in China." In *Family and Population in East Asian History*, ed. Susan B. Hanley and Arthur P. Wolf. Stanford: Stanford University Press.

保罗:《佛教中的女人:密宗传统里的女性形象》

Paul, Diana Y. 1985. *Women in Buddhism: Images of the Feminine in the Mahayana Tradition*. 2d ed. Berkeley and Los Angeles: University of California Press.

罗斯基:《清代皇室婚姻与统治问题》

Rawski, Evelyn 1991. "Ch'ing Imperial Marriage and Problems of Rulership." In *Marriage and Inequality in Chinese Society*, ed. Rubie S. Watson and Patricia Buckley Ebrey. Berkeley and Los Angeles: University of California Press.

里德:《道家》

Reed, Barbara E 1987. "Taoism." In *Women in World Religions*, ed. Arvind Sharma. Albany: State University of New York Press.

罗克珊等：《李清照：诗辞英译》

Rexroth，Kenneth，and Ling Chung，trans and eds. 1979. *Li Ch'ing-chao：Complete Poems*. New York：New Directions.

罗伯特森：《女性的声音：中国中世纪和帝国后期抒情诗中的女性题材》

Robertson，Maureen 1992. "Voicing the Feminine：Construction of the Female Subject in the Lyric Poetry of Medieval and Imperial China." *Late Imperial China* 13.1：63—110.

罗普：《种的变化：反观清朝初期和中期的妇女状况》

Ropp，Paul S. 1976. "Seeds of Change：Reflections on the Condition of Women in Early and Mid Ch'ing." *Signs* 2.1：5—23.

罗雷克斯：《胡笳十八拍：文姬的故事，大都会艺术博物馆一幅 14 世纪的卷轴》

Rorex，Robert A.，and Wen Fong. 1974. *Eighteen Songs of a Nomad Flute：The Story of Lady Wen-chi，a Fourteenth Century Handscroll in the Metropolitan Museum of Art*. New York：Metropolitan Museum of Art.

罗丝：《中世纪和文艺复兴时期的妇女：文学和历史的透视》

Rose，Mary Beth，ed. 1986. *Women in the Middle Ages and the Renaissance：Literary and Historical Perspective*. Syracuse：Syracuse University Press.

罗萨比：《管道升：元代的女艺术家》

Rossabi，Morris. 1989. "Kuan Tao-sheng：Woman Artist In Yuan China." *Bulletin of Sung-Yuan Studies* 21：67—84.

罗威廉：《清中期社会思想中的女人和家庭：陈宏谋个案》

Rowe，William T. 1992. "Women and the Family in Mid-Ch'ing Social Thought：The Case of Ch'en Hung-mou." In *Family Process and Political in Modern Chinese History*. Taipei：Institute of Modern History，Academia Sinica.

萨：《1945 年以前台北市台湾人之间的婚姻》

Sa，Sophie. 1985. "Marriage Among the Taiwanese of Pre-1945 Taipei." In *Family and Population in East Asian History*，ed. Susan B. Hanley and Arthur P. Wolf. Stanford：Stanford University Press.

桑德等：《第二性之外：性别人类学的新方向》

Sanday，Peggy Reeves，and Ruth Gallagher Goodenough，eds. 1990. *Beyond the Second Sex：New Directions in the Anthropology of Gender*.

Philadelphia：University of Pennsylvania Press.

桑格伦:《中国宗教符号中的女性的社会角色:观音、妈祖和"无生老母"》

Sangren，P. Steven. 1983. "Female Gender in Chinese Religious Symbols：Kuan Yin，Ma Tsu，and the 'Eternal Mother.'" *Signs* 9. 1：4—25.

薛爱华:《唐代艺妓考释》

Schafer，Edward H. 1984. "Notes on T'ang Geisha." In *Schafer Sinological Papers* 2,4,6, and 7.

斯科特:《社会性别:历史分析中一个有用的范畴》

Scott，Joan W. 1986. "Gender：A Useful Category of Historical Analysis." *American Historical Review* 91：1053—75.

西曼:《因果报应的政治》

Seaman，Gary. 1981. "The Politics of Karmic Retribution." In *The Anthropology of Taiwanese Society*，ed. Emily Martin Ahern and Hill Gates. Stanford：Stanford Universitty Press.

莎玛:《印度西北部的妇女、工作和财产》

Sharma，Ursula. 1980. *Women，Work，and Property in North-West India*. London：Tavistock.

谢宝华:《14—17 世纪中国社会里的妾》

Sheieh，Bau-hwa. 1992. "Concubines in Chinese Society from the Fourteenth to the Seventeenth Centuries." Ph. D. diss.，University of Illinois，Urbana-Champaign.

盛余韵:《纺织品的使用、技术和宋代乡村纺织生产的变化》

Sheng，Angela Yu-yun. 1990. "Textile Use，Technology，and Change in Rural Textile Production in Song China（960—1297）." Ph. D. diss.，University of Pennsylvania.

滋贺秀三:《中国古代的家庭财产和继承法》

Shiga，Shuzo 1978. "Family Property and the Law of Inheritance in Traditional China." In *Chinese Family Law and Society Change in Historical and Comparative Perspective*，ed. David Buxbaum Seattle：University of Washing Press.

明恩溥:《中国的乡村生活》

Smith，Arthur H. ［1899］. 1970. *Village Life in China*. Reprint. New York：Little，Brown.

斯派泽:《中国艺术》

Speiser，Werner，Roger Goepper，and Jean Fribourg. 1964. *Arts de la*

Chine. Fribourg，Switz. ：Office du Livre.

斯特西:《中国的父权制和社会主义革命》

Stacey，Judith. 1983. *Patriarchy and Socialist Revolution in China*. Berkeley and Los Angeles：University of California Press.

宋:《中国人的烈女传统》

Sung，Marina H. 1981. "The Chinese Lieh-nu Tradition." In *Women in China*，ed. Richard W. Guisso and Stanley Johannesen. Youngstown，N. Y. ：Philo Press.

铃木:《易于理解的、图解性质的中国绘画目录》

Suzuki，Kei. 1982. *Comprehensive Illustrated Catalog of Chinese Paintings*. Tokyo：University of Toyka Press.

斯旺:《班昭:中国最早的女学者》

Swann，Nancy Lee. 1932. *Pan Chao*：*Foremost Woman Scholar of China*. New York：Century.

戴炎辉:《中国古代法律中的离婚》

Tai，Yen-hui. 1978. "Divorce in Traditionsl Chinese Law." In *Chinese Family Law and Social Change in Historical and Comparative Perspective*，ed. David Buxbaum Seattle：University of Washington Press.

鲍家鳞:《晚清节妇和资助她们的制度》

Tao，Chia-lin Pao. (See also Pao，Chia-lin) 1991. "Chaste Widows and Institution to Support Them in Late-Ch'ing China." *Asia Major*，3d ser.，4. 1：101—19.

陶晋生:《12 世纪的女真人》

Tao，Jing-shen 1976. *The Jurchen in Twelfth-Century China*：*A Study of Sinicization*. Seattle：University of Washington Press.

特尔福德:《男人初婚年龄的协变性:中国世系历来的人口统计》

Telford，Ted A. 1992. "Covariates of Men's Age at First Marriage：The Historical Demography of Chinese Lineages." *Population Studies* 46：19—35.

撒切尔:《春秋时期政治精英的婚姻》

Thatcher，Melvin. 1991. "Marriage of the Ruling Elite in the Spring and Autumn Period." In *Marriage and Inequality in Chinese Society*，ed. Robie S. and Patricia Buckley Ebrey. Berkeley and Los Angeles：University of California Press.

田汝康:《男人的焦虑和女人的贞节:明清时期伦理价值观的比较研究》

T'ien Ju-k'ang. 1988. *Male Anxiety and Female Chastity*：*A*

Comparative Study of Chinese Ethical Values in Ming-Ch'ing Times. Leiden：E. L. Brill.

蒂利:《妇女史和家庭史:成果丰富的合作还是错误的结合?》

Tilly，Louise A. 1987，"Women's History and Family History：Fruitful Collaboration or Missed Connection?" In *Family History at the Crossroads*，ed. Tamara Hareven and Andrejs Plakans. Princeton：Princeton University Press.

崔瑞德:《家族管理的文件,1:范氏义庄的管理规则》

Twitchett，Denis. 1960. "Documents on Clan Administration，1：The Rules of Administration of the Charitable Estate of the Fan Clan." *Asia Major*，n. s.，8：1—35.

《中世纪中国的印刷和出版》

————. 1983. *Printing and Publishing in Medieval China*. New York：Beil.

高罗佩:《中国古代的性生活》

Van Gulik，R. H. 1961.，*Sexual Life in Ancient China*. Leiden：E. J. Brill.

范格兰:《溪流和洞窟地带:宋代四川新开拓地的扩张、定居和文化》

von Glahn，Richard. 1987. *The Country of Streams and Grottoes*：*Expansion，Settlement，and the Civilizing of the Sichuan Frontier in Song Times*. Cambridge，Mass：Council on East Asian Studies，Harvard University.

华格纳:《莲花船:唐代流行文化中"辞"的起源》

Wagner，Marsha L. 1984. *The Lotus Boat*：*The Origins of Chinese Tz'u Poety in T'ang Popular Culture*. New York：Columbia University Press.

韦利:《敦煌的民歌和故事:文选》

Waley，Arthur. 1960 *Ballads and Stories from Tun-huang*：*An Anthology*. New York：Macmillan.

恩·瓦特纳:《明朝和清初的寡妇与再婚》

Waltner，Ann. 1981. "Widows and Remarriage in Ming and Early Qing China." In *Women in China*，ed. Richard W. Guisso and Stanley Johannesen. Youngstown，N. Y. ：Philo Press.

《明末的空想家和官吏:昙阳子与王世贞》

———— 1987. "Visionary and Bureaucrat in Late Ming：T'an-yang'-tzu and Wang Shih-chen." *Late Imperial China* 8：105—27.

《立嗣：中华帝国后期的收养和家族建设》

—————, 1990. *Getting an Heir*：*Adoption and the Construction of Kinship in Late Imperial China*. Honolulu：University of Hawaii Press.

沃尔顿：《宋代的家族、婚姻和地位：宁波楼氏个案研究》

Walton，Linda. 1984. "Kinship，Marriage，and Status in Song China：A Study of the Lou Lineage of Ningbo，c. 1050—1250. " *Journal of Asian History* 18. 1：35—77.

华兹生：《随心所欲一老翁：陆游诗文选》

Watson，Burton. 1973. *The Old Man Who Does as He Pleases*：*Selections from the Poetry of Lu Yu*. New York：Columbia University Press.

罗宾·瓦特森：《中国南方的阶级差别和姻亲关系》

Watson，Rubie s. 1981. "Class Differences and Affinal Relations in South China. " *Man* 16：593—615.

《中国妇女的财产权：权力与实际》

—————. 1984. "Women's Property in Republican China：Rights and Practice. " *Republican China* 10. 1 a；1—12.

《婚姻和社会性别的不平等》

—————. 1991a. "Afterword：Marriage and Gender Inequality. " In *Marriage and Inequality in Chinese Society*，ed. Robie S. Watson and Patricia Buckley Ebrey. Berkeley and Los Angeles：University of California Press.

《妻、妾和婢：香港地区的奴役和家族》

—————. 1991b. "Wives，Concubines，and Maids：Servitude and Kinship in the Hong Kong Region，1900—1914. " In *Marriage and Inequality in Chinese Society*，ed. Robie S. Watson and Patricia Buckley Ebrey. Berkeley and Los Angeles：University of California Press.

韦德纳：《中国绘画史中的女人，1330—1912》

Weidner，Marsha. 1988. "Women in the History of Chinese Painting. " In *Views from Jade Terrace*：*Chinese Women Artists*，1330—1912，ed. Marsha Weidner，Ellen Johnston Laing，Irving Yucheng Lo，Christina Chu，and James Robinson Indianapolis：Indianapolis Museum of Art.

《在阴影中开放：中日绘画史中的女人》

—————, ed. 1989. *Flowering in the Shadows*：*Women in the History of Chinese and Japanese Painting*. Honolulu：University of Hawaii Press.

韦德纳等:《来自玉台的风景:1330—1912 年的中国女艺术家》

Weidner, Marsha, Ellen Johnston Laing, Irvin Yucheng Lo, Christina Chu, and James Robinson 1988. *Views from Jade Terrace: Chinese Women Artists*, 1330—1912, ed. Marsha Weidner, Ellen Johnston Laing, Irving Yucheng Lo, Christina Chu, and James Robinson. Indianapolis: Indianapolis Museum of Art.

威纳、施奈德:《布和人类的经历》

Weiner, Annette B., and Jane Schneider. 1989. *Cloth and Human Experience*. Washington, D. C. : Smithsonian Institution Press.

韦勒:《社会矛盾和信号转换:实际的和理想化的台湾姻亲》

Weller, Robert P. 1984. "Sicial Contradiction and Symbolic Resolution: Practical and Idealized Affines in Taiwan. " *Ethnology* 23: 249—60.

魏爱莲编:《17 世纪中国才女的书信世界》

Widmer, Ellen. 1989. "The Epistolary World of Female Talent in Seventeenth-Century China. " (*Writing Women of*) *Late Imperial China* 10. 2:1—43.

《从火中抢救出来的诗:小青的文学遗产和中华帝国晚期女作家的地位》

————. 1992. "Poems Saved from Burning: Xiaoqing's Literary Legacy and the Place of the Woman Writer in Late Imperial China. " (*Writing Women of*) *Late Imperial China* 13. 1: 111—55.

威尔:《房中术:中国的性瑜伽经典,包含女性单方面沉思默想的文本》

Wile, Douglas. 1992. *Art of the Bedchamber: The Chinese Sexual Yoga Classics, Including Women's Solo Meditation Texts. Albany*: State University of New York Press.

武雅士:《革命前中国的生育》

Wolf, Arthur. 1985. "Fertility in Prerevolutionary China. " In *Family and Population in East Asian History*, ed. Susan B. Hanley and Arthur P. Wolf. Stanford: Stanford University Press.

武雅士、黄介山:《中国的婚姻和收养,1845—1945》

Wolf, Arthur, and Chieh-shan Hang. 1980. *Marriage and Adoption in China*, 1845—1945. Standford: Stanford University Press.

武雅士、汉莉:《东亚的家庭史和人口史,导言》

Wolf, Arthur. and Susan Hanley. 1985. "Introduction. " In *Family and Population in East Asian History*, ed. Susan B. Hanley and Arthur P. Wolf. Stanford: Stanford University Press.

卢惠馨:《台湾乡村的妇女和家庭》

Wolf，Margery. 1972. *Women and the Family in Rural Taiwan*. Stanford：Stanford University Press.

《推迟革命：当代中国妇女》

_____. 1985. *Revolution Postponed：Women in Contemporary China*. Stanford：Stanford University Press.

翁孙明:《儒家理想和现实：唐代婚姻制度的转变》

Wong，Sun-ming. 1979. "Confucian Ideal and Reality：Transformation of the Institution of Marriage in T'ang China（A. D. 618—907）." Ph. D. diss.，University of Washington.

沃克曼:《三位中世纪词人温庭筠、韦庄和李煜词中的闺中主题》

Workman，Michael E. 1976. "The Bedchamber *Topos* in the T'zu Songs of Three Medieval Chinese Poets：Wen T'ing-yün, Wei Chuang，and Li Yü." In *Critical Essays on Chinese Literature*，ed. William H. Nienhauser，Jr. Hong Kong：Chinese University Press.

杨联陞:《作为中国社会关系基础的"报"的概念》

Yang，Lien—sheng. 1957. "The Concept of 'Pao' as a Basis for Social Relations in China." In *Chinese Thought and Institutions*，ed. John K. Fairbank. Chicago：University of Chicago Press.

杨懋春:《一个中国村庄：山东台头》

Yang，Martin C. 1945. *A Chinese Village：Taitou，Shantung Province*. New York：Columbia University Press.

姚李恕信:《中国妇女：过去和现在》

Yao，Esther S. Lee. 1983. *Chinese Women：Past and Present*. Mesquite，Tex.：Ide House.

于君方:《中国民间文学中观音的形象》

Yü，Chün-fang. 1990. "Images of Kuan-yin in Chinese Folk Literature." *Han-hsüeh，yen-chiu* 8.1：221—85.

宋汉理:《王照圆的"恒常世界"：中国18世纪的女性、教育和正统思想初探》

Zurndorfer，Harriet T. 1992. "The 'Constant World' of Wang Chao-Yuan：Women，Education，and Orthodoxy in 18 th-Century China—A Preliminary Investigation." In *Family Process and Political Process in Modern Chinese History*，Taipei：Institute of Modern History，Academia Sinica.

索　引

（索引中页码为本书边码）

A

爱情,8,60,78,94,152,156—158

B

白居易（772—846）,71,75—76,
186

《柏舟》(诗),195

班昭（约48—约120,又"曹大姑"）,
120,123,152,184,195

北宋（960—1126）,2,65—66

婢女:遭虐待,167;婚龄,76;嫉妒,
166—170;法律地位,47,218;管
理,118;后备力量充足,263;性,
218—219;社会地位,219

边氏（1025—1093）,125

边氏（1155—1203）,102,119,157,
179

殡葬:坟墓,4,11,15,52,53,108;
合葬,11,52,53

C

财产权,家庭的:嫁妆,103—107;
男人占统治地位,7;入赘婚的,
240—246

财产权,女人的:妾,233;财产继

承,12,104—107;再婚,210,
211;强力控制,6,12,107—109,
111;入赘婚的,239,240—246;
寡妇的财产权,190—191,193—
194

蔡氏（1037—1075）,207

蔡氏(陪嫁财产的所有者),100

蔡氏（11世纪）,125

蔡氏,65

蔡氏(邢楠的祖母),247

蔡襄（1012—1067）,101,102

蔡汝加,245

蔡汝励,245

蔡梓,245

蔡杞,245

蔡杨(蔡家赘婿),245

蔡李(蔡家赘婿),245

蔡赵(蔡家赘婿),245

蔡文姬,21

蔡元定（1135—1198）,247

《蚕书》,140

曹大姑,见班昭（约48—约120）

曹汭（11世纪）,169

曹植（192—232）,58

常氏,174

长安,2,217

译后记

感谢伊沛霞教授和她的研究助理易素梅小姐对这部译稿提供的帮助。伊教授寄给我她的手稿,附有很多中文引文。易素梅阅读了全部译文,逐字逐句提出修改意见,纠正了原稿的很多错误和硬伤,使我模糊的理解变得清晰、到位。她还翻译了"中文版序言",对"序""自序"和"导言"用力尤多。

这部译作在翻译、注释和查找中文引文方面还有一些问题,译者愿继续付出努力。

胡志宏

"海外中国研究丛书"书目